Heibonsha Library

［新版］昭和史 戦前篇 1926-1945

平凡社ライブラリー

Heibonsha Library

〔新版〕

昭和史

戦前篇

1926—1945

半藤一利

平凡社

本書は二〇〇四年二月、平凡社より刊行されたものに、新たに講演録「こぼればなし ノモンハン事件から学ぶもの」を増補し、それぞれの章の最初に「ポイント」と「キーワード」を入れました。

目次

はじめの章

昭和史の根底には〝赤い夕陽の満洲〟があった

日露戦争に勝った意味

この章の

✷ポイント

明治三十八（一九〇五）年、日本は当時五大強国の一つといわれていた帝政ロシアとの戦争に勝利し、近代国家となったことを世界に示しました。ここで日本人は、自分たちは世界の中でも堂々たる強国なのだと自惚《うぬぼ》れ、世界中を相手にする戦争をはじめ、その後の四十年で国を滅ぼす結果となってしまいます。この四十年のはじまりは、ポーツマス条約締結により、満洲《まんしゅう》（現在の中国の東北地方）において多くの利権を得たことが大きく関係しています。

✷キーワード

日露戦争／南満洲鉄道／朝鮮併合／孫文《そんぶん》／蔣介石《しょうかいせき》／辛亥《しんがい》革命／第一次世界大戦／対華《たいか》二十一カ条の要求／ワシントン海軍軍縮条約／日英同盟の廃棄

国家興亡の四十年

嘉永《かえい》六年（一八五三）に、いわゆるペルリの黒船《くろふね》が突然日本にやってきて、開国を迫ってから百五十年がたちました。すなわち「近代日本」がはじまって百五十年というわけです。

しかし私はむしろ、ペルリが来て十二年後、慶応《けいおう》元年（一八六五）に、京都の朝廷までが日本を「開国する」と国策を変更した、その時を近代日本のスタートと考えたほうがいいと思っています。

それまで朝廷は、「開国などとんでもない、外国人は追っ払え」という「攘夷《じょうい》」の政策をとっていたのですが、徳川幕府がアメリカの大砲におそれをなして国を開いてしまった。それがけしからんというので、薩摩《さつま》や長州《ちょうしゅう》の「勤皇《きんのう》の志士《しし》」といわれる人たちが、幕府を倒さなくてはならない、攘夷を貫《つらぬ》かねばならない、といわゆる明治維新の大騒動になったわけです。ところがそうはいっても結局、日本の力では外国人を追っ払うことはできない、国を開いて世界の国と付き合わざるを得ないと京都の朝廷も決定せざるを得なくなった、「攘夷のための開国」というわけです。これが慶応元年なんですね。日本はこの時、国策として開国を決め、そこから新しい国づくりといいますか、世界の文明と直面しつつ自分たちの国をつくっていかなければならなくなりました。

それから三年後、慶応四年が明治元年になるわけですから、すぐに明治の時代がはじまって、人びとが一所懸命《いっしょけんめい》に国づくりをはじめます。世界の国々に負けないように、あるいは世界の列強の植民地《しょくみんち》にならないようにと、いろいろな解決せねばならない問題をあとにまわして、とにかく急いで、いってみれば少々の無理を承知でいくらか背伸びした国家建設を懸命にやったわけです。

それがある程度うまくいきまして、つまり植民地にならずに日本は堂々たる近代国家をつくることに成功したわけです。

そのころ、東南アジアの国々はほとんど、ヨーロッパやアメリカなど強い国の植民地になっていました。たとえばインド、ビルマ（現在のミャンマー）、シンガポールはイギリスの、香港《ほんこん》は植民地ではないんですがイギリスが強引に中国から百年間借り、今のインドネシアはオランダの、ベトナムなどのインドシナ三国はフランスの植民地で、フィリピンはアメリカの半植民地、というふうに。ところが日本だけは、折からアフリカのほうで戦争が起こって欧米列強がアジアから自分の国に戻らなくてはならなくなったりの幸運もあって、植民地にならずにすみました。それは別にしても、明治の日本の人たちが、とにかく一人前のしっかりした国をつくろうとがんばったことは確かなんです。

その成果が表れて、明治二十七、二十八年（一八九四、九五）の〝眠れる獅子《しし》〟といわれたアジア随一《ずいいつ》の強国清国《しんこく》との戦争（日清戦争）に勝ち、さらに明治三十七、三十八年（一九〇四、〇五）、日本は当時、世界の五大強国の一つといわれていた帝政ロシアと戦争（日露戦争）をして、かろうじて勝つことができた。そして世界の国々から、アジアに日本という立派な国があることを認めてもらうことができました。つまり国を開いてからちょうど四十年間かかって、日本は近代国家を完成させたということになるわけです。

さてここから大正、昭和になるのですが、自分たちは世界の堂々たる強国なのだ、強国の仲間に入れるのだ、と日本人はたいへんいい気になり、自惚《うぬぼ》れ、のぼせ、世界じゅうを相手にするような戦争をはじめ、明治の父祖が一所懸命つくった国を滅ぼしてしまう結果になる、これが昭和二十年（一九四五）八月十五日の敗戦というわけです。

一八六五年から国づくりをはじめて一九〇五年に完成した、その国を四十年後の一九四五年にまた滅ぼしてしまう。国をつくるのに四十年、国を滅ぼすのに四十年、語呂《ごろ》合わせのようですが、そういう結果をうんだのです。

もうひとついえば、敗戦国日本がアメリカに占領されて、植民地ではないのですが、なんでもアメリカの言いなりになる苦労の七年間を過ごし、講和条約の調印を経て新しい戦後の国づくりをはじめた、これは西暦でいいますと一九五二年のことです。

さらにさまざまなことを経てともかく戦後日本を復興させ、世界で一番か二番といわれる経済大国になったはずなんですが、これまたいい気になって泡のような繁栄がはじけ飛び「なんだこれは」と思ったのがちょうど四十年後、同時に昭和が終わって平成になりました。

こうやって国づくりを見てくると、つくったのも四十年、滅ぼしたのも四十年、再び一所懸命つくりなおして四十年、そしてまたそれを滅ぼす方へ向かってすでに十何年過ぎたのかな、という感じがしないわけではありません。いずれにしろ、私がこれから話そうという昭和前半の時代は、その滅びの四十年の真っただなかに入るわけです。

そのためにはまず、世界の五大強国の一つである帝政ロシアを討《う》ち破って一応「近代日本」が完成した結果、日本が何を得たかということを考えなくてはなりません。つまり建設の四十年間で日本が得たものについてあらかじめ考えておくと、あとの四十年が非常にわかりやすくなる。そこで、日本が日露戦争に勝って何を得たかを詳しくみてみます。

国防最前線としての満洲

帝政ロシアはご存じの通り北の国です。冬は凍《こお》ってしまうシベリアには自由に出入りできる港がない、そこで不凍港《ふとう》を欲しがって、現在の中国の東北、満洲《まんしゅう》――ここはまさに清国皇帝の発祥《はっしょう》の地であり、当然のこと当時は清国、現在の中国の領土なのですが――へ強引に乗り込んで、武力をもって清国と条約を結び、満洲におけるさまざまな権益《けんえき》を奪いました。具体的にいいますと、遼東《りょうとう》半島にある旅順《りょじゅん》・大連《だいれん》という大きな港を自分のものにしたのです。日露戦争というのは結局、このように帝政ロシアがどんどん南に下《お》りてきて、旅順・大連を清国から強引にもぎ取り、さらに朝鮮半島へ勢力を広げてきたことにたいへんな脅威《きょうい》を抱いた日本が、その南下を食いとめんと、自存自衛《じそんじえい》のため起こったものです。それに勝ったおかげで日本は、ロシアとの条約、さらには清国と「満洲ニ関スル条約」などを結び、諸権益を得ます。

ひとつが関東州《かんとうしゅう》、つまり遼東半島のほとんど全部を清国から借り受けて、自由に使える権利をもらいました。さらに南満洲鉄道です。長春《ちょうしゅん》（のちに新京《しんきょう》となる。現在は長春）から旅順までの鉄道経営権をもらいます。三番目は安奉《あんぽう》鉄道という、国境線の安東《あんとん》（現在の丹東《たんとん》）から奉天《ほうてん》（現在の瀋陽《しんよう》）間に敷設《ふせつ》した軍用鉄道の経営権です。これで満洲南部の鉄道の経営権をほとんど得

満洲地図

たことになります。さらに南満洲鉄道に属する炭鉱の採掘権《さいくつけん》を得ました。のちには清国との協定で鴨緑江《おうりょくこう》右岸地方の森林の伐採権《ばっさいけん》も得ます。最後に、ここが大事なところですが、権利を得た鉄道の安全を守るために軍隊を置く、つまり鉄道守備の軍隊駐屯権《ちゅうとんけん》を得ました。——日露戦争に勝って、とにもかくにもそれまでまったく関係をもたなかった満洲に日本が足を踏み入れ、軍隊を派遣《はけん》するスタートになりました。

この結果、ひとつはロシアのちのソビエト連邦が諸権利を奪い返しに再び南下してくる可能性があるゆえ、国防のための最大の防衛線《ぼうえいせん》——のちに日本の「生命線《せいめいせん》」と言われます——日本本土を守るための一番先端《せんたん》の防衛線を引くことができた、生命線としての満洲ができたことになります。はじめは鉄道や住民を守るため駐屯した軍隊は一万人くらいで（最後は七十万人まで増えます）、これがもっぱら関東州の旅順・大連に司令部を置いたので、のち大正八年（一九一九）から「関東軍《かんとうぐん》」と呼ばれるようになります。日本はこの関東軍を次第に増やす方策をとるようになる。

さらに二つ目に、資源の乏しい日本はそれまで鉄や石油、錫《すず》や亜鉛《あえん》などをもっぱらアメリカと、イギリスなどの植民地である東南アジアの国々からの輸入に頼っていましたが、もうその厄介《やっかい》にならなくてもいい、自力で生きる道ができあがった、と大いに期待した、つまり日本本土を守るための資源供給地としての満洲が注目されたのです。しかし実際、満洲には鉄や石炭はたくさんあったのですが石油はありませんでした。もしあったとしたら、昭和史はずいぶん変わったと思いますが、残念ながら石油だけはどうしても出なかった。しかし他の資源は満洲でかなり生産できたので、英米への完全依存からいくらかは脱却して日本帝国が堂々と世界の一強国として列強に伍《ご》していくだけの力をもつことができました。こうして日本が強国であるためには、満洲は必要不可欠な土地になったわけです。

また三つ目として、人口がどんどん増えて問題が起こっていた狭い日本には、人口流出先としても満洲が重要視されました。明治の終わりくらいから盛んに移民《いみん》政策がとられるようになり、多くの日本人が海を越えて満洲へ渡っていきました。昭和になりその数は激増します。この人たちは、昔から満洲にいた満洲人、あるいは蒙古《もうこ》人、朝鮮人といった人たちが開拓《かいたく》して住んでいた土地を強制的に奪《うば》う、またはものすごく安い金で買い取ったりして、恨《うら》みをかうことになりました。のち、昭和十一年（一九三六）には広田弘毅《ひろたこうき》内閣が「二十年間百万戸《こ》移住計画」として、百万戸を満洲へ送り込んでしまおうとしました。そうなると、先住の人たちの土地を奪わないことには開拓村などできるはずがありません。実際はその間に戦争が起きたりして百万戸には届かなかったのですが、最初は農家の次男坊三男坊《じなんぼうさんなんぼう》、日本では食い詰《つ》めてひと旗《はた》あげようという人たち、弾圧により日本にいられなくなった転向《てんこう》したコミュニストや社会主義者などなど、昭和にかけてあらゆる人たちが満洲に移住し、四十万人から五十万人まで移民が増えたことは確かです。

このような三つの大きな役割をもつ満洲を、日露戦争に勝ったことによって日本は手に入れ、明治の終わり以降、これをどうやって経営していくかが政治の中心課題になっていきました。日本は、小さく細長い、つまり海岸線が長い島国ゆえに、敵国が本土上陸して攻めて来たら防ぎようがなく、あっという間にやられてしまうという恐怖感が絶えずあります。それを防御《ぼうぎょ》するには海を使わねばならない、そのためには海の向こうの土地を防衛線《ぼうえいせん》にしなくてはならないという考えが常にありました。日本本土を防衛するために朝鮮半島に日本の軍隊をおいてしっかり守ろうということになる、朝鮮半島を防衛するためには地続《じつづ》きである満洲を守らねばならないのです。そこで満洲での自分たちの権利をしっかり守り、うまく利用するために、明治四十年（一九〇七）頃に満洲経営がはじまるのと同時に、間にある朝鮮半島――当時の李氏《りし》朝鮮は退廃して外国の勢力が好き放題にする、政治も軍隊もあやふやな状態でした――に対する圧《あっ》迫《ぱく》も自然と強くなり、ついに明治四十三年（一九一〇）に併合《へいごう》してしまうという強硬手段に出たのです。ただし国際的には認められていましたが。ということで、日本の政策は北へ北へと向かい、同時に国力も確実についていきました。

✺芥川龍之介『支那游記』から

ところが考えてみると、帝政ロシアとの戦争で勝ったからといって日本がロシア・清国間で結ばれた条約を勝手に変え、満洲の権益をそっくりもっていくのはけしからんと清国が思うのは当然です。反対の声があがる。それをまた、強国意識のもとに威勢のいい日本人が清国を強圧をもって抑《おさ》えつけようとする。

一方、明治の終わり頃から日本に留学して大いに学んでいた清国の知識人や若い軍人らは、祖国の現状を見て、このようなだらしのない国であっては世界の食い物にされてしまう、独立国家になれないと、清王朝を倒し自分たちの政府をつくる運動を起こしていきます。つまり、イギリス、フランス、ドイツ、ロシア、アメリカ、オランダその他、世界の列強が入ってきては好き放題《ほうぼう》して権益を奪っている、同時に国内では昔からの「軍閥《ぐんばつ》」という山賊の親分みたいなのが方々にたくさんいて、国の統一など目もくれず自分たちの勢力をのばすことしか考えずにさながら日本の戦国時代のように勢力争いを続けている。そういう状態を憂《うれ》えた知識人たちによる新国家建設のための革命運動が起きていたのです。

そして日本が朝鮮を併合し、満洲の権益を自分たちのものにしてその経営をはじめたころ、清国では日本で学んだこともある孫文《そんぶん》や、蔣介石《しょうかいせき》ら有能な軍人などによる辛亥《しんがい》革命が起きます。日本でいう大正元年（一九一二）、清朝はついに滅び、中華民国《ちゅうかみんこく》という新しい国が出来上がったわけです。ですから日本が朝鮮半島と満洲を経営しはじめたときに、時を同じくして隣の大国・中国が新しい国づくりをはじめたということになります。

その統一の動きに軍閥が反発して中国の方々で内戦《ないせん》が起きますが、それを中華民国軍が次から次へと討ち破って、新しい国づくりに邁進《まいしん》します。日本はそれを見て、困った事態になったと思ったでしょう。それでなくても満洲をめぐって清朝政府と揉《も》めていたのですから。その清国とまったく関係ない中華民国にすれば、それこそ無関係の日本が満洲の諸権益を奪っているのですから、これを許せないことと思うのはごく自然です。当然将来における日中の衝突が予想されることになります。

そこへちょうど一九一四年（大正三年）、ヨーロッパで第一次世界大戦が起きてしまいます。ドイツを相手としてイギリス、フランス、ロシアが戦った大戦争で、アジアの国々はあまり関係ありませんでしたが、日本はこれをチャンスとみました。ヨーロッパ列強の目がアジアから完全に離れたからです。日本はこれをとらえて大正四年（一九一五）、まだ弱体な中華民国政府に対して強引な要求をつきつけます。簡単にいいますと、清国から奪ってきた満洲のいろんな権利、つまり南満洲鉄道や安奉鉄道の経営権、関東州の租借《そしゃく》その他、すべての特殊権益の期限を百年くらい延ばすことなど、合わせて二十一カ条の要求を武力で無理やり認めさせました。これを「対華《たいか》二十一カ条の要求」といいます。こういうことをするとふつう「やりすぎだ」と言ってくるヨーロッパの列強も、自分たちの戦争でそこまで手が回りませんでした。これは中国が内戦を続けながらも一つの国としてまとまってくるにつれ、日本への怒りを募《つの》らせることになります。またその怒りが増すにつれて、それをバネにして、中華民国も国としてだんだん強くなってくるのです。そして中国の民衆も目覚め、国家というものを真剣に考えるようになってくると、日露戦争に勝ったからといって急に威張《いば》りだしたアジアの島国、日本に対する反感がいやでも大きくなってきます。

中国北部一帯に爆発的に広がった反帝国主義運動の義和団《ぎわだん》事件（一八九九〜一九〇一年、北清《ほくしん》事変ともいう）以降、各強国は中国各地に駐屯軍を認めさせ、上海に特殊権益をもつ租界《そかい》をつくるなどしていたので、中国の民衆はそれまで欧米の列強たちに怒りをずいぶん感じていたのですが、この頃から（大正のはじめごろ）、それは主として日本に向いてくるようになりました。大正八年（一九一九）には、対華二十一ヵ条の要求を中国歴史上はじまって以来の屈辱《くつじょく》的な出来事として怒りを結集させ、北京《ぺきん》の学生が中心となって日本に対する猛烈な抗議運動を行ない、それを日本が弾圧《だんあつ》するという事態にもなりました。いわゆる五《ご》・四《し》運動と呼ばれる事件です。

作家の芥川龍之介《あくたがわりゅうのすけ》（一八九二―一九二七）が大正十年（一九二一）三月下旬から七月下旬まで約百二十日間、新聞社の特派員《とくはいん》として中国大陸を旅行し、上海《しゃんはい》、南京《なんきん》、漢口《かんこう》、長沙《ちょうさ》、洛陽《らくよう》、北京、大同《だいどう》など方々を訪《たず》ねてルポルタージュを書きました。風景を眺め、人情に触《ふ》れ、史蹟《しせき》を訪《おとず》れ、美味《おいし》いものを食ったりしながらの旅なのですが、このなかで、意識したわけではないのにどうしても目に触れた、中国民衆がいかに日本人を嫌《きら》い、反日運動をやっているかというそのようすを具体的に書いています。杭州《こうしゅう》の西湖《せいこ》というところを小さな舟に乗ってめぐりながら蘇小《そしょう》小《しょう》という唐の時代の美人の墓をお参りした時のことです（以下、『支那游記《しなゆうき》』より）。

「……この唐代《とうだい》の美人の墓は、瓦葺《かわらぶ》きの屋根をかけた、漆喰《しっくい》か何か塗《ぬ》ったらしい、詩的でも何でもない土饅頭《まんじゅう》だった。殊《こと》に墓のあるあたりは、西冷橋《せいれいきょう》の橋普請《はしふしん》の為《ため》に、荒《あら》され放題《ほうだい》荒されていたから、愈《いよいよ》索漠《さくばく》を極《きわ》めている。（中略）掘り返された土の上に、痛々《いたいた》しい日の光が流れている。おまけに西冷橋畔の路《みち》には、支那《しな》の中学生が二三人、排日《はいにち》の歌か何からたっている」

あっさり書いていますが、その頃、中学生までが大きな声で「日本よ出ていけ」というような反日の歌を歌っていたのです。また蘇州《そしゅう》では、驢馬《ろば》に乗って天平山白雲寺《てんぺいざんはくうんじ》へ行きます。

「天平山白雲寺へ行って見たら、山によった亭《ちん》の壁に、排日の落書《らくが》きが沢山あった。『諸君《しょくん》儞在快活之時《なんじかいかつのときにありて》、不可忘了三七二十一条《さんしちにじゅういちじょうをぼうするべからず》』と云《い》うのがある」

諸君、どんなに愉快《ゆかい》な時であろうと、二十一カ条を忘れさるべからず。これは先ほどの対華二十一カ条のことですね。さらに、

『犬与日奴不得題壁《いぬとにちどとかべにだいすることをえず》』と云うのがある。（中略）更《さら》に猛烈《もうれつ》なやつになると、『莽蕩河山《もうとうたるかざん》起暮愁《ぼしゅうおこる》。何来不共戴天仇《いずくよりきたるともにてんをいただかざるのあだ》。恨無十万横磨剣《うらむらくはじゅうまんのおうまけんなく》。殺尽倭奴方罷休《わどをころしつくしてまさにひきゅうせん》。』と云う名詩がある」

犬と日本人だけは、壁に文字を書くことは許されない。今や中国の山や河は猛《たけ》り狂《くる》っている。それを見ていると自《おの》ずから愁《うれ》いが起こってくる。なぜ中国にやってきたのか、ともに天をいただかざる敵が。恨みをもった十万の民衆が剣を磨《みが》いていて、日本人を殺し尽《つ》くして初めて休むことができる、というようなことが書いてある。そして、

「聞けば排日の使嗾費《しそうひ》は、三十万円内外とか云う事だが、この位利《くらいき》き目があるとすれば、日本の商品を駆逐《くちく》する上にも、寧《むし》ろ安い広告費である」

このへんが芥川さんのなかなかおもしろいところで、どこで聞いたか知りませんけれども、こうやって手を回して皆に書かせたり排日の運動をさせている金が三十万だと、するとこのくらい効果があるのだから、日本の商品をボイコットするよりはよっぽど安い広告費であるというわけです。

さらに長沙というところへ行って学校を参観《さんかん》しています。

「……古今《ここん》に稀《まれ》なる仏頂面《ぶっちょうづら》をした年少の教師に案内して貰《もら》う。女学生は皆排日《はいにち》の為《ため》に鉛筆《えんぴつ》や何かを使わないから、机の上に筆硯《ひっけん》を具《そな》え、幾何《きか》や代数《だいすう》をやっている始末《しまつ》だ」

要するに、排日のために日本の商品である鉛筆を一切使わない。机の上に硯《すずり》を置いてそれに墨をすって筆でもって幾何や代数をやっていると。

「次手《ついで》に寄宿舎《きしゆくしや》も一見《いつけん》したいと思い、通訳の少年に掛《か》け合って貰うと、教師愈《いよいよ》仏頂面をして曰《いわく》、『それはお断《ことわ》り申します。先達《せんだつて》もここの寄宿舎へは兵卒《へいそつ》が五六人闖入《ちんにゆう》し、強姦《ごうかん》事件を惹《ひ》き起《おこ》した後ですから』！」

この兵士が日本人だとは書いていないのですが、芥川はそう思ったに違いなく、女学校の寄宿舎に乗り込んできて残酷《ざんこく》なことをしていったと非難《ひなん》しているのです。

つまり、中国では国家づくりがまだ完成していない時にこれくらい排日運動が盛《さか》んで、日本に与えた満洲の権益を返せという声がぐんぐん強くなっていった、それが大正から昭和はじめにかけての状況でした。

情勢悪化の昭和の開幕

同時に、大正の終わり頃になると、蔣介石率《ひき》いる中華民国の国民党《こくみんとう》軍が非常に強くなり、方々にいる軍閥どもを次々にたたきつぶして、もっとも仇敵《きゅうてき》であった中国共産党《きょうさんとう》軍との戦いにも勝ち、共産党軍は「長征《ちょうせい》」といわれる大陸縦断《じゅうだん》の強行軍《きょうこうぐん》で南から北へ逃げていきます。そして国民党軍は南から北へ向かって進撃を開始、いわゆる「北伐《ほくばつ》」が大正十五年（一九二六）にはじまります。大正十五年は昭和元年のことで、蔣介石の軍隊はこの頃、北京にまで達しました。つまり日本が最も危険視していた中国の国家統一が完成に近づき、内戦も終結しつつあった時に、大正が終わったのです。一方、帝政ロシアではいわゆるロシア革命が起こりソビエト政権が樹立、社会主義国家の国づくりが大正六年（一九一七）にはじまっていました。

要するに昭和というのは、中国が統一に向かっているのを怖れると同時に、日本が最大の仮《か》想敵国《そうてきこく》とみていたロシアも新しい国づくりをはじめるといった、日本を取り巻く環境がどんどん悪くなっていく、国際情勢が激動しはじめた時にスタートしたわけです。しかし、強国になった日本を保持し、強くし、より発展させるためにはどうしても朝鮮半島と満洲を押さえておかなければならない。未来永劫《みらいえいごう》に。それにはどんどん悪化しつつある状況にどう対応すべきか、問題をどう処理すべきか、これが日本にとっての大使命《だいしめい》であり、昭和の日本人がもっとも解決を急《いそ》がされる命題としてつきつけられた。ここから昭和がはじまるのです。

昭和史の諸条件は常に満洲問題と絡《から》んで起こります。そして大小の事件の積み重ねの果てに、国の運命を賭《と》した太平洋戦争があったわけです。とにかくさまざまな要素が複雑に絡んで歴史は進みます。その根底に〝赤い夕陽の満洲〟があったことは確かなのです。

余談《よだん》というか、大正時代の大事な話を付け加えておきます。

第一次世界大戦で日本は、関与《かんよ》せず知らん顔していればできたのですが、あとになって分《わ》け前《まえ》が欲しくなって突然参加しました。参加の理由は、アジア方面でドイツの軍艦《ぐんかん》が暴《あば》れているのをなんとかしてくれと同盟国のイギリスに頼まれたから、ともいわれますが、結局その後ドイツが降参し、日本は戦勝国側になる。そして戦勝側二十七ヵ国が参加して大正八年（一九一九）にベルサイユ条約が結ばれ、日本はドイツの権益であるマーシャル諸島《しょとう》など南洋《なんよう》諸島を委《い》任統治地《にんとうちち》としてそっくりもらって、またいい調子になってしまう。

ところが大正三年（一九一四）から七年という長期間の戦いで、勝敗にかかわらずヨーロッパの参戦国は国力資産をなくし、疲弊《ひへい》してしまいました。このままでは世界はどうにもならなくなるというわけで現在の国際連合《こくさいれんごう》につながる国際連盟《こくさいれんめい》がうまれ、これからはもっとしっかり国際協調しましょう、そのためには軍備《ぐんび》を制限しましょうという声が盛んになります。

そこでイギリスが中心となってアメリカと手を組み、フランスなど戦勝国がワシントンに集まって軍備縮小条約に向けて動き出します。これがワシントン海軍軍縮条約です。日本は大正十一年に正式に調印しました。有名な五・五・三の比率といわれるもので、主力艦（戦艦・空《くう》母《ぼ》）の比率として米英の五に対して日本は三でいきましょうということです。

日露戦争で日本海海戦の大勝利を経て世界一流の海軍国となった日本にとっては、これが不《ふ》愉《ゆ》快《かい》でしょうがない、しかし世界平和のためにはそのほうがいいという先見《せんけん》の明《めい》ある海軍軍人加藤友三郎《かとうともさぶろう》が全権大使《ぜんけんたいし》で行きまして、「国防《こくぼう》は軍人の専有物《せんゆうぶつ》にあらず、戦争もまた国家総動員《そうどういん》してこれに当たらざれば目的は達しがたし。……平たく言えば、金がなければ戦争はできぬということなり」と言い切り、この比率を認めるわけです。その決断は非常によかったのですが、ただその前に、アメリカの実に巧《たく》みな外交作戦が日本を動かして、日英《にちえい》同盟という日本とイギリスが明治三十五年（一九〇二）に結んだ中国などにおける互いの権利の保護などを取り決めた同盟が廃棄《はいき》されます。これが日本のその後の外交にたいへんな影響を及ぼすことになります。それまで日本とイギリスは非常に仲の良い国だったのですが、その関係が切れて、日本は独自の外交の道を歩いていくことになる。

このワシントン海軍軍縮条約と日英同盟の廃棄を伴った世界体制が、昭和に入ってからいろいろと大問題になるのです。あらかじめ記憶にとどめておいてください。

第一章

昭和は〝陰謀〟と〝魔法の杖〟で開幕した

張作霖爆殺と統帥権干犯

この章の

✷ポイント

明治四十四（一九一一）年に中国で起こった辛亥《しんがい》革命後、満洲に大軍閥《だいぐんばつ》として君臨していた張作霖《ちょうさくりん》。当初利害が一致していたため仲良くしていた日本の陸軍は、彼が言うことをきかなくなると、彼の乗った列車を爆破してしまいます。世界的な大問題になってしまうため、昭和天皇が田中義一《たなかぎいち》首相に調査を命じますが、陸軍出身の田中首相は軍を庇い調査を行ないません。怒った天皇は田中首相を辞職させてしまいます。ここから歯車が狂い出していきます。

✷キーワード

張作霖爆殺事件／西園寺公望《さいおんじきんもち》／田中義一／統帥権干犯《とうすいけんかんぱん》／世界恐慌／ロンドン海軍軍縮条約／浜口雄幸《はまぐちおさち》／東郷平八郎《とうごうへいはちろう》／伏見宮博恭《ふしみのみやひろやす》／北一輝《きたいっき》

✺張作霖爆殺の犯人は？

いよいよ昭和に入ります。

よく「満洲某重大事件《まんしゆうぼうじゆうだいじけん》」といわれますが、張作霖《ちようさくりん》＊1という中国の大軍閥《だいぐんばつ》の親玉《おやだま》が乗った汽車を、日本軍が爆破して暗殺したという、いわゆる張作霖爆殺事件について話します。

前回にふれたように、明治四十四年（一九一一）、中国では孫文《そんぶん》らによって辛亥革命《しんがいかくめい》が起こり、清国《しんこく》が倒れて共和制が敷《し》かれます。その翌年には南京《なんきん》を都として中華民国がつくられました。この時から中国が、新しい国家として登場し、日本のとるべき政策に大きく影響してくるようになります。

といっても簡単に統一されたわけではなく、方々《ほうぼう》にいた軍閥がぶつかり合い、国民党軍と戦ったり、また国民党軍内部で勢力争いがあったり、さらに少し後に成立した共産党軍が国民党軍と衝突したりで抗争が絶えず、大正時代に入っても依然として中国は混乱を続けていました。それも大正九年（一九二〇）くらいになりますと、孫文を大将とする広東軍《かんとんぐん》と蔣介石《しようかいせき》を大将とする江西軍《こうせいぐん》とが一緒になって「国民政府軍」として大勢力をもち、次から次へと大小の軍閥を叩《たた》きつぶして統一へと向かっていきました。

その頃、東北地方つまり満洲の大軍閥として君臨《くんりん》していたのが張作霖でした。満洲には小軍閥はたくさんありましたが、全体はこの張作霖がおさえていたのです。やがて張作霖の東北軍と国民党軍が対峙《たいじ》しはじめるのですが、日本としては、満洲をなんとか勢力下に置きたいために、張作霖をうまくおだてて言うことをきくようにしておこうとさまざまな工作をします。また張作霖も、国民党軍と戦うのに日本軍の後押《あとお》しを期待しましたから、ここで一種の蜜月《みつげつ》時代が少し続きました。すると張作霖はいい気になって大元帥《だいげんすい》と自称して北京《ペキン》まで進攻《しんこう》し、日本軍の後ろ盾《だて》で北京政府までつくってしまいます。

ところが、威張《いば》り出したこの大元帥がだんだん日本の言うことをきかなくなってきたのです。こういう時、つまり役に立たなくなった時点で張作霖を亡《な》き者にした方がいい、さもないと満洲の安寧《あんねい》は保てない、と日本は大正十年（一九二一）、原敬《はらたかし》内閣の時に方針を決めていました。

昭和三年（一九二八）、蔣介石の国民党軍と衝突して敗《やぶ》れた張作霖が、北京から逃げてくるという情報が入ります。ここで従来通り張作霖を後押ししてまともに国民党軍と衝突するのは非常に危険だろう、むしろ張作霖を排除して満洲を日本軍自ら統治するかたちにしてしまおう、という計画が陸軍で密《ひそ》かに練《ね》られます。そんな折、張作霖が北京から奉天《ほうてん》（現在の瀋陽《しんよう》）へ逃げ帰ってくることがはっきりし、ならばその列車を爆破しようと関東軍《かんとうぐん》の参謀《さんぼう》らは考えました。

『昭和天皇独白録《どくはくろく》』という、昭和天皇が自ら昭和時代を語った本がありますが、これは冒頭に張作霖爆殺事件をもってきています。つまり、昭和という大動乱がはじまる基《もと》はこの事件だ

張作霖爆殺現場

ったわけです。

六月四日のことでした。まさに張作霖の列車が奉天付近に辿《たど》り着いた時に、線路に仕掛けられた爆薬が爆発してあっという間に列車が燃え上がり、張作霖は爆殺されてしまいます。もちろん関東軍は、自分たちの陰謀《いんぼう》でやったことにはせず、現場で死骸として見つかった阿片《あへん》中毒の中国人二人のしわざにするつもりでした。ところが、ずさんな計画はすぐにばれてしまうのです。というのもこの二人は前日、奉天の銭湯《せんとう》で「明日おれたちはでかいことをやるんだ」などと吹聴《ふいちょう》し、多くの人たちがそれを聞いていた。この連中が自分たちで死ぬようなことをするはずがない、金をもらってやったに違いない、では誰がやったんだということになると、後ろに関東軍がいるのはすぐに察せられるわけです。

張作霖暗殺の元凶《げんきょう》が日本軍だとばれると世界的な大問題になりますから、関東軍は「われわれは関知しない」と押し通します。しかし現場の状況などから日本軍の謀略《ぼうりゃく》であることが徐々《じょじょ》に明らかになってくる。しかし、決定的な証拠はありません。軍閥の大将である張作霖は、対立する軍閥や敵の国民党軍などに狙われる理由はたくさんありますから、阿片中毒の二人がその方面から金をもらってやった、とごまかしはいくらでもきいたのです。

ただ常識的に考えるとどうもおかしい。それに最初に気づいたのは、元老《げんろう》の西園寺《さいおんじ》公望《きんもち》という人でした。元老というのは、天皇陛下の側近《そっきん》でいろんな相談にのる、内閣総理大臣経験者のことです。「西園寺さん」とよばれて明治時代に活躍した彼は、昭和に入ってからも現役で、ふだん静岡県興津《おきつ》に住んでおり――坐漁荘《ざぎょそう》といわれたその立派な家は現在、愛知県犬山市の明治村に移築されています――東京へ出てきては、一九〇一年（明治三十四）生まれで当時二十六歳という若さの昭和天皇にいろいろ助言をしていたのですが、その西園寺さんが、「さては陸軍がやったな」と感づきました。「けしからんことだ、世界的に公《おおやけ》にはできないが、国内ではきちんとケリをつけておかないと将来的にいい結果をもたらさない」と上京して、当時の内閣総理大臣で元陸軍大将の田中義一《たなかぎいち》を呼びつけ、「政府としてこの問題をしっかり調べ、もし犯人が日本人であるということになれば厳罰に処さねばならない」と申し渡します。

ところが田中首相は、「わかりました」と言うだけで一向に実行しようとしない。西園寺さんが急《せ》かしますと、「十一月十日の天皇御即位の大典《たいてん》が済んだ後で、この問題について陛下に申し上げるつもりだ」と答えます。西園寺さんは、「内閣総理大臣であると同時に陸軍の親玉の立場でもあるからといって、そのようなごまかしを言ってはいけない、早く報告するように」と再びせっつきました。

田中首相は渋《しぶ》ったものの、たびたび急かされたため、事件から半年以上たった十二月二十四日になってようやく天皇に会いに行き、「この事件は世界的にも大問題ですので、陸軍としては十分に調査し、もし陸軍の手がのびているということであれば、厳罰に処するつもりでございます」と述べ、天皇は「非常によろしい。陸軍部内の今後のためにもそういうことはしっかりやるように」と答えました。

✺天皇陛下大いに怒る

年が明け、一日も早い報告を待っている天皇は、侍従長《じじゅうちょう》や侍従武官《ぶかん》長らに盛んに訊《たず》ねますが、田中首相はまた知らん顔をしている。そうこうしているうちに、真相はどんどんばれてきます。

河本大作（1883-1953）

奉天の林久治郎《はやしきゅうじろう》総領事《そうりょうじ》が事件を調査し、銭湯での証言なども出てきて、陸軍の謀略ということがより具体的になってきますし、首謀者は関東軍参謀の河本大作《こうもとだいさく》大佐であることもはっきりしてきました。何人かの中国人に彼が機密費を渡し、もっとも金に困っていそうな阿片中毒の男二人を使って列車を爆破させたように装わせ、同時にその二人をも殺した、またやらせた中国人は奉天から逃した、というような経緯が明らかになってきました。

実は、今となると証拠物件が残っているのです。たとえば昭和四年七月二十三日付、陸軍大臣を辞めた直後の白川義則《しらかわよしのり》から、立憲政友会《りっけんせいゆうかい》の大物で、やはり鉄道大臣を辞めた小川《お がわ》平吉《へいきち》に宛《あ》てた書簡がある。その終わりの方に、「今朝、御電話の件につき、ようやく三千だけ調《ととの》え候《そうろう》あいだ、然《しか》るべくお取り計《はか》らいくだされたく候。申すまでもなく、すでに交代後につき、今後は小生《しょうせい》の手にてはもはや処置致《いた》しかね候次第、御了承下《くだ》されたく候。敬具」とあります。つまり、三千円だけ渡す、ただ陸軍大臣を交代したので、今後のことはもう面倒を見るわけにはいかない、という内容ですね。続いて七月三十日付の工藤《くどう》鉄三郎《てつさぶろう》・安達《あだち》隆成《たかなり》による小川宛ての電報です。「御《ご》厚意《こうい》謝《しゃ》す。三〇確かに受け取った。工藤・安達」。これらを合わせますと、これまでにも白川が小川に渡した機密費が、河本大作が利用している工藤・安達という男に渡った、彼らがそれで張作霖派の中国人を使って謀略を行なわせた、その工藤・安達に後始末料と逃亡費および口止め料として、これで終わりだぞと念を押して三千円を渡したことがわかるわけです。

当時の三千円というのは、相当の金額です。それが陸軍大臣によって調達《ちょうたつ》されているということは、関東軍だけの謀略《ぼうりゃく》ではなく、東京の参謀本部や陸軍省が後ろにいたということなのですね。ゆえに、田中首相が調べはじめると陸軍の妨害《ぼうがい》が入り、「あなただって陸軍出身でしょう」などと現役幹部から牽制《けんせい》されるわけです。そこで天皇の側近らからガンガン言われて田中首相はついにやむを得ず、昭和四年五月六日ですから、ほとんど事件から一年近くたって再び天皇のもとへ行き、「実はこれは陸軍がやったのではありません。陸軍とは一切《いっさい》関係のない話であります」と報告し、また表向き手を組んでいた張作霖を警備する義務があった、という点では、仮に関東軍に責任が生じるとしても、ほんの軽い行政処分で済ませたい、などと言うわけです。

天皇はびっくりしました。最初は、これは陸軍の謀略かもしれないので犯人は厳罰に処しますと約束しておきながら、約半年もすっぽかした挙句に一切関係ないというのですから、天皇はかんかんに怒ります。『独白録』によると、

「田中は再び私の処にやって来て、この問題はうやむやの中に葬《ほうむ》りたいという事であった。それでは前言と甚《はなは》だ相違した事になるから、私は田中に対し、それでは前と話が違うでは

ないか、辞表を出してはどうかと強い語気《ごき》で云った」

これは少し間違ったところはあるのですが、ともかくこう回想しています。

この天皇の怒りを受けて、側近である内大臣牧野伸顕《まきののぶあき》と西園寺さんが五月六日に会い、陸軍の態度をこのまま見過ごすわけにいかないのではないか、と相談します。その会談のようすは牧野さんの日記に書かれていて、西園寺さんがビシッとしたことを言っています。

「ために（田中首相の責任をあくまで追及すると）政変の起こる事も予想せらるるところ、これは政治上ありがちの事にして、さほど心配する事にあらざるべきも、大元帥陛下《だいげんすいへいか》と軍隊の関係上、内閣引責後本件を如何《いか》に処置すべきや、……善後《ぜんご》の処置をあらかじめ考慮し置くべき必要あるべし」

要するに、責任追及によって政変が起き、田中内閣がひっくり返るかもしれない。しかしそんなことはよくあることなので心配しなくてもよい。ただし、これによって大元帥陛下（天皇）と陸軍との関係がぎくしゃくした場合にはどうするべきか、あらかじめ考えておいたほうがいいんじゃないか、ということです。つまり天皇の側近たちは、田中総理大臣が前言を、それも天皇に対してあっさり翻《ひるがえ》した、というのは臣下としてあってはならないことであり、あくまで責任を追及する態度なわけです。

そこで牧野さんは西園寺さんとの会談後の五月十一日に、元海軍大将で侍従長の鈴木貫太郎《すずきかんたろう》（終戦時の首相）と会ってまた相談します。これも牧野伸顕日記によりますと、

「前後の真相の内奏相容《あいい》れざる事ありては聖明《せいめい》を蔽《おお》う事となり、最高輔弼者《ほひつしゃ》として特にその責任を免《まぬか》れず、……聖慮《せいりょ》のあるところ御尤《ごもっと》もと存上《ぞんじあ》げ奉《たてまつ》る次第なれば、折《おり》を以《もっ》てその趣《おもむき》を上聞に達せられたく依頼せり。侍従長も全く同感なりと云えり」

つまり、天皇陛下への田中首相の報告がごまかしだとすると、陛下の判断を曇《くも》らすことになる。総理大臣としては責任を免れることはできない。陛下がお怒りになってけしからんと思うのは当然だろう。西園寺さんと私は、少々問題が起こるかもしれないが、あくまで田中の引責《いんせき》辞職を求めるのが正しいと決めた。したがって侍従長にはその旨《むね》を天皇陛下に申し上げてほしい、ということです。

これを受けて鈴木侍従長も、これ以上勝手なことをさせないよう軍をしっかり引き締めておかないと将来のためによくない、天皇陛下には、再び田中を呼び出して「辞職せよ」というふうに自ら言っていただいたほうがよいだろう、機会をみてそう申し上げましょう、と同意したのです。

西園寺元老、牧野内大臣、鈴木侍従長という天皇側近のトップ三人が決めたことですから、いずれ鈴木侍従長が天皇に奏上することによって話がまとまるはずなんです。

ところが裏では、重臣たちの動きを察知《さっち》した陸軍が、黙ってはいないぞとばかりに策動《さくどう》をはじめました。後に陸軍大将になる岡村寧次《おかむらやすじ》少佐の昭和四年の日記に残っています。

「二・一七　木曜会、永田（鉄山）、岡村、東条（英機）。『政治と統帥』が議題。

二・一〇　二葉会《ふたばかい》、渋谷の神泉館《しんせんかん》で。黒木、永田、小笠原、岡村、東条、岡部、松村、中野参集。在京者全部出席。河本事件につき協議す。
三・二二　二葉会。爆破事件（河本事件）人事等につき相談。
六・八　二葉会、九名全員集合。河本事件につき話す」
こういう記録がずっと残っているのです。のちの陸軍をしょって立つ有能な中堅《ちゅうけん》クラスが二葉会というグループをつくり、その全員が集まって「張作霖爆殺事件をなんとかごまかそう、うやむやにしてしまおう」という相談をしているわけですから、陸軍の長老である田中義一首相はどうにも動けず、言葉を濁《にご》さざるを得ないんですね。そうして両者の思惑《おもわく》がぶつかり、とうとう天皇自ら田中首相に対して辞職勧告をすることになります。

✳豹変した元老西園寺さん

ところが歴史というものはまっすぐに進みません。この件について六月二十七日に田中首相が天皇に最終報告をすることになったため、牧野内大臣が念のため先の結論を確認したところ、なんと西園寺さんが意見をひっくり返してしまったのです。「そんなことをしたらとんでもないことになる。天皇陛下自ら総理大臣に辞めろというなど、憲法上やってはいけないこと。賛成した覚えはない」というわけです。

驚いたのは牧野内大臣で、「あなた陸軍を抑えなくてはならないとおっしゃったじゃありませんか」と迫っても、西園寺さんは「天皇自らがそのような発言をすることはとんでもない大間違い」として、「明治天皇の時代より未《いま》だかつてその例はなく、総理大臣の進退《しんたい》に直接関係すべしとて、反対の意向を主張せられ……」、つまり天皇は総理大臣の進退について余計なことを言ってはいけない、と主張しはじめるのです。牧野さんの日記には、

「あまりの意外に茫然自失《ぼうぜんじしつ》、驚愕《きょうがく》を禁ずるあたわず」

とあります。半分くらい腰を抜かしてしまって「そんな馬鹿な、これは大変だ」と粘《ねば》りはするのですが、西園寺さんもゆずらない。理由を聞くと、「自分は臆病《おくびょう》なり」と西園寺さんは言ったそうです。

なんとも不可解な話で、最高の責任をもつ元老が臆病を理由に前言撤回《ぜんげんてっかい》などふつう通る話ではないのですが、西園寺さんは猛反対しました。牧野さんは「今日は結局の帰着を見ずして公爵邸を辞去《じきょ》したり。三十余年の交際なるが今日の不調を演じたるは未曾有《みぞう》のことなり」と絶望感をもって興津の西園寺邸を引き上げました。

ところがもう時間的には間に合わないんですね。おそらくこれが鈴木侍従長の耳に入らないまま二十七日となってしまい、天皇は田中義一総理大臣に対して、責任をはっきりさせよ、辞めたらどうか、と言ったようです。

翌二十八日、白川義則陸軍大臣がやって来て、天皇陛下に陸軍の処分案を報告します。それ

は行政処分であって厳罰ではありませんでした。張作霖を守れなかった関東軍司令官は予備役《よびえき》に、同じ理由で河本大作は関東軍参謀を辞職、参謀長以下は譴責《けんせき》処分に、といったように、軍《ぐん》法《ぽう》会議で罪を問うことを一切せず、書類上の裁断で済ませてしまいました。

これを聞いた天皇は、再び田中首相を呼び寄せ、一体どういうことなのか、これで済むと思うのか、お前は辞めるように、と今度ははっきり告げました。

田中総理大臣は逃げるように辞去し、七月二日に総辞職をしました。この後、田中さんはすぐに亡くなってしまいます。この時のショックが心臓に響いたともいわれますが、自決《じけつ》をしたという説が可能性の一つとしてささやかれています。

結果としては、張作霖爆殺事件はこれでケリがついたわけですが、ここで大事なのは、天皇が政治に口を出して内閣総理大臣を辞めさせてしまったことです。これについて『独白録』を見ると、

「こんな云《い》い方（「辞めるように」）をしたのは、私の若気《わかぎ》の至《いた》りであると今は考えているが、とにかくそういう云い方をした。それで田中は辞表を提出し、田中内閣は総辞職をした。聞くところによれば、もし軍法会議を開いて訊問《じんもん》すれば、河本は日本の謀略を全部暴露《ばくろ》すると云ったので、軍法会議は取りやめということになったと云うのである」

とあります。昭和天皇はこのように記憶しているのですが、これはおもしろい記事です。もし軍法会議にかけたら河本大作は全部ばらすつもりだという、そうなると陸軍中央がみんなグ

ルだったと知れて、下手すると日本陸軍はガタガタになってしまう。そういった陸軍の突き上げに田中さんはにっちもさっちもいかなくなって自ら倒れてしまったというわけです。そしてこの結果、陸軍は「一連のことは宮中の陰謀であり、彼らがろくなことを天皇に進言《しんげん》しないから、とんでもないことになる」とし、以降、天皇のそばにいる重臣たちを敵とみなすことになりました。これを軍部は「君側《くんそく》の奸《かん》」と呼ぶようになりました。天皇は、この時、重臣たちへの恨みを含む一種の空気が出来てしまったことが、後に二・二六事件（第五章参照）を引き起こす原因になったのかもしれない、とも言っています。

いずれにしろ昭和天皇は、結論として、

「この事件あって以来、私は内閣の上奏《じょうそう》する所のものはたとえ自分が反対の意見を持っていても裁可《さいか》を与える事に決心した」

つまり張作霖爆殺事件、田中内閣総辞職があって以来、内閣が一致して言ってくることに対しては、自分は違う意見であっても常によろしいと認めることにした、というわけです。この独白録は戦後に昔のことを思い出して語った記録ですが、証拠はないものの、天皇は「今後は余計なことは言ってはなりません、それは憲法違反になりますから」と、元老の西園寺さんにかなりきつく言われたのではないでしょうか。

先に述べた西園寺さんの豹変《ひょうへん》は陸軍の強硬派にかなり脅《おど》されたためと考えられますが、「立《りっ》憲君主制《けんくんしゅせい》*2においては、国務《こくむ》（政治）と統帥《とうすい》（軍）の各最上位者が完全な意見の一致をもって上奏してきた事は、仮に君主自身、内心においては不賛成なりとも、君主はこれに裁可を与うるを憲法の常道《じょうどう》なりと確信する」、と西園寺さんは言います。つまり日本のような立憲君主国では、政治及び外交、軍事問題はいずれもそれぞれの責任ある人たち、つまり内閣、軍部の大臣らが、完全な意見の一致をもって報告にきたことは、天皇陛下は仮に不賛成であったとしても許可するのが憲法の常道なのだと確信している、というのです。

天皇はこれを受けて、自分の意見を言ったばかりに内閣がひっくり返り、しかも総理大臣が間もなく亡くなるという事態となってある種の混乱をもたらした、そういうことを天皇自らの指図《さしず》でやってはいけない、これからは閣議決定を重んじ、内閣の上奏に拒否しないことを今後の大方針にすると、忠告もあってそう決めたのです。

昭和史スタートのこの事件の意味は、事件そのものの大きさというより、ここにあるのです。昭和天皇が以後、内閣や軍部が一致して決めたことにノーを言わない、余計な発言をしないという立場を守り抜く、つまり「君臨《くんりん》すれども統治《とうち》せず」、これが立憲君主国の君主のあり方だと自ら考えた。昭和史は常にここからはじまり、これがのちに日本があらぬ方向へ動き出す結果をもたらすのです。

統帥権干犯とは何ぞや

張作霖爆殺事件に絡《から》む陸軍の不敵《ふてき》な動きに続いて、今度は海軍の話をします。

この張作霖爆殺問題が解決した直後の昭和四年（一九二九）十月二十四日、いわゆるウォール街の株式市場大暴落に端《たん》を発し、世界的な大恐慌がやってきます。もちろん日本もたいへんな不況に陥《おち》っていろいろな問題をうむのですが、その前に、大恐慌を受けて世界に再び軍縮の動きが出てきたことをみていきます。

前回にちょっと申しておきましたが、大正十一年（一九二二）、世界の戦艦及び航空母艦《こうくうぼかん》などをうんと縮小することでワシントン海軍軍縮条約が調印されましたが、今度は、重巡洋艦《じゅうじゅんようかん》以下の駆逐艦《くちくかん》や潜水艦《せんすいかん》クラスをも縮小しよう、そして各国が競争のため必要とする膨大《ぼうだい》な費用を節約しようということで、昭和五年一月二十一日、ロンドンで補助艦艇に関する縮小が討議されました。日本海軍はこの会議を前に、補助艦（巡洋艦、駆逐艦など）は対米英七割を確保、また潜水艦は現状の七万八千トンを保持するという方針を立てて、首席海軍代表の財部彪《たからべたけし》海軍大臣らがロンドンに出かけます。

しかしロンドンでの討議の結果、重巡洋艦は六割なれど、補助艦総括の総トン数は七割にわずか及ばない対米英六九・七五パーセント保持でまとまりかけ、これ以上ねばっても決裂してしまうと財部代表も調印の方向で訓電《くんでん》を仰《あお》ぐべく電報を打ちます。

三月十五日にこの連絡電報を受けた日本海軍は二十六日、海軍の長老《ちょうろう》である岡田啓介《おかだけいすけ》大将を中心として統帥（軍隊指揮）をあずかる軍令部長加藤寛治《かとうひろはる》大将、同次長末次信正《すえつぐのぶまさ》中将、作戦部長加藤隆義《かとうたかよし》少将、また軍政をあずかる海軍省からは海軍次官山梨勝之進《やまなしかつのしん》中将、軍務局長堀悌吉《ほりていきち》少将、高級副官古賀峯一《こがみねいち》大佐といった幹部が集まり最終討議をしました。

全体としては妥協の流れだったものの、しかし加藤軍令部長や末次次長らは「どうしても納得できない、とりわけ重巡洋艦六割などはけしからん」と主張します。一方、海軍省側は「この方針の範囲で今後、政府が最善を尽くすならば条件をのもうではないか」という意見です。

翌二十七日、内閣はこれを受けて、天皇陛下のもとに浜口雄幸《はまぐちおさち》総理大臣が行き、若干の反対意見はあるものの、現在の世界の状況や日本の力を考えるとこれで調印するのが妥当《だとう》かと思うので全権に対して了承の電報を打ちたい旨《むね》を伝え、決裁《けっさい》となりました。

ところが、これで済めば何も問題はなかったのですが、訓電を打電後の四月一日、先の海軍首脳らが今後について会議を開くうちに、この期《ご》に及んで軍令部側が猛反対を唱えはじめたのです。特に海軍きって弁《べん》の立つ末次信正中将がガンガン主張するので、海軍省側はア然《ぜん》とし、すでに訓電が飛んで調印もなされるのだとなだめても聞き入れない。

翌日、加藤軍令部長が自ら天皇陛下のもとへ行き、軍令部としては、今回のロンドン会議の決定には反対であると一応申しておきたい、と言うわけです。天皇は驚いたでしょう、海軍は一致して先の決定をしたと思っていたところへ、いきなりそんなことを言われたわけですから。

そうとは知らず、海軍次官の山梨勝之進中将——後に学習院院長を務めた人です——は海軍の大御所《おおごしょ》である東郷平八郎元帥《とうごうへいはちろうげんすい》——日露戦争の日本海海戦時の連合艦隊司令長官《れんごうかんたいしれいちょうかん》で、現在は東京・神宮前の東郷神社に祀《まつ》られています——と最長老の伏見宮博恭王《ふしみのみやひろやすおう》のところへ行き、多少異論はありますが、この際は全体のことを考えて賛成いたしましたと報告しました。

そうこうするうちに四月二十一日、つまりロンドンでの正式調印の前日に、海軍軍令部の使者が海軍省に乗り込んで来て、「今回のことには同意できない、はっきりと反対する」と喧嘩《けんか》を売って帰ってきます。

ちょうどこの時、国会では第五十八特別議会がはじまっていて、その議場で野党の犬養毅《いぬかいつよし》、鳩山一郎《はとやまいちろう》といった大幹部たちが気焔《きえん》を上げます。軍備というものは、軍政を扱う海軍省の権限ではない、天皇がもつ統帥権つまり軍隊の指揮権のもとに補翼《ほよく》する軍令部がもっているものであって、その承認なくして勝手に海軍省が決めるのは間違っている。したがって今回のことは統帥権の干犯《かんぱん》である、統帥権に違反し、これをないがしろにしている、けしからんことだ、というわけです。

当時の議員らは統帥権とはなんなのか知らなかったでしょうが、犬養や鳩山が先頭に立ってゆゆしき問題だと猛反対しているわけですから軍令部は勢いづき、「今回の条約は軍令部の意見に反して海軍省が勝手に調印した、これはまったくの統帥権干犯で、今後の日本の国防をゆるがす大問題だ」と街頭演説までやりはじめた。司馬遼太郎《しばりょうたろう》さんがいう〝魔法の杖《つえ》*3〟が振り回されたわけです。こうして、めでたく済んだはずの問題で、日本はゆっさゆっさ大揺れに揺れはじめました。

✸軍師は北一輝という話

東郷元帥も伏見宮もにわかに怒りだしました。東郷元帥などは「だいたい財部海軍大臣は女房を連れてロンドンへ行ったというではないか、けしからん、かかあを連れて戦争に行くやつがどこにいる」と悪罵《あくば》をつく始末です、財部夫人はかつての大立者《おおだてもの》、山本権兵衛《ごんべえ》大将の娘で、大層な浪費家で海軍部内で嫌われていました。それはともかく、軍縮会議であって戦争ではないにも拘《かかわ》らずです。伏見宮も「統帥権干犯は許しがたい、海軍省にこんなことを許せば将来の日本の軍備が危うくなる、軍備は実際の指揮権をもっている軍令部のものであって、海軍省などという事務官がもつべきではない」などと言い出す。ついに海軍の御大《おんたい》二人が統帥権干犯を唱えたてるから、軍令部も意気盛《いきさか》んなわけです。

当時の各新聞は非常に良識的で、むしろ全権団の労《ろう》を謝《しゃ》し、「今回の判断は間違っておらず、統帥権干犯などという犬養や鳩山の言い分は、野党ゆえ倒閣《とうかく》を目論《もくろ》んで言っているだけである」と健全な議論を張っていたのですが……。

その結果、七月二十一日から二十三日にかけて、東郷や岡田啓介ら、海軍の軍事参議官という「御意見番《ごいけんばん》」が集まって再度、会議をします。「このままではどうにもならないが、調印が済んでいるのだから、ここでひっくり返せば日本の恥《はじ》になる。海軍としては今後どうするかをよく考えて落着《らくちゃく》を」ということになるのですが、強硬派（のち艦隊派）は「財部大将は責任を取って辞任すべきだ」、これに条約賛成側（条約派）は反対して譲らない。こうして海軍がまっぷたつに割れ、うやむやのままながら、一応話は決着します。

喧嘩両成敗として加藤寛治、末次信正、加藤隆義ら強硬の軍令部側、また財部彪、山梨勝之進、堀悌吉《ほりていきち》ら海軍省側のいわゆる良識派が次々に辞任します。ですが、少し後のことになりますが、伏見宮と東郷という大御所の意向を受けて、良識派すなわち、山梨、谷口尚真《たにぐちなおみ》、左近司《さこんじ》政三《せいぞう》、寺島健《てらしまけん》、堀悌吉、坂野《さかの》常善《つねよし》といった海軍内でも海外経験が豊富で世界情勢に明るい秀才たちが、部署の異動におさまらず、やがて予備役《よびえき》となり、海軍を去っていくことになります。一方、強硬派は着実に海軍の要職へと戻ってくるのです。

軍縮条約の当事者である当時の軍務局長で一番槍玉《やりだま》に挙げられた堀悌吉さんは、後の連合艦隊司令長官山本五十六《やまもといそろく》の海軍兵学校《かいぐんへいがっこう》の同期生でした。ロンドンにいて堀のクビを知った山本は、「山梨さんとか堀のような海軍の宝を次から次へと首を切るようでは、海軍はもはや先はない。いずれ驕慢《きょうまん》のために自滅するだろう」と自らも辞《や》めようとしましたが、「お前まで辞めてしまえば海軍は空《から》っぽになってしまう。頑張って最後までいてくれ」と堀に言われて留《とど》まったといいます。

こうして良識派のいなくなった海軍は、加藤寛治、末次信正以下、強硬派が主流となっていき、これによって昭和の日本は対米強硬路線へ動いていくことになります。

陸軍が張作霖爆殺事件で昭和四年に「沈黙の天皇」をつくりあげ、昭和をあらぬ方向へ動かしてゆくのと同時に、海軍も翌年のロンドン海軍軍縮条約による統帥権干犯問題をきっかけに、まことに不思議なくらい頑《かたく》なな、強い海軍が出来上がっていく。つまり昭和はじめのこれら二つの事件によって、昭和がどういうふうに動いていくか、その方向が決まってしまったとも言えるのではないでしょうか。

統帥権干犯ということについては、それまで誰も考えていなかったのです。軍備は誰がやるのか、陸軍なら参謀本部か陸軍省か、海軍なら軍令部か海軍省か、それは昔から何度もあった話ですが、両方の話し合いでその都度《つど》、対応してきましたから、問題になることはなかった。それが突然、統帥権が持ち出されて、「統帥権干犯」という言葉が表に出てきました。この統帥権干犯という言葉はのちのちまで影響します。軍の問題はすべて統帥権に関する問題であり、首相であろうと誰であろうと他の者は一切口出しできない、口出しすれば干犯になる、という考え方がこの時に確立してしまいます。

ではこの〝魔法の杖〟を考え出したのは誰か。この概念で政治を動かせると思いついたのは、北一輝《きたいっき》*4だと言われています。この半分宗教家ともいえる天才哲学者が統帥権干犯問題を考えつき、犬養さんや鳩山さんら野党に教え込んだ、それにまた海軍の強硬派がとびついた。そこで妙な大喧嘩《おおげんか》がはじまった。しかも、国際的な条約が結ばれたあとで、それが暴発《ぼうはつ》して日本を揺《ゆ》すぶったのです。考えてみると、まことに理不尽《りふじん》な話でした。そして多くの優秀な海軍軍人が現役《げんえき》を去っていきました。

この辺が、昭和史のスタートの、どうしようもない不運なところなんです。この奇態《きたい》な状況を踏まえて、ウォール街の暴落による不況時代を日本はいかにして乗り切るか、それが翌年の満洲事変へとつながっていくのです。

＊1――張作霖　一八七五―一九二八。今の遼寧省海城県出身の軍人。辛亥革命前後の動乱期に軍閥を築き上げ、十三年間にわたって中国東北地方に君臨した。関東軍と反発しあいながらも相互利用の関係にあった。一九二六年、北京に安国軍政府をつくり陸海軍大元帥を称したが、二八年に蔣介石軍に敗れ、奉天に逃れようとして関東軍に爆殺されたのはこの時。

＊2――立憲君主制　専制政治とは異なり、君主の権力が憲法によって規制を受ける君主制。

＊3――司馬遼太郎さんがいう〝魔法の杖〟「日本という国の森に、大正末年、昭和元年ぐらいから敗戦まで、魔法使いが杖をポンとたたいたのではないでしょうか。（中略）発想された政略、戦略、あるいは国内の締めつけ、これらは全部変な、いびつなものでした」（『「昭和」という国家』一九九八年、日本放送出版協会）

＊4――北一輝　一八八三―一九三七。国家主義運動の理論面での指導者。天皇大権の発動によるクーデタで国家を改造し、海外膨張をもくろむ構想を説いた『日本改造法案大綱』（一九二三）

は国家主義運動の教典となった。政界の裏面で暗躍し、二・二六事件の黒幕とみなされ銃殺刑となった。

第二章

昭和がダメになったスタートの満洲事変

関東軍の野望、満洲国の建国

この章の

✷ポイント

昭和四（一九二九）年の世界恐慌の影響から、海軍軍人の整理がはじまり、陸軍軍人たちも「明日は我が身」と危機感をつのらせていきます。そんななか、天才と称された軍人・石原莞爾《いしはらかんじ》が、関東軍の作戦主任参謀に就任し、満洲を早く日本が領有する必要性を説きます。それを受けて、まずは満洲に親日の政権を樹立するという計画が動きはじめます。関東軍を合法的に出動させるため、中国軍・張学良《ちょうがくりょう》の仕業に見せかけ、柳条湖《りゅうじょうこ》付近の鉄道を爆破しました。

✷キーワード

君側《くんそく》の奸《かん》／牧野伸顕《まきののぶあき》／鈴木貫太郎《すずきかんたろう》／石原莞爾／張学良／本庄繁《ほんじょうしげる》／五族協和《ごぞくきょうわ》／溥儀《ふぎ》／若槻礼次郎《わかつきれいじろう》／柳条湖／満洲事変

「君側の奸」といわれた人たち

　のちのち昭和史にいろんな形で出てくる言葉で、いわゆる「君側《くんそく》の奸《かん》」または重臣《じゅうしん》グループと表現される人たちがいます。これは昭和天皇をとりまく元老《げんろう》、内大臣《ないだいじん》、侍従長《じじゅうちょう》、侍従武官長《ぶかん》、宮内《くない》大臣といった宮中のトップに立つ人たちのグループをいいます。

　元老とは、大正天皇が病身で療養する必要があって後の昭和天皇、裕仁親王《ひろひとしんのう》が摂政《せっしょう》の宮となったのですが、いくらなんでも十六、七歳では全権を任せるのに無理があるというので、内閣総理大臣経験者、明治をしょってきた人たちに補佐をさせました。大正時代は山県有朋《やまがたありとも》、松方《まつかた》正義《まさよし》、西園寺公望《さいおんじきんもち》の三人がこれを務めたのですが、山県も松方も亡《な》くなってしまい、昭和に入ると西園寺公望ただ一人ということになりました。

西園寺公望（1849-1940）

　西園寺さんは前姓を徳大寺《とくだいじ》といい、当人も公家《くげ》でしたが、京都の由緒《ゆいしょ》ある公家の西園寺家に婿入《むこい》りして西園寺を名乗りました。この人は公家さんといいましても、若い時から歴史の荒波《あらなみ》に揉《も》まれてそれを乗り切った人で、戊辰《ぼしん》戦争（一八六八）の際は、北陸方面の西軍《せいぐん》の総督格《そうとくかく》として越後《えちご》の長岡城攻防戦《ながおかじょうこうぼうせん》を指揮しました。司馬遼太郎《しばりょうたろう》さんが、河井継之助《かわいつぎのすけ》を主人公にした『峠《とうげ》』という小説で、いかに長岡藩が勇戦力闘《ゆうせんりきとう》したかを書いていますが、事実、長岡城奪還《だっかん》作戦では西園寺さんは危うく命を落とす経験をしています。周囲が慌《あわ》てて馬に乗せて逃そうとした時に、西園寺さんは陣羽織《じんばおり》を裏返しに着たそうで、そうすれば相手が指揮官とは思わないのではないかということだったようですが、一説には、馬に後ろ向きに乗って逃げたともいわれていまして、いずれにしろ九死《きゅうし》に一生《いっしょう》を得ました。

第一次世界大戦のパリ講和会議では首席全権大使を務めました。風流な人で、内閣総理大臣時代には森鷗外《もりおうがい》や幸田露伴《こうだろはん》ら小説家たちを呼んで「雨声会《うせいかい》」という歓談会《かんだんかい》を開いたりもしました。夏目漱石《なつめそうせき》も呼ばれたのですが、「ほととぎす厠《かわや》なかばに出かねたり」という句を詠《よ》んで断わったという有名な話があります。

いずれにしろ元老の西園寺さんは、天皇の御意見番《ごいけんばん》として、昭和前期の内閣総理大臣をほとんど一人で決めたといってもいいと思います。何かあって内閣が倒壊し、次は誰かという時には、西園寺さんが住む静岡県興津《おきつ》の駅前旅館に新聞記者らが殺到するほど権威があり、いわゆる「興津詣《もう》で」でこの旅館が大いに繁昌《はんじょう》したという逸話《いつわ》も残っています。それくらい昭和史のなかで重大な役割を果たし続けたのですが、陰には住友財閥《すみともざいばつ》のバックアップがありました。興津住まいでは情報に疎《うと》そうなものですが、住友の社員で貴族院議員である男爵の原田熊雄《はらだくまお》が、同じ京都大学のOBでもあるのですが、秘書というか腰巾着《こしぎんちゃく》のように西園寺邸に出入りし、近《この》衛文麿《えふみまろ》（公爵・のちの首相）、木戸幸一《きどこういち》（侯爵・のちの内大臣）らこれまた京都大学出身者グループとつきあって情報を丹念に調べ、西園寺さんに報告していた。彼はやがて『西園寺公と政局――原田熊雄日記』という昭和史の第一級史料を残しました。いずれにしろ西園寺さんが昭和天皇のバックにいた重臣グループの横綱ともいえる人でした。

次が内大臣です。これは警察行政を一手に掌握《しょうあく》している「内務大臣」と間違いやすいのですが、「内相《ないしょう》」と略される内務大臣は、内閣のなかの一閣僚であって宮中グループではありません。一方、内大臣は「内府《ないふ》」と略して呼ばれます。この内大臣は何をするか、ひとことで言うと天皇のハンコの管理人です。たとえば「朕惟《ちんおも》ふに……」ではじまる教育勅語《ちょくご》*1には、おしまいに明治二十三年十月三十日御名御璽《ぎょめいぎょじ》、とあって天皇の名前、睦仁《むつひと》が書いてあり、その下にハンコがどんと捺《お》してある。これが勅語の正式なもので、天皇の名前とハンコを御名御璽といい、内大臣はその御璽を管理していた、つまり明治天皇は睦仁、大正天皇は嘉仁《よしひと》で、その代々引き継ぐハンコを捺していたのです。天皇のハンコといえば日本では絶対の権威があると皆が思っていますから、やみくもに捺されたのでは困ります。もし間違って、アルコール中毒の天皇が出てきて酔っ払ってハンコを捺してしまったらたいへんなことですから、厳重な管理者を置いたわけです。

同時に、内大臣がやり手の場合、単なるハンコの管理者にとどまらず、天皇の政治的な補佐（常侍輔弼《ほひつ》というのですが）として、宮中の内大臣府に毎日のように出勤し、政治問題に関して天

牧野伸顕（1861-1949）

皇の相談にあずかるようにもなりました。昭和のはじめは、前回出てきた牧野伸顕《まきののぶあき》――幕末維新で活躍し、近代日本の基礎を築いたといわれる大久保利通《おおくぼとしみち》の次男坊で、外交官育ち、牧野家にお婿《むこ》さんに行きました。この奥さんが三島通庸《みしまみちつね》の娘で、その娘・雪子さんが後に吉田茂《よしだしげる》の奥さんになるというふうに、宮中の関係は絡《から》み合って自《おの》ずと大きな力をもつグループになっていくわけです――が、西園寺さんのもっとも信頼厚い内大臣として昭和十年頃まで天皇をバックアップしました。そのあとが内務省出身の湯浅倉平《ゆあさくらへい》、のちには商工省出身の木戸幸一という辣腕《らつわん》の内大臣が出てくることになります。

　さらに侍従長というのは、天皇のすぐそばにいて、いろんなことの相談相手になる人です。海軍大将の鈴木貫太郎《すずきかんたろう》が、昭和四年（一九二九）一月から二・二六事件で重傷を負った昭和十一年の年末まで務めました。おもしろいことに、侍従長は海軍大将ないしは中将、あとに述べる侍従武官長は陸軍大将ないしは中将というのが長い間のしきたりでした。

　ところが、侍従長が何をするかというと、かなりあいまいなのです。天皇陛下の相談相手であることは確かですが、政治的な補佐役は内大臣、軍事的な補佐役は侍従武官長なわけです。たいしたことのない人が侍従長になりますと、ただ存在するだけでしかないのですが、よほどの実力者ですと、天皇の拝謁《はいえつ》のスケジュール、つまり誰を天皇に会わせる、会わせないの権限を一手に握り、かなりの影響力をもったようです。鈴木貫太郎は、国務に関する天皇のスケジュールを自らつくった。ここに実力侍従長としての大きな役割があります。というわけで二・二六事件頃まで、西園寺公望、牧野伸顕、鈴木貫太郎の三人の傑物《けつぶつ》が重臣グループをつくって国政及び軍事に関する制約を強めたのです。

また侍従武官長は、先ほど申しましたように、代々陸軍大将が務め、軍事問題に関する補佐を担《にな》いました。念のため申しますと、統帥権独立というように、軍事は内政と違い、軍人は大元帥陛下の直属《ちょくぞく》の部下ですから、参謀総長や軍令部総長の拝謁の申し込みを、国務をあずかる侍従長が止めようとしても止められない、それに関しては侍従武官長がスケジュールをつくったのです。

昭和のはじめにこれを務めた奈良《なら》武次《たけじ》はそう実力者ではなく、西園寺・牧野・鈴木の三重臣のもとであまり発言権はなかったようです。しかし昭和八年、本庄《ほんじょう》繁《しげる》大将が侍従武官長となった時にたいへんなことが起こるのですが、それは後ほど述べることにします。またその下にいる侍従武官は、陸軍五人、海軍三人と決まっていて、それぞれの将校《しょうこう》や士官《しかん》が務めました。ちなみに、昭和四年八月から阿南惟幾《あなみこれちか》中佐が侍従武官になりますが、この人が後に鈴木貫太郎とともに日本の終戦という大仕事にあたりました（第十四、十五章参照）。

またもう一人、宮中に、宮内大臣がいます。宮相《きゅうしょう》といわれ、宮内省の長として皇室全般に関することのみの補佐を担いました。昭和のはじめは法学者の一木喜徳郎《いちききとくろう》が、後に湯浅倉平が務めましたが、どちらも重要な役割を果たします。もちろん政治や軍事には直接関わりませんが、宮中グループとしてはこの二人を入れておく必要がある。いずれにせよ、のちの国家改新に燃える青年将校からすれば、昭和天皇の周囲の取り払わねばならない黒い雲、「君側の奸」の一員であったわけです。

以上、ややこしい宮中グループとその役割について、今後も頻繁《ひんぱん》に出てきますので、前回の話の補足としても、改めて説明しておきました。このあと、さまざまな昭和史の騒動、事件にいかに対処すべきか、彼らつまり「君側の奸」が集まって相談するのですが、昭和六年、これからお話する満洲事変が起き、その後やや穏やかになった数年間、「昭和天皇を囲んで麻雀《マージャン》ばかりしている」と陸軍内で噂が飛ぶくらい彼らは敵視され、常に狙われていたのです。

天才戦略家、石原莞爾の登場

さて満洲事変についてお話します。

昭和四年（一九二九）、アメリカのウォール街の大暴落に続き、昭和五年のロンドン軍縮条約で、経済的な緊迫から海軍軍人の整理がはじまり、陸軍の間では「次は自分たちであろう」という危機感が蔓延《まんえん》しはじめていました。しかも第一次世界大戦後の世界は総力戦の時代、つまり戦争は軍人だけでやるものではなく、国民全体が一丸《いちがん》となって戦わねば勝てない時代が来たというわけで、民衆の陸軍軍人に対するなんとなしに冷たい視線、それへの不満が陸軍内部に鬱積《うっせき》してきました。「貧乏少尉のやりくり中尉、やっとこ大尉で百十余円、嫁《よめ》ももらえん」というようなざれ歌も流行《はや》りました。つまり、少尉になっても中尉になっても貧乏で、やっと大尉になっても百十余円の給料じゃあお嫁も来ない、というのです。軍人は冷たい視線を受け、電車に乗る時も軍服を脱ぐくらいだったそうです。

そんな時に、心ある陸軍軍人たちは、現実的に冷静に日本の戦力をみて、第一次世界大戦の荒波をくぐらず、のほほんとしていた日本の軍備がどんどん遅れてきているということを厳しい現実として認識しはじめます。たとえば、機関銃でいえばイギリス軍二十万丁、ドイツ軍五十万丁、対して日本陸軍はわずか千二百丁でした。戦車は英仏三十五万輛《りょう》、ドイツ軍六万輛、対して日本は三百輛しかない。しかも修理能力はほとんどなし。火力・機動力ともに列強陸軍からすれば数百分の一の実力でしかない、事実を知れば知るほど、日本の国防はどうなっているんだという焦《あせ》りが募《つの》ってきました。

そんな時、当時中佐の石原莞爾《いしはらかんじ》という天才的軍人が登場します。陸軍の学校では超優等で、「陸軍に石原莞爾あり」と、もう一人の永田鉄山《ながたてつざん》と共にその名が喧伝《けんでん》されるほど軍部内では知る人ぞ知る存在でした。この石原が「世界最終戦争論」という世界政戦略の大構想をまとめたのです。簡単にいいますと、第一次世界大戦後、世界にともかく平和が戻ったが、列強はいず

石原莞爾（1889-1949）の晩年

れまた次の世界戦争をはじめる。いろんな組合せのもとに戦っていくうちに、最後はソ連、アメリカ、日本が残る。最終戦を前に、日本は戦わずじっと国力と戦力を整えて待っていれば、準決勝でアメリカがソ連に勝ち、決勝は日本とアメリカが戦うことになるだろう——という大予測であり、日本はそれまで余計なことはせずじっと耐えながら国力と戦力を蓄えておくべきという主張でした。

当時、石原莞爾は天才的とはいえかなり能天気《のうてんき》じゃないのか、と言われたのですが、しかし現実はどうだったでしょうか。冷戦が続いてアメリカとソ連の最終戦が今か今かと思われながら、とうとうソ連が自ら崩壊してしまい、いつのまにかアメリカの天下になった。一方、日本は準々決勝くらいで負けてしまったので参加しなかったものの、石原莞爾の予言も満更《まんざら》じゃなかったのではないか、というのは笑い話ですが。

それはさておき、日本が決勝戦に備えるためにはどうすべきか。それには満洲をしっかり確保し、発展させ国力を養う、中国とは戦わずに手を結んで、最終的には中国の協力を仰《あお》ぎ、日中共同で満洲を育てていく、というのが石原の構想でした。

昭和三年十月、石原莞爾が関東軍《かんとうぐん》の作戦参謀《さんぼう》として旅順《りょじゅん》に赴任《ふにん》します。それからは次から次へと作戦構想を文書にして東京の参謀本部に届けます。骨子《こっし》のみ挙げますと、昭和四年七月、「国運転回《こくうんてんかい》の根本国策《こんぽんこくさく》たる満蒙問題解決案《まんもうもんだいかいけつあん》」、つまり満洲をどうすべきか、「〈対米持久戦に勝つには〉（中国の）四億の民衆に経済的新生命を与え（助けてやって）、これによってわが商工業を振興し、なるべく速《すみや》かに欧米列強に対しわが工業の独立を完《まっと》うすることを根本着眼とするを要す」。つまり中国との貿易を通しての共同作業によって日本の国力を養い、米英に依存している工業を独立させておくべきだということです。

同年同月の「関東軍満蒙領有計画」は、最終的に満蒙（満洲と内蒙古《うちもうこ》）を日本の領土にしてしまうにはどうすべきか。それには張作霖亡《な》きあとの東北軍司令官である張学良《ちょうがくりょう》＊2を掃討《そうとう》し、武装を解除して満洲を平定する。そして軍政下において治安を維持する。満洲国民への干渉は極力避け、日本、朝鮮、中国の三民族——のち満洲・蒙古《もうこ》両民族を加えて「五族協和《ごぞくきょうわ》」という満洲国のスローガンが言われる手前の段階です——の自由競争により産業を育成する。三民族がそれぞれ分担することで満洲の経済が間違いなく発展する、と主張したのです。つまり石原は満洲を日本の国力・軍事力育成の大基盤としておかねばならないという構想のもとにいろんなことに手をつけはじめたのです。

さらに昭和六年五月、「満蒙問題私見《しけん》」を発表します。「（のちの世界は）西洋の代表たるアメリカと東洋の選手たる日本との間の争覇戦《そうはせん》（最終戦）に依《よ》り決定せらるる。即《すなわ》ちわが国は東洋の選手たるべき資格を獲得すべきである」。そのためには早く満洲を日本の領有にすることが不可欠である。これによって日本の運命はぐんと開ける。そこを戦略拠点にすれば朝鮮半島の統治も安定し、中国に対しても指導的位置にたつことができるのだと。

この石原の大戦略を受けて昭和六年六月、参謀本部は「満蒙問題解決方策大綱《たいこう》」をつくります。つまり関東軍の作戦計画に基《もと》づきながら、参謀本部も満蒙問題への国策としての解決策を決めたのです。内容を簡単に申しますと、いきなり植民地にするのは無理なので、まずは満洲に親日の政権を樹立する。そのためには皇帝をおく——のちに清朝《しんちょう》の末裔《まつえい》の溥儀《ふぎ》*3がなるのですが、この案には石原莞爾は猛反対します。こうして一応は独立国のかたちにしてやって、その後に領有するという方針です。注目すべきはその終わりの方に、この大方針を実行に移すにはどう考えても内外の理解が必要であると述べていること。その「内」とはマスコミをさします。この辺から、マスコミが軍の政策に協力しないと、つまり国民にうまく宣伝してもらえなければ、成功しないということを軍部は意識しはじめます。張作霖爆殺事件以降の、陸軍のもくろみが全部パーになったのは、反対に回ったマスコミにあおられた国民が「陸軍はけしからん」と思ってしまったのが原因だとたいへんに反省したからです。ゆえに今度何かをやる時はマスコミをうまく使おうじゃないか、というので、ここから先はマスコミ対策が参謀本部の大仕事となり、新聞社及び普及しつつあったラジオ、日本放送協会への働き掛けが、いろんな形でどんどん強くなってきます。

以上、石原莞爾の大構想があり、それに基づく参謀本部の大構想がある。これが満洲事変につながっていく背景だったのです。

天皇への西園寺の牽制

ただマスコミ工作以前に、これらの大構想が練《ね》られている間、国内においては新聞雑誌で満蒙問題が盛んに論じられ、「満蒙は日本の生命線《せいめいせん》である」と叫ばれていました。この言葉はそもそも、当時満鉄《まんてつ》（新京〈長春〉↔大連間を走っていた南満洲鉄道）の副総裁でのちの外務大臣松岡《まつおか》洋右《ようすけ》が、昭和四年八月に京都で行なわれた「第三回太平洋問題調査会」で満洲問題を権威のように語って獅子吼《ししく》したために、非常に流行《はや》ったのです。それがまた議会で叫ばれ、高らかにうたいあげられた。強硬派の代議士、森恪《もりつとむ》が松岡演説を受けて「二十億の国費、十万の同胞《どうほう》の血をあがなってロシアを駆逐《くちく》した満洲は日本の生命線である」とぶちました。この数字は日露戦争で使った金、戦死者で、そうまでしてやっと手に入れた満洲は、まさに日本が守り抜くべき生命線である、というわけです。これが今後、日本の大スローガンになるのですが、おもしろいもので、うまいスローガンがあると国民の気持ちが妙に一致して同じ方向を向くんですね。

雑談ですが、百五十年前の旧暦六月四日（新暦七月八日）にペルリが浦賀《うらが》に来てから慶応四年に明治政府が成立するまで、一八五三年から六八年まで十五年間のいろんな文献や書状などを見ていますと、みながやたらに「皇国《こうこく》」という言葉を使っている。なるほどそれがあの頃のスローガン、幕末の尊皇攘夷《そんのうじようい》時代のキャッチフレーズであったのですね。

それが昭和はじめは「生命線」「二十億の国費」「十万の同胞の血」だったわけです。こうなると国民感情がピタッと一致してしまうんですね。今も日本は「ふつうの国」だの「再軍備」だの言ってますが、うまい言葉が見つからなくて国民感情は一致しないようです。

さて当時は強硬派だけでなく、戦後の首相で当時の奉天《ほうてん》総領事、吉田茂《よしだしげる》が「対満政策私見」でこう言っています。「わが民族発展の要地たる満蒙を開放せられざる以上、財界の恢復《かいふく》繁栄の基礎なりがたく、政争緩和《かんわ》すべからず。これ対支、対満蒙政策の一新を当面の急務となさざるをえざる所以《ゆえん》なり」。つまり、満蒙問題の解決なくして経済的な恢復も繁栄もない、政治上の争いも緩和できない。ここでいう満蒙の開放とは、つまりは日本の支配下におく、つまり植民地にするということであって、吉田茂でさえ当時はこう言っていたのです。

要するに、日本の国民感情は満蒙の植民地化へ向かいつつあった、そんな世の中の大きな動きに乗って陸軍は「時機《じき》が来た」と思ったのです。そんな折、六月二十七日、発表は八月十七日ですが、中村震太郎《なかむらしんたろう》大尉という人が、スパイ容疑で中国軍に殺される事件が起きました。さらに七月二日、満洲で中国の農民と朝鮮人農民が衝突する万宝山《まんぽうざん》事件が起きました。これでますます国民感情も猛《たけ》りだしてゆきます。

では新聞はどうか。この頃はまだ、満蒙問題は武力で解決すべきではないと非常に冷静に対処していました。

そしてこの事態を一番憂慮していたのは昭和天皇であり、さきほどの宮中グループでした。昭和天皇は、昭和六年（一九三一）四月に発足した若槻礼次郎《わかつきれいじろう》内閣（第二次）の陸軍大臣南次郎《みなみじろう》大将を呼んで六月四日、「軍は軍規《ぐんき》をもって成り立っている。軍規がゆるむと大事をひき起こす恐れがある。軍紀を厳正にせよ」。つまり、軍は非常に厳しい規律でもって成り立っている、それがゆるむととんでもない事態が起きるが、どうもそれが最近ゆるんでいるようである、引き締めるように、と命じました。また若槻首相に対しても、「満蒙問題については、不穏《ふおん》な言動が盛んだが、日中親善を基調にすることを忘れないように」と言っています。これらはもちろん、背後に西園寺、牧野、鈴木、一木らの側近の意見があったでしょう。

ところが、軍部はこれら反対論を屁《へ》とも思わず、ますます陰謀の傾向を強めていきます。宮中グループは軍部を改めてガツンと抑えなくては、と九月十一日、天皇が南陸軍大臣を再度呼びつけ厳しく注意します。万宝山事件といい、中村大尉事件といい、まことに困ったことであるが複雑な事情もあろう、よくそれを究明しなければならない。すべて非は向こうにある、という態度で臨《のぞ》んでいては円満な解決はできない。とにかく軍規を厳重に守るように、明治天皇のつくった軍隊に間違いが起こっては申し訳ない、と申し渡しました。

さすがの陸相もこれにはこたえて「もっともです」と応じ、さらに同じ日に西園寺さんも念を押すように「満蒙といえども支那《しな》の領土である以上、こと外交に関しては、すべて外務大臣に任《まか》すべきであって、軍が先走ってとやかく言うのは甚《はなは》だけしからん」ときつく叱《しか》りました。南陸相は「この問題に関しては、若槻総理からもたびたび小言《こごと》を受け、陛下からもご注意があった。誠に恐縮千万《きようしゆくせんばん》であります。西園寺公の言われることはいちいちごもっともで、責任をもって注意いたすつもりであります」とかなんとか、どうもムニャムニャ答えたようです。西園寺さんはそれを聞きながら、「まるで暖簾《のれん》に腕押《うでお》しのようでまことに困った。たった今、甘酒《あまざけ》を飲んできたというような顔をしてしきりにいろんな事を言ったが、じつに頼りないことおびただしい」と言ったと、原田熊雄日記には書かれています。

陸軍としては、しきりに弁明しながらも従うつもりはなかったらしいのですが、ただ南陸軍大臣は案外気が小さかったようで、これはこのままではすまないぞ、と思いはじめたようです。というのも当時、南陸相、参謀総長金谷範三《かなやはんぞう》大将らを中心に陸軍は、関東軍の方針を是認《ぜにん》し、その作戦計画に基づいて九月二十八日に謀略による事件を起こし、それを契機に満蒙領有計画を強力に推《お》し進めると決めていたからです。これには異論《いろん》も多くあるようです。「共謀」ではなく、むしろ「抑制《よくせい》」につとめていたという学者もいますが、どうもそうとは思えない節《ふし》が多々あります。

証拠といってはなんですが、八月一日に剛毅《ごうき》をもってなる本庄繁《ほんじようしげる》大将を関東軍司令官に任命し、その月の中旬、軍司令官、参謀長に次ぐナンバー3である関東軍の高級参謀、板垣征四《いたがきせいし》郎《ろう》大佐が東京に出てきて、軍事課長永田鉄山大佐、補任課長岡村寧次《おかむらやすじ》大佐、作戦課長今村均《いまむらひとし》大佐、作戦部長建川美次《たてかわよしつぐ》少将といろいろ極秘の会談をもっている。ということは、「関東軍はやりますよ」ということの打ち合わせではなかったでしょうか。いや、打ち合わせそのもので、永田鉄山以下、東京中央の陸軍省及び参謀本部の主要人物にすべての作戦計画を綿密《めんみつ》に話しているんですね。

そして板垣はとんぼ返りですぐに満洲へ戻り、八月下旬に本庄大将が旅順に赴任した際、「何か突発事件が起きた時、陸軍中央にどうすべきかの請訓《せいくん》を仰《あお》ぐか、あるいは独断専行《どくだんせんこう》しますか」と問うている。本庄は板垣を見据《みす》えて「私は軍司令官としてはあくまでも陸軍中央の指示に従うつもりではある。が、独断専行を決するに躊躇《ちゅうちょ》するものではない」と答えた。板垣は、

侍従武官長時代の本庄繁（写真上、1876-1945）と、板垣征四郎（1885-1948）

ああこれは噂どおり剛毅な男だ、この人なら大丈夫そうだ、と安心して九月二十八日にいよいよ決行のつもりで準備を進めました。

作戦計画はまことに明確です。満鉄の鉄道を爆破するのです。そうすれば、関東軍司令部条例第三条により、関東軍は合法的に出動できるのです。肝心《かんじん》なのは線路爆破を完璧な隠密《おんみつ》行動にしなければならない、ということでした。外部の人間を使うわけにはいかない。自分たちの手で確実に実行しなければならないと決めました。張作霖爆殺失敗の二の舞は許されない。それだけに計画は慎重のうえに慎重を期《き》しました。

割り箸は右へ転んだが……

ところがです。九月十一日、天皇陛下と西園寺さんに叱《しか》られた南陸軍大臣がへなへなとなって、「これはだめなんじゃないか、このまま突っ走るとたいへんな事になるのではないか、内外の理解の〝内〟のほうのトップである天皇陛下以下の側近たちが猛反対となれば、計画は延期したほうがいいのではないか」ということになったのです。

九月十四日、南は金谷参謀総長と相談し、関東軍に思いとどまるよう、電報では意《い》を尽《つ》くせないので建川作戦部長を満洲へ派遣《はけん》することを決めます。建川も板垣らとは十分相談しているのでいまさらストップには賛成はしかねたでしょうが、命令ですから、飛行機で行けば速いものを、しぶしぶ東京駅から汽車に乗ってゆっくりと、これは「おれが着くまでにやってしまえよ」という意味なのかはわかりませんが、とにかく出発します。途端《とたん》に、東京にいた参謀本部のロシア班長、橋本欣五郎《はしもときんごろう》中佐が関東軍司令部に「事暴《ことあば》かれたり、ただちに決行すべし」「建川奉天着前に決行すべし」「内地は心配に及ばん、決行すべし」という三本の電報を、もちろん暗号で打ちました。

受け取った関東軍司令部は、決断に迫られます。軍司令官、参謀長たち主な幹部は司令部のある旅順にいて、奉天にいたのは板垣征四郎、石原莞爾、特務機関花谷正《はなやただし》少佐、憲兵分隊長《けんぺいぶんたいちょう》三谷清《たにきよし》少佐、駐在分隊長今田《いまだ》新太郎《しんたろう》大尉らでした。建川が奉天に止《と》めにやってくるというので彼らは密会《みっかい》し、来る前にやろうか、それとも話をきいてから決めるか、ずいぶん揉《も》めたようです。しかし、決行か中止か決められなかったという。

九月十六日夜、板垣以下メンバーがもう一度集まって、酒を飲みながら、それこそ石川啄木《いしかわたくぼく》の詩「はてしなき議論の後」のごとく改めてやりあったようです。

十七日午前三時になって、板垣が「こうなったら運を天にまかせて割《わ》り箸《ばし》を立てて決めようじゃないか」――鉛筆でやったという説もありますが、ともかく右へ転んだら中止、左に転んだら決行、ということでやってみたら、右へ転んだらしいんです。ということは中止ですね。石原莞爾の日記にも、「午後九時半より機関にて会議。建川来る秘電《ひでん》有り。午前三時まで議論の結果、中止に一決」とあるんです。ですから一度はやめようと決定したようなのです。

ところが軍人には困った性分《しょうぶん》がありまして、騎虎《きこ》の勢いというか、一度立てた計画を反古《ほご》にすることはしのびないらしい。やはりここまで来たらやってしまおうじゃないか、と今田新太郎や三谷清ら若い強硬派の声が高く、再び「やるか」という空気になったようです。

そして十八日午後七時に建川が奉天駅に着くと、建川は大酒飲みですから板垣と花谷という酒豪《しゅごう》がすぐに迎えに行き、料亭菊文《きくぶん》へ連れて行ってふにゃふにゃと、こんにゃく問答のごとくごまかしたという説もありますが、説《と》き伏《ふ》せたともいわれています。

もっとも、その時には今田新太郎ら実行部隊は、二十八日の予定を十日間早めて今晩にでも、とすでに奉天郊外の柳条湖《りゅうじょうこ》付近で爆薬を仕掛けるなど準備を着々と整えていましたから、建川がどう出ようがやるつもりだったのです。とにかく、黙ってやるわけですから、「あとはあなたに任せるよ」と板垣に言い置いて、石原莞爾はすぐに旅順に戻り本庄司令官らの説得に備えました。板垣は、建川を飲みつぶしてしまいます。余談ですが、本庄繁のあだ名は「沢庵石《たくあんいし》」、ずしっと重くて決めたらテコでも動かないからです。また三宅光治《みやけこうじ》参謀長は「ロシア飴《あめ》」。軍部きってのロシア通なのですが、ロシアをやっつけろという際にはヌルヌルになってしまうからです。そして板垣さんは「午前《ごぜん》さま」。午前にならないと酒盃《しゅはい》を離さないほどの酒豪でして、それで建川はつぶされてしまったのです。

午後十時二十分、柳条湖付近の鉄道が爆発しました。

板垣は菊文から瞬時《しゅんじ》をおかず飛び出し、十一時過ぎには第29連隊長と独立守備歩兵第二大隊長を呼びつけて「張学良軍の攻撃である。奉天城、北大営《ほくだいえい》を攻撃せよ」と断固として命令を下しました。つまり、鉄道爆破は中国軍による日本軍への不法な攻撃である、よってただちに張学良軍の本拠を攻撃して占領せよ、というのです。すべては独断であって大元帥の命令なしで下《くだ》したのですから、厳密にいえば「統帥権干犯」、陸軍刑法に基づけば死刑です。ここに満洲事変がはじまります。

旅順の関東軍司令部は、第一報が届くと「すわ事件」と本庄司令官以下がただちに奉天へと出発します。この際、本庄を三宅参謀長、石原莞爾らが囲んで、一つは奉天作戦のあとはハルビンまで進みましょう、二つは関東軍は全力をあげても一万余しかいないが、張学良軍は奉天付近だけで二万、満洲全土では二十五万の大軍。これでは抑え切れないので、朝鮮にいる日本兵の越境による援軍を、と頼みます。この越境援軍に関しては、石原莞爾がすでに朝鮮軍の作戦参謀神田《かんだ》正種《まさたね》少佐と打ち合わせ済みでした。本庄は以前、いざという時には独断専行もやぶさかではない、と答えた手前もあってか黙って聞いていたようです。

深夜一時七分、陸軍中央に奉天発第二〇五号電が届きます。

「……暴戻《ぼうれい》なる支那軍隊は満鉄線を破壊し、わが守備隊を襲《おそ》い……」

このようにすべて作戦計画どおりに進めました。ところが、です、本庄らが奉天に着いたと同時くらいの午後六時ころ、金谷参謀総長からの電報が届きます。「不拡大方針《ふかくだいほうしん》に確定した、軍の行動は必要度を越えることなかれ」とありました。余計な攻撃をするな、という中央からの命令ですね。打ち合わせ済みなのに、関東軍には思いもかけないことだったでしょう。実は東京ではこれもすったもんだがあった結果であったわけです。

ただちに本庄軍司令官は心変わりします。「速《すみ》やかに停戦するように、ハルビン進攻などもってのほか」というわけで、そう決めたら沢庵石《たくあんいし》は動きません。石原莞爾は気抜けして「ああ、わがこと成《な》らず」と嘆息《たんそく》して畳《たたみ》の上にひっくり返ったらしく、頭のいい人というのはあきらめも早いのですね。

すると板垣がむくと起き上がって、「石原、ハルビンがだめなら隣の吉林省《きつりんしょう》へ進軍してはどうか」と言うのです。このへんが板垣のすごいところで、これに応じて石原も起き上がり「そうか、吉林省は奉天を守るために確保する必要がある」と元気を取り戻します。吉林省は満鉄からすごく離れているから駐留権《ちゅうりゅうけん》はない。しかし、そこで暴動《ぼうどう》が起これば、在留邦人の安全確保のため出兵できる。結果として奉天付近が手薄《てうす》になったことを口実《こうじつ》に、朝鮮軍の越境増援《えっきょうぞうえん》を要請できる。そうなるとさっさと次の作戦計画を作り上げて、作戦部長の建川を口説きます。建川は止《と》めに来たにも関わらず、計画に感心し、三宅参謀長も賛成します。

これでまた息を吹き返し、二十日、本庄と建川の会談になりました。建川は本庄を口説いたようです。停戦するわけにはいかない、攻撃を仕掛けた以上は反撃もあるのだから、奉天を守るくらいのことはしないと、などと言ったのでしょうが、さすが沢庵石の本庄はそれでも動きません。建川もあきらめて帰ってきます。

そこで幕僚《ばくりょう》全員が同日夕方、本庄に談判《だんぱん》したのですが、依然として動きません。夜中の十二時前ごろでしょうか、皆追い返されてしまい、石原莞爾は「これでおしまい」と今度こそあきらめたようです。しかし一人だけ司令官室から戻ってこない人がいました。午前さまこと板垣征四郎です。

何を考えたのか居残った板垣は、本庄と向かい合って黙ってにらめっこしているらしい。そして午前三時ころ、戻ってきた板垣は石原を起こし、「おい、すんだぞ」と言ったそうです。沢庵石を動かしてオッケーをとりつけたのですね。つまり、ここで本庄さんが意地でも動かなければ、満洲事変はポシャったのですが、板垣という剛《ごう》の者――この東北人は足の裏を針で刺したら三日たって「痛い」と言ったという話もあるくらいで――の鈍重《どんじゅう》にしてかつ粘《ねば》り強さによって、二十一日未明《みめい》、再び関東軍は息を吹き返したのです。

攻撃準備を整えていた関東軍の進撃は、かなり急でした。中国軍が無抵抗《むていこう》主義をとったためもあり、思うように軍の展開ができたのですね。

新聞がいっせいに太鼓を叩く

一方、日本国内では、この日の朝刊が――当時は朝日新聞と東京日日新聞（現在の毎日新聞）がダントツの部数でした――ともに俄然《がぜん》、関東軍擁護《ようご》にまわったのですよ。繰り返しますが、それまでは朝日も日日も時事《じじ》も報知《ほうち》も、軍の満蒙問題に関しては非常に厳しい論調だったのですが、二十日の朝刊からあっという間にひっくり返った。たとえば東京朝日新聞ですが、十九日の論説委員会で、これは日露戦争以来の日本の大方針であり、正統な権益《けんえき》の擁護の戦いであるということが確認され、二十日午前七時の号外《ごうがい》は「奉天軍（中国軍）の計画的行動」という見出しで、特派員《とくはいん》の至急報を国民に伝えます。これはほかの新聞もほぼ同じで、つまり軍の発表そのものであったということです。

「十八日午後十時半、奉天郊外北大営の西北側に暴戻《ぼうれい》なる支那軍《しなぐん》が満鉄線を爆破し、わが鉄道守備隊を襲撃したが、わが軍はこれに応戦した云々《うんぬん》」

とあり、「明らかに支那側の計画的行動であることが明瞭《めいりょう》となった」と書いています。よく読めば少しも「明瞭」ではないのですが、これがそのままたいへんな勢いで国民に伝わります。どうしてこうなったか、これは一つにラジオのおかげだと思うんです。十九日午前二時頃に電報通信社からの第一報が入ったのを受け、午前六時半からのラジオ体操を中断して、「九月十八日午後十時三十分、奉天駐在のわが鉄道守備隊と北大営の東北陸軍第一旅団《りょだん》の兵とが衝突、目下激戦中」と伝え、この後もどんどん臨時ニュースを流すもんですから、新聞も負けじと勇ましい報道をはじめたのです。ちなみに当時約六十五万だったラジオの契約者数は、これを契機に月平均六万ずつくらい増え、昭和七年三月には百五万六千に達したといいます。ラジオの時代に突入したわけで、その影響で新聞も「号外」を連発するようになる。つまり「号外」戦となり、どんどん読者を煽《あお》っていくことになるのです。

一方、関東軍としては、敵は満洲全土をあわせれば二十倍以上いますから、朝鮮軍に出てもらわないとどうにもならない。軍隊を国境を越えて動かすには、統帥命令によらねばならない、大元帥すなわち天皇の命令がないとできません。そのため金谷参謀総長がお願いにいきますが、拡大反対の天皇は「まかりならん」の一点張り。侍従武官長が間に入ってとりなしても会ってもくれず、何度もすごすご引き下がってくる。神田正種作戦参謀ら朝鮮軍は国境線の鴨緑江《おうりょっこう》まで来て待っているのですが、東京からの許可が下りない。そこで、朝鮮軍の立派なひげをはやした林銑十郎《はやしせんじゅうろう》司令官がここでも独断で越境命令を出したのです。二十一日午後、混成《こんせい》第39旅団の兵隊一万人以上が一気に鴨緑江を越えて満洲に入りました。大元帥陛下の命令なくして軍隊を動かしたということは大犯罪で、これも陸軍刑法に基づけば死刑なのですが。

一方、同日夕方ころにその知らせを受けた陸軍は、たいへんなことになったと慌《あわ》てますが、智恵者がいて「閣議で決めてもらおう」ということになり、二十二日午前十時から閣議が開かれます。若槻総理大臣も、林久治郎《きゅうじろう》奉天総領事よりかなりの情報を得ていた幣原喜重郎《しではらきじゅうろう》外務大臣も「事件はまったく日本陸軍の計画的行動によると思われる」といった電報を受けていますから、「とんでもない」と南陸軍大臣を吊《つ》るし上げます。以下は、幣原さんが南さんに厳重抗議をした言葉です。

「はたして原因は、支那兵がレールを破壊し、これを防御《ぼうぎょ》せんとした守備にたいして攻撃してきたから起こったのであるか。すなわち正当防衛であるか。もし然《しか》らずして、日本軍の陰謀的行為としたならば、わが国の世界における立場をどうするか。……この上はどうかこれを拡大しないよう努力したい。即刻、関東軍司令官にたいして、この事件を拡大せぬよう訓令しようと思う」

しかし南さんは例によってふにゃふにゃしているうちに、すでに朝鮮軍は国境を越えて満洲に入ってしまったことをばらしてしまいました。すると、ここが昭和史の困ったところ、情けないところなのですが、若槻首相という、道理《どうり》のわかったはずの人が、「なに？　すでに入ってしまったのか。それならば仕方ないじゃないか」と言ってしまったというのです。この若槻首相のひとことが閣議を決定し、「朝鮮軍を放っておくわけにはいかない、予算として特別の軍事費を出す必要がある」ということになります。

天皇は、大元帥陛下としては、参謀総長にきつく「戦争の拡大はまかりならん、朝鮮軍の越境は認めない」と言っているのですが、閣議の後、若槻首相が「閣議が全員一致で決定し、越境した朝鮮軍に特別軍事予算をつけた」と奏上してきたことに対して、すでに説明しましたように、日本の憲法において内閣が一致して決めてきたことについてはノーと言わないことになっていますから、やむを得ないと、認可してしまいます。

陸軍は大喜びです。二十二日午前から午後にかけて、天皇が認可した、予算が出た、と激励の電報を次々に現地に送りました。これを受けた関東軍は命令を出します。「ハルビンの形勢ますます不穏《ふおん》。ハルビン総領事より政府に出兵の要請あり。軍は速《すみ》やかにハルビン救援の準備を整えんとす」というわけで、ハルビン攻略作戦がはじまりました。

改めて天皇に会いに行った金谷参謀総長に、さすがに「今回のことは非常にけしからんことではあるが、閣議が一致して決めたことはやむを得ない。しかし私はあくまで拡大に反対であるから、戦争をはやく終わらせるように」と天皇は命令するにとどまります。

二十三日の朝刊は「朝鮮軍の満洲出動」と大々的に報じました。「閣議で事後《じご》承認」、これは正しいですね。また「軍と政府がぎくしゃくしている印象を内外に与えるのはたいへんよくない、政府が勇断《ゆうだん》に欠けているがごとき印象を与える結果となったのはもっとも愚《ぐ》である」とまで書き、軍部の後押しをしました。この時から大衆が軍を応援しはじめ、強気一方になって「既得権擁護《きとくけんようご》」「新満蒙の建設」といった新スローガンも生まれ、一瀉千里《いっしゃせんり》に満蒙領有計画が推進されていくのです。

事変後、一週間もたたないうちに、日本全国の各神社には必勝祈願《ひっしょうきがん》の参拝者《さんぱいしゃ》がどんどん押し寄せ、憂国《ゆうこく》の志士《しし》や国士《こくし》から血書血判《けっしょけっぱん》の手紙が、陸軍大臣の机の上に山のように積まれたというんですね。南陸相は「日本国民の意気《いき》はいまだ衰えぬ、まことに頼もしいものがある。この全国民の応援があればこそ、満洲の曠野《こうや》で戦う軍人がよくその本分を果たしうるのである」と喜色満面《きしょくまんめん》に新聞記者に語ったほどです。これが事変直前に天皇にきつく叱られ、青菜《あおな》に塩でフニャフニャになった人の言葉なんです。

こうして「この全国民の応援」を軍部が受けるようになるまで、くり返しますが、新聞の果たした役割はあまりにも大きかった。世論操縦《よろんそうじゆう》に積極的な軍部以上に、朝日、毎日の大新聞を先頭に、マスコミは競って世論の先取りに狂奔《きようほん》し、かつ熱心きわまりなかったんです。そして満洲国独立案、関東軍の猛進撃、国連の抗議などと新生面が開かれるたびに、新聞は軍部の動きを全面的にバックアップしていき、民衆はそれらに煽られてまたたく間に好戦的になっていく。それは雑誌「改造」（昭和六年十一月号）で評論家の阿部慎吾《あべしんご》が説《と》くように、「各紙とも軍部側の純然たる宣伝機関と化したといっても大過《たいか》なかろう」という情況であったんです。マスコミと一体化した国民的熱狂というものがどんなにか恐ろしいものであることか、ということなんです。

そして昭和七年三月には満洲国が建設され、九月八日に本庄軍司令官以下、三宅参謀長、板垣高級参謀、石原作戦参謀らが東京に帰ってくると、万歳万歳《ばんざい》の出迎えを受け、宮中から差し回しの馬車に乗り、天皇陛下にこれまでの戦況報告をします。黙って聞いていた天皇は尋ねます。「聞いたところによれば、一部の者の謀略との噂もあるが、そのような事実はあるのか」。これに対して本庄は「あとでそのようなことを私も聞きましたが、関東軍は断じて謀略などやっておりません」とぬけぬけと答えました。天皇は「そうか、それならよかった」と言ったようです。あとで聞いた石原莞爾は「ずいぶんいろいろなことを天皇の耳に入れる奴《やつ》がいるな」とつぶやいたという話もあります。つまり〝君側の奸〟どもは許せん、というわけです。

すでに申しましたように、この人たちは本来、大元帥命令なくして戦争をはじめた重罪人で、陸軍刑法に従えば死刑のはずなんです。それどころか本庄軍司令官は侍従武官長として天皇の側近となり、男爵となる。石原莞爾は連隊長としていったん外に出ますが、間もなく参謀本部作戦部長となり、論功行賞《ろんこうこうしょう》でむしろ出世の道を歩みました。字義《じぎ》どおり、「勝てば官軍《かんぐん》」というわけです。

昭和がダメになったのは、この瞬間だというのが、私の思いであります。

＊1――教育勅語　明治二十三年（一八九〇）に発布された、教育の基本方針を示す明治天皇の勅語。公式には〈教育ニ関スル勅語〉。

＊2――張学良　一八九八―二〇〇一、張作霖の長男で東北地方を地盤とする軍閥。一九二八年の張作霖爆殺後、その後を継いで三十歳で東三省（遼寧、吉林、黒龍江の三省）の実権を握った。満洲事変当時は国民党政府に協力した。

＊3――溥儀　一九〇六―六七、清朝最後の皇帝（宣統帝）。在位一九〇八―一一年。満洲国の皇帝（康徳帝）としては在位一九三四―四五年（次章参照）。姓は愛新覚羅、字は浩然。

第三章

満洲国は日本を〝栄光ある孤立〟に導いた

五・一五事件から国際連盟脱退まで

この章の

✷ポイント

昭和七（一九三二）年、上海《しゃんはい》で日本人僧侶が襲撃され、それがもとで日中両軍の衝突が起こります。これは、満洲から国際社会の目をそらすための日本軍の謀略でした。しかし天皇の命を受けた白川義則《しらかわよしのり》大将が停戦に持ち込みます。この平和への流れを不服とした軍人たちが犬養《いぬかい》首相らを暗殺する五・一五事件を決行。以降、軍人の政治への干渉が強まります。一方満洲では日本の傀儡《かいらい》国家が誕生。これを機に日本は国際連盟で孤立し、脱退に至ります。

✷キーワード

上海事変／犬養毅《いぬかいつよし》／白川義則／血盟団《けつめいだん》事件／五・一五事件／挙国一致内閣／リットン調査団／満洲国／国際連盟脱退／パリ不戦条約

戦争を煽った新聞社

昭和六年（一九三一）九月十八日に起きた満洲事変で日本国内も戦争気運が昂《たか》まってがたがた動くなか、関東軍、つまり事変を起こした張本人《ちょうほんにん》たちが十月二日に、司令部に集まって、密《ひそ》かに「満蒙問題解決案《まんもうもんだいかいけつあん》」を決めます。これはほぼ石原莞爾《いしはらかんじ》が作ったもので、

「方針――満蒙ヲ独立国トシ我《わが》保護ノ下ニ置キ、在満蒙各民族ノ平等ナル発展ヲ期《き》ス」

という内容です。石原としては、もともとは満洲を日本の領土にしようという構想だったのですが、いっぺんに領土にまでしてしまうと世界世論の反対も多いだろうし、日本国内もまだまとまっていないので、とりあえずこの時は譲歩《じょうほ》して、とにかく満蒙――この時点では満洲でしたが後に内蒙古《うちもうこ》が入るので満蒙といいます――とくに満洲を蔣介石《しょうかいせき》の政府とは切り離し、まったく別の独立国にしてしまい、それをうまく日本が使おう、いわゆる傀儡《かいらい》政府をつくって日本の国防の最前線にしてしまおうとしたわけです。

この方略でうまく国民をリードするには、例によって新聞を使うことです。彼らは新聞を徹底的に利用して、満洲独立の構想を推進しようと考えます。戦争は、新聞を儲《もう》けさせる最大の武器なんです。だから新聞もまた、この戦争を煽《あお》りながら部数を増やしていこうと、軍の思惑《おもわく》通り動きました。

満洲事変の本格的な報道は十月からはじまるのですが、それから約六カ月間に、朝日も毎日も臨時費約百万円を使いました。ちなみに当時の総理大臣の月給は八百円です。いかに新聞が金を使ってやったか――朝日の発表によりますと、飛行機の参加は八機、航空回数百八十九回、自社製作映画の公開場所千五百、公開回数四千二十四回、観衆約一千万人、号外《ごうがい》発行度数百三十一回、と大宣伝に大宣伝を重ねたんですね。すると毎日新聞が、負けるもんかと朝日以上の大宣伝をやりました。当時の政治部記者、前芝確三《まえしばかくぞう》という人が後にこんなふうに語っています。「事変の起こったあと、社内で口の悪いのが自嘲《じちょう》的に〝毎日新聞後援・関東軍主催・満洲戦争〟などといっていましたよ」

つまり、この戦争は毎日新聞が後援しているみたいなもんだというくらいに、報道の上で太《たい》鼓《こ》を叩《たた》いたんです。現地に行く新聞記者、特派員も各新聞がエース、名文家を送り出して徹底的に書きまくりました。その一人、朝日新聞で後に「天声人語《てんせいじんご》」で名を馳《は》せた――戦後は十何年とこの人が書きました――荒垣秀雄《あらがきひでお》さんの記事を見ますと、

「四十度の熱で寝ていた者が一戦闘にフラフラ出て行ったまま全快した」

「眉間《みけん》から入った弾《たま》が頭《ず》がい骨《こつ》と皮膚《ひふ》の間をクルリと通って後頭部からぬけたのをホンの軽傷と思って戦っていた独立守備隊第〇（伏《ふ》せている）大隊の北山一等卒《きたやまいっとうそつ》」

頭にドーンと入った弾がくるっと回って後ろに行ったのに何にも感じないで戦ったというんです。また、

「胸部から背中に穴をあけられて息をするごとに出血しながら敵と格闘していた米山《よねやま》上等兵」「爆弾の破片《はへん》で足の肉をすっかりとられながらも突貫《とっかん》して行った相沢《あいざわ》一等卒」とにかくいさましく書きなぐりました。それだけでなく、新聞社の幹部も陸軍と協力するというより陸軍のおだてに乗り、星ヶ《ほしが》岡茶寮《おかさりょう》や日比谷《ひびや》のうなぎ屋などで陸軍機密費でごちそうになっておだを上げていたようです。

どうもそのことは一般にも知られていたらしいのです。新聞社が陸軍省と結託《けったく》してうまいことやっていると。翌昭和七年二月十一日の永井荷風《ながいかふう》（作家・一八七九―一九五九）の日記にこうあります。

「同社（朝日新聞社）は陸軍部内の有力者を星ヶ岡の旗亭《きてい》に招飲《しょういん》して謝罪をなし、出征《しゅっせい》軍人慰問義捐金《いもんぎえん》として金拾《じゅう》万円を寄附し、翌日より記事を一変して軍閥謳歌《ぐんばつおうか》をなすに至りし事ありしという。この事もし真《しん》なりとせば言論の自由は存在せざるなり。かつまた陸軍省の行動は正《まさ》に脅嚇《きょうかく》取財の罪を犯すものというべし」

謝罪というのは、最初満洲事変に批判的だったのを詫《わ》びたということです。いかに新聞というのが陸軍の尻馬《しりうま》に乗って「売らんかな」のため「笛と太鼓」で扇動したか、永井荷風みたいな皮肉な人は見定めていたわけです。

昭和五年生まれの私はまだ小さかったのであまり知らないのですが、だいたいこの昭和六年、七年、八年くらいに日本人の生活に軍国体制がすっかり根付いてきて、軍歌が盛んに歌われ、子供たちの間では「戦争ごっこ」がやたらに流行《はや》ります。そういえば私も、物心《ものごころ》ついた頃には毎日やっていました。それから水雷艦長《すいらいかんちょう》といって、帽子のツバを前にすると艦長で、後ろにすると水雷艇《すいらいてい》で、横にすると駆逐艦《くちくかん》という遊びをずいぶんやりましたから、確かにそういう風潮だったんですね。

新聞がわんわん煽るもんですから、日本じゅうが「さあさあ戦争戦争」と、子供まで戦争ごっこで、同時に庶民の間ではやたらに慰問袋ブームで、どんどん作っては戦場に送っていました。これをまた新聞社が徹底的に書くんです。慰問袋、寄附をした人の名前を毎日のように書き出しますから、次から次へと集まって、たとえば十二月二日には十五万円、六日には二十万円入ったようです。とうとう応募が多すぎて書ききれなくなり、「申し訳ないが紙面がなくこれ以上書けなくなった」とお詫びを出したにもかかわらず、ついに十二月二十九日には三十五万円に達したほど、民衆の間で「戦線の兵隊のために一緒になってやろうじゃないか」という気運があったわけです。

他方、裏側では、昭和四年のウォール街の暴落以降、不景気が国じゅうを覆《おお》っていました。小津安二郎《おづやすじろう》の映画『大学は出たけれど』*1 のタイトルどおりで、世の中に失業者があふれていました。早くその不景気から脱したいという思いが戦争景気への期待を高めたのだと思います。

✹「旭日を浴びて皇軍入城」

一方、満洲ではぐんぐん戦争が遂行《すいこう》されていきます。問題はそれを黙ってみていた中国です。自分の国がいま日本に取られようとしているのですからなんとかしなきゃいけないのですが、歴史というのは皮肉といいますか、この頃、中国本土は権力争いにあけくれていました。南京《なんきん》には蔣介石《しょうかいせき》の国民政府、その一派として南の広東《かんとん》には汪兆銘《おうちょうめい》*2の政府があり――彼は後に汪精衛《おうせいえい》と名乗って日本のために尽くします――ともに国民党ですが、二つに分かれて揉《も》めていました。さらに、勢力をどんどんのばしている毛沢東《もうたくとう》の共産党がいます。蔣介石は共産党を目の仇《かたき》にして攻撃を繰り返し、日本など見向きもしませんでした。それに地方軍閥もやたらに蠢動《しゅんどう》する。というわけで、内部が三つにも四つにも分かれてしまった中国は、肝心要《かんじんかなめ》の日本を主敵とするという気持ちがまったくない。せいぜい蔣介石が国際連盟（現在の国際連合の前身です。アメリカは不参加）に、なんとか日本軍の侵略を抑えてくれないか、国際正義の名において日本に制裁《せいさい》を加えてくれないかと提訴したくらいです。

国際連盟はこれを受けて議論をはじめますが、そう素早く取りかかって処理するような機関ではありませんので、日本はこれをチャンスとみました。中国は自分たちで勝手に戦争をしている、国際連盟の動きはのろのろしている、この時に石原莞爾が構想したように満洲を早く独立させてしまい、傀儡政府をつくり上げようじゃないかという方針が進められていきます。

十月八日には錦州《きんしゅう》に爆撃をかけました。天皇はそれを知りびっくり仰天して、しみじみした口調で鈴木《すずき》貫太郎《かんたろう》侍従長に、

「自分の代に大戦争が起こるのであろうか。それが日本の運命なのか」

と嘆いたといいます。

しかし、最前線の関東軍や朝鮮から派遣されてきた日本軍は、天皇の嘆きなど屁《へ》とも思っていませんから、張学良《ちょうがくりょう》軍を次々に撃破し、ついに十一月十八日にはチチハルを、また翌昭和七年（一九三二）一月三日には錦州を占領するなど、どんどん占領地域を広げていきました。

考えてみると、この時点でいち早く国際連盟が動くとか、中国の大部隊が満洲に入り込んでいれば、日本もそう簡単に占領できなかったのですが、状況がこうですから、チャンスとみて、赤ん坊の手をひねるように攻め込んでいけたんですね。逆に、国際連盟がやっと動き出す直前、日本は外交的な努力を試みて、むしろ「日本が防衛戦争をしているのだということを認識するために調査団を出してくれ、それによって日本の正当性が証明されるだろう」と要請します。これをまた国際連盟が引き受けたので、調査団を組織して満洲に送り込むという時間稼《かせ》ぎができたのです。ちょうど、先年のイラクの核査察団《かくささつだん》が何カ月もかかってイラクに入ったのと同じようなかたちです。メンバーだけではいけないとか、公平を期《き》すために人員を選びなおすとか、まさに時間稼ぎにはもってこいでした。すべてが日本の思惑《おもわく》通りに歯車《はぐるま》が回りはじめ、満洲の都市を日本軍が次から次へと占領していきました。

一方、中国本土では、民衆、とくに若い人たちが蔣介石や汪兆銘ら政府のやり方に猛反対し、日本は侵略国家であるから撃退《げきたい》すべきだという大運動が起こります。とくに上海などはたいへんな勢いで反日運動を展開しはじめました。日本の物は一切《いっさい》、買わず、売らず、運ばず、用いず。原料および一切の物品を日本人に供給《きょうきゅう》せず。日本の円を受け取らず、取引もせず、日本人を雇《やと》わず、日本人に雇われず。日本人と一切応対せず……などをスローガンに、次々と学生らが蜂起《ほうき》して、上海《しゃんはい》、北京《ぺきん》、南京、広東へとデモが広がり、中国政府も徐々《じょじょ》に「このままではだめだ」という状況に追い込まれていきます。

ただ中国正規軍の反撃がはじまるまでにはまだ少し時間があるというので、日本はさらに北へそして西へと攻め込んでいきました。そうして勝ち進むと新聞がまた喜びます。もう少し新聞の悪口を言いますと、たとえば昭和七年一月三日、日本は錦州を占領しました。明治時代に「聖将《せいしょう》」とも呼ばれた軍人、乃木希典《のぎまれすけ》将軍（一八四九―一九一二）が日露戦争でよんだ「金州城《きんしゅうじょう》外斜陽《がいしゃよう》に立つ」という漢詩がありまして、私なんかよく混同して、錦州と書くたびに乃木さんの詩を唸《うな》ってしまうんですが、翌四日の朝日新聞は華々《はなばな》しくうたい上げます。

「平和の天子《てんし》の如《ごと》く旭日《きょくじつ》を浴びて皇軍《こうぐん》入城す」

日本軍は「平和の天子」なんですね。

「皇軍の威武《いぶ》により、満洲新時代に入る」

とにかく新聞は売れるし、国民はみな喜ぶから、新聞は相変わらず太鼓を打ち鳴らします。

歴史にイフはありません、けれども、中国国内も国連もそんな状態ですから、ここで日本がぱっと戦争をやめて天皇がいう不拡大の大方針を守れば、あるいは国際的大事にならなかったと思うんです。ところがそうはいかないんですね。新聞は煽るし、国民は喜ぶし、景気《けいき》もよくなりはじめるし、軍は「こうなれば満洲全部を取っちゃえ」という勢いになり、国際連盟がごちゃごちゃ議論をしている間に、ついに山海関《さんかいかん》という満洲と中国本土の国境線、万里《ばんり》の長城《ちょうじょう》がはじまる突端《とったん》まで進出し、そこに日章旗《にっしょうき》つまり日の丸を立ててしまうのです。

攻勢の終末点を想定してそれをキチンと守る、それが軍事を考えるうえで重要なんですが、どうもその守るという勇気に欠けているのが日本人の特色かもしれません。とにかく万事《ばんじ》に対《たい》症療法《しょうりょうほう》的ですからね。

きびしくなった世界世論

ここまでくると中国も黙っていませんし、国際連盟も「あんまりじゃないか」と思うのは当然です。それまでどちらかというと、アメリカは日本に好意的でした。国際連盟がガタガタしだした時も、アメリカは日本たたきの先頭になることはなく、日本の立場が自衛戦争であるかには若干《じゃっかん》首をかしげるところもあったと思いますが、少なくとも、意図的な侵略戦争とはとらなかったのです。が、ついに錦州は占領する、山海関へも出て行くとなりますと、アメリカも

「これは」といっぺんに硬化《こうか》してしまうのです。とくに錦州占領で万歳万歳の日本の報道を見た時、アメリカのスチムソン国務長官は大衝撃を受けて、「もはや日本は信ずるに足りない、これは侵略戦争である」と厳重抗議をし、満洲の現状をみると、一九二八年（昭和三）に各国で結んだ不戦条約[*3]に日本はまったく違反している、日本がいち早く破るとはけしからん、したがってこの戦争はもはや自衛とは認められない、と強硬になったのです。

このアメリカの不信表明は日本にとってショックでした。しかし事態がここまできてしまえばもう引き返すことはできない、というのが軍なんですね。戦理《せんり》とはそういうものです。アメリカが何を言おうが満洲の独立だけは果たしたいと、動きを止めませんでした。のみならず、昭和七年一月、事件を起こした張本人である例の「午前さま」、板垣征四郎大佐が東京にはるばるやって来ます。それも石原莞爾に、

「いいかい、板垣さん、あなたは決してへっぴり腰になっちゃいかんよ。関東軍が何を考えているかということを陸軍中央部に徹底的に説明してくれ。中央部が腰の引けるようなことを言ったら、その腰をへし折るくらいひっぱたいてくれ」

とハッパをかけられて出てきたのです。

とにかく満洲には新国家を建設する、明確に南京政府、つまり中国の政治の中心から離脱させて名実ともに独立国家にする、陸軍中央（陸軍省と参謀本部）もその決意をしてもらいたいというわけです。そして、

「不戦条約においても、国際連盟の規約においても、日本が満洲を支那《しな》本部と分離させようと直接行為をあえてすることは許されないだろう。しかし支那人自身が、内部的に中央と分離して自分たちの国をつくるというのであれば、一向《いっこう》にそれらに反していない。だから日本はあくまで側《そば》で見てやっているだけで、支那人自身が自分たちの意志で独立国をつくるということなんだから構わないのじゃないか」

と、陸軍中央を説得するのです。

板垣さんはそうおしゃべりでもなく、どちらかというと黙ったまま三時間でも四時間でも相手の顔をにらみつけているような人なんですが、その時はよっぽど石原莞爾に説得されてきたのか、盛んにしゃべったらしいですね。結果としては、陸軍省と海軍省と外務省のいわゆる三省が合議することになる。そして国の大方針として、

「満洲を、支那本部政権より分離独立せる一政権とする。そのようになるように逐次《ちくじ》、わが国としては誘導する」

と決めるのです。すなわち、日本が無理やりつくらせたのでは国際条約違反になってしまう。ゆえに直接には手は出さない。けれどもうまく誘導して、中国人自身が自分たちの独立国をつくるというふうに指導する、これなら文句はあるまい、という方針です。これが一月上旬のことでした。

こうして、大元帥の命令にも、国策である不拡大方針にも違反して勝手に満洲事変を起こし

戦闘を拡げたとんでもない奴ら、軍法会議にかければ死刑に値《あたい》する面々は、ここでセーフになってしまったんです。罪ではなくなったどころか「よくやった」ということに。

そして一月八日、あれほど大戦争を心配していた昭和天皇までが、「関東軍はよくやった」という内容の勅語《ちょくご》を発します。満洲事変の起こりとなった柳条湖《りゅうじょうこ》事件は自衛戦争である、チチハルや錦州の占領も「皇軍の威武《いぶ》を中外《ちゅうがい》に宣揚《せんよう》したものである」と、おほめの言葉のある勅語でした。

これは、昭和天皇のされた一番の大ミスじゃないかと思うんですね。昭和天皇自身も、「しまった」と思っているかどうかはわかりませんが、少なくとも、『昭和天皇独白録』の中には、満洲事変について今まで話したような一件に関してはほとんど何も語られてないんです。勅語や、関東軍の独断専行、満洲をいかに独立させようとしたか、そのことに言及《げんきゅう》することはほとんどなくて素通りです。ということは、よほど自分の中でもショックだったんじゃないか、と思われないでもないんです。

というわけで、あらためて国策として日本が誘導して満洲国をつくることに決まりました。ところが、これを進めるほどに、国際的にはなんとも許しがたいものとして映《うつ》ります。

国際世論での批判がどんどん大きくなってくることに困った日本は、なんとかして満洲から世界の目を逸《そ》らせようとします。このへんが、満洲事変以来の日本の強引といえば強引な政策で、どうしてもほめられない。程《ほど》よいところでストップをかければいいのに突っ走ったおかげで、国際的に孤立化していくのですが、要するに世界の目をほかに向けるには、どこかで事件が起きればいいのだと——どうも日本の悪口ばかり言うことになりますが、事実はそうなんです——板垣征四郎および石原莞爾らが、上海日本公使館付きの陸軍武官補佐官であった仲間の田中隆吉《たなかりゆうきち》中佐を呼んで——この人はのち東京裁判の時にアメリカの検察側に回り、日本陸軍がいかに陰謀たくましかったかを全部暴露《ばくろ》して日本陸軍の許し難《がた》いたった一人の人物になってしまいます——満洲事変直後の昭和六年十月ぐらいに「なにかあった時は、頼むから上海で事件を起こしてくれ。そうすると世界の目がそっちにいく」と言い渡していたのです。

満洲だと、極端に言えば世界列強にとって直接的な利害関係がないんですね。ところが上海はイギリスもアメリカもみんな租界《そかい》があって、利害関係が山ほどある。そこで事件が起こればいやでもそちらへ目が向くわけで、満洲はすっと抜けてしまうというわけです。

上海事変をとにかく停戦へ

いよいよ昭和七年の年明けぐらいから国際社会の目が厳しくなり、日本はどうにもならなくなってきます。作戦をこのまま遂行すれば孤立化を深めるだけでなく、世界から袋叩《だた》きにあうかもしれないというので、田中にさっそく「決行せよ」の電報を打ち、一月十日に約二万円の軍資金《ぐんしきん》を送り込みます。

そういうことが何故《なぜ》わかったかと言いますと、田中が東京裁判でみんなばらしたからなんですが、その中央からもらった二万円で、自分の愛人で「東洋のマタ・ハリ」と言われている川《かわ》島芳子《しまよしこ》＊4も使って中国人に金をまき、事件を起こす算段《さんだん》をしました。そして一月十八日、ついに事件は起きます。日蓮宗《にちれんしゅう》の坊さん二人が信徒三人を連れて上海の街を「南無妙法蓮華経」と托《たく》鉢《はつ》して歩いている時、抗日運動が盛んな頃ですから、反日分子《はんにちぶんし》――といっても金をやってそう装《よそお》わせた中国人――がそれを襲撃し、結果としては二人が死に、三人が重傷を負うという殺人事件になりました。

この無法をチャンスとした日本軍は、「犯人を出せ」と厳重抗議をします。中国側は覚えがありませんから「何を言うか」ともみ合って一触即発《いっしょくそくはつ》になります。向こうは反日で燃えてますし、こっちはやる気十分というか元々そのつもりなんですから、あっという間に火を噴《ふ》いて、十日後、中国軍と日本軍が弾を撃《う》ち合う大事件に発展したのです。

今話したことはのちにわかったことで、当時はまさか日本軍の謀略《ぼうりゃく》で田中隆吉と川島芳子が組んでしかけたなんて誰も知りませんから、「やっぱりはじまったか」と日本人の皆が思った。昭和天皇もそう思ったでしょう。驚愕《きょうがく》して、鈴木貫太郎侍従長を呼び、「厳重に調査せよ」と言うのですが、そんな余裕はなくすでに戦争がドンドンとはじまり、世界の目はいっぺんに上海に向きました。

この時、満洲の関東軍はさらに「しめた」というので、本庄軍司令官を中心に、北部のハルビンを取ってしまおうと攻撃を開始します。

こういう具合に、張作霖爆殺事件以来、日本陸軍の謀略はどんどん進行していったのですが、これというのも国防に対する基本的な考え、つまりソ連の南下がおっかないからはじまったことであるのは最初に申した通りです。さらに不景気がどうにもならないところに達していたことが根底にあるわけですが、少なくともこの「上海事変」と称せられる事件は、明らかに最初から日本軍の謀略でありました。

天皇はこれについては非常に憂慮《ゆうりょ》して、世界の厳しい目が満洲問題だけでもこれほど日本に注がれているのに、そのうえ上海で戦闘など許されない、とにかく早くやめるように、と何度も陸軍中央に言いました。国際連盟がジュネーブの本部で、満洲問題に上海事変を絡《から》めて話し合う総会を三月三日に開くと決めていますから、「なんとしてもそれまでに戦火をとめ、陸軍を引き揚《あ》げさせろ」ときつく命じ、内閣にもそう言うわけです。この時、犬養毅《いぬかいつよし》という政友会《せいゆうかい》の頭領を首相とする内閣ができていました。

内閣については、はじめは若槻礼次郎《わかつきれいじろう》さんだったのですが、前年昭和六年十二月十一日に辞めていました。犬養さんは基本的には、若槻内閣が決めた満洲独立案の方策には必ずしも賛成ではなかったものの、陸軍に圧《お》され、ついに上海付近の中国軍を撃破するよう、二個師団《こしだん》——一個師団はだいたい当時一万五千人ぐらいです。後に二万人強になりますが——つまり約三万人を上海に送り込むことを決定せざるを得なくなってしまいました。

その新しくつくられた上海派遣軍の司令官が元陸相の白川義則《しらかわよしのり》大将で、任命するにあたって天皇は、「今度こそなんとか上海事件を拡大しないよう、とにかく条約を尊重し、国際協定を守るように」と言い、しみじみとした口調でさらにこう加えたといいます。

「もう一つ頼みがある。上海から十九路《ろ》軍（中国の軍隊）を撃退したら、決して長追《ながお》いしてはならない。計三個師団という大軍を動かすのは戦争のためではなく、治安のためだということを忘れないで欲しい。とくに陸軍の一部には、これを好機《こうき》に南京まで攻めようとする気運があるときく」

天皇という方は、相当の情報通《つう》なんですね。陸軍の意図を見定めていて、そんなことのないように、というのです。陸軍の意図というのは、チャンスだからついでに南京、つまり蔣介石のいるところまで攻めて行っちゃえというのです。白川さんが「存じております」と言うと、「私はこれまでいくたびか裏切られた。お前ならば守ってくれるだろうと思っている」

陸軍の中にも良識の人といいますか、忠義の人がいるんですね。国際連盟が三月三日に総会を開くという期限があって、その前に戦争をやめ、日本が国際的にも誠意を見せたことを示したいという天皇の命令を受け、白川さんが指揮した上海派遣軍は、強力でしたから中国の十九路軍をあっという間に撃退し、上海付近を包囲していた中国軍をすべて追っ払って元通りの状態にし、同時に停戦命令を出したのです。

驚いたのは東京の参謀本部です。

「えっ⁉　勝ってるのになんでやめるんだ？　行け行け」

とこれがまた馬鹿みたいに追撃命令を出すんです。しかし白川さんは断固として動かず「停戦だ、停戦だ」とついに上海事変を収《おさ》めてしまいました。結果としては、ものすごい険悪《けんあく》な雰囲気ではじまったジュネーブの国際連盟総会はこれを受けていっぺんに好転し、「そうか、日本はひどいことを考えていたわけじゃないんだ」と一応は見直されまして、非常にうまくいったんですね。天皇もその報告を心から喜んだようで、鈴木貫太郎侍従長に、「ほんとうに白川はよくやった」と言いました。

さて実際に戦闘を中止するには、中国軍側と停戦協定を結んで調印しなければなりません。その調印式が四月二十九日、ご存じかと思いますが昭和天皇の誕生日、天長節《てんちょうせつ》であります。その日を選んで調印式をすることになりました。上海北部の公園で行なわれた調印式のお祝いの会で、ある反日の朝鮮人が手榴弾《しゅりゅうだん》を投げ、壇上にあった日本側の責任者らをいっぺんに打ち倒し、白川さんはそのせいで死んでしまうという悲劇がありました。その時に右脚を失ったのが駐華公使だった重光葵《しげみつまもる》さん、後の外務大臣です。

面白いことに、というよりへエーと思えるほどに、天皇は『昭和天皇独白録』で上海事変についてはごくていねいに語っています。白川はじつによくやったと、そしてその死をたいそう悼《いた》み、翌年昭和八年の春の一周忌、遺族にと短冊《たんざく》を鈴木侍従長に託《たく》し、仏前に捧《ささ》げました。短冊には歌が書かれてありました。

をとめらの雛《ひな》まつる日に戦《いくさ》をばとどめしいさほ思ひ出にけり

三月三日、その殊勲《しゅくん》を今もまた思い出しているよ、という歌を天皇自らつくって届けさせた、そういう話が残っています。『独白録』に詳しいのですが、上海事変を三月三日までにとにかく収めたことはよほど嬉しかったのだろうというのがよくわかります。

✴「話せばわかる」「問答無用」

一方、陸軍中央その他、血気の人たちはこれが不満でしょうがない。なぜ勢いに乗じて南京まで攻めて行かなかったのかが悔しく、停戦協定など結んでいい気になっているのも不愉快である、と。実は裏側で、こうした不満から密かな動きがはじまっていて、昭和七年が明けてなんとなしの和平ムードが高まりつつある時に、暗殺事件が次々に起こるのです。

二月九日、井上準之助《いのうえじゅんのすけ》前大蔵大臣《おおくらだいじん》射殺、三月五日、三井合名理事長の団琢磨《だんたくま》射殺――これはふつう血盟団《けつめいだん》事件といいます。さらに陸海軍や民間《みんかん》右翼《よく》たちが、どうも今の犬養内閣はへっぴり腰だ、せっかくのチャンスを逸《いっ》して上海事変を終えてしまったし、不景気の克服もできない、やることとなすことがけしからん、というので五・一五事件というクーデタを起こします。

上海事変は陸軍だけでなく海軍陸戦隊も海軍航空隊も戦いましたから、海軍も相当の犠牲者を出しているのです。ところがただの事件ですから勲章《くんしょう》もなにもなかった、その他いろんな不満が海軍部内にもありまして、内閣および重臣――例の「君側《くんそく》の奸《かん》」――はけしからん、あれを倒して暗雲を吹き飛ばし、もっとさわやかな日本をつくるべきだ、と犬養首相暗殺を決行します。これが昭和七年五月十五日に起きたので、五・一五事件というわけです。

殺されたのは犬養首相だけですが、狙われたのは元老西園寺《さいおんじ》公望《きんもち》、内大臣牧野《まきの》伸顕《のぶあき》、侍従長鈴木貫太郎、という例の三人です。犬養さんを襲ったのが海軍士官、三上《みかみ》卓《たく》、黒岩《くろいわ》勇《いさむ》、山岸《やまぎし》宏《ひろし》、村山《むらやま》格之《かくし》、さらに陸軍士官学校の後藤《ごとう》映範《てるのり》、篠原《しのはら》市之《いちの》助《すけ》ら五人で、靖国《やすくに》神社に集合し、二台の自動車に分かれて乗って、午後五時半ごろ首相官邸に乗り込んで行き、犬養さんと面談をしました。犬養さんが出てきて、

「なんだそういうことか、話せばわかるじゃないか」

と言った時に、

「問答無用《もんどうむよう》」、ズドン。

という有名な話になって残っています。

一説によると、今でいう不正献金《ふせいけんきん》を犬養がもらっていたのがけしからん、と指摘したのを犬養さんが「それなら話せばわかるじゃないか」と答えた、それを問答無用として撃ったという説もありまして、必ずしも彼らが「何も聞かない、とにかく殺すのだ」と実行したのではない、そういう説もあることを付け加えておきます。しかし、だいたいにおいては、内閣の政策に対する抗議として決行したと考えるのがいいかと思います。

さらに彼らは警視庁に向かい、「われわれは何を考えているか」という檄文《げきぶん》を車中から街に撒《ま》きました。それは今でも残っています。

もう一つの組は、古賀清志《こがきよし》という人をリーダーとして、陸軍士官学校の生徒四人が牧野伸顕内大臣邸を襲い、手榴弾を投げ込みましたが、牧野さんはいなくて無事でした。

さらにもう一つの組は、海軍の中村義雄《なかむらよしお》という人が陸軍士官学校の生徒三人を連れて政友会本部に手榴弾を投げたのですが、不発《ふはつ》でした。

その他、この決起《けっき》部隊に呼応《こおう》して、橘孝三郎《たちばなこうざぶろう》という人を中心とする愛郷塾《あいきょうじゅく》＊5のメンバーたちが東京の発電所を襲いました。東京を暗黒にして何かをやろうとしたようですが、行ってはみたもののどうすればいいのかわからず、しょうがないから機械を一つ二つ金槌《かなづち》でぶっ壊しただけで結局なにもできなかった、という話が残っています。

いずれにしろ、大計画を立てた割りにずさんだったといえるのではないかと思います。

ところがこの事件はどういうわけか当時の国民には妙に人気があって、ということは犬養内閣の政策がよほどおそまつだったのか、やることなすこと国民の気持ちにそぐわなかったのか、この青年将校たちを糾弾《きゅうだん》するのではなく「助けてほしい」という運動がやたらに方々で起こります。また、徒党《ととう》を組んで人を殺したんですから、厳重に処罰しなくてはいけないはずの軍も、なぜか被告に対して同情的で、それがまた国民の賛同を得るのです。当時の風潮として、一般民衆の間に政治的不満が強くあったのだろうとしか考えられないんですね。

結論を言いますと、海軍軍人が起こした事件ですから海軍の軍法会議なんですが、首謀者《しゅぼうしゃ》の二人、三上卓と古賀清志が禁固《きんこ》十五年、もう一人が禁固十三年、無期懲役《むきちょうえき》が一人、残りは全部無罪です。死刑もなけりゃ、禁固十五年なんて恩赦《おんしゃ》などであっという間に出てしまうんです。要するに判決そのものものすごく軽かった。なぜこうも軽いのか、実は海軍内部でこの人たちへの同情といいますか、応援団が非常にたくさんいまして、たとえば「軍神東郷《ぐんしんとうごう》」といわれる東郷平八郎元帥《とうごうへいはちろうげんすい》は、

「この士官たちの志《こころざし》は十分にわかっているから、彼らの志を国民に知らせると同時に、足りないところはおまえたちが援助してやってほしい」

と海軍軍人に述べました。すると軍人たちは、

「わかりました。彼らの志を十分に生かすようにいたします」

また判決が出てから執行猶予《しっこうゆうよ》になって訪ねてきた被告の一人に、ロンドン軍縮会議の際に軍令部長として天皇陛下に辞表をたたきつけた加藤寛治《かとうひろはる》大将が、涙ぐんでこう言ったそうです。

「君たちはじつに気の毒だった。僕がやらねばならないことを君たちがやってくれた。ほんとうに相《あい》すまない」

どういうことなんですかねえ、海軍大将がこんなことを言っているんです。そのぐらい同情的であったということですが、一国の総理大臣を殺したんですから、事件としては大事件なんです。この時、元老の西園寺さんはすっかり日本に失望して政治に嫌気《いやけ》がさし、興津《おきつ》まで訪ね

てきた近衛文麿《このえふみまろ》に「もう歳をとった。ほんとうにくたびれた。元老の仕事を返上《へんじょう》したい」などと言い出します。また牧野内大臣も、自分が官邸で襲われたせいもあるんですが、もっぱら鎌倉の私邸《してい》に籠《こも》り、東京へ出てくる機会をうんと減らしてしまいました。

というわけで「君側の奸」の二人が急にへっぴり腰《ごし》になり、残るは鈴木貫太郎のみになってしまいますが、この鈴木侍従長だけは意気軒昂《いきけんこう》として大批判をぶちました。

「軍人がだんだん政治に干渉し、政権に乗り出す気運がさかんになってきている。それに邪魔になる人間をどんどん犠牲にする世相になって、犬養内閣も結局この災《わざわ》いにかかったのである。犬養さんがやられた原因は満洲問題と言われるが、一面には政友会内閣の勢力争いが含まれていると観察された。そしてそのやつらは軍人と結託《けったく》したという噂であった。犬養さんは満洲の独立に反対した。そういう策動家《さくどうか》の手先《てさき》になった軍人が、ついにあの暴行を敢《あ》えて行なったのであるが、その後の始末にいたっては、なんとも遺憾《いかん》きわまりない」

などと発表したので、軍部から完全ににらまれることになります。これが後の二・二六事件につながっていくわけで、物事とはこういうふうに裏に何かの意図があって、複雑に推移していくわけですね。

この五・一五事件が結果的に何を意味するかと言いますと、犬養さんの政友会はここでぶっ潰《つぶ》されて、その後、斎藤実《さいとうまこと》という海軍大将が総理大臣になります。犬養内閣は閣僚も政友会で固めたいわゆる「政党内閣」[*6]で、日本は明治三十一年（一八九八）の第一次大隈重信《おおくましげのぶ》内閣以来、そういう政党内閣できたのですが、五・一五事件で政党政治は完全に息の根を止《と》められてしまいます。斎藤内閣は「挙国一致内閣《きょこくいっちないかく》」といいまして、もう政党などにかまっておられず、国のためを思う人たちを集めて内閣を組織しました。これ以後もそうなります。つまり五・一五事件の結果として、日本の政党内閣は息の根を止められた。さらに、軍人の暴力が政治や言論の上に君臨《くんりん》しはじめる、一種の「恐怖時代」がここに明瞭にはじまるのです。

五・一五事件は、そういうわけで日本の政治史の上では重大な意味を含んでいるのですが、今言いました通り判決はじつに軽く、それをまた日本の民衆がこぞって歓迎したというおかしな事件となりました。そこから考えれば、日本国民が不景気から抜け出るために必要なものとして、満洲国の建設がそれほど要求されていたことがわかるわけです。

というふうに国内では殺人やテロが次々に起き、五・一五事件後もその恐怖はおさまりませんでした。斎藤実首相暗殺予備事件、藤原銀次郎《ふじわらぎんじろう》暗殺予備事件、皇国義勇隊《こうこくぎゆうたい》事件、岡田啓介《おかだけいすけ》首相暗殺未遂事件と、実際の暗殺は起こらなかったのですが、徹底的に取り締まって捕まえてみると、計画は次々に練られているのが判明する。まことに恐怖の時代が到来しつつありました。

リットン調査団が見たもの

一方、満洲では、着々と満洲国建設の歩みがはじまっていました。満洲国を設立するためにはとにかく日本が表立《おもてだ》ってはだめで、形としては中国の人たちにつくらせなければ、というので関東軍は奉天《ほうてん》省、吉林《きつりん》省、黒龍江《こくりゅうこう》省の三省から首席、つまり一番偉い人を呼んで「あなたがたで中央政務委員会をつくり、そこで話し合って意見の一致をみたところで中国本土からの分離独立を宣言しなさい」と指導——決して強制ではなく——するわけです。彼らはさっそく名称、国旗、予算、制度、人事など多くの問題を相談します。ただし関東軍が出したプランをそのまま受け入れていく、たぶんそういうことなのでしょう。

こうなると元首《げんしゅ》を誰にするかが大問題です。この三人から元首を出したのでは、また互いの足を引っ張る勢力争いで何が起きるかわかりませんから、どうしてもこの三人の上に元首を立たせる必要があります。「よく考えなさい」とでも言ったのでしょうが、関東軍のほうではだいたい決めていました。それが溥儀《ふぎ》という清朝最後の皇帝、映画でいう「ラストエンペラー」なのですが、まだここでは出てきません。とにかく関東軍は一切《いっさい》姿を見せずに、自分たちで決めなさい、と後ろで密かに指導する形で話を進めてゆきます。

二月十六日、三省の首席が会議を開き議論は沸騰《ふっとう》しましたが、わずか三日間で済んだのは青写真がちゃんとできていたからで、たちまち独立宣言をすることになります。

二月十八日、中国本土と分離して彼らが「われわれの国をつくる」と宣言します。翌日の朝日新聞は、

「新国家が禍根《かこん》たりしがん腫《しゅ》を一掃《いっそう》し、東洋平和のため善隣《ぜんりん》たる日本の地位を確認し、共《きょう》

存共栄《そんきょうえい》の実をあぐるに努力すべきであろうことは、いうだけ野暮《やぼ》であろう」と書きました。要するに「あなた方は新しい国をつくったのだ、がん腫（つまりこれまでの中国人による反日運動のこと）のようなことは一切やめて、これからは東洋平和のために日本の地位をしっかり確認して仲良くし、お互いに共存共栄の実を上げるように努力せよ。そんなことは言わなくてもわかっているだろう」と堂々と書いたのです。

蔣介石さんが一番怒りました。当たり前ですね、いきなり独立宣言とは何事だ、とカンカンになって「本土の中国政府が同意しない分離などというものがあり得るか、ましてや独立などとんでもない、認められない」と大抗議声明を発表し、中国本土ではますます反日運動が盛んになってゆきます。

日本はそれに一切構わず、歯牙《しが》にもかけません。二月二十九日には奉天で満洲国の独立大会が開かれ、ラストエンペラー溥儀が、暫定的《ざんていてき》ではありますが元首（執政《しっせい》）に任命されます（のち正式の元首〈皇帝〉になります）。そして三月一日、満洲国は独立宣言をしました。日本国内では五・一五事件はまだ起こっていないものの、暗殺事件がごたごたはじまっていた時に、国外では満洲国が見事に独立してしまったわけです。

しかし中国本土では、反日運動が勢いを増し、学生がいたるところで蜂起《ほうき》し、共産党も先頭に立ってくると、国民政府軍と共産党軍がいつまでも内部で争っているなどとんでもない、「死を誓って仇《あだ》を報《ほう》じ、恨《うら》みをすすがん」という民衆の声が大きく叫ばれてきます。

さて全満大会が開かれ溥儀が元首に任命された二月二十九日、国際連盟が満洲国の実態を調べるためにようやく組織したイギリスのリットン卿《きょう》を団長とするリットン調査団が日本に着きます。そしていろいろと調べた後、七月十九日に日本を離れました。

一方、関東軍は、満洲国はすでにできてしまったのだから、何を調査されようと知ったこっちゃない、立派な独立国なのだから早く国際的に認めればいいのだ、と政府に対して「即時、満洲国を承認せよ」と強引に要求します。新聞もこれに調子を合わせ、九月十五日に日本はとうとう満洲国を独立国家として承認しました。満洲国は、かくて日本だけが認める独立国として存在することになったわけです。

満洲国の皇帝となった溥儀
(1906-67)

リットン調査団は満洲についてかなり丁寧に、これが日本の謀略《ぼうりゃく》であるか、あるいは日本の主張する通り自衛戦争であるのか、あるいはその両方――中国は反日排日ですから、治安を守ろうとするための衝突であったのか、その他いろんなことを調べました。結果だけを言うと、調査団は日本にかなり好意的といいますか、必ずしも日本が悪であるとは決めつけませんでした。満洲国の独立は今後の問題として残るもののまったく全否定ではない、というように日本にとって酷《こく》な報告ではなかったものの、ただし十一月十六日までに満洲国から日本はいったん撤退したほうがよいと要求し、これに日本は反対しましたが、たった一票の少数意見でしかなく、十月十二日、国際連盟理事会はそれを決議しました。

その報告を受けた天皇は、鎌倉にいた牧野内大臣を呼んで言います。

「状況はまことに緊迫《きんぱく》しているように思われる。もし、これに応じないで西欧列強が経済封《ふう》鎖《さ》をする恐れがあるとすると、日本はどうなるのか、それに際しての覚悟はできているのか。もし西欧列強を相手として戦争をするとなればたいへんなことである。その覚悟と準備はできているのか。陸海軍の大臣に聞いてみたい」

この撤退要求を蹴《け》ったとしたら西欧列強との正面衝突になる、へたをすれば戦争になると昭和天皇は見越《みこ》していたんですね。だからこれは従ったほうがいいんじゃないか、と盛んに言うのですが、陸軍や外務省はとんでもないという思いに駆《か》られていたようです。

時の内閣総理大臣斎藤実は、海軍大将でどちらかというと穏健《おんけん》な、開明的《かいめいてき》、平和主義的な考えの持ち主でしたが、先ほど申しましたように「挙国一致内閣」ですからかなり名のある人が集まっていて、中に強硬派もたくさんいるわけです。総理大臣は穏健でも閣僚がものすごい人ばかりだとどうにもなりません。先を見越した天皇の憂慮《ゆうりょ》にもかかわらず、だんだん圧《お》される形で、内閣は強硬論が支配するようになります。

✹「四十二対一」の決議

昭和八年（一九三三）二月十五日の閣議では、陸軍大臣荒木貞夫《あらきさだお》大将と外務大臣内田康哉《うちだやすや》が「ここまでくれば、国際連盟から脱退だ」と主張しはじめます。この時は他の閣僚には「まだまだ」と言う人もいて、斎藤実首相も「とんでもない」というので、結論は持ち越されました。ところがここでまた新聞がやりはじめるんですね。一体ぜんたい今の内閣はなんだ、こんなに国際連盟からひどいことを言われてへーコラするのかと。

「これ実にこれ等《ら》諸国に向《むか》って憐《あわれみ》を乞《こ》う怯懦《きようだ》（臆病《おくびよう》）の態度であって、徒《いたず》らにかれ等の軽侮《けいぶ》の念を深めるのみである。……わが国はこれまでのように罪悪国扱いをされるのである。連盟内と連盟外の孤立に、事実上何の相違《そうい》もない」

つまり、今日本が連盟で孤立しているというのなら連盟の外にいても同じ孤立じゃないか、どこに違いがあるのか、ならば憐れみを乞うようなことはするな、いい加減にしろ。これが毎日新聞（当時は東京日日新聞）二月十八日の記事です。閣議で「国際連盟脱退だ」の主張が押さえつけられた直後にやり出したわけです。

二月二十日、ついに国際連盟は、日本軍の満洲からの撤退勧告案を総会で採択《さいたく》しました。その知らせが届くと同時に、日本政府は断固、国際連盟からの脱退という方針を決定せざるを得なくなります。二十二日、新聞は一斉に「いいぞいいぞ」とその脱退に向けての国策を応援し盛り立てます。当日の朝日新聞には、隅《すみ》のほうに小さく、

「小林多喜二《こばやしたきじ》氏、築地《つきじ》で急逝《きゅうせい》、街頭連絡中捕《がいとうれんらくちゅうと》わる」*7

の記事が載っています。プロレタリア文学の旗手といわれた小林多喜二が殺されたのがちょうどこの時でした。特別高等警察《とくべつこうとうけいさつ》（特高《とっこう》）が猛威《もうい》をふるっていたのですね。

正式には二月二十四日、国際連盟は総会で、日本軍の満洲撤退勧告を四十二対一、反対は日本のみで採決します。全権大使の松岡洋右《まつおかようすけ》は、長い巻紙《まきがみ》を読みながら演説をぶち、「さよなら」と言って席を立って、撤退勧告が採決された際の既定《きてい》の国策どおり、日本は国際連盟から脱退します。松岡洋右――この人は後にもしばしば出てきます――はこの時、ものすごく強気《きしゅ》のように見えて、実はそうではなかったというのが歴史の皮肉なんですね。威勢よく演説をして「さよなら」と随員《ずいいん》を総会の会場から引っ張り出して出て行ったのですが、後で、「こと志《こころざし》と違って、日本に帰ってもみなさんに顔向けができない。仕方がないからしばらくアメリカで姿をくらまして、ほとぼりがさめるのを待とうと決心した」

というふうに全権団の随員で参謀本部員の土橋勇逸《つちはしゆういつ》中佐に言ったそうです。そしてまさに彼は孤影悄然《こえいしょうぜん》たる思いでスイスからアメリカに行き、はるか彼方、日本の状況をしばらく眺めていました。ところが驚いたことに、新聞は「四十二対一」を素晴らしいとほめあげ、松岡を礼讃《らいさん》して「今日、日本にこれほどの英雄はない」と持ち上げていたもんですから当人は大いに喜

んで、これは早く帰らねば、と勇《いさ》んで帰国したというのです。

この思わぬ事態を「文藝春秋《ぶんげいしゅんじゅう》」五月号の匿名月評子《とくめいげっぴょうし》が批判しています。「連盟の脱退は我輩《わがはい》の失敗である。帰国の上は郷里《きょうり》に引上《ひきあ》げて謹慎《きんしん》するつもりだ」とニューヨークでの松岡の告白があった、確かに「連盟脱退は明白に日本の外交の失敗であった」としなければならないのに、新聞はこれを一切報じないし一切問わない。松岡代表のその告白さえ報じていないのである。それで松岡が英雄とはいったい何たることだ、というふうに批判したのです。

国連脱退を宣言する松岡洋右（1880-1946）

日本国民はそのような事態を知りません。新聞は書きませんし、国際連盟からの脱退がその後の日本にどういう結果をもたらすかについての想像力もありませんでした。勇んで「栄光ある孤立」を選んだ、などという言葉でもって、日本国民は「今や日本は国際的な被害者であるのにさながら加害者のごとくに非難されている」と信じ、ますます鬱屈《うっくつ》した孤立感と同時に「コンチキショウ」という排外的な思いを強め、世界じゅうを敵視する気持ちになりはじめるのです。排外主義的な「攘《じょ》夷《うい》」思想に後押《あとお》しされた国民的熱狂がはじまりました。

一番大事なのは、この後から世界の情報の肝心《かんじん》な部分が入ってこなくなったことです。アメリカがどういう軍備をするのか、イギリスがどういうことをしているか、などがほとんどわからなくなります。つまり国が孤立化するというのは情報からも孤立化するということですが、それをまったく理解しなかった。つまり日本はその後、いい気になって自国の歴史をとんでもない方向へ引っ張っていくという話になるわけです。

昭和天皇は、日本が国際連盟から脱退の方針が決してしまった後も牧野内大臣を呼んで、

「脱退するまでもないのではないか、まだ残っていてもよいのではないか」

と聞いたそうです。牧野内大臣は、

「まことにごもっともとは思いますが、脱退の方針で政府も松岡全権もすでに出処進退《しゅつしょしんたい》しております。今にわかに脱退の方針を変更することは、海外の諸国に対しては、いかにもわが国の態度が浮薄《ふはく》なように思われて侮《あなど》られます。また国内の人心もこれ以上がたがた動揺するのみであります。ですからこの際、この方針を政府が貫《つらぬ》くほかはございません」

さすがの牧野さんも五・一五事件以来、腰が引けたせいもあったのか、そう答えました。これに天皇は、

「そうか、やむを得ないのか」

と空を仰《あお》いだという話が残っています。

この後、孤立化した日本はいよいよ軍部が支配する国となり、国民的熱狂に押されながら、戦争への道を突き進むことになるのです。

＊1――『大学は出たけれど』　小津安二郎（一九〇三―六三）監督、昭和四年封切の短篇。高田稔・田中絹代主演。当時、大卒者の就職率は一二パーセントだったという。

＊2――汪兆銘　一八八三―一九四四、中国の政治家。広東省出身。汪精衛。法政大学に留学。国民党で孫文亡き後の左派指導者として、蔣介石と対立し武漢政府の主席に。しかし結局は右派と妥協して統一政府の首脳に加わる。日中全面開戦にかけて対日和議論に傾き蔣介石派と抗争、三八年に日本側の近衛声明にこたえる和平宣言を発した。四〇年に被占領下の南京に新中央政府を樹立したが、名古屋で客死。

＊3――不戦条約　一九二八年パリで署名された戦争放棄に関する条約。翌年発効。国際紛争解決や国家政策の手段としての戦争を放棄し、平和的に解決すべきことを定めた。

＊4――川島芳子　一九〇七―四八。清朝の王女ながら日本人の養女となり、軍服を着て日中戦争中には大陸と日本を横断した。終戦後、売国奴として銃殺刑になった。

＊5――愛郷塾　正式には自営的農村勤労学校愛郷塾。農本主義者・橘孝三郎が一九三一年、水戸市郊外に創立した私塾。

＊6――政党内閣　立憲政体のもと、首相が政党党首で、全閣僚またはその多くが政党員からなり、

かつ指導勢力が政党にある内閣。

＊7——小林多喜二　一九〇三—三三、小説家。秋田県の農家出身。プロレタリア文学運動に参加。『蟹工船』（一九二九）により革命的リアリズム作家の地位を確立。三〇年に上京しプロレタリア作家同盟役員、共産党員として活躍中、逮捕、特高警察により拷問・虐殺された。

第四章

軍国主義への道はかく整備されていく

陸軍の派閥争い、天皇機関説

この章の

✷ポイント

日本は戦争景気により、世界恐慌による不況からいち早く脱することができました。そのためマスコミが軍部の味方をし、どんどん軍国主義の空気が助長されていきます。また陸軍内で激しい派閥争いが起き、統制派《とうせいは》の永田鉄山《ながたてつざん》が実権を握ります。以降陸軍の政策は「国家総力戦で戦いうる強力な統制国家をつくる」という方向に進んでいきます。さらに天皇機関説《てんのうきかんせつ》問題や国体明徴《こくたいめいちょう》運動が起こった結果、自由な言論がますます失われていくのです。

✷キーワード

荒木貞夫《あらきさだお》／出版法《しゅっぱんほう》改正／皇道派《こうどうは》／統制派／永田鉄山／小畑敏四郎《おばたとししろう》／中国一撃論《いちげきろん》／天皇機関説／美濃部達吉《みのべたつきち》／国体明徴

お祭騒ぎの大防空演習

今日は、日本がますます軍事国家的になっていく過程についてお話します。

昭和六年（一九三一）の満洲事変にはじまって、翌七年の上海事変、さらには満洲独立、そして血盟団事件、五・一五事件といったテロ事件を経《へ》ながら、ともかく満洲国を建国し、ウォール街の暴落以来、世界じゅうに広がった社会的不況から日本は戦争景気《けいき》でいち早く脱することができました。またマスコミが、満洲の曠野《こうや》における陸軍の連戦連勝を後押しし、笛や太鼓で囃《はや》したために、軍部が俄然《がぜん》強気になってきたというのが前回までの話です。

その時にちょうど都合がいいというのか悪いというのか、昭和六年の犬養《いぬかい》内閣成立の折、荒《あら》木貞夫《きさだお》という大将が陸軍大臣となります。[*1]和歌山県出身で陸軍大学校十九期という非常に早い時期にトップで卒業し、天保銭《てんぽうせん》をつけてふんぞり返って軍歴《ぐんれき》を送ってきたような人ですが、これがまたおしゃべり上手なんですね。はったりが利《き》いて演説が得意というので時流《じりゅう》に乗り、日本陸軍は「皇軍《こうぐん》」つまり天皇の軍隊、日本は「皇国《こうこく》」つまり天皇の国、そして日本人の精神の基本は「皇道《こうどう》」すなわち天皇を守る道にあって、日本は世界に冠《かん》たる国、と盛んに言い出すのです。五・一五事件で犬養さんが殺された後も、荒木さんはそのまま陸軍大臣に留まり、太鼓を叩《たた》き続けていました。

満洲への進出で金がかかるというので国家予算も年々どんどん膨《ふく》らみ、たとえば昭和八年度の二十二億三千八百万円は当時としては巨額《きょがく》で、新聞が「日本はじまって以来の非常時大予算《ひじようじ》である」と書き立てたため、以後「非常時」という言葉がしきりに言われるようになりました。そうなるとすぐに乗っかるのが映画会社で、昭和八年には『非常時日本』という広報映画までできて賑《にぎ》やかに上映される。民衆の中にも陸軍の太鼓叩きに乗っかって「これぞ非常時大会である」と民衆大会を開く人もいて、どんどん軍国主義の空気が助長されます。そして前回話したように、ついに昭和八年三月、日本は国連から脱退して世界を相手にしない、自分たちだけで生きていくのだと「栄光ある孤立」を叫ぶに至るのです。

ちょうど国連脱退の時に荒木陸相がしゃべった言葉があります。

「国際連盟にとどまっているから、日本は思うとおりの軍事行動ができぬ。いま、熱河省《ねっか》(中国の満洲寄りの北の方です)は張学良《ちょうがくりょう》らの策謀《さくぼう》の基地《きち》となっている。これを徹底的に討《う》たなければ満洲国の安寧《あんねい》をはかることはできない。熱河討伐《とうばつ》が熱河省内だけでおさまるかどうか。あるいは北京《ぺきん》・天津《てんしん》にまで兵を出さねばならぬようにならぬともかぎらない。そういう場合、国際連盟の一員でいることは、いろいろな拘束をうけるだけで、日本の利益になることは一つもない。よろしく脱退すべきである」

これが新聞やラジオで大々的に報じられ、ものすごい人気を博《はく》しました。陸軍はさらに強気になって、非常時日本なので国民を動員して防空演習《ぼうくうえんしゅう》(敵機空襲を予想した全燈火を消したなかでの訓練）をやろうという話が出てきます。それが七月二十五日にはじまり、二十七日、二十八日、八月二日と立て続けに行なわれ、ついに八月九日には関東地方防空大演習という大規模なものが行なわれます。

永井荷風《ながいかふう》の日記があります。

「八月十日。晴。終日飛行機砲声殷々《いんいん》たり。この夜も燈火を点《てん》ずる事能《あた》わざれば薄暮《はくぼ》家を出《い》で銀座風月堂《ふうげつどう》にて晩餐《ばんさん》を食《しょく》し金春新道《こんぱるじんみち》のキュペル喫茶店に憩《いこ》う。防空演習を見むとて銀座通の表裏いずこも人出おびただしく、在郷軍人青年団その他弥次馬《やじうま》いずれもお祭騒ぎの景気なり。この夜初更《しょこう》の頃より空晴れ二十日頃の片割月《かたわれづき》静《しずか》に暗黒の街を照《てら》したり」

最後にお月様が出てくるあたりはいかにも荷風さんらしいんですけれど、このように東京じゅうが真っ暗になるような大演習をやるわけです。

桐生悠々《きりゆうゆうゆう》という信濃《しなの》毎日新聞の論説委員が「関東地方防空大演習を嗤《わら》う」という記事を書きました。これは今考えるとまったく当然のことを言っているのですが、当時はものすごい反響で、陸軍がかんかんになってたちまち発禁《はっきん》となり、桐生は責任を取らされる結果になりました。その記事は、「だいたい敵の飛行機が日本の上空に来るという状態になったらもう日本軍の大敗北そのものではないか。紙と木だけの東京の街はぽかんぽかんにやられてどうしようもなくなってしまうではないか」といったことを述べてから、

「こうした実戦が、将来決してあってはならないこと、又あらしめてはならないことを痛

感したであろう。と同時に、私たちは、将来かかる実戦のあり得ないこと、従ってかかる架空《かくう》的な演習を行なっても、実際には、さほど役立たないだろうことを想像するものである」

昨今《さっこん》、小泉《こいずみ》内閣で有事法制《ゆうじほうせい》が問題になっていますが、敵が攻撃してきた時に民衆をいかにして守るかという議論を今時《いまどき》やっているわけです。考えれば、細長い土地の真ん中に山脈が走っているこの国は、どこの地方でもたいてい海岸線から車で一所懸命に走れば一時間や二時間で山に届いてしまうくらい狭いんです。そこに敵を迎えて民衆をどうのと言っている暇《ひま》など実際はないんです。ところがそんなことをムキになって議論している。これは昭和八年の関東地方防空大演習と同じようなことじゃないでしょうか。歴史は繰《く》り返すと言いますが、相変わらず懲《こ》りずにやってるなという感じです。敵がやって来る前に撃退しなければならない、その前にまず外交的な努力によってそういう事態が起きないようにすることが大事なのに、どうも国会ではいちばん肝腎《かんじん》の国家的政略や戦略が議論されていないようです。桐生悠々がいみじくも言ったとおり、だいたい日本の上空に敵機が来て爆弾を落とすようなことになれば、日本は勝てるはずないじゃないかというのは、非常に妥当《だとう》な意見だと思わざるを得ません。現実に昭和十九年暮れから二十年にかけて日本本土上空にアメリカのB29がやって来てぼかぼかと爆弾や焼夷弾《しょういだん》を落として日本全土がほとんど廃墟《はいきょ》になったことを私たちは記憶しているわけです。

それはともかく、当時そんなこととは関係なしに、国民はお祭騒ぎで大防空演習をやっています。そうするうちに防護団《ぼうごだん》、救護団《きゅうごだん》、配給班《はいきゅうはん》などが必要になってきて組織化がはかられます。こうして徐々《じょじょ》に国民生活にはいざという時に備える組織ができ、それがだんだん強くなって、ますます陸軍を喜ばせるような軍事国家への準備がはじまるのです。

ここで大事なことをひとつ付け加えますと、すでに厳しくされていた新聞紙法に加えて、昭和八年秋、九月五日に出版法《しゅっぱんほう》が改正されたのです。出版法は、明治の終わり頃になって少し強化されたぐらいでずっとほぼそのままきたのですが、ここで急に大幅《おおはば》改正されました。歴史的に「改正」といいますが、実はたいへんな「改悪《かいあく》」で、これ以降、当局が新聞雑誌ラジオなどをしっかり統制できるようになり、それは次第《しだい》に強められていきます。

国民の生活全体の中になんとなく軍事国家の組織化が進められ、同時に後ろ側では言論が統制されはじめ、上に立つ人がやりやすい国家になりつつあった、といっても、一気に、たとえば陸軍が横暴《おうぼう》の限りを尽くしてわれわれの生活を乱し圧迫したかといえば、そうではないんです。陸軍はいい気になって調子に乗り、荒木陸相の旗振《はたふ》りで皇軍とか皇国精神とか盛んにやってはいましたが、全体の流れとしてはまだそれほど強くはなかったといえます。その典型的な事件を一つ、具体例でお話しします。

✺陸軍に対する最後の抵抗

事件は昭和八年（一九三三）六月十七日に起きました。

ふつう「ゴーストップ事件」として事典などに出ていますが、大阪で交通信号機ができて間もない、大阪府警察部が得意に思っていたころのことです。「赤は止まれ」「青は進め」という調子でやってましたら、天神橋《てんじんばし》六丁目交差点で、陸軍歩兵第八連隊中村政一《なかむらまさかず》一等兵が赤信号を平気で突っ切りました。交通係の戸田忠夫《とだただお》巡査《じゅんさ》が「待てーっ」と叫んだところ、中村一等兵は「何を止めるか。俺は公務《こうむ》なんだ」と殴《なぐ》り合いがはじまって、これが「ゴーストップ事件」として話題となったのです。

二人だけの喧嘩《けんか》で終わればよかったのですが、大阪の陸軍第八連隊は「何をオマワリのごときが馬鹿《ばか》げたことをやるか、けしからん」といきり立ち、大阪府警察部のほうも「交通信号を守らないとはとんでもない、陸軍だろうが軍人だろうが関係ない」と縣忍《あがたしのぶ》大阪府知事も粟屋《あわや》仙吉《せんきち》警察部長も「陸軍の横暴である」と、頑《がん》として抗議をつっぱねました。かくて陸軍対大阪府警察部の大喧嘩に発展したのです。困ったことに、陸軍第八連隊の上の第四師団の井関隆昌《いせきたかまさ》参謀長がどうにもならないガンコオヤジで、もう少し融通《ゆうずう》のきく人ならよかったのですが、一歩も引かない。署長も知事も謝りに来い、それ以外は絶対に許さんと譲《ゆず》りません。一方、受けて立つ粟屋警察部長は厳正《げんせい》なるクリスチャンで、このような横暴に対してはものすごくしっか

りした精神の持ち主で、互いにどうにもおさまりません。この互いの言い分《ぶん》を少し引きますと、

粟屋「軍人といえども私人《しじん》として街頭に出た場合は、一市民として巡査の命令に従うべきだ」

井関「軍人はいつでも陛下の軍人であり、街頭においても治外法権《ちがいほうけん》の存在である」

粟屋「それは謬見《びゅうけん》（誤った考え方）に過ぎない。修正すべきである。さもなければ今後《こんご》、警察官としての公務《こうむ》執行《しっこう》ができなくなる」

つまり、お前たちが命令を守らないと治安《ちあん》を守れないじゃないか、というわけで、警察側は何であろうと一歩も引かないと頑張る。軍部の方も「統帥権《とうすいけん》」や「皇軍」意識を振り回し、つまり自分たちは天皇の軍隊であって国民の軍隊ではない、従って天皇のために尽くす軍隊に対して国民ががたがた言うのは間違っているなどと主張して、

「われらはここに光輝《こうき》ある軍旗《ぐんき》を奉《ほう》じ、皇軍の名誉のため断々乎《だんだんこ》として戦い、最悪の場合はただ玉砕《ぎょくさい》するのみである」

とまで井関大佐が言うわけです。どうにもならなくなってがたがたするうちに、ついに東京にまで飛び火して、出てきたのが陸軍大臣荒木大将です。これが発奮《はっぷん》しやすく、「陸軍の名誉にかけて断固、大阪府警察部を謝らせる」と立ち上がります。警察側も当時、警察を指揮下に置いていた内務大臣の山本達雄《やまもとたつお》と内務省の松本学《まつもとまなぶ》警保局長が荒木陸相と在郷《ざいごう》軍人会を相手にこれまた一歩も引かず大喧嘩をはじめます。にっちもさっちもいかない状況がずいぶん長く続き、

新聞は面白いものだから書き立てる、国民もどっちが勝つのか煽《あお》り立てる人もたくさんいたようで、ケリをどうつけるかが問題になってきた十月二十三日、福井県で大元帥陛下である天皇が参加する陸軍特別大演習が行なわれました。

その時に天皇は、随行《ずいこう》していた荒木陸相にひと言、

「そういえば大阪の事件はいったいどうなっているのか」

皇軍、皇国と自ら言い出したように荒木さんは天皇には忠節《ちゅうせつ》なる大軍人ですから「ハハァーッ、必ず私が善処《ぜんしょ》します」とかしこまり、演習が終わって陸軍省に帰ってくると「わが皇軍が、陛下にご心配をおかけするとは何事《なにごと》であるか！」と、こういうところは変わり身が早いのですが、ひっくり返って大阪第四師団の寺内寿一《てらうちひさいち》師団長に電話して、「いつまでがたがたしているか、直《ただ》ちに解決せよ」と怒鳴《どな》りつけました。ちなみに寺内寿一という人は永井荷風と当時の東京高等師範附属中学校の同級生です。軟派《なんぱ》の荷風は硬派《こうは》の寺内にのべつぶん殴られていたようですが、彼はうんと後にまた出てきます。

ともかくこれではだめだ、和解策《わかいさく》を探ろうと縣知事に「なんとかなるまいか」と相談しますが、互いに振り上げた拳《こぶし》はなかなか下げられず、面倒《めんどう》くさいから一番下まで下ろしてしまえというわけで、当事者の中村一等兵と戸田巡査に仲良く握手《あくしゅ》をさせ、それを写真に撮《と》らせて新聞に載せ、喧嘩は無事に終了したと国民に知らせて一件落着、となりました。

大阪府は何らの処分もなく、陸軍にたてついて正しい道を最後まで貫《つらぬ》いたとされましたが、

片や陸軍は、荒木さんが天皇陛下に厳重注意をくったことから第八連隊長松田四郎《まつだしろう》大佐が待命《たいめい》、要するにクビになって陸軍を去りましたから、結果的に陸軍側が非《ひ》を認めた形になります。ちなみに最後まで陸軍に屈せず粘《ねば》ったクリスチャンの粟屋警察部長は昭和十八年（一九四三）八月に広島市長となり、二年後の八月六日に被爆死しました。

というように、日本は決して一気に軍国主義化したのではなく、この昭和八年ぐらいまでは少なくとも軍と四《よ》つに組んで大相撲《おおずもう》を取るだけのことができたといえます。ただし、軍にたてついて大勝負をかけた事件はこれをもって最後となり、この後、あっという間というのか、じりじりというのか、ほどなくマスコミも全面的に軍に屈服《くっぷく》し、流れはいつの間にか軍の支持《しじ》に傾き、軍が「ノー」と言ったことはできない国家になりはじめるのです。

✹軍政のエースと作戦の鬼

さてその軍の内部について少し話しておきます。

じつはこの頃、軍の中でいわゆる「統制派《とうせいは》」と「皇道派《こうどうは》」という二つの派閥《はばつ》ができはじめていたことに注目しておきたいと思います。日本軍は海軍と陸軍に分かれていて、この場合、話の中心となる陸軍は、ひと言でいえば長州《ちょうしゅう》＝山口県出身の人を中心に、土佐《とさ》＝高知県、および肥前《ひぜん》＝佐賀県、それに薩摩《さつま》＝鹿児島県出身の人がグループをつくっていました。たとえば張作霖爆殺事件で昭和天皇に怒られた陸軍大将、当時の田中義一《たなかぎいち》総理大臣も山口県出身の大物《おおもの》でした。

このように明治・大正期の陸軍では長州閥《ばつ》が強過ぎて、ほかから出てくる優秀な人がなかなか偉《えら》くなれない、要職《ようしょく》につけないという事情もあり、これでは次の戦争が起きた時に勝てないんじゃないか、なんとか軍内部を改革しなければと、大正末ぐらいから若手の優秀な人たちが密《ひそ》かに集まって話し合っていました。つまり第一次世界大戦がいみじくも示したとおり、次の戦争は軍だけでなく国民が参加し、国力のあらん限りを費《つい》やして戦わなければならない。いわゆる国家総力戦態勢《こっかそうりょくせんたいせい》を日本はつくらなければならない。ところが長州閥に牛耳《ぎゅうじ》られているために思うような改革ができない、そこで永田鉄山《ながたてつざん》、陸軍士官学校十六期の同級生・小畑敏四郎《おばたとししろう》、岡村寧次《おかむらやすじ》の三人、これに永田の右腕の若い東条英機《とうじょうひでき》が参加して、だいたいこの四人で軍内部の改革について唱《とな》え、新しい陸軍の建設に向けて動きをはじめていたのです。

そして昭和六年、満洲事変が起きた年ですが、この四人を中心にしたグループがようやく改革の道をきり拓《ひら》きました。満洲事変についてはもっぱら関東軍の板垣征四郎、石原莞爾《いしはらかんじ》らを中心に話しましたが、実はあの時に東京の陸軍中央（陸軍省と参謀本部）では永田、小畑、岡村とともに若手グループが一大勢力をつくっていたのです。

陸軍省では軍事課長・永田鉄山、軍事課員・村上啓作《むらかみけいさく》、鈴木貞一《ていいち》、土橋勇逸《つちはしゆういつ》、補任課長・岡村寧次、徴募《ちょうぼ》課長・松村正員《まつむらまさかず》。

参謀本部では第一課長（編成動員）・東条英機、第二課員（作戦）・鈴木率道《よりみち》、武藤章《むとうあきら》とメンバーがそろいます。

また張作霖爆殺事件の頃に作戦課長だった小畑敏四郎は、満洲事変の頃は陸軍大学校の教官になっていました。

という具合に、改革グループの連中は一番いいポジションをがっちり占め、今の会社でいう課長クラスにズラーッと並び、陸軍中堅《ちゅうけん》として上層部《じょうそうぶ》を突き上げていたのです。

そこへ荒木陸軍大臣が登場します。先ほど言いましたが超優秀で口八丁手八丁《くちはっちょうてはっちょう》、政治力もあり総理大臣や外務大臣と対してもびくともせず、一歩も引かない自己主張をもつ人です。人気も上々で、いわゆるポピュリズムの人です。

また参謀本部には真崎甚三郎《まざきじんざぶろう》参謀次長がいました。総長は宮様《みやさま》ですから、真崎がトップの実力者といっていい。佐賀県出身で荒木陸相と同じ陸軍大学校十九期六番というからいずれにしろ優等の成績ですが、若手連中は荒木と真崎の二人を担《かつ》ぎ上げ、そこに中堅クラスが乗っかる形で、思い通りの陸軍にしようと長州閥解消、内部改革でぐるぐる動き出しました。

昭和七年（一九三二）の人事異動で、永田鉄山が情報を専門に扱う参謀本部第二部長となりました。また小畑敏四郎は運輸通信を扱う同じく参謀本部第三部長となり、戦略戦術の総本山《そうほんざん》の参謀本部で二人は席を並べることになります。また東条英機は参謀本部編成動員課長に、そして鈴木率道は作戦課長となり、まさに永田の子分《こぶん》の東条、小畑の子分の鈴木がこれまた席を並べたわけです。

小畑と永田は、最初は陸軍改革のためにと協力していましたが、性格的にはどうも水と油だったらしいのです。諏訪《すわ》市出身の永田は、理屈っぽくがんこである長野県人の資質《ししつ》をそのままそっくりもった人で、絶対に自分を曲げません。陸軍はじまって以来の大秀才で幼年《ようねん》学校も士官学校も陸軍大学校もトップ、部内では合理《ごうり》適正居士《てきせいこじ》といわれるほど、理屈で通らないことは決して認めない人でした。人間は悪くなかったようで、信望《しんぼう》は非常に厚かったんです。長野県人特有の勉強家でもあり、「永田の前に永田なし、永田の後に永田なし」と言われたくらいの人物でした。まあエリート官僚《かんりょう》だったのですね。

対する小畑は、自身は東京生まれですが、お父さんは土佐藩、高知県出身ですから、坂本龍《さかもとりょう》馬《ま》的に発想が豊か、行動的なんです。この人も非常に秀才なのですが、面白いくらいに陸軍の中でも——陸軍軍人には軍政《ぐんせい》、つまり政治をやるタイプと、軍令《ぐんれい》、つまり作戦を練《ね》って敵に勝つことばかり考えるようなタイプとがありまして——永田鉄山が軍政の権威とすれば、小畑敏四郎は作戦の方のエース、つまり戦術の鬼《おに》というわけです。つまり軍人的軍人であった。

軍政の奇才《きさい》と作戦の奇才が組むわけですから、はじめは仲が良かったのですが、だんだんぶつかり合うことが多くなってきます。片方は発想豊かにいろんなことを提案する、一方は合理主義者ですからそういうことはならん、とこれを蹴《け》る、すると小畑はかんかんに怒って喧嘩になるのですが、その程度ならよかったものの、課長部長になってくると上に立つわけですから、同じ地位の部署につくとそうは簡単にはいきません。子分がくっつき派閥ができる。

この人事は荒木陸軍大臣がやったもので、その際、関東軍参謀副長として赴任《ふにん》する岡村寧次は荒木にこう言ったそうです。

「同じ役所に二人をおくことは厳《げん》にやめてほしい。同じ山に性格の異《こと》なった虎《とら》を放《はな》つようなものです。この二人は必ず嚙《か》み合います」

すると荒木は、「面白いじゃないか、大いにやらせようじゃないか、その方が活気があっていいよ」と、そこがこの人のノー天気というかインチキ的なところですが、危険を承知で人事を敢行《かんこう》したようです。

ここから、先ほどの「統制派」「皇道派」の分派《ぶんぱ》がはじまりました。簡単に言えば、統制派の中心が永田鉄山であり、皇道派の中心が小畑敏四郎です。

二人のぶつかり合いは、昭和七年ぐらいからはじまりました。岡村寧次の日記にあります。

「昭和七年六月、帰京してみると（関東軍にいたので満洲から日本に帰ってくると）、すでに部長会議で永田と小畑が激論したの噂《うわさ》を聴く」

「昭和七年七月中旬、小磯《こいそ》（国昭《くにあき》、後の総理大臣）陸軍次官は私に対し、密《ひそ》かに第十六期はまさに陸軍の中堅であるが、今やその分裂の兆候《ちょうこう》があるのははなはだ遺憾《いかん》である。これが調整に当たるべきは君よりほかにいない、大いに努力してくれ、と言われた」

「昭和八年八月、一夕会《いっせき》＊2の下層の人々から永田、小畑の間がようやく険悪《けんあく》になってきたということを洩《も》らされた」

という具合に昭和七年後半から八年にかけて永田と小畑が大喧嘩をはじめます。どうしてそうなったのか、非常に面白いところですが、統制派、皇道派という言葉からすると、会社などで自分が偉くなりたいため相手の足を引っ張る派閥争い、権力争いを想像するのですが、そうではなく、さすがに陸軍のトップ二人が衝突した根本の原因は、これからの日本はどうあるべきかについての意見の相違《そうい》だったのです。

「中国一撃論」まかり通る

わかりやすく言えば、小畑敏四郎は、日本の最大の脅威《きょうい》はソ連であり、何よりソ連に対してわれわれは準備しなければならないという立場でした。革命後のソ連は五年計画で国力をどんどん強大にしつつありましたから、「予防戦争論《よぼうせんそうろん》」といって、日本はソ連が強くなってから戦うのでは有利といえない、そうなる前に叩《たた》いた方がいいという意見です。昨今《さっこん》のアメリカのイラクに対する予防攻撃、つまり大量破壊兵器の使用前に叩けというのと同じ論理です。

対して永田鉄山は、ソ連が強大になるならないの前に、隣《となり》に反日排日《はんにちはいにち》で日本を敵視《てきし》している中国がある。ソ連を相手に満洲の曠野《こうや》で戦おうとする時に、横から中国が出てきて攻撃されたら対ソ連どころではなくなる、まず中国を徹底的に叩くべきだ。今のところ中国は、蔣介石《しょうかいせき》が中心になりつつあるとはいえまだごたごたしていてチャンスがないわけではない、今のうちに叩け、これを「中国一撃論《いちげきろん》」といいます。

つまり、「予防戦争論」対「中国一撃論」の大論争だったのです。

一般の国民は知りませんし、陸軍でも一番内部のところでの論争です。

昭和八年六月、戦略戦術《せんりやくせんじゅつ》秘密会議が開かれます。ごく少数の陸軍のエースが集まって大議論を行なったという記録があります。概略《がいりやく》を読み上げてみますと、

小畑「今ならまだ間に合うのである。極東ソ連軍があまり強力にならぬ前に、機会をとらえてソ連軍を撃破しておく。それは、北方（これは満洲ですね）最重点の『予防戦争論』ともいうべきものである。そのためには、いかに抗日の姿勢をみせようとも中国とはことを構えず、アメリカやイギリスとも静謐《せいひつ》（喧嘩にならないように）を第一義とする」

永田「ソ連に手を出せば全面的な戦いとなる。今の日本の国力と軍事力をもってしては、単独ではとうていソ連に抗しえなくなる。それよりも、満洲事変の戦果を拡大して、謀略をも併用《へいよう》したうえで、まず抗日、侮日《ぶにち》、排日の方針を堅持《けんじ》する中国との問題を一気に処理することが緊要《きんよう》である。すなわち中国を一撃をもって屈服《くっぷく》させ、大陸に後顧《こうこ》の憂《うれ》いをのぞいたのちに、それらの資源を利用して、日本の国力を増進したうえでソ連に当たるべきである」

小畑「ソ連一国を目標とする自衛すらが困難と予想されるのに、さらに中国を敵とするこ

となどとんでもないことである。中国を屈服させるべく全面的に戦うことは、わが国力を極度に消耗させるばかりではなく、それはアメリカ、イギリスの権益《けんえき》と衝突し（両国は中国にたくさんの権益をもっていますので）、世界を相手とする全面戦争になる恐れがあろう。短時日《たんじじつ》に屈服、戦争終結など至難《しなん》のことである。ひとしく東洋民族たる中国とは、実力によらず、あくまで（話し合いによる）和協《わきょう》の途《みち》を求めるべきである。それよりもソ連がより強大となる以前に、好機《こうき》を求めてこれを打倒すべきである」

両者は正面衝突して一歩も引かない。結局、永田に賛同する将校たち、小畑に賛同する将校たちに分かれてゆき、いつの間にか「永田派」「小畑派」ができるのです。永田の子分の東条英機と、小畑の子分の鈴木率道とは、もう口をきかなくなります。やがてこうした大議論のほかにも両派は互いに悪口を言い合うようになり、たとえば小畑派が言うには、

「永田は北満《ほくまん》鉄道（満洲北部の鉄道です）をバカげた高い額でソ連から買うばかりでなく、軍《ぐん》需《じゅ》工場育成の名目でこの金を財閥にばらまき、彼らと組んで利潤《りじゅん》をむさぼろうとしている。しかも、この金は国民の血税《けつぜい》だ。その金でソ連の軍事力をかえって充実せしむることになり、それによってつくられたトーチカ（陣地）は、やがていつの日にかわが将兵の血をもって攻撃せねばならなくなる」

新聞が書いてるんじゃなくて、陸軍の人たちの内部文書なんですが、永田という男は何をやってるんだ、というわけです。すると永田派も、

「小畑は神がかり的な男で、せっかちな対ソ主戦論者だ。戦争狂だ。その対ソ予防戦争論なんて底の浅い、なんの根拠もないものだ。ソ連討《う》つべしと叫んでいるが、玉手箱《たまてばこ》を開いてみれば、戦略も戦術もないお粗末《そまつ》さだ」

つまり上の方で議論をやって、下の方では足の引っ張り合い、悪口の言い合いを盛んにやりだして、ついに陸軍部内は二つに割れ、むちゃくちゃな状態になってきました。そこで荒木陸軍大臣は、「だめだ、いつまでもこんなことをやらせていても仕方がない、喧嘩両成敗《りょうせいばい》だ」と昭和八年八月、永田鉄山と小畑敏四郎を陸軍中央から遠くへはずし、地方の旅団長《りょだんちょう》に少将として赴任《ふにん》させました。

ここまでは一応、荒木も何とかいい顔をしていられました。しかし口ばかりの人はいつか尻《しっ》尾《ぽ》を出して人気も落ちます、「あいつは銭湯《せんとう》だ、湯ばかり（ゆう＝言うばかり）だ」というわけで、昭和九年一月、病気もあって荒木大臣はついに辞任《じにん》し、陸相《りくしょう》が林銑十郎《はやしせんじゅうろう》大将に代わります。軍隊も人間がやっていることですから、ふつうの会社と同じなんですね、人が変わると政策も変わる。社員の気持ちも変わる。林銑十郎はどちらかというと永田派に担《かつ》がれる「統制派」の大将格《かく》でした。ですから陸相になったとたん、地方へ飛ばしたばかりの永田鉄山をすぐ中央に戻し、陸軍の政治すべてを扱う軍務局長にもってきます。

すると永田はその政治力をもって小畑派と思われる対ソ連主戦論者を次々に飛ばし、中国一撃論を主張する人たちを呼び寄せて周りを固めたのです。永田派の勝ちとなりました。こうして小畑派「皇道派」は総退陣《そうたいじん》となりました。

十年ほど前に、小野寺百合子《おのでらゆりこ》さんという方が本を書きました。[*3] 夫である陸軍のスウェーデン駐在武官が、太平洋戦争中に早期和平《そうきわへい》を唱えて東京へ情報を送り意見具申《ぐしん》するなど懸命に働きかけたが、当時の東条内閣を中心とする陸軍中央部は一切これを認めなかったと。小野寺さんは小畑派でした。したがって派閥からいえば亜流《ありゅう》、傍系《ぼうけい》であり、飛ばされたままで取り合ってもらえない状況だった。戦争の終わりまでこの争いの影響が続いたというのがミソです。

このまま話を進めてゆくと二・二六事件にいってしまうのですが、それは次回に回します。要するにこういう形で昭和九年のはじめ、林銑十郎が陸軍大臣になり、永田鉄山が中央に戻って軍務局長になるあたりから、だんだん陸軍は一枚岩《いちまいいわ》になってゆくのです。同時に非常に優秀なる軍務局長が中心に座りましたので、その指揮のもと、陸軍はたいへん強力な組織になりはじめるのです。つまり陸軍の政策が、「天皇の軍隊」として国家総力戦で戦いうる強力な統制国家をつくるという方向で統一されました。

「天皇機関説」の目的は？

その時、問題となるのは、天皇陛下の存在でした。後にもう一度、詳しく話さねばならないのですが、ここで簡単に言っておきますと、天皇とは、天皇であると同時に大元帥陛下《だいげんすいへいか》なのです。天皇陛下として国政をみる、外交をみる、内閣の言ってきたことに対してノーと言わない形で国の政治の上に立っている。もう一つ、大元帥陛下としては、陸海軍の最高最大の指揮官であり、天皇陛下とは別の人格として陸海軍は直接にこれを上にいただいているわけです。そこで軍部にとっての問題は、大元帥はいいとしても、国政をみる天皇陛下のほうがときに始末《しまつ》に困ることがあることです。というのは、天皇陛下が「ノー」というと、陸海軍がやろうとしていることがうまくいかない場合がでてくる。

　これまでも張作霖爆殺事件や満洲事変で、早く言えば天皇をだますために、納得《なっとく》させるために、陸軍はさんざん苦労してきました。そこで、陸軍としては天皇陛下の存在をもう少しはっきりさせておこう、今後の国民意識統一のためにも天皇陛下がどういうものであるか、国民に示しておこうじゃないかということで、一つの策略《さくりゃく》がはじまります。

　陸軍だけがやったのではありませんが、その頃はすでに陸軍と一緒になって皇道精神とか総力戦態勢をつくるために国民は一つにならなくてはならないとか盛んに唱える人は政治や経済や文化の世界に大勢いましたから、これをうまくつかって、「天皇機関説《てんのうきかんせつ》」問題というのをぶちあげたのです。

　すなわち昭和十年（一九三五）二月十八日、貴族院本会議で突然、菊池《きくち》武夫《たけお》という右翼《うよく》の議員が、東京大学教授で憲法学者でもある美濃部《みのべ》達吉《たつきち》貴族院議員が書いた『逐条憲法精義《ちくじょうけんぽうせいぎ》』と『憲法撮要《けんぽうさつよう》』が実にけしからん、日本の国体《こくたい》を理解せず、それを曲げて書いている、発禁処分にすべきであると言い出したのが発端《ほったん》となり、大議論に発展してゆきます。

いったいこの議論は何を目的としているのか、当時の「文藝春秋《ぶんげいしゅんじゅう》」が明確に突いて、城南隠士《じょうなんいんし》という人の匿名《とくめい》記事を載《の》せています。要するに、この騒動の裏側には「日本を縦断して流れる二つの潮流《ちょうりゅう》の争い」があるのだとし、その一方は西園寺公望《さいおんじきんもち》を本尊《ほんぞん》に牧野伸顕《まきののぶあき》、斎藤実《さいとうまこと》、高橋是清《たかはしこれきよ》、鈴木貫太郎《すずきかんたろう》、湯浅倉平《ゆあさくらへい》、一木喜徳郎《いちききとくろう》ら、いわゆる宮中の天皇側近たちの一分《いちぶ》の隙《すき》もなく固めた穏健《おんけん》グループであり、またこれに敵対するグループに平沼騏一郎《ひらぬまきいちろう》を旗頭《はたがしら》とする強硬路線の面々があり、これに軍部が結びつこうとして言い出したことである、といみじくも喝破《かっぱ》するわけです。さらにこう言います。残念ながら、当時は検閲《けんえつ》があって××となっているのですが、ここでは××に言葉を補って読んでみますと、

「××（軍部、以下同じ）がこの騒動を起こしたとは言えんが、××を中心とする連中の間から、美濃部糾弾《きゅうだん》はまず巻き起こされた。議会で先陣《せんじん》を承《うけたまわ》った菊池（武夫貴族院議員）は××とは切っても切れん同志の一人だ。議会の始まる前から美濃部説を攻撃して居《お》ったのも、みな××とは近い連中じゃ」（「文藝春秋」昭和十年四月号）

さらに突っ込んで言っています。

「美濃部党の憲法解釈で、現存する一番の先輩は枢府《すうふ》（枢密院《すうみついん》）で憲法の鍵を預る××（一木喜徳郎）じゃ。……美濃部を攻撃し、その学説一切《がくせついっさい》を駆逐《くちく》するとなると、最後に出て来るものは□□（宮中）じゃ。……この運動が□□に及び、万一××（一木）が何かの形で

責任を執《と》らねばならんような破目《はめ》にでもなると、西園寺、牧野、斎藤、高橋、××（一木）とつながる重臣層には一大破綻《はたん》が起こる。美濃部騒動の××××（根本理念）はここじゃ」

と、騒動の裏側にあるものを暴《あば》きたてているわけです。

確かに軍部にとっては、天皇を守っている穏健和平分子《おんけんわへいぶんし》である重臣層が邪魔でしょうがないんです。あの「君側の奸《くんそくのかん》」どもを叩きつぶすにはどうしたらいいのかを常に考えている、その作戦の一つとして美濃部達吉という憲法学者を槍玉《やりだま》にあげて、そこから宮中穏健グループにメスを入れようとしたのではないか、というわけです。この見方は正しいと思います。当時、よくまあ騒動が起きてすぐにこれを書き、よくまあこれを載せたもんです。この城南隠士は、御手洗辰雄《みたらいたつお》という政治評論家なのです。

では「天皇機関説」とは一体何なのか。たいへん難しく、くどくどやってもわかりづらいのでこれまた簡単に申しますと——。

天皇機関説とは、どうやら考え方は三つに分かれるようです。一つは、帝国憲法（明治憲法）にいう天皇の絶対的権威を認める。だけども天皇はそれを駆使《くし》しないで、国家の上に乗っただけの機関であるべきだとする。

二つめは、天皇が国家を統治することも陸海軍を総指揮することも一応は認めるが、むしろ政府が主体的にできるだけ立憲的に（憲法の範囲内で）自由主義的に国家を運営しようじゃないかという機関説。つまり議会や内閣の権限を、天皇のもつ大権威に対して相対的《そうたいてき》に認め、徐々にそれを強めようというもので、これが美濃部さんの説です。

三つめは、天皇の権威や地位はそんなものじゃない、絶大であり国家主権の絶対のものである、その力を使って国家をよりよい方向に運営してゆこうという説です。要するに後の日本国がそうなってしまい、絶対である天皇の権威と力を利用して国家がどんどん運営されてゆくのですが、これを唱えた中心人物が北一輝《きたいっき》というわけです。

結局は三番目の説が生きてきて、二・二六事件後、昭和の日本では、天皇の名のもとにあらゆることが決められていくのです。以上のようにこの頃から、宮中穏健グループが陸軍のいつか蹴落《けお》とすべき標的《ひょうてき》になっていたことがはっきりするのです。

『昭和天皇独白録』には、「私は国家を人体に譬《たと》へ、天皇は脳髄《のうずい》であり、機関と云《い》ふ代《かわ》りに器官と云ふ文字を用《もち》ふれば、我が国体との関係は少しも差支《さしつか》えないではないか（略）」とあります。つまり天皇は天皇機関説でよろしい、それもあえていえば、この二つめでいいと考えていたといっていいでしょう。

万世一系の天皇の統治

もう一つ、これと関連してほぼ同じ時に、議会や言論界《げんろんかい》で「国体明徴《こくたいめいちょう》」問題が起きます。これもわかりやすく説明するのは難しい。長々とぶたねばならないのでまた簡単に言いますと、日本とはいったいどういう国かということが大議論になったのです。要は「この国のかたち」を決めようということですね。「国体明徴」をめぐってはあらゆる議論が噴出し、「改造」や「文藝春秋」などの雑誌にたくさん論文が載りました。その果てに、当時の岡田《おかだ》啓介《けいすけ》内閣が昭和十年八月三日、結論として政府の考えを発表しました。

「恭《うやうや》しく惟《おもん》みるに、我が国体は天孫降臨《てんそんこうりん》[4]の際下《さいくだ》し賜《たま》える御神勅《ごしんちょく》に依《よ》り昭示《しょうじ》せらるる所にして、万世一系《ばんせいいっけい》の天皇国を統治し給《たま》い、宝祚《ほうそ》の隆《さかえ》は天地と与《とも》に窮《きわまり》なし……」

訳しますと、日本の国というものは、天孫降臨の時に下した神様のお告《つ》げによって明らかなように、万世一系の天皇が国を統治し、その天皇が祀《まつ》る恵みは天地とともにきわまりない、つまり日本の国は万邦無比《ばんぽうむひ》、他にはない神様のお告げによってできあがった国である、天皇がこの国を治《おさ》めるということは神代《かみよ》の昔から決まっているのである、それを今さらがたがた言うとはなんたることか、というわけです。

こう政府が認めてしまったために、日本は以降、まさに天皇陛下が統治し給《たま》う国家であって、機関説などと言って天皇の力を弱めようだの認めまいだのというのはとんでもない大間違いだということになり、文部省は各学校に「国体明徴」を呼び掛け、陸軍もまた大喜びでこれを盛んに言い立てる。反対意見の人たちへの攻撃がこの辺りから政治の表面にまで出てくるのです。

国体明徴運動のおかげで、その後日本はごたごたしはじめます。

まず、先ほども出た枢密院《すうみついん》議長の一木喜徳郎さんが襲われます。危なく一命《いちめい》を落とすところを助かりましたが、この衝撃は非常に大きいものでした。先の城南隠士、御手洗辰雄さんの文章にある通り、一木を叩き落とすことによって宮中グループはがたがたになると見込んでいたためで、途端《とたん》に牧野伸顕内大臣も辞表を出そうとする、元老西園寺公望も政治に嫌気《いやけ》がさし静岡県興津《おきつ》の私邸に籠《こも》りっぱなしになる、というように、天皇側近の穏健自由主義者たちはどんどん腰砕《こしくだ》けになってしまうのです。

残る鈴木貫太郎侍従長、斎藤実はがんばっています。高橋是清蔵相も予算面で軍部に楯突《たてつ》いて、予算を減らしたりします。彼らはみんな二・二六事件で狙《ねら》われることになります。

永井荷風《ながいかふう》が、昭和十年七月六日の日記でこう書いています。

「空中演習にて市街点燈を禁ずという。暗黒歩み難きをもって門を出《い》でず。早くより臥蓐《がじょく》（寝床）に横たわり『文芸倶楽部《くらぶ》』の古本を読む。明治三十一年七月号の誌上に大町桂月《おおまちけいげつ》が楠正成《くすのきまさしげ》の自殺を論ずる文あり。今日かくの如《ごと》き言論をなす者あらばたちまち危害《きがい》を加えらるべし、明治三十年代は今日に比《ひ》すれば言論なお自由なりしを知るべし」

天皇機関説、国体明徴の政府声明以来、日本の言論はものすごく狭《せば》められました。自由はどんどん失われていきます。この先、日本は万世一系の天皇が統治し給うところの神国である、という大基本ができあがり、そこから逸脱《いつだつ》する言論などはたちまち罰《ばっ》せられるようになりました。心ある人は皆、口を閉《と》ざすようになりました。

要するに昭和十年前後の天皇機関説問題や国体明徴は、一応は「思想」の問題でありながら、実は定まった標的を叩きつぶすための論議でありました。裏に陸軍の工作《こうさく》がある。こうして自由な言論は封殺《ふうさつ》され、軍国主義化が進みます。そして日本を根本から揺《ゆ》るがし、軍の強大な力を誇示《こじ》する二・二六事件が起こるわけです。

＊1――天保銭　陸軍大学校の出身を示す徽章が江戸時代の天保銭とよく似ていた。
＊2――一夕会　昭和四年（一九二九）、石原莞爾、東条英機、板垣征四郎ら陸軍佐官クラスの将校たちが結成したグループで、昭和軍閥の誕生を決定づけた。
＊3――小野寺百合子さんの本　『バルト海のほとりにて――武官の妻の大東亜戦争』（一九八五年、共同通信社）。小野寺さん（一九〇六―九八）はスウェーデン駐在武官として赴任した夫の小野寺信陸軍少将を助け、暗号電報の作成などに携わった。また戦後はフィンランドの作家トーベ・ヤンソンの「ムーミン」シリーズの翻訳で活躍した。
＊4――天孫降臨　天照大神の命を受けて、天津彦彦火瓊瓊杵尊（あまつひこひこほのににぎのみこと）が高天原から日向国高千穂に天降ったという神話。

第五章

二・二六事件の眼目は「宮城占拠計画」にあった

大股で戦争体制へ

この章の

✷ポイント

昭和十一（一九三六）年、二・二六事件が起こります。皇道派《こうどうは》の青年将校たちが政治腐敗や農村困窮は元老や重臣たちのせいだとし、彼らを排除しなければならないと考えて実行しました。しかし昭和天皇はこれを反乱と断定して怒りを鮮明にし、直ちに鎮圧を命じます。事件は収束しますが、以後の軍部は絶えず〝二・二六〟（テロ）の再発をちらつかせて政財界・言論界を脅迫し、ほとんどの体制が軍部の思うがままに動いていくことになるのです。

✷キーワード

相沢《あいざわ》事件／日本改造法案大綱／陸軍パンフレット／二・二六事件／高橋是清《たかはしこれきよ》／広田弘毅《ひろたこうき》／軍部大臣現役武官制／日独防共協定／北守南進／不穏文書取締法

✳「たたかひは創造の父、文化の母」

前回、陸軍が統制派《とうせいは》と皇道派《こうどうは》に分かれ、皇道派のエース・小畑敏四郎《おばたとしろう》少将が遠くに追いやられ、陸相の交代により統制派の永田鉄山《ながたてつざん》少将が軍務局長として中央に戻ってきて俄然《がぜん》、統制派が力を得たことを話しました。

ところが現実はそう簡単にことが決着してしまうわけではなく、軍内の入り乱れのごたごたは続きます。いぜんとして荒木・真崎両大将に傾倒《けいとう》する大尉中尉少尉といった若い青年将校が、偕行社《かいこうしゃ》＊1や料亭に集まって、あるいはその少し上にあたる少佐中佐が参加して、いろいろと議論が展開されました。なかでも象徴的なものをいくつか紹介しますと、後に永田鉄山を刺殺《しさつ》した相沢三郎《あいざわさぶろう》中佐と、戦後も長く生きた統制派の池田純久《いけだすみひさ》中佐との間で交わされた議論です。

池田「われわれは軍内の特定の将軍（この場合は荒木貞夫大将をさします）をかついで革新をやる考えは適当でないと思う。軍の組織全体を生かし動かし、一糸《いっし》乱れぬ統制のもとで革新に進みたいのだ」

こういうところから「統制派」という名称が出るのですが、軍を統制してひとつになって革新をしたい、という主張です。対して相沢中佐は、

相沢「革新が組織で動くと思うなら認識の不足である。ドイツを見よ、ヒトラー総統は伍《ご》

長《ちょう》ではなかったか！　彼は下士官《かしかん》の身をもって全ドイツを動かしたのだ。つまり革新は、組織というよりむしろ個人の力でやるものだ」

あるいはまた、次のような論議もありました。

「青年将校は勝手に政治運動をするな。お前たちの考えている国家改造は、われわれ省部《しょうぶ》（陸軍省と参謀本部）つまり陸軍中央が中心となって断行《だんこう》していくから、それを待っていろ」

と統制派の士官が言うと、皇道派の青年将校が、

「いや、あなた方陸軍大学出身のエリートに、どうして今の農村や漁村のほんとうの窮状《きゅうじょう》がわかるのですか。それは自分たちのような、農漁村出身の兵隊とともに日夜《にちや》訓練している者だけがわかるのです」

とつっぱねます。すると陸大出のエリートが言います。

「今後、中央の方針に従わなければ、われわれは諸君らを断固として取り締《し》まる。いいか、政治活動をやるなら、軍服を脱いでやれ」

これは上からの押し付けですね。こういった議論ががちゃがちゃ行なわれます。満蒙《まんもう》の危機を受けとめ、軍を刷新《さっしん》して近代の国家総力戦に合う日本をつくりたいという点で陸軍全体の気持ちとしては一致していながら、統制派と皇道派は方法論で分かれるのです。根本では、前回申しましたように戦略的な対ソ連中心論（予防戦争論）と対中国一撃論ですが、さらに下のほうではこのように国家を革新する、総力戦態勢にもっていくための方法論で意見が分かれてい

たのです。

ここでとくに問題視されるのは、北一輝《きたいっき》の『日本改造法案大綱《たいこう》』です。皇道派の青年将校たちがこれを大いに学び、おもむろにではあるけれど、「天皇は全日本国民とともに、国家改造の根基《こんき》を定《さだ》めんがために、天皇大権の発動《はつどう》によって三年間憲法を停止し、衆議院と貴族院の両院を解散し、全国に戒厳令《かいげんれい》をしく」、そうして大改造に踏み切る、という考えをもつようになるのです。日本の貧しい窮状を救うためには、つまり「改造なくして繁栄《はんえい》なし」で、そのためには天皇をかつぎ、憲法で定められているところの大権を発動して、軍部が政治や経済をがっちり押さえてやらなければだめなんだと本気で考え出すのです。

ところが統制派のエリート将校たちは「そんなばかなことをしても国民はついてこない。おれたちにまかせておけ、必ず日本を総力戦に見合う強固な軍事体制国家にしてみせるから」とつっぱねる。しかし口だけで言っても埒《らち》があかないので、どうしたら国家を改造できるのかを文書にしました。いわゆる「陸軍パンフレット」、「陸パン」とよく略されますが、正式に言えば『国防の本義《ほんぎ》とその強化の提唱《ていしょう》』をつくり、陸軍省の新聞班から公表します。書いたのは、先ほども登場した陸軍省軍務局軍事課員の池田純久中佐を中心とする統制派系の中堅で、それは非常に有名な言葉ではじまります。

「たたかひは創造の父、文化の母である」

戦争があらゆるものをつくりあげる父であり、文化の母である。そうした戦争にいつでも応じられる日本にしなければならないというのです。今読むとものすごい文章で、「国防、国防」のオンパレード、日本人はもっとしっかりしなければならないという激励《げきれい》で埋《う》まり、全編にみなぎるのは濃厚《のうこう》な好戦的《こうせんてき》な軍国主義的思想で、それを粉飾《ふんしょく》するために厚化粧《あつげしょう》の美文《びぶん》が書かれているのです。

「国防は国家生成発展の基本的活力の作用なり」「国民は必勝の信念と国家主義精神を養い、それには国民生活の安定を図《はか》るを要《よう》する」と、それを実に厳《おごそ》かに書いています。そして現在の日本の資本主義は誤《あやま》っている、修正しなければならない、として、

一、国家観念の強調——天皇制国家の強調ですね。

二、社会政策の振興——資本主義をもう一度考え直すということ。

三、統制経済[*2]の提唱——後に戦争に入ると統制経済が中心になりますが、この時から考えられていたのです。

要するに日本が国家総力戦態勢、高度国防国家をつくるためには自由主義ではだめだ、ナチス・ドイツのように資本主義経済体制をこわして統制経済にせねばならないのだと説くわけです。つまり軍が統制する国家です。

この「陸パン」が出ると新聞などマスコミも驚き、経済界などは「なに？　おれたちのやっていることの全否定か？」と一番びっくりしました。ところが陸軍内部では、皇道派の青年将校らもこの文書を大歓迎し、これがそのまま実行されるのならわれわれが考えている国家改造

など無理に強行しなくてもいいではないか、統制派のエリート佐官《さかん》クラスが全部やってくれるのなら任《まか》せようではないかという気持ちにもなったのです。

ところが、「陸パン」が出た昭和九年（一九三四）十月一日から間もなくして、衆議院が驚いて、議会に新聞班長で統制派の根本博《ねもとひろし》大佐を呼んで事情を聴取《ちょうしゅ》すると、大佐はこう言ったというのです。

「近代の国防を論ずるにあたっては、あの程度まで言及《げんきゅう》する必要があると思ったからの文書であって、他には何の目的もない。それが問題になって新聞班としては迷惑をしている。したがって、これを実行に移す意志はない」

さらに十一月の特別議会では、民政党《みんせいとう》や政友会《せいゆうかい》がガンガン陸軍に文句を言いました。それに陸軍大臣の林銑十郎《はやしせんじゅうろう》大将は、「これは軍の一つの意見ではあるが、必ずしも実行しようというものではない」と弁明《べんめい》しました。何のことはない、「陸パン」という素晴らしい花火は上がったものの、あっさり腰砕《こしくだ》けというか、大言壮語《たいげんそうご》はぱらぱらと散ってしまった感じで、皇道派青年将校らはア然とするとともに、「もはや、統制派のエリートどもは信用ならない。あれに任せておいては近代戦を戦える国防国家の日本はつくり得ない」と、裏側で動きを急ぎはじめたのです。

✺立派であった夫人たち

昭和十年（一九三五）が明けたころから、皇道派のいわゆる隊付《たいつ》き青年将校、中央官庁ではなく実際に連隊にいて部下との訓練に明け暮《あ》《く》れている将校たちが、徐々《じょじょ》にはっきりした動きを見せてきます。彼らはもはや統制派で固められた陸軍中央に信《しん》をおいていません。そのもっとも具体的な表れとして、八月十二日に大事件が起こります。今の三宅坂《みやけざか》の国立劇場の辺りにあった陸軍省の軍務局長室に皇道派の相沢三郎《あいざわさぶろう》中佐が乗り込んできて、いきなり軍刀《ぐんとう》を引き抜き永田鉄山少将に斬《き》りつけたのです。発表はその日の夕方まで伏せられましたが、永田は即死《そくし》でした。しかも「お前は何をしたんだ」という上官に対し、相沢は「国を危《あや》くする張本人《ちょうほんにん》を斬り殺して参りました。これから台湾《たいわん》に赴任《ふにん》いたします」と平然《へいぜん》としていたという話も残っていて、いずれにしろ統制派の中心である永田鉄山が白昼《はくちゅう》に惨殺《ざんさつ》されたのです。「相沢裁判」といいまして、当然ながら軍事法廷にかけられて中佐は罪を問われました（翌年六月三十日死刑判決、七月三日刑の執行）。

これを契機として「相沢に続け」の思いが青年将校たちの胸にふつふつと湧いてきました。中央エリートたちは農村漁村の本当の窮状がわかってない、あの連中に国家改造などできない、ならばわれわれの手でやろうじゃないか、と青年将校運動が急転回し、拡大してゆくのです。

ここから先は「確証」の無い話がいくつか続きます。青年将校でもうんと若い人たちは純真な気持ちで国家改造を考えていたが、その少し上、大尉や少佐といった人たちになると若干、そう純真でもなかったのではないか、統制派から権力を奪還《だっかん》するために立ち上がったのではないかという説もあるわけです。

一方で相沢裁判が続いていて、青年将校がなぜ過激な行動に出たのかということがしきりに論じられていたのですが、その裁判の陰に隠れて密かにクーデタ計画が練られ、だんだん具体化してきます。細かく辿《たど》ってお話すれば一日じゅうかかりますが、ともかくそれが昭和十一年（一九三六）二月二十六日の二・二六事件という、大々的な革命運動につながったのです。

その日をわかりやすく時間を追って話してみようと思います。

二月二十六日午前五時、決起部隊、のちに反乱部隊千四百八十三人――これは大々的で、五・一五事件やその他のこれまでの事件は少数の人たちによったのですが、ここには兵隊さんが参加しているのです――が、それぞれすでに決められた襲撃目標に向かいました。

機関銃、重機関銃、軽機関銃、小銃、拳銃など約十万発を超す弾薬を持ち、二月の寒さですから外套《がいとう》を着用し、背嚢《はいのう》を背負い、防毒《ぼうどく》マスクまで持っていくという完全武装でした。

歩兵第一連隊、これは今の赤坂《あかさか》九丁目辺りにあったのですが、栗原安秀《くりはらやすひで》中尉、対馬勝雄《つしまかつお》中尉、林八郎少尉、池田俊彦少尉らが指揮して約三百名が、首相官邸に岡田啓介首相を襲撃。

同じく丹生誠忠《にうよしただ》中尉、香田清貞大尉、竹嶋継夫中尉、そして元軍人だった民間人の山本又、磯部浅一、村中孝次ら約百五十名が、陸軍大臣官邸を占拠。

歩兵第三連隊、これは今の六本木《ろっぽんぎ》の日本学術会議辺りにありまして、安藤輝三大尉らが率いる約百五十名が、鈴木《すずき》貫太郎《かんたろう》を侍従長官邸に襲撃。

同じく坂井直《なおし》中尉、高橋太郎、麦屋《むぎや》清済《きよずみ》、安田優《ゆたか》各少尉ら約百五十名が、斎藤実《さいとうまこと》内大臣私邸を襲撃。

その高橋、安田の小隊約三十名が分派して、渡辺錠太郎《わたなべじょうたろう》教育総監私邸を襲撃。

さらに野中四郎大尉、常盤稔、清原康平、鈴木金次郎各少尉ら約四百名が、警視庁を占拠。

近衛歩兵第三連隊、中橋基明《なかはしもとあき》中尉、中島莞爾《なかじまかんじ》少尉ら約百名が、高橋是清《たかはしこれきよ》蔵相の私邸襲撃。

また、栗原、中橋、池田のほか田中勝《たなかまさる》中尉も加わり、朝日新聞社襲撃、日本電報通信社、東京日日新聞社などに決起趣意書を手交《しゅこう》した。

別動の河野寿《こうのひさし》大尉が指揮する臨時編成の八人の一隊が、湯河原《ゆがわら》伊藤屋旅館別館の前内大臣牧《まき》野《の》伸顕《のぶあき》別邸を襲撃。

という具合に岡田首相、鈴木貫太郎侍従長、斎藤実内大臣、高橋是清蔵相、牧野伸顕前内府が襲われ、うち内大臣斎藤実と大蔵大臣高橋是清、そして教育総監渡辺錠太郎の三人が殺されました。重傷を受けたのは鈴木貫太郎侍従長、間違えられて助かったのが岡田啓介首相。牧野は無事脱出しました。このように天皇側近の要人《ようじん》を次から次へと襲撃して殺害したのです。

この時、非常に立派だったのが、狙われた人たちの奥さんでした。斎藤内大臣の夫人春子さんは、火を吐《は》く機銃にすがって「殺すなら私を殺してからにして」と身をもって夫をかばい、

近代日本史上最大のクーデタ、二・二六事件は厳寒の東京を不穏な空気で覆った

二・二六事件関連地図

無理やり引きはなされて内大臣は四十数発の弾丸を受け、即死しました。高橋是清蔵相は、撃たれたうえに左腕を斬《き》られて死んだのですが、夫人の志《し》なさんは来訪した新聞記者に向かって「青年将校は卑怯《ひきょう》に存じます」と言い放《はな》ちました。また渡辺錠太郎夫人のすずさんも立派でした。いきなり入ってきた青年将校たちに、「帝国軍人が土足《どそく》で家に上がるのは無礼《ぶれい》でしょう。それが日本の軍隊ですか」と銃剣の前に立ちはだかったという話もあります。また鈴木貫太郎夫人のたかさんは、夫が四発撃たれて倒れたところへとどめを刺《さ》そうとする将校に、「武士の情けです。とどめだけは私に任《まか》せてください」と制《せい》した。これを指揮していた安藤大尉は「閣下に対し敬礼」と号令をかけて捧げ銃《つつ》をしてそのまま引き揚《あ》げていきました。

このように、奥さん方が危急《ききゅう》の時にじつによく頑張ったという話が、この殺伐《さつばつ》たる二・二六事件にちょっとした明るさをもたらしてくれるのではないでしょうか。

問題は、いったい何を考えてこのような事件を起こしたのかです。総理大臣岡田啓介、侍従長鈴木貫太郎、内大臣斎藤実、彼らは海軍出身で、昭和天皇に直接上奏《じょうそう》できるわずかな人間です。この人たちを天皇から離してしまえば、直接天皇につながる人物で残るのは陸軍では陸軍大臣川島義之と参謀総長閑院宮《かんいんのみや》載仁《ことひと》親王ぐらいしかいません。この二人とも、どちらかといと皇道派系、つまり都合のいい人物です。そうして天皇を孤立させて皇道派がうまい具合にやろうじゃないかという魂胆《こんたん》がみえみえ、ともとれる。そこで皇道派の大将たち、荒木貞夫《あらきさだお》や真崎甚三郎《まざきじんざぶろう》、本庄繁《ほんじょうしげる》らが嚙《か》んだ大陰謀ではないかという説が出てくるのです。

ところが、そんな馬鹿な話があるもんか、という意見も出てきます。実際、後に反乱軍将校が軍事裁判でこれを全否定しています。われわれは貧困な人びとのために起《た》ったのだと。しかしさてどうか、というところもいくらかはあるのです。

なお、参謀総長には昭和六年から十五年まで、閑院宮が任じられています。これに和するように軍令部総長に、すでに何度か登場しています伏見宮博恭王《ふしみのみやひろやすおう》が、昭和七年から十六年四月までついています。皇族を統帥部のトップに戴《いただ》くというのは、重《おも》しとなっていいともみられますが、これを上にまつりあげて実はロボット視してしまうことが多く、下剋上《げこくじょう》の風潮が大いに助《じょ》長《ちょう》されることになりました。

「玉を押さえる」ことの意味

この事件勃発《ぼっぱつ》を天皇陛下が聞いたのは午前五時半頃です。宮城の中にいた甘露寺《かんろじ》受長《おさなが》侍従の報告によるものでした。その甘露寺さんがなぜ事件を知ったかといいますと、鈴木侍従長のたか夫人が、貫太郎が撃たれた、なんとかして救わなければ、というので医者の手配をしてもらうため宮中に電話をしたのが第一報で、それを甘露寺侍従が受け、「大変だ」と天皇に報告したわけです。

ここで私の立てた仮説ですが、たかさんは、天皇の子供の頃の乳母《うば》さんなのです。皇子というのは、小さい頃から両親と離されて一人で住むことに決められているのですが、その時にそばにいる、要するに母代わりがたかさんで、一方、鈴木侍従長は昭和のはじめからずっと天皇のそばにいますから父親のような立場です。いってみれば昭和天皇にとってもっとも親しみのもてるのがこの夫妻だったのです。そのたかさんから第一報が天皇に伝えられたのです。しかも父代わりの人が陸軍軍人によって襲撃され弾丸四発を撃ち込まれて瀕死《ひんし》の重傷、ということを母代わりから最初に聞かされた昭和天皇は、愕然《がくぜん》となると同時にものすごい怒りを感じたのではないでしょうか。したがって、天皇は事件に対してこれからたいへん厳しい立場をいっぺんにとるようになります。

午前六時過ぎ、急いで宮中に出てきたのが本庄繁侍従武官長です。この人も天皇の側近で奏上できる身分で、かの満洲事変の際に全指揮をとって、本来切腹《せっぷく》すべきところを逆にお褒《ほ》めにあずかって侍従武官長になり、しかも男爵という爵位をもらったという皇道派の重鎮《じゅうちん》です。直ちに天皇陛下に拝謁《はいえつ》しますと、いつも背広《せびろ》姿の昭和天皇は、この日は朝から大元帥の軍服に身を固めて出てきたのです。ということは、天皇はこの事件を、耳に入った瞬間から「陸軍の反乱である、従って軍事問題であって内政問題ではない、大元帥として対処すべきだ」と考えたに違いないんです。つまり事件は軍の統帥の問題であると。

そして、こういう事件が起きました、と本庄繁が報告する前に、「とにかく早く事件を終息《しゅうそく》させよ、禍《わざわい》を転じて福となせ」と言った。つまり「よくやった」などの言葉は当然あり得ませんが、大元帥として「事件を早く抑えろ」と命じたのですね。この天皇の最初のひと言から、この事件は、青年将校たちの思う方向へは動いていかなくなるわけです。

さらに本庄繁侍従武官長が宮中に入るとほぼ前後して、宮内大臣の湯浅倉平《ゆあさくらへい》、侍従次長の広幡忠隆《ひろはたただたか》、内大臣秘書官長の木戸幸一《きどこういち》の三人が宮中に集まって協議を行ないました。「反乱軍をすみやかに鎮圧《ちんあつ》せよとの命令が陛下より下された。この方向で事件を抑えよう。そのためには、岡田首相がやられたということゆえ内閣総辞職ですぐに暫定《ざんてい》内閣が設置されるべきだが、これは内政問題ではなく軍事問題である。大元帥命令によって、そのような仮の内閣は何があっても置かない」と決めました。三人がなぜ暫定内閣は置かないという見方をしたのかは興味深い問題なのですが、とにかくそれで一致して、午前七時に湯浅宮内大臣が天皇に上奏すると、天皇は「私もそのように考えていた」と同意しました。

この二つ――つまり天皇が早く事件を終息させよと言うほど怒ったこと、そして暫定内閣はつくらず、とにかく天皇の命令によって事件をおさめるという方針が、二・二六事件が青年将校たちのもくろみ通り――真崎甚三郎を首班とする暫定内閣をつくり、軍部主導による国家改造に突き進む――には進まないことを決定づけた、つまり事件の起きた数時間後にはすでに決起の「失敗」が決定していた、と言ってもいいのです。

青年将校たちのもくろみとは、先ほど言いましたとおり、岡田・鈴木・斎藤という「君側《くんそく》の奸《かん》」、最高の側近たちを襲撃して――歴史に「もし」はありませんが、考えれば何も七十のじいさんを殺す必要はないんですよね、銃剣で脅《おど》してどこかに集めて閉じ込めておけば話は済むんですが——殺してしまうんですよ。事件後の軍事裁判の結果、青年将校はたいてい銃殺されるのですが、私は生き残った若い少尉四人に戦後もずっと後に会いまして「殺すことはなかったんじゃないですか」と聞いたところ、四人共「そうなんだよなあ」と、どうも後悔していたようです。ま、反逆的なことをやる気になった時は、人間の気持ちは荒ぶるんでしょうねえ。

それは別にして、彼らが狙ったのは、天皇陛下というものをわが手で押さえてしまおう、そうすれば、明治維新の時に「玉《ぎょく》を押さえる」ということで、薩摩と長州と土佐が明治天皇を頭に戴《いただ》いて偽《にせ》の命令を出し、あっという間に官軍《かんぐん》になってしまった歴史的事実がありますので、この場合も昭和天皇を背後に戴くことによって自分たちが官軍になる、これに敵してくる者たちは賊軍《ぞくぐん》になるという方式を考えたのです。じゃあどうするか、宮城《きゅうじょう》を押さえればいい、そのためにまことに微妙な動きがありました。

決起したのは歩兵第一連隊、第三連隊、近衛歩兵第三連隊の三連隊ですが、その歩兵第一連隊に山口一太郎《やまぐちいちたろう》という大尉がいまして、本庄繁の女婿《じょせい》です。つまり義理の父にあたるこの皇道派の大物・本庄繁を通して、天皇陛下に直接、青年将校たちの悲願《ひがん》を申し上げようというのが狙いだったのです。山口大尉は事件に直接には参加しないのですが、皇道派青年将校たちの理解者かつ兄貴分で、この人が歩兵第一連隊の栗原安秀中尉らに「天皇陛下はお前たち青年将校の気持ちはよくわかっていらっしゃるようである。事件を起こした時に自分が義理の父親である本庄大将に申し上げ、それを本庄大将が天皇陛下に申し上げれば、たちまちに陛下はお前たちの味方になってくれるであろう」と常々《つねづね》話をしていたようなんですね。戦後、四人の青年将校に話を聞くと、天皇陛下の「軍人は忠義《ちゅうぎ》が大事である」というお言葉が耳に入ってきた時、「われわれは忠義のために立つのであるから、天皇陛下はわかってくれるはずだ」と理解していたと言うんですね。

ところが、「軍人は忠義が大事である」という言葉は、山口大尉が国家革新のためにだとか何とかどこかで大演説をぶったのが新聞に出て、それを見た天皇が本庄繁侍従武官長に、「こういうことを言う人間はよくない、とにかく軍人というのは政治などに頭を突っ込んじゃいかん、忠義が大切なのだ」と言ったらしく、実際は逆なんですね、それを誰もそうは理解せず、天皇陛下はわれわれの味方であると考えていたのです。

もう一つ面白いのは、立ち上がった青年将校のうち、丹生中尉と池田少尉は薩摩出身、栗原中尉、香田大尉、中橋中尉は佐賀出身、磯部浅一と田中勝中尉は長州出身、こうなると「明治維新」です。彼らは事件を「昭和維新」と銘《めい》打ち、自分たちは天皇陛下を尊び、義のために立った「尊王義軍《そんのうぎぐん》」と称しました。確かに彼らの気持ちの中には「天皇陛下のために立ち上がる、そして陛下はそれをわかってくださる」という確信があったのでしょう。

✺三銭切手が〝仲間〟の符号

さてここからものすごい話になるのですが、そこで彼らは何を考えたのか、先に申しましたが、宮城をまるまる占拠しようとしたのです。ではどうするか、自分たちが城内に入り込んで数少ない門をぴたーっと閉めてしまえばいいわけです。ただし歩兵第一、第三連隊の兵隊が何があったって宮城内に入れるわけはありません。入れるのは近衛歩兵連隊だけなのです。そこに近衛歩兵第三連隊の役割が出てくるわけです。

これを率《ひき》いるのが中橋基明《なかはしもとあき》中尉です。この中橋中隊は当日は赴援《ふえん》中隊に割り当てられていて、何か事が起きた時には宮城内に自動的に入れます。その中橋中隊約百名がまず宮城に入り、中ですでに守備についている近衛連隊の一中隊を説得して味方に引き入れ、宮城を占拠するという計画を立てました。そして占拠したあとは本庄侍従武官長頼み、ということであったのでしょう。

事実、中橋中尉率いる中隊は半蔵門《はんぞうもん》から宮城に入りました。ところが、ずさんといえばずさんな計画だったんですね。というのは、この連隊が宮城へ行くのに高橋是清邸を通る道があります。現在の虎屋《とらや》羊羹《ようかん》を渋谷の方に進むと左側にある公園が大蔵大臣私邸があったところで、「それならついでに大蔵大臣もやってこい」ということになったのかどうかはわかりませんが、先ほど言いましたように中橋中隊はそこを襲撃し、高橋是清を惨殺《ざんさつ》しました。

そういう大仕事、つまり人を一人殺してくるという、余程《よほど》の決心を固めないとできないことをやった後に、さらに宮城を占拠しろというわけでしょう、ついでといってはなんですが、大事な目的があるのにそのほかにもう一つやってしまおうというのはとんでもない話なんです。ちなみに大蔵大臣をなぜ襲ったのか、先にちょっとふれましたが、予算の問題です。増大する軍部の軍事費増額の要求を一切認めず、高橋蔵相が、軍隊がかんかんに怒るくらいに厳しく予算を絞《しぼ》ったというのが理由で、先ほどの岡田、鈴木、斎藤とは違って、これは憎《にく》しみのために襲ったといってもいいのかなと思います。

そして中隊は半蔵門に着き、事件勃発《ぼっぱつ》だということでともかく宮城内赴援中隊として宮城内に入ったのです。中を守る近衛師団は少なくとも同志ではありませんから合意するかどうかは微妙だったものの、この辺も非常に安易《あんい》に考えていたようで、たぶん大丈夫だろうと思って乗り込んでいくと、これがオッケーしないんですね。はじめから中橋を危険人物視している。

ここで歴史にまたイフを持ち出すのはおかしいのですが、もし中橋基明中尉が、もちろん人を一人殺してきていますから気力も萎《な》えていたかもしれませんが、ともかく本気になっていれば……。すなわち、守衛隊司令部で宮城内を守っていた大高少尉は中橋中尉と真っ向から顔を突き合わせて「言うことはきかん、すぐ出て行ってもらいたい」と言った。中橋中尉がそれならば大義《たいぎ》のためにと彼を射殺したならば、です。二人とも拳銃を抜き、互いに顔を見合って、と緊迫《きんぱく》した状況であったのですから。それなのに現実には、中橋中尉のほうがまず拳銃をしまった、という経緯だったようです。

面白いのは、警視庁を占拠した野中四郎大尉が率いる歩兵第三連隊は、なんと四百名の大所《おおじょ》帯《たい》です。警視庁といっても、なるほど当時は「新撰組《しんせんぐみ》」と称して猛者《もさ》たちが集まっていたとはいえ今の規模より小さいでしょうから、何も四百人が行く必要があったのか。野中大尉は決起の名義人《めいぎにん》ですから許されませんでしたが、常盤稔、清原康平、鈴木金次郎ら少尉たちは占拠しただけで一人も殺してませんので、裁判で死刑を免《まぬか》れて戦後もよく話してくれました。「四百人も警視庁へ行って一体何をしたのですか」と尋ねると、清原少尉が言うには、とにかくすぐに屋上に上がり、宮城の方を望遠鏡でずっと見ていたと。そして中橋さんの「話はついた。桜田門より入れ」の合図《あいず》を待ってどっと宮城に入り、一気に宮城を押さえてしまう計画だったというのです。つまり門のすべてを押さえるために四百人も動員《どういん》したのです。

そして占拠の後は、仲間と思われる人間にはあらかじめ三銭切手《さんせんきって》を手に貼《は》ってくるように伝えておいたというのです。三銭切手が同志の合印《あいじるし》です。そうすれば宮城の中に入れるというところまで話は進んでいたのです。

警視庁の屋上から「もうそろそろか」とじっと宮城を見ていたのですが、しーんとしたまま合図も何もない。昼が来たからしょうがなく皆で飯を食い、宮城内はどうしたんだと言っているうちに、ちょっとお前見て来いよというわけで、常盤少尉などは坂下門《さかしたもん》まで見に行ったそうです。すると守備の近衛連隊の兵隊がのんびりした顔でいるからおかしいと思っているところへ馬車が来たのでそれを止め、「まかりならん！」と言って中を見ると女官《じょかん》だったそうで、仕方なく「入れ」と言った、というような話をしてくれました。要するに、宮城内はいつも通り、門を開《あ》けっ放しにした穏やかな雰囲気だったと。それで「これはだめだ」と警視庁に戻って野中大尉に「どうも中は失敗したようであります」と報告したそうです。

「わが事成れり」

いずれにしろ、二・二六事件の基本には宮城占拠計画があり、それが一番大事な仕事だったのです。が、大高少尉と中橋中尉が拳銃を抜き合って互いに睨《にら》み合ったところでお終《しま》いになり、いつの間にか中橋中尉その人は宮城から出て行ってしまって反乱軍の将校たちと合流し、中隊長がいなくなった中橋中隊の約百名は、はじめから宮城を守っていた部隊に組み入れられて「坂下門を守れ」などといわれる始末《しまつ》で、今泉義道《いまいずみよしみち》少尉などは「自分たちが反乱軍に回ったのかよくわからないうちに事件が推移《すいい》していった」というように語っていました。

つまり最大の狙いである宮城占拠はならず、しかも、理解者と思い込んでいた天皇陛下は自分たちに対してまるで同情的でもなかったことが間もなくわかりはじめるのです。

もし宮城占拠に成功していれば、事態は大きく変わったと思うのです。それこそ期待の皇道派の真崎甚三郎、荒木貞夫大将らが三銭切手を手に貼って宮城にやって来る、天皇のもっとも側《そば》にいる本庄繁侍従武官長も味方だし、さらに軍事調査部長の山下奉文《やましたともゆき》少将もやって来るでしょう。陸軍次官古荘幹郎《ふるしょうもとお》、陸大校長小畑敏四郎、軍事課長村上啓作《むらかみけいさく》、もちろん山口一太郎大尉も入城してくることでしょう。形勢観望《けいせいかんぼう》していた連中も馳《は》せ参《さん》じてきます。そしてクーデタの成功で、真崎を総理大臣とする軍事政権が成《な》り、日本改造計画がうまくいくはずだった、しかし事態はそうは進まず、わけがわからなくなってしまったのです。

警視庁を占拠している四百人はぼーっと一日を過ごし、そのうち将校は首相官邸に集まるよう命令があって集合したりするわけですが、昼頃までに事件は「失敗」と確定し、あとはどうすれば収拾できるかという状況になっていました。

陸軍省には主な人間が次々に集められ、今後どうすべきか、この決起部隊を穏やかに引き取らせる方法はないものかと論議します。また岡田首相は死んだと思われていますから、内閣はどうなるのかも方々で論議されるというごちゃごちゃの状況のうちに、陸軍は、苦肉《くにく》の策と言ってもいいでしょうが、真崎甚三郎大将と荒木貞夫大将が中心になって——二人とも黒幕と思われていますから、冷たい視線を浴びながら——意見をガンガン述べ、その中から「陸軍大臣告示《こくじ》」がつくられたようなのです。実はそんなものは正式にはつくられなかったという説もありますが。

「決起の趣旨については天聴《てんちょう》に達せられあり。諸子《しょし》の行動は国体顕現《けんげん》の至情《しじょう》に基づくものと認《みと》む」

ともかく、こうした趣旨のものが決起部隊に伝えられたのは午後三時頃でした。陸軍中央の混乱が察せられますが、部隊は陸軍大臣の告示をもらって大喜びです。決起の趣旨が天皇陛下の御耳《おみみ》に入った、その意図を陛下はちゃんと理解され、この行動が日本の国体を守りしっかりしたものにするための熱烈なる想いに基づくものと認める、というわけですから「わが事成《ことな》れり」、自分たちの行動は是認《ぜにん》されたと喜んだのです。同時に「第一師団命令」が出ます。決起部隊は皆、第一師団の傘下《さんか》ですから、第一師団長が「お前たちは現状においてあまり余計な行動をするな。いずれこちらから指示するから」と、とにかく穏やかに治《おさ》めようとしたわけです。

ところがいずれも作文でしかないのですね、大元帥陛下がそんなことを許可するわけはないにもかかわらず、決起部隊は小躍《こおど》りし、何だかわからないうちにその日は暮れていくのです。部隊は早くも「官軍」として首相官邸はじめ赤坂《あかさか》や永田町《ながたちよう》一帯を占拠《せんきよ》し悠々《ゆうゆう》としていて、ががたしているのは陸軍中央ばかりです。そこで陸軍のお偉方《えらがた》が陸軍大臣官邸に集まり、また香田、村中、磯部、対馬、栗原など青年将校の幹部もやって来て会談します。

何のことはない、早く矛《ほこ》を納《おさ》めて帰れよ、といいたいばかりの会談なのです。荒木大将などは「お上（天皇）はどれだけ御軫念《ごしんねん》になっているか、考えてもみよ」というようなことしか言わない。将校たちにすれば「何を言うか、俺たちは官軍であって、宮城一帯を守っているのだ」といわんばかり。しかし実際、天皇はこの日だけでも十二回、本庄侍従武官長を呼びつけて「早く鎮圧せよ」と督促《とくそく》しているんです。そんなことは伝えられるわけもなく、将校たちは

「天皇陛下はわれわれの気持ちをわかってくださっている、革命は成功した、新しい時代が来るに違いない」と信じていたお粗末《そまつ》さでした。

これが事件の第一日目です。

ですが話はもうこれで終わっているんです。あとは、いかにして決起部隊にお戻り願うか、だけなのです。

✻「今からでも遅くない」

二十七日が明けます。天皇は侍従武官長本庄大将に向かって何遍《なんべん》も同じことを言います。本庄武官長が丁寧《ていねい》に日記に書いているのですが、

「朕《ちん》が股肱《ここう》の老臣を殺戮《さつりく》す。かくのごとき凶暴《きょうぼう》の将校らは、その精神においても何の恕《ゆる》すべきものありや」

「朕がもっとも信頼せる老臣をことごとく斃《たお》すは、真綿《まわた》にて朕が首を締《し》むるにひとしき行為なり」

さらに、陸軍中央が決起部隊の鎮圧にいつまでもてこずっていることに怒りだし、

「朕自《みずか》ら近衛師団を率《ひき》い、これが鎮圧に当たらん」

大元帥陛下は厳然《げんぜん》として言い、侍従武官長は恐れ入るばかりでしたが、ではどうするかとい

う と何の手も打たない、だらだらとやっているだけで話はちっとも進みません。実はその晩辺りから、最初は決起部隊にいくらか同情的だった参謀本部作戦部長の石原莞爾《いしはらかんじ》たちも天皇の鎮圧の意志が固いことを知って動きはじめるなど、統制派中堅クラスが鎮圧に向けて、動きを起こしていました。

そして結果的には、二十八日午前五時、正式に決起部隊、今や赤坂台上を占拠している占拠部隊に大元帥命令が出るのです。

「戒厳司令官は三宅坂付近を占拠しある将校以下をもって速やかに現姿勢を撤《てっ》し各所属部隊の隷《れい》下《か》に復《ふく》せしむべし」

要するに「決起部隊の占拠を認めない、直《ただ》ちに原隊《げんたい》へ帰れ」という命令で、この瞬間から、依然として占拠を続けるならば、大元帥命令に反抗した「逆賊《ぎゃくぞく》」となります。それまでは決起部隊ないしは占拠部隊だったものが逆賊、反乱軍になるのですから、ここで勝負あったということです。

午前六時半ころ、山口一太郎大尉は決起部隊の将校を訪れ、頭を深々《ふかぶか》と下げて「近く、原隊に撤退せよという奉勅《ほうちょく》命令が下《くだ》る（実際はもう下っているのですが）。力の限りを尽くしたが、微《び》力《りょく》は及ばず、万策《ばんさく》は尽きた」と告げました。事情をつゆ知らない将校たちは「悪い冗談だ」と笑い、「そんなことあるはずない、俺たちの行動は陸軍大臣告示によって認められているじゃありませんか、反乱軍でもなんでもないんだ」と、奉勅命令を信じなかったという話があるくらい、決起部隊の連中は何にもわかっていなかったのです。

この大元帥命令が出た後、陸軍中央はあらゆる手段で命令を徹底しようとします。朝日新聞社で飛行機を借り、空からビラを撒《ま》き、アドバルーンを上げ、ラジオで放送します。二・二六事件を語る時に必ず出てくる「下士官兵《かしかんぺい》に告《つ》ぐ」のビラが撒かれたわけです。

一、今からでも遅くないから原隊へ帰れ

二、抵抗する者は全部逆賊であるから射殺する

三、お前たちの父母兄弟は国賊《こくぞく》となるので皆泣いておるぞ

なんともすごい文章で、このビラを積んだ飛行機が上空を飛び、赤坂見附《あかさかみつけ》一帯に撒いたのです。反乱軍の中には落語家の故・柳家小《やなぎやこ》さん師匠がおりまして、ちょうど今の国立劇場から下って警視庁に向かう坂のところで「さあ俺たちはここを守り抜くぞ」と機関銃を据《す》えて攻撃に備えて身構えていた、「いや、本当はやる気ありませんでしたけれどね」なんて話していましたが。それくらい皆は一所懸命だったのは確かなのです。

同時に、ラジオでもこれまた有名な「兵に告ぐ」という放送が流れます。

「勅命が発せられたのである。すでに天皇陛下の御命令が発せられたのである。お前たちは上官の命令を正しいものと信じて絶対服従をして誠心誠意《せいしんせいい》活動してきたのであろうが、すでに天皇陛下の御命令によってお前たちはみな原隊に復帰せよと仰《おお》せられたのである……」

これでわかりますように、反乱軍の将校ではなく下士官兵隊たちに、「お前たちは上官にだまされているのだから、直ちに帰れ」と呼び掛けているのです。

ここまでくると、将校たちも「部下をすべて原隊に復帰させて、自分たちはここで腹《はら》を斬《き》ろう」と意見がまとまりかけました。そこで何とか天皇陛下にその旨《むね》を申し上げて御使いを頂き、死ぬにあたって軍人としての最後の光栄を与えてもらえないだろうかということになります。川島義之陸相や山下奉文少将ら皇道派の陸軍中央の人たちが相談し、これを本庄侍従武官長に伝えました。本庄さんは気が進まないながら奏上したところ、天皇はかつてない怒りを顔に表わして言ったといいます。

「自殺するならば勝手にさせるがいい。かくのごとき者どもに勅使などもってのほかのことである」

ここで治《おさ》まればまだよかったのですが、反乱軍将校はなお「こうなったらやるか」「玉砕《ぎょくさい》あるのみ」というので二十八日の晩は騒然《そうぜん》たる空気に包まれます。ならば陸軍中央も「攻撃するしかない、皇軍相撃《そうげき》もやむを得ない」と反乱軍鎮圧部隊を編成、甲府《こうふ》連隊、佐倉《さくら》連隊などがどんどん東京に送られ、赤坂見附を囲んで攻撃準備を整えます。このままいくと、東京の真ん中で日本軍が敵味方に分かれ、十万発を撃ち合うことになり、大惨劇《だいさんげき》になったと思いますが、まあそこまでいくとアホらしいというか、兵隊を殺す必要はまったくないのですから、鎮圧部隊の戦車が音を立てて攻撃準備をする状況にまでなったものの、二月二十九日朝が明けると同時に「これまで」と、反乱軍は戦闘行為をやめて次々に原隊に戻り、事件は終わりました。

✺広田内閣が残したもの

何がこの事件の後に残ったのか。簡単です。松本清張《まつもとせいちょう》さんに『二・二六事件』[*3]という大著がありますが、その結論で述べている言葉が一番適しているかと思います。

「(これ以後の日本は)軍部が絶えず〝二・二六〟の再発(テロのこと)をちらちらさせて政・財・言論界を脅迫《きょうはく》した。かくて軍需《ぐんじゅ》産業を中心とする重工業財閥《ざいばつ》を(軍が)抱きかかえ、国民をひきずり戦争体制へ大股《おおまた》に歩き出すのである。(日本の国がここでがらっと変わるのですが)この変化は、太平洋戦争が現実に突如《とつじょ》として勃発するまで、国民の眼《め》にはわからない上層部において、静かに、確実に進行していった」

清張さんが言うとおりで、これ以後の日本はテロの脅《おど》しがテコになって、ほとんどの体制が軍の思うままに動いていくことになるのです。またここで皇道派が完璧につぶれます。後の昭和史に出てくるのは山下奉文中将、牟田口廉也《むたぐちれんや》中将、根本博中将くらい、またわずかに小畑敏四郎ら中心人物が、親しくもあり、どちらかといえば皇道派寄りの近衛文麿内閣で顔を出すものの、残りの皇道派軍人はほとんど退役し、陸軍は統制派が制圧《せいあつ》して思うように動かしはじめるのです。

事件が治まった後、岡田内閣は総辞職し、広田弘毅《ひろたこうき》内閣が発足《ほっそく》します。ここで付け加えておかなくてはならないのが、広田内閣がやったことです。城山三郎《しろやまさぶろう》が小説『落日燃《らくじつも》ゆ』*4で非常に持ち上げたためたいへん立派な人と広田さんは思われているのですが、二・二六事件後の新しい体制を整えるという一番大事なところで広田内閣がやったことは全部、とんでもないことばかりです。スタートから、「政治が悪いから事件が起きた。政治を革新せよ」という軍部の要求を受け入れて、「従来の秕政《ひせい》を一新」という方針に同調して組閣《そかく》しました。秕政とは悪い政治という意味です。これでは軍部独走の道を開くことと同じなんですね。

まず大正二年（一九一三）以来、二十数年ぶりに復活した「軍部大臣現役武官制《ぐんぶだいじんげんえきぶかんせい》」、現役の軍人でなければ陸軍大臣、海軍大臣になれない制度です。現役軍人とはいま軍

陸軍の派閥メンバー表

［宇垣系］（宇垣一成大将をかつぐ陸軍主流）　●統制派に属する

河合操　鈴木荘六　白川義則　金谷範三
●南次郎　林弥三吉　●阿部信行　松井石根
二宮治重　小磯国昭　●杉山元　●建川美次
畑俊六　林桂

［皇道派］（二・二六事件でほぼ壊滅）　▲のちに統制派にひるがえった人

荒木貞夫　真崎甚三郎　本庄繁　香椎浩平
堀丈夫　柳川平助　山岡重厚　▲松浦淳六郎
秦真次　▲磯谷廉介　小畑敏四郎　持永浅治
山下奉文　小藤恵　鈴木率道　鈴木貞一
村上啓作　牟田口廉也　根本博　満井佐吉

［統制派］　陸軍中堅層

永田鉄山　東条英機　武藤章　影佐禎昭
池田純久　田中清　片倉衷　今井清
真田穣一郎　永井八津次　服部卓四郎
西浦進　辻政信

にいる将官で、軍を退いた予備役《よびえき》、後備役《こうびえき》の人は大臣になれない。つまり荒木や真崎の復活をあり得ないものとする統制派陸軍の強い要求をのんだものです。結果として、ほかから選ぶことはできないから、陸軍や海軍が「ノー」といえば大臣ができない、陸海軍大臣のない内閣はあり得ないわけですから、内閣が組織できない。つまり以後、陸軍ないし海軍の意《い》に染《そ》まない内閣ならば大臣は出さない、もしくは辞職するということで、内閣はたちまち倒壊《とうかい》します。従って、内閣をつぶすのもつくらないのも、軍の思うままということです。政治に介入《かいにゅう》するための「伝家《でんか》の宝刀《ほうとう》」を軍がにぎったことになる。これは非常に重大で、のちのち大きく影響してきます。

二番目に、日本とドイツが「防共協定《ぼうきょうきょうてい》」を結んだことです。当時のドイツとは、急速に力をつけてきていたヒトラー政権です。ドイツも国際連盟を脱退して孤立化していて、孤立したもの同士が手を結ぶのはある種の自然な道といえるかもしれませんが、何もこの時点でドイツと協定を結ぶ必要はまったくなかったのです。ところがドイツ派の広田さんは実にあっさりと手を結び、これが後に日本を「日独伊三国同盟《にちどくいさんごくどうめい》」へと結びつけてゆくことになる。元老西園寺公《さいおんじきん》望《もち》は「何をやっているのか。ドイツに利用されるばかりで何にも得るところはないじゃないか」と嘆《なげ》いたのですが、満洲の曠野《こうや》へのソビエト南進《なんしん》を恐れている統制派は、ソビエトが出てくる前にとにかく中国と思っていますから、その進出を抑えるためにはまずソ連を仇敵《きゅうてき》としているドイツと協定を結んでソ連を牽制《けんせい》しておこうじゃないか、ということでしょう。

そして三番目に、陸軍の統制派、エリートの幕僚《ばくりょう》グループが、海軍の軍令部と相談し、これからの国策の基準を決めたことです。これが後の日本の進路を決める運命的なものとなります。それは、アジア大陸における日本の力を確保すると同時に南方に進出する、つまりソビエトに対して北方を守りながら南へ進む「北守南進《ほくしゅなんしん》」の政策でした。何でこんな時に、と思うのですが、以後、日本の目は南へ南へと注がれるようになっていく。それは何を意味するかと言えば、アメリカ、イギリスとぶつかるということでした。

広田内閣はこういう大変なことを三つやったうえに、さらに細かいところでは「不穏文書取締法《ふおんぶんしょとりしまりほう》」をつくり、ありとあらゆる言論がたちまち弾圧されるようになります。まあ、扇動的《せんどうてき》なでたらめなビラや人の足を引っ張る文書がたくさん出たことで、皆が踊らされ二・二六事件にまでつながったという反省もありますからわからないでもないのですが、この法律ができた結果、非常に困ったことに、少しでも反政府的あるいは反軍部的なものは即、取り締まられる状況になりました。

以上のように、この辺から日本は、先ほどの松本清張さんじゃありませんが、国民が知らないところで軍部と財閥や政治家が結託《けったく》し、戦争体制をぐんぐんつくりつつ南進政策に邁進《まいしん》してゆくのです。

ついでに言いますと、二・二六事件の判決は、七月五日に出て七日に新聞発表され、たちまち十二日には第一回の死刑が執行《しっこう》されました。香田清貞、安藤輝三、栗原安秀以下十七人が、

代々木《よよぎ》の今NHKがある広場で死刑となります。当時二十九歳の栗原中尉の最期《さいご》の言葉は、
「天皇陛下万歳。霊魂《れいこん》永久に存す。栗原死すとも維新は死せず」
陸軍の処断《しょだん》はまことに素早く思い切ったものでした。号外が死刑を報《ほう》じ、国民の知るところとなります。歌人の斎藤茂吉《さいとうもきち》（一八八二―一九五三）は詠《よ》みました。

号外は「死刑」報ぜりしかれども行くもろつびとただにひそけし

号外を見ながら一般の人びとは誰もが沈黙していたのでしょう。

一人一人銃《つつ》をそろへし目先《まなさき》に立ちしづかりきしかく思はむ

青年将校一人一人が銃を目の前にしながら静かに死んでいったのだろうというふうに思うのだが、というのは北原白秋《きたはらはくしゅう》（一八八五―一九四二）の歌です。また次のようにも詠んでいます。

銃殺の刑了《おわ》りたりほとほとに言絶《ことた》えにつつ夕飯を我は

銃殺が終わり、夕方が来て、ただ言うこともなく自分は夕飯《ゆうめし》を食ったよ、と。

後の東大総長、南原繁《なんばらしげる》法学部教授（一八八九―一九七四）もうたっています。

十七名の死刑報ぜる今朝の記事は食堂にゐてもいふものもなし

東大の食堂で誰もそんなことを話し合った者はいない、恐ろしい時代が来たのだろうと皆がひとしく思っていたのでしょう。
もう一つついでに言いますと、とにかく世の中がなんとなく上から重々《おもおも》しく圧迫されたような、憂鬱《ゆううつ》な時代が到来していたこの年の五月十八日、かの有名なる「阿部定《あべさだ》事件」*5が起きます。

日本じゅうが灰色の世界を見てうんざりしている時に、布団《ふとん》の中でちょんぎられちゃったという事件はものすごく大きな話題になりまして、皆が話すのはもっぱらそっちの方でした。ちょうどこの時に、チャップリンとフランスの詩人ジャン・コクトーが来日しましたが、ともにあまり騒がれないほど国民は阿部定事件の話題で沸《わ》いていました。

そういう時代でした。先の方に暗黒というか、民衆は不吉《ふきつ》なものを見ていたのではないでしょうか。私の記憶で言えば、雪が降って寒いので日向《ひなた》ぼっこしながら、「お前も下手《へた》をやると殺されるぞ」「俺ァそんなに偉《えれ》えかねえ」なんて仲間と冗談を言い合うくらい、偉い人がたくさん殺されたという印象がありありと残っています。

＊1――偕行社　日本陸軍の将校クラブ。明治十年（一八七七）創立。昭和二十七年（一九五二）、旧軍人の間で親睦会的組織として再発足し、機関紙「偕行」を発行している。
＊2――統制経済　戦時にさいして国家がとる産業・経済への直接的統制のこと。
＊3――松本清張『二・二六事件』全三巻。一九八六年、文藝春秋。
＊4――城山三郎『落日燃ゆ』一九七四年、新潮社。
＊5――阿部定事件　娼妓上がりで当時三十歳の阿部定が働いていた料亭の経営者と東京市内を転々としたあげく男を絞殺、その性器を切り取って身につけ逃げた事件。

第六章

日中戦争・旗行列提灯行列の波は続いたが……

盧溝橋事件、南京事件

この章の

✷ポイント

昭和十二（一九三七）年、盧溝橋《ろこうきょう》付近で起こった謎の銃撃事件により、日本軍と中国軍が戦闘状態になります。第一次近衛文麿《このえふみまろ》内閣は不拡大方針を覆し、直ちに臨戦態勢を布きました。上海《しゃんはい》から戦闘がはじまり、中国軍が南京《なんきん》に後退すると、進撃した日本軍は南京事件を起こします。南京は陥落しましたが、首都が落ちても戦争は一向に終わらず、ついに戦争は泥沼化していきました。日本の民衆の中にも、政府に対する不満が徐々に拡がりはじめていきます。

✷キーワード

盧溝橋事件／毛沢東《もうたくとう》／周恩来《しゅうおんらい》／抗日民族統一戦線／西安《せいあん》事件／近衛文麿／日中戦争／南京事件／千人針《せんにんばり》

✺重大視されなかった西安事件

今日は昭和十二年（一九三七）の盧溝橋《ろこうきょう》事件を中心に話します。といっても、まず昭和十一年に少し戻ります。実は海軍のほうでも昭和十一年は、その年の十二月三十一日をもって軍縮条約をすべて廃棄し、いわゆる「naval holiday」（海軍の休日）、アメリカもイギリスも軍艦を造《つく》らないという非常に穏《おだ》やかな時代が終わり、建艦《けんかん》競争＝軍艦を造る競争がはじまる、つまり敵対意識が大きくなりはじめ、対英米戦争への道が踏み出された大事な年でもあるのです。ただ、今日はそれをはずして、次回にまとめて海軍について話すことにします。

その昭和十一年に大事なことが中国で起こりました。何度も話したように、中国は蔣介石《しょうかいせき》の国民政府軍と延安《えんあん》にいた毛沢東《もうたくとう》の中国共産党軍いわゆる紅軍《こうぐん》とが鍔迫《つばぜ》り合いの権力闘争をずっとやっていたのですが、昭和十一年の終わり頃、毛沢東《もうたくとう》、周恩来《しゅうおんらい》その他の人たちが「内戦を続けていたのでは、日本帝国主義に乗ぜられるばかりである。むしろ抗日民族統一戦線《こうにちみんぞくとういつせんせん》を結成し、一緒になって日本にあたるべきだ」と方針を改めます。そこで共産軍が、国民政府軍の一頭《とう》領《りょう》である張学良《ちょうがくりょう》に話を持ち掛けました。張学良は、前にも出てきましたが、張作霖《ちょうさくりん》の息子で満洲の大軍閥《ぐんばつ》だったのですが、日本に追われて中国本土に逃げてきて蔣介石の国民政府軍に加わり、部隊を指揮して日本軍に対抗すべく着々と準備をしていました。その折りに共産党からそういう話が持ち掛けられ、「中国のためには非常にいいことだから」と賛成し、裏切り行為に出る。どういう行為かというと、中国共産党との戦いを控《ひか》えはじめたのです。そこで怒った国民党委員長の蔣介石が十二月、張学良が軍を布《し》いていた西安《せいあん》へ大いに督促《とくそく》せねばならないと飛んできました。その蔣介石を、逆に張学良軍が襲撃し、山上《さんじょう》に追い込んで軟禁《なんきん》してしまったのです。これを「西安事件」といいます。

西安というのは、唐《とう》の時代（六一八〜九〇七）の世界的大都市だった長安《ちょうあん》で、始皇帝《しこうてい》の墓や兵《へい》馬俑《ばよう》、三蔵法師《さんぞうほうし》が仏教の経典《きょうてん》を持って来て納めたという大雁塔《だいがんとう》などがあります。その街はずれの温泉「華清池《かせいち》」で玄宗《げんそう》皇帝と楊貴妃《ようきひ》が喋喋喃喃《ちょうちょうなんなん》やっていたという話もあり、今は大歓楽地《かんらくち》になっています。私も旅行で行きまして、楊貴妃が入ったというお風呂に入り、昼寝をした覚えがあります。その華清池の裏山に、蔣介石が軟禁された穴倉《あなぐら》が残っていて、私などは玄宗皇帝と楊貴妃のほうに関心があったのですが、案内の中国の人たちはもっぱらこの西安事件について、蔣介石がここで寝ていてここから襲われて逃げたなんて詳しく説明してくれ、山上の穴倉まで案内してくれ、見取《みと》り図《ず》までくれました。

張学良が蔣介石を軟禁したと中国共産党に伝わると「ただちに銃殺《じゅうさつ》の刑に処すべし」という意見も強かったのですが、周恩来が「国民党を代表するカリスマ的な存在を殺すようなことになると抗日民族統一戦線が結成できなくなる」といって、まあこの辺のところは微妙なのですが、ともかく命を助けるかわりに蔣介石に共産党への攻撃をやめさせ、一緒になって日本に対抗するべく手を組むという約束をさせるのです。

十二月二十六日、助けられた蔣介石が無事に南京《なんきん》に戻りますと、中国民衆は大歓声でこれを迎えました。清国が倒れて以来、互いに抗争して絶えず分裂に分裂を重ね、内戦に明け暮れていましたから、この瞬間にいわば新しい中国が誕生したと言えるんですね。西安事件とは、中国のナショナリズムが一つになって誕生する、まさに対日抗戦を可能にする歴史の転換点だったのです。

しかし日本は、この情報が伝わってきたにも関わらず、中国が今や一つになろうとしていることをまったく理解していませんでした。調べれば調べるほどそうなのです。アッケラカンとしていた。西安事件は、非常に驕慢《きょうまん》な軍閥の頭領の張学良が、中国名物ともいえる「下剋上《げこくじょう》」、権力闘争を引き起こしたのだという程度の観察で、対岸の火事視《たいがんのかじし》していたのです。このへんに日本の軍部、外交も含めた「中国蔑視《べっし》」、中国を馬鹿《ばか》にするという基本の姿勢があって、そこに、統制派が天下をとった陸軍の「対中国一撃論」がくっつくわけです。

以上がだいたい昭和十一年の終わり頃の中国の状況でした。

七月七日午後十時すぎ

そして問題の昭和十二年となりました。

作家の野上弥生子《のがみやえこ》さん（一八八五―一九八五）が、年頭《ねんとう》の新聞でこう書いています。

「……たったひとつお願いごとをしたい。今年は豊年《ほうねん》でございましょうか、凶作《きょうさく》でございましょうか。いいえ、どちらでもよろしゅうございます。洪水があっても、大地震があっても、暴風雨があっても、……コレラとペストがいっしょにはやっても、よろしゅうございます。どうか戦争だけはございませんように……」

ということは、戦争待望論というか、昭和十二年になった段階で、日本には「中国を一撃すべし」の空気がかなり瀰漫《びまん》していたんじゃないかと思うのです。

さらにその前年の昭和十一年二月十四日の永井荷風《ながいかふう》の日記をみますと、

「日本現代の禍根《かこん》は政党の腐敗《ふはい》と軍人の過激思想と国民の自覚なき事の三事なり。政党の腐敗も軍人の暴行も、これを要するに一般国民の自覚に乏《とぼ》しきに起因《きいん》するなり。個人の覚《かく》醒《せい》せざるがために起ることとなり。然《しか》り而《しこう》して個人の覚醒は将来に於《お》いてもこれは到底望むべからざる事なるべし」

荷風さん一流の観察で、政党がまったくダメであること、軍人どもの「中国一撃論」といった過激な思想、国民が上の言う通りにただ流されていること、それらは根本的には国民の自覚のなさに原因があるというふうに考えているわけです。どうもこの時代の空気をみると、なんとなしに日本国民はいい調子になっていたようですね。

「文藝春秋《ぶんげいしゅんじゅう》」が同じ頃、昭和十一年の暮れに、荷風さんの真似をしたわけでもないでしょうが、現在の問題、現在を象徴する言葉を三つ挙げてくださいというアンケートをとりました。そして年頭の号で発表した。作家の小島政二郎《こじままさじろう》（一八九四―一九九四）は「軍部。重税。がさつ」を挙げています。「がさつ」というのは荷風さんのいう「過激思想」を指《さ》すのだと思います。画家の中川紀元《なかがわきげん》さん（一八九二―一九七二）は「一ぐん二ぐん三もぐん、ぐんぐんぐんぐんぶで押し通す」と、軍部がいかに驕慢《きょうまん》になっているかを言っています。作家の藤森成吉《ふじもりせいきち》（一八九二―一九七七）は「反動。反対。発展。ほんとにそうなら……という気持ちもこめて」、最後は国家発展に対しての疑いです。評論家の青野季吉《あおのすえきち》（一八九〇―一九六一）は「不安。諦念《ていねん》。忍苦《にんく》」、自分の気持ちを言ったのでしょう。詩人の野口雨情《のぐちうじょう》（一八八二―一九四五）は「非常時。明朗《めいろう》。庶政一新《しょせいいっしん》」、女性運動家の神近市子《かみちかいちこ》さん（一八八八―一九八一）は「不安。暗黒。狂噪《きょうそう》」、狂噪というのは「がさつ」と似たようなことだと思います。こう見ればわかるように、なんとなく戦争を予感させる世の状況であったといえるようです。中川紀元じゃありませんが、「一軍、二軍、三も軍、ぐんぐん軍部で押し通す」時代だった。

少し脱線《だっせん》しますが、それまでわが日本国は「日本帝国」「日本国」「大日本帝国」など、天皇陛下のことも国際的には「皇帝」「天皇」などいろいろ呼び方があって統一されてなかったのですが、昭和十一年四月十八日、外務省が日本を「大日本帝国」と呼称《こしょう》することに決定しました。この言葉そのものはどうってことないのですが、そう決定することで国民は「大日本帝国」つまり「日本は大なる国である」と思い込むようになっていく。日本は昭和八年に国際連盟を脱退して国際的に孤立しているのですが、この時になって「大日本帝国」と称したことは、なんとなく閉塞的《へいそくてき》な現状を打破《だは》したい、そんな国状《こくじょう》を物語っているように思います。

という大前提《だいぜんてい》と状況のもと、昭和十二年七月七日にいわゆる盧溝橋事件が起きたのです。北京《ペきん》郊外の盧溝橋で銃撃があって、日中両軍——当時は中国を支那《しな》といっていました——日支《にっし》両軍が銃火を交えたという第一報が届いた時に、時の総理大臣近衛文麿《このえふみまろ》は「まさか、また陸軍の計画的行動ではなかろうな」と、また海軍次官山本五十六《やまもといそろく》中将は「陸軍のやつらは何をしでかすかわかったものではない。油断《ゆだん》がならんよ」と言ったといいます。つまり上の方の人たちが、事件の第一報を聞いた時点で、陸軍の陰謀だ、また満洲事変と同じようなことをやったな、と思ったのは事実のようです。

実は現在も、盧溝橋事件そのものは真相がわからないままなんです。日本側は間違いなく中国軍が撃ったのだといい、中国側つまり今の共産党は間違いなく日本軍が撃ったのだという、また当時の蔣介石軍は後に共産党が一枚噛《か》んでいたのだとも主張して、真相はわからないのです。まったくの偶発的《ぐうはつてき》で、むしろ意図しなかった形で戦争が起きてしまった。というわけで、明らかになっているところだけ話しますが、ふつう「運命の一発」と言われますが、決して一発ではないのです。

当時、天津《てんしん》というところに日本の駐屯《ちゅうとん》軍がいました。これは一九〇一年、義和団《ぎわだん》事件（北清《ほくしん》事変）で清国が列強《れっきょう》に助けを借り、日本、イギリス、アメリカ、その他の国が義和団に対抗するため、という名目で北京に籠城《ろうじょう》した結果、各国は中国にいる自国の民衆を保護するための軍を駐屯させることを条約で決め、日本は天津に、たいした数ではなかったのですが、駐屯軍を置くことになりました。その後、清国がつぶれても、中国に統一国家ができていませんから、そのまま軍隊が居座《いすわ》っていたのです。ふつう駐屯軍は一連隊（二千人）程度なのですが、どさくさ紛《まぎ》れに日本はどんどん増やし、事件当時、今や「駐屯軍」ではなく「天津軍」といえるくらいで、一旅団《りょだん》——一師団の半分ですからだいたい六、七千人近くいたようです。出たり入ったりがありますから正確な数は微妙なのですが。

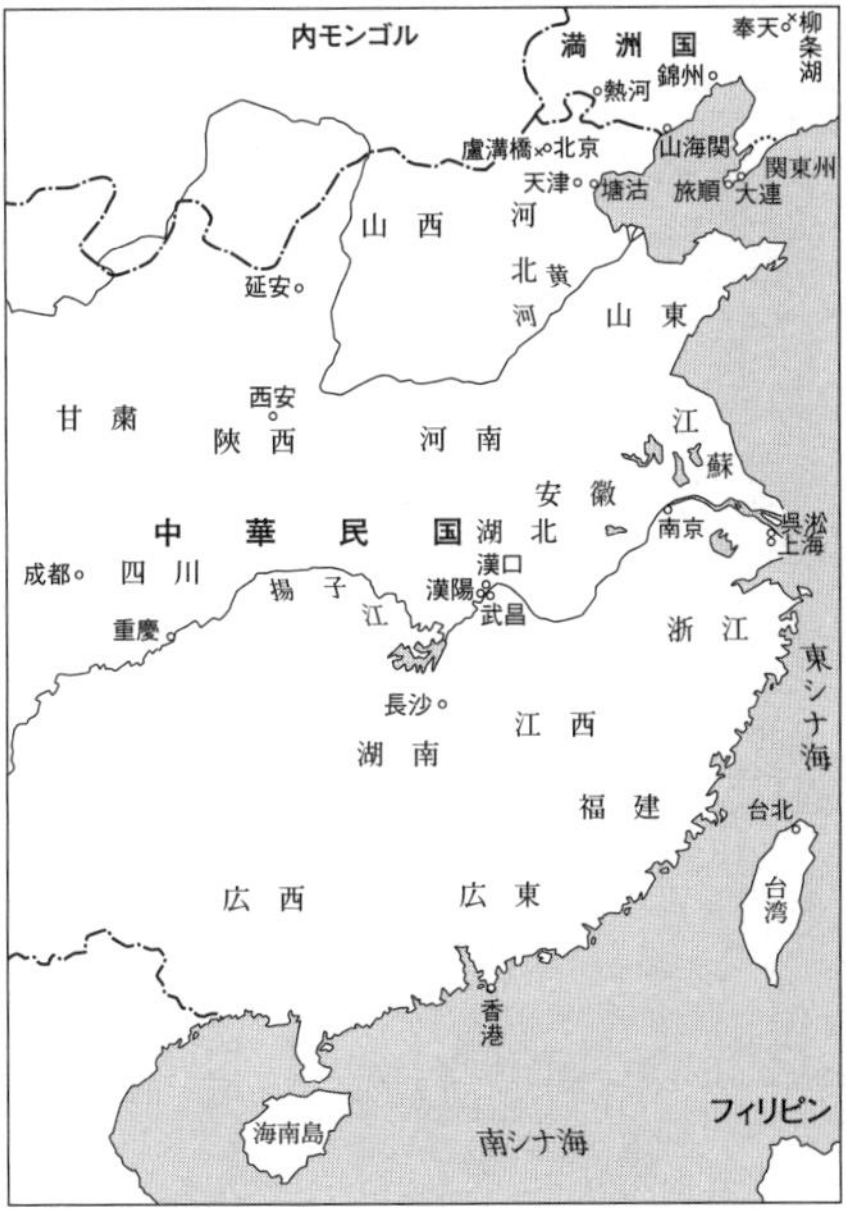

日中戦争関連図

　昭和十二年七月七日午後十時過ぎ、盧溝橋《ろこうきょう》付近でその日本の天津駐屯の第一旅団第一連隊第三大隊が演習《えんしゅう》をしていました。第三大隊を指揮するのは一木《いちき》清《きよ》直《なお》少佐——後に太平洋戦争で一番最初にガダルカナルに上陸して全滅した部隊の部隊長です。昭和史ではいろんな場面で同じ人が顔を出します――で、その第三大隊に西の方、つまり北京《ペきん》の方角といいますか、同じように夜間演習をしている中国軍側から数発の実弾《じつだん》が撃ち込まれてきたのです。続けてさらにまた十数発が撃ち込まれました。「運命の一発」どころか、かなりの数なんですね。

この時、第三大隊第八中隊百三十五名のうち一人の兵士の行方《ゆくえ》がわからなくなったのです。弾《たま》に当たって戦死したんじゃないかという疑いが出てきました。演習は空砲《くうほう》ですから、そこに実弾が撃ち込まれて一人戦死となると一大事です。中隊長の清水節郎《しみずせつろう》大尉は問題視し、不明の一人を捜《さが》そうとします。ところが、この兵隊さんは実は立小便《たちしょうべん》をしに脇《わき》へ行っていただけで、十五分か二十分後には隊に復帰しているのです。ですから何でもない話なのですが、その報告がないままに「一名行方不明《ゆくえふめい》」というので、夜十一時過ぎの真っ暗な中、当の兵隊さんも一緒になって不明の一人を探すという馬鹿《ばか》げたことをやっていたんですね。

実弾が撃ち込まれたことについては、清水中隊長からただちに一木大隊長に報告はあったのですが、とにかく兵隊を捜せというのでごたごたしていますから、一木大隊長から連隊司令部への報告がかなり遅れたのです。そこへ午前三時半頃、西の方からまたまた銃弾が撃ち込まれました。さすがの一木大隊長も部下に捜索《そうさく》の中止を命じ、「中国側からの敵対行動は確実なり」と第一連隊司令部へ報告しました。二度、実弾を撃ち込まれていますからそう思わざるを得ない。この銃撃が行方不明の兵隊が無事とわかってからの報告なのか、捜している最中だったのかは定《さだ》かではないのですが。第一報を受けた連隊長牟田口廉也《むたぐちれんや》大佐――この人がまた、太平洋戦争においていたるところに出てきます。シンガポール攻略戦で勇名《ゆうめい》を馳《は》せ、インパール作戦(第十三章参照)で強引な作戦を行なったりの問題人物です――が、直《ただ》ちに命令します。

「敵に撃たれたら撃て。断乎《だんこ》戦闘するも差《さ》し支《つか》えなし」

まさしく抗戦命令です。こういう命令は、ほんとうはその上の旅団長にきちんと知らせるかたちをとって、統帥《とうすい》命令といいますか、天皇命令にしないまでも、参謀本部命令にしないといけないのですが、牟田口さんは独断命令を一木大隊長に下したのです。これが午前四時二十分頃でした。

困ったことは、これで直ちに戦争が起こってしまったと一般的に書かれやすいことです。つまり「運命の一発」で日中戦争がはじまってしまったと。しかし必ずしもそんな無謀《むぼう》なことにはならないのですね。

✺連隊長の独断専行の命令

ちょうどその時、視察《しさつ》のために現地を離れていた旅団長の河辺正三《かわべまさかず》少将が天津に戻ってきます。七月八日午後になって牟田口連隊長が意気揚々《いきようよう》としてやって来て、こういう次第《しだい》で断乎抗戦を命じましたと報告すると、河辺旅団長は怒ることもなく同調したというのです。これはど

う も間違いないらしい。戦後、私が牟田口さんに会って話を聞いた時に彼も明言《めいげん》していましたし、残された記録からもどうやらそうらしい。牟田口さんはこう言いました。

「盧溝橋事件の際、私の連隊が独断で敵を攻撃したが、当時の河辺旅団長は私の独断を許され、旅団命令で攻撃したようにとりつくろっていただいた。私は当時、旅団長の処置に非常に感激した」

しかし、河辺旅団長は戦後、そんなことを許した覚えはないとやり合っているのですが。いずれにしろ牟田口さんが強引に命令を出したのは事実のようです。しかし先に言いましたようにすぐ戦争が起きたわけではなく、なんとか戦争にならないようにという動きは当然、双方《そうほう》から出るのです。特務機関《とくむきかん》——北京にいて部隊とは異なり外交折衝《せっしょう》的な動きをする人たちが間に入り、中国側もここで大戦争が起こっては大変だというので交渉に応じます。そして演習をやっていた中国軍は少し後ろへ下がる、日本軍も後ろへ下がる、ということで衝突回避《かいひ》の動きがはじまり、微妙なところはありましたが一応これが成功し、九日午前二時、日中両軍の間で停戦《ていせん》協定が成立します。

ですから一時、両軍の間に緊張は走ったものの、一応これでお終《しま》いになるはずでした。ところがなぜ、盧溝橋事件が起こってしまったのか。ここが不思議なんです。

最初の弾丸数発、その後の十数発については、現在の調査の範囲では、意図《いと》的か誤射《ごしゃ》かはわからないが中国軍側が撃ち込んだのは間違いないようです。国民政府軍が近くで演習中で、日本軍のいる方に撃ち込むつもりはなく、別の目標に対するはずのものが飛んできたと。いずれにせよ損害もないのだし、部隊の方向にシュッシュッと飛んできたような話ですから、停戦協定が成立すれば終わるはずなんです。

ところが問題は牟田口連隊長でした。独断命令を出すくらいの人ですから、停戦協定を知らされ承知しながらも「中国側が協定を守るはずはない。危険性はかなり高い。その時に遅れをとってはいけない」と部隊に前進を命じたのです。

すなわち十日朝、一木少佐の第三大隊に木原義雄《きはらよしお》少佐が指揮する第一大隊を加え、中国軍主力が配置されていると思われる宛平県城《えんぺいけんじょう》に向かって、一度後退したはずの軍がふたたび前進をはじめました。

そして午後四時頃、今度は明らかにその日本軍に向けて、数発の小銃弾がぶち込まれてきました。指揮所で報告を受けた牟田口連隊長は「やっぱり敵は、協定を守るつもりはない」と強引に第一大隊・第三大隊に攻撃命令を出しました。少しの躊躇《ちゅうちょ》もありません。そこへ河辺旅団長がやって来て、「また独断命令か！」と言ったかはわかりませんが、ものすごい形相《ぎょうそう》で睨《にら》みつけました。牟田口も強気の人なのでぐっと睨み返します。ここでまた歴史に「もし」はないとはいえ、その時「なんということをするか、直ちに命令を取り消せ、ばかもん！」とやっていたら、従わざるを得なかったのですが、なぜか河辺旅団長はひとこともしゃべらなかったというのです。ただ睨み合ったままでした。

当時の連隊の副官《ふくかん》、河野《こうの》又四郎《またしろう》さんが戦後、この時の異様《いよう》な状況を手記に書いています。

「旅団長は顔面蒼白《がんめんそうはく》、今にも一喝《いっかつ》するかと思わるる相貌《そうぼう》となった。両者相対《あいたい》する距離わずかに三メートル。恐ろしき剣幕《けんまく》に私は圧倒《あっとう》され、〈これは困ったことになった。両者の考え方は相反《あいはん》す。一つは向戦的《こうせんてき》、他は避戦的《ひせんてき》、これでは今後が……〉と苦渋《くじゅう》に満《み》つる思いであった。／両者睨み合うことわずか二、三分ではあったが、私には長い長い時間があった。旅団長は遂《つい》に一言も発せず踵《きびす》を返して旅団司令部に引き返された。日はなお高し」

牟田口連隊長の独断命令を河辺旅団長が無言のまま認可したのです。部隊は命令に従って攻撃を開始しました。この瞬間に日中戦争は既定《きてい》の事実としてはじまり、日本軍は攻撃に次ぐ攻撃で、宛平県城を奪取《だっしゅ》し、中国軍を完全撃破します。

少し余談《よだん》になりますが、なぜ牟田口さんがこう無茶というか独断的で野心《やしん》的であったのか。この人は、酒にも女にも強い軍人らしい軍人と非常に有名でしたが、実は皇道派《こうどうは》と目《もく》される人だったのです。自分では陸軍中央にいて当然のごとく出世《しゅっせ》街道を歩くはずが、二・二六事件後の人事《じんじ》刷新《さっしん》で、戦争の起きていない中国の天津軍などという安穏《あんのん》なところに送られたのは、彼にいわせれば「左遷《させん》」であり非常に不満だったのです。当時四十八歳、何か殊勲《しゅくん》を上げて、飛ばされた無念《むねん》を晴らしたいという思いがまだあったのではないでしょうか。こういう人が連隊長であったというのが不運といえば不運なんですね。

第三者の陰謀があった

盧溝橋事件は当然のことながら、東京裁判で取り上げられました。大体において検察側は、日本軍の無謀《むぼう》なる攻撃、策略《さくりやく》的な仕掛《しか》けについて糾弾《きゅうだん》が厳しく、当時、北京駐在武官だったアメリカのバレット大佐も次のように証言しています。

「中国軍に対する日本軍の態度は傲慢《ごうまん》で、攻撃的であり、多くの場合、その行動は中国の主権に対する侮辱《ぶじょく》と、直接の冒瀆《ぼうとく》であったと思う。私の考えでは、七月初週の、宛平県城付近で行なわれた日本軍の夜間演習は、挑発的《ちょうはつてき》なものであった」

日本側は、牟田口さんはじめ、当時まだ生き残っていた関係者がこれに対し、最初の一発は中国軍が過《あやま》って撃ち込んだ可能性があるとしても、二度目のものは明らかに、このまま治《おさ》まっては困る中国の抗日派《こうにちは》学生か、あるいは共産分子《ぶんし》の仕業《しわざ》だとして、

「これは、中国学生か、共産分子らしいとの風聞《ふうぶん》を耳にした。いずれにせよ、日中両軍の衝《しょう》突《とつ》を誘発《ゆうはつ》せんとする第三者の陰謀があったように考えられる」

と抗弁《こうべん》しました。実際、現在でも多くの日本人は、共産党員と北京大学の学生が密かに組んで、中国共産党の指導のもと、日本と国民党両方に弾丸を撃ち込んで戦争をさせたと信じているようです。当時、北京にいた人によりますと、この夜、学生たちが爆竹《ばくちく》を鳴らしたりデモをかけたりさまざまなことが行なわれたのは確かなようです。

一つ面白いことを付け加えておきますと、次のような話もあるのです。東京裁判で陸軍の裏切り者として糾弾《きゆうだん》された元陸軍少将の田中隆吉《たなかりゆうきち》――上海事変《しやんはい》で、愛人の川島芳子《かわしまよしこ》を使って中国人に金を渡し、日本人のお坊《ぼう》さんを殺させたとんでもない曲者《くせもの》です――が、戦後の手記『裁《さば》かれる歴史』で変なことを書いています。彼の同僚《どうりよう》の茂川秀和《しげかわひでかず》少佐が盧溝橋事件翌日の七月八日、天津の芙蓉館《ふようかん》の一室でこう語ったというのです。

「あの発砲をしたのは共産系の学生ですよ。ちょうどあの晩、盧溝橋を隔《へだ》てて、日本軍の一個大隊と中国側の一団が各々夜間演習をしていたので、これを知った共産系の学生が双方に向かって発砲し、日華《につか》両軍の衝突を引き起こさせたのです」

これを聞いた田中中佐は、茂川少佐が常々《つねづね》、北京の共産系の学生と親交があることを思いつき、まさかとは思いながら、

「やらせた元凶《げんきよう》は君なんだろう」

と聞くと、茂川少佐は顔を赤らめてこれを肯定《こうてい》した、というのです……となると、またしても日本陸軍の謀略《ぼうりやく》ということになるんですが、とにかく田中隆吉という軍人は信用ならない人ですからね。それに当の茂川少佐が戦後になってインタビューに答えて、「あれは面倒《めんどう》くさいからそうだと言ったまで」と否定しています。

何が裏側で起きているのか、何がこの事態を引き起こさせたのか、まさに「運命の一発」といわれる所以《ゆえん》ですが、さまざまな謀略や悪感情、互いの不信の念《ねん》が絡《から》みあっていて、何かがあ

ればやろうという状態ではあったんですね。日本の内地《ないち》でも先に話しましたように「どうか戦争が起きませんように」と作家が願うような空気であり、火をつければバアッと燃え上がる情勢だったということです。

呉淞クリークの戦い

いずれにしろ日中戦争がこうしてはじまりました。まずは上海を中心にして激しい戦闘が行なわれます。後に日比《ひび》野《の》士《し》朗《ろう》という作家が『呉淞《ウースン》クリーク』[*1]という作品でその時のことを書いています。中国軍の兵力は強力で、寡兵《かへい》の日本軍は苦戦の限りを尽くします。日本本土の指導層では、応援をすべきだ、いや戦争を拡大してはならないと激論が闘《たたか》わされました。

しかし、上海にも北京にも日本の居留民《きょりゅうみん》がたくさんいますから、当然、その人たちを保護することが日本政府の大命題《めいだい》になります。議論はありましたが、七月十日朝まだきについに本格的戦闘がはじまり、翌十一日、はや総理大臣近衛文麿は、朝鮮と満洲から二個師団、さらに内地から三個師団を送ることを決定します。ものすごい速さでの決断です。日本の「中国何するものぞ」的な考えというか、対中国一撃論に「お坊《ぼっ》ちゃん総理」の近衛さんが乗っかってたちまち臨戦《りんせん》態勢を布《し》いたわけです。

十一日の近衛声明です。

「今次《こんじ》事件はまったく支那側の計画的武力抗日なること、もはや疑いの余地《よち》なし」

そう簡単に「疑いの余地なし」といえる状況ではないのに、こう断言してしまいます。当時「支那事変」と言いましたのは、宣戦布告をしていないから「事変」なんですね。戦争になるのはずいぶん後で、太平洋戦争がはじまった時に宣戦布告《せんせんふこく》をして「日中戦争」になるのです。日本は中国の後ろ盾《だて》になっているアメリカ、イギリスから多くの物品《ぶっぴん》を輸入していましたので、「戦争」となるとたちまち対米英貿易に大きな支障《ししょう》をきたしてしまうのです。ですからできるだけ「小競《こぜ》り合い」で済《す》まそうというもくろみもあったわけです。

ただ近衛さんが最初から「一撃論」的態度ですから、事態は拡大の一途《いっと》です。上海から戦闘がはじまり、大軍を送りこんでやっとこ撃破すると、中国軍は当時の首都・南京《なんきん》へ後退していき、日本軍は追撃《ついげき》に追撃を重ねます。また北部では中国共産軍と日本軍が戦う全面戦争になります。日本としては、首都を落とせば勝利であるという「古典的」な戦争論のもと、とにかく南京目指《めざ》して進撃してゆきました。

そこでいわゆる「南京事件」が起こるのです。どうして起こったのか、非常に難しい問題ですが、日本軍はともかく急いでいました。根底には対中国一撃論があり、早く首都を落としてケリをつけよう、ガンガン叩《たた》けば中国などあっという間に両手を挙げるという勢いでした。

✹「南京虐殺」はあったが……

いよいよ日本軍は南京に迫りました。南京攻略《こうりゃく》の際、日本軍はいくつにも分かれて一直線に進んで行ったのですが、特に南の方から入った軍隊は余りに速すぎて、中国軍がまだ布陣《ふじん》していないところを追撃すると中国兵が隣で飯《めし》を食っていたというくらいです。「負けてなるものか」「南京城一番乗り」の精神で中国軍とごちゃまぜになりながら遮二無二《しゃにむに》突っ込んで、追撃につぐ追撃で、もうゲリラ――便衣隊《べんいたい》といいました――だか民衆だかあるいは正規軍《せいき》なのかわけのわからない状況だったようです。

それでも秩序を保って戦ったところもあるんです。南から入っていった軍は、いわゆる「南京大虐殺《だいぎゃくさつ》」に関して、後に参加者に聞きましても「虐殺などはまったくしていない」と言い、また実際そうなんですね。一方、東から揚子江《ようすこうぞ》沿いに行った部隊は荒武者《あらむしゃ》が多かったのか、かなり激しく追撃を加えたようです。ここでも南京城に達するまでに入り乱れての戦闘があって、かなりの中国兵や中国人を殺し、南京に突入してさらに掃討戦《そうとうせん》をやっています。最近になって「南京虐殺などはなかった」と声高《こわだか》に主張している人もいるようですが……。

正直にいって、今となっては、南京アトローシティ（虐殺）による正確な被害統計を得ることは、理論的にも実際上も不可能に近く、あえていえば〝神のみが知る〟なのでしょう。そのなかで平成元年（一九八九）に旧日本陸軍の集まりである偕行社《かいこうしゃ》が『南京戦史』を出版し、そのなかで旧陸軍にとって不利になりかねない記録や手記も隠さず、中国側の公式記録『南京衛戍《えいじゅ》軍戦闘詳報』なども加え、ていねいに書きつらねて、次のような結論を出しました。まずはいちばん公平な記録と思いますので、それをご紹介いたします。

「通常の戦闘による中国軍将兵の戦死者（戦傷病死を含む）約三万人」

これは戦闘行為によるものゆえ問題にはなりません。

「中国軍将兵の生存者（渡江、釈放、収容、逃亡など）約三万人」

これは無事に南京城から逃げることができたわけですから、オミットできますね。そして、

「中国軍捕虜《ほりょ》・便衣兵などへの撃滅《げきめつ》、処断《しょだん》による死者約一万六千人。一般市民の死者約一万五千七百六十人」

ちなみにこの「撃滅、処断」とは、敗残兵に対する攻撃、市民にまぎれこんだ中国兵の掃討、さらには捕虜暴動の鎮圧《ちんあつ》などを指しています。これと市民の死者の数を合わせたものが、問題の数になるわけです。けれども、『南京戦史』は、この人数のどれだけが戦闘行動による死か虐殺にあたるのか、というところまでは記していません。が、これらすべてがいわゆる不法な行為によって殺されたとすれば、三万人強がその数ということになりましょうか。どうもだんだん自己嫌悪《じこけんお》に陥《おちい》りますので、これまでとしますが、とにかく軍にはちゃんと法務官《ほうむかん》がいるのに、裁判もせずに捕虜を大量に処刑したのはいけないことなのです。南京で日本軍による大量

の「虐殺」と各種の非行《ひこう》事件の起きたことは動かせない事実であり、私は日本人のひとりとして、中国国民に心からお詫《わ》びしたいと思うのです。

ただ、中国が言うように三十万人を殺したというのは、東京裁判でもそう言われたのですが、あり得ない話です。当時、南京の市民が疎開《そかい》して三十万人もいなかったし、軍隊もそんなにいるはずはないのですから。

昭和十三年一月、作家の石川達三《いしかわたつぞう》が中央公論から南京に特派《とくは》されて行っています。前年十二月に起きた南京事件そのものは終わっているのですが、それでも相当数《そうとうすう》の虐殺が行なわれているのを彼は目撃《もくげき》しています。それを小説『生きてゐる兵隊』*2として発表すると直ちに発禁《はっきん》となり、執行猶予《しっこうゆうよ》付きですが懲役刑《ちょうえきけい》を言い渡されました。それを読んでも、南京で日本軍がかなりひどいことをやっていることはわかります。

そうしたことも含め、日本軍はあまりほめられた軍隊ではなかったと思うんですね。やや後になりますが、昭和十四年二月に日本陸軍省がひそかにつくった「秘密文書第四〇四号」というのが残っています。そこに「事変地《じへんち》より帰還《きかん》の軍隊、軍人の状況」という、中国から帰国した軍人から聞き書きをした記録があります。

「戦闘間一番嬉《うれ》しいものは掠奪《りゃくだつ》で、上官も第一線では見ても知らぬ振《ふ》りをするから、思う存分《ぞんぶん》掠奪するものもあった」

「ある中隊長は『余り問題が起こらぬように金をやるか、または用を済《す》ましたら後は分からぬように殺しておくようにしろ』と暗《あん》に強姦《ごうかん》を教えていた」
「戦争に参加した軍人をいちいち調べたら、皆殺人強盗強姦の犯罪ばかりだろう」

これは、南京事件だけじゃなくて、その後の戦闘でも日本軍の軍紀《ぐんき》はかなりゆるんでいたのではなかったかと思うのです。たいへん評判の悪い「戦陣訓《せんじんくん》」[*3]が昭和十六年につくられますが、これは、いくらなんでもひどすぎるというので軍紀の紊乱《びんらん》を戒めるためにつくられたものです。という具合に中国大陸においては、余りよろしくない行ないを日本軍がやったことは事実で、一つには、よく言われますが、中国大陸で「点と線」を占領したところで周りはすべて敵なんですから、どうにもならないところは確かにありました。また共産党軍というのは徹底《てってい》した「逃げ」の戦術をとるのです。有名な第十八集団軍総司令官の朱徳《しゅとく》将軍が発案した三原則は、「敵進我退」（敵が進めば、逃げ）、「敵駐我騒」（敵が駐屯すれば、周りでさわぎ）、「敵退我追」（敵が撤退すれば、追いかける）というもので、まともな戦いができないから、やってられないんですね。攻めて行けば誰もいない、駐屯すると周りで怪《あや》しげな気配《けはい》があって歩哨《ほしょう》が殺されたりするし、退けばたちまち敵の陣地になってしまうという、まことに「点と線」とはうまく言った言葉です。広く「面」の確保はままならないのです。

さらに中共軍は、「空室清野」（家を空《から》にして、食糧を隠す）、「両平三空」（人と飲物と食物の三つを隠す）の二大戦略を民衆に徹底させましたから、日本軍が入って行くと家の中は空っぽで、食べ物など何もない。行けども行けども若い女の子もいなければ飲物も食べ物もない。攻撃してやっと占領しても村は空っぽ、しょうがないから引き揚《あ》げるとそこへだっだっだっと中国軍や民衆が入ってくる。これは有名な話ですが、蔣介石が合同軍事会議で中共軍の将軍に「八路《はちろ》軍《ぐん》（共産軍）は遊んでばかりいて撃たないというじゃないか、延安《えんあん》には一人の負傷者もいないというが本当か」と嚙みついたそうです。

つまりこういう状況下に日本軍は戦っていたわけです。まあ、他人の国で戦争をしているのですから当然のことながら、ゲリラやテロで大変な苦労をしたと思います。

泥沼化していった戦争

ただ、非常にいい話もいくつも残っているんです。昭和十五年（一九四〇）、河北《かほく》省無極《むきょく》の郊外に東陽村《とうようむら》というところがありまして、そこの村びとは自警団《じけいだん》をつくり、中国軍にも日本軍にも加担《かたん》せず、自分たちだけで村を守り抜こうとしていました。そこへ日本軍のある中隊が進撃してきて自警団団長と話し合い、決して日本軍は不法なことはしないというのでたいへん仲良くなり、中共軍が攻撃をかけてきた時には日本軍と一緒になって追っ払ったというような話が残っています。この村と近所の村は日本軍と和気《わき》あいあい、実にいい関係だったのですが、その中隊が交替し、後に来たのが規律のよくない中隊でたちまち自警団を裏切り、今度は逆に、自警団が中共軍と手を組んで日本軍を追い出したという事実が残されています。作家の伊藤桂《いとうけい》一《いち》さんがこの話を詳しく書いています。[*4]部隊によって、いい中隊長小隊長がいると、いくらでも中国民衆と仲良くなれたのは事実のようです。

笑い話を一つ。わたくしもよく覚えていますが、子供のころ、都市の街角《まちかど》には「愛国婦人会」「国防婦《こくぼうふ》人会《じんかい》」としるしたたすきをかけたおばさんたちが立ち、道行《みちゆ》く人に「お願いします」と千人針《せんにんばり》――赤いぽつぽつで絵をかたどった手拭《てぬぐ》いを赤い糸で千人の女性に縫《ぬ》い上げてもらうと虎《とら》の絵が出来上がる、「虎は千里《せんり》を往《い》って千里を帰る」というので無事に帰ってきてもらおうということをやっていました。死線《しせん》（四銭）を越えるために五銭玉や、苦戦《くせん》（九銭）を超えるというので十銭玉を縫い付けた千人針が戦地に送られていました。しかし戦後になって聞きますと、「千人針には困った」という人が多くて、なぜかというと、シラミがわくんだと。どうにもならないくらい、千人針はシラミの巣にちょうどいいんだそうです。なるほどね、と思いました。

街頭での千人針のようす　昭和12年

ところで、八路軍は見ていたんですね。「日本軍隊的政治特性」という極秘文書が残っていまして、その中で、千人針こそが日本軍隊の懦怯《だきょう》性――臆病《おくびょう》で意志の弱いこと――の表れだと指摘しています。日本軍の兵隊は皆、お守りや千人針を身につけていて、それを持っていれば弾が当たらないと思っている。

「日本軍隊は表面から見れば大変強そうに見え、見目《みめ》よく見え、誰も彼もが現代軍事技術を具《ぐ》有《ゆう》した部隊であることは否認《ひにん》することはできない。しかし、その裏面では、この種の軍隊はかえって封建《ほうけん》思想を残しているのであって、あたかも霊魂《れいこん》なきが如《ごと》く、菩薩《ぼさつ》により て自分を扶持《ふち》せねばならぬのである」

そしてこの大いなる矛盾が表れて、日本軍隊は「一面相当《いちめんそうとう》の頑強堅決《がんきょうけんけつ》をもち、他面《ためん》また非常に懦怯・貪生怕死《どんせいはくし》であるといえるのである」。精神的に強いようだが、本当は臆病で意志がかっきし弱いことの証拠であって、あの連中は死を恐れていてそんな強くはないんだ、と鋭《するど》い観察で見越《みこ》していたようです。

まずは、そういう戦争ですから、早く止《や》めてしまうのが一番いいわけです。石原莞爾《いしはらかんじ》などはそのために懸命の努力をするのです。しかし、「あなたが満洲事変でやったことを、俺たちが中国でやっているんだ」と言い返されたというバカみたいな話もありまして、石原をはじめ、非拡大派や和平派の人たちはどんどん中央部から追い出されて戦争は泥沼《どろぬま》化していきます。そして十一月には大本営が設置されます。このときから日本は戦時国家になったのです。

昭和十二年暮に南京は陥落《かんらく》しましたが、首都が落ちても戦争は終わらない。蔣介石以下、中国の主力は「武漢三鎮《ぶかんさんちん》」といいまして武昌《ぶしょう》・漢口《かんこう》・漢陽《かんよう》という三つの街が固まって揚子江沿いにありましたが、その漢口へ首都を移して戦いを続け、共産党軍も北部からやたらにちょっかいを出して、「戦わずに逃げる、けれども後から占領する」を繰り返していました。

さすがに日本政府も軍部も、こんな戦いをいつまでもやっていては大変だということで、和平といいますか、なんとか戦闘を中止しようという工作《こうさく》が、表面立ってではなく密かに行なわれます。それは何十とあったといいます。そんな多くの和平工作で一番のクライマックスというのか、もしかしたら和平に漕《こ》ぎつけられるんじゃないか……と期待がもたれたのは、在中国のドイツ大使トラウトマンが、蔣介石と日本軍との間に立ってうまい条件を出した時でした。ところが、参謀本部も乗り気になっていたにもかかわらず、しょうがないのが総理大臣近衛文麿で、軍顔負けの強硬さで「われわれは勝ったのだから賠償《ばいしょう》をよこせ」などと言い出したのです。国民政府がそんな要求をのむわけありません。勝手に自分たちの国に入って来て荒しまわっているのですから、向こうにいわせれば敗者もへちまもない、むしろ賠償を取りたいくらいです。近衛文麿の方針は、

「中途半端な妥協《だきょう》をすると、昨年来の犠牲をすべて無意義《むいぎ》に終わらしめるものだ」

「自分の方から進んで条件を提示し講和を促《うなが》すことは、かえって彼の侮《あなど》りを受けて彼の戦意を復活せしめ、大害を将来に招く恐れがある」

というわけです。従って、

「政府側としては、軍部（参謀本部）がかくの如《ごと》き拙策《せっさく》をとって（まずいことをやって）講和を急ぐ真意は理解できない」

と和平工作をつっぱねたのです。当時の参謀次長多田駿《ただはやお》中将の手記が残されています。

「常に普通は強硬なるべき統帥府《とうすいふ》（参謀本部）がかえって弱気で、弱気なるべき政府が強硬なのは実に奇怪《きかい》に感じられる。しかしそれが真実で、こうなってしまうと一日も早く戦いを止めたいと思うのに、政府は支那を軽く見、また満洲国の外形だけを見て楽観《らっかん》したるためなり」

参謀次長ですよ、その人が慨嘆《がいたん》しているのです。こうして、せっかくのトラウトマンの和平工作も昭和十三年一月十五日までで打ち切られてしまいました。

致命的な「蔣介石を対手にせず」

翌一月十六日、近衛さんは声明を発します。これが有名な「国民政府を対手《あいて》にせず」、つまり国民政府を政府としては認めない、もう和平なんてしないというもので、これでは戦っている当事者は最後までやらざるを得なくなってしまいます。実に馬鹿《ばか》げた話で、せっかく参謀本部が乗り気だったのに、政府が強硬でぽしゃってしまったのです。

こういう記録が残っています。声明の後、近衛さんと政友会の大物、小川平吉《おがわへいきち》との会話です。

近衛「彼らを対手にせずと宣言したものの、蔣介石が和平をいってきたらどうしたものか」
小川「そんなことは何でもないよ」
近衛「そうだな、その時にはまた方針を変えればいい」
小川「そうだ、そうだ」
こういうアホらしい会話を見ますと、日本の政治家は戦争を何と考えていたのか、日本人も多くの人が死んでいる事実をどう考えていたのかと思わざるを得ないのです。近衛は戦後、『失はれし政治』という本を書いていますが、その中でこう記しています。
「これは帝国政府は国民政府を相手とせずして、帝国と共に提携《ていけい》するに足《た》る新興政権の樹《じゅ》立《りつ》発展を期待し、それを以《もっ》て両国国交調整を行わんとの声明である。この声明は識者《しきしゃ》に指摘せられるまでもなく、非常な失敗であった。余《よ》自身深く失敗なりしことを認むるものである」
国民政府は対手にせず、中国に新しい政権を立ててそれと国交を調整しよう、つまり蔣介石と反目している汪兆銘《おうちょうめい》という人を立てて国民政府にかわる傀儡《かいらい》政権をつくり、それと話し合いをしようということだったのですが、愚《ぐ》の骨頂《こっちょう》もいいところです。日本はついに戦争から足を抜けなくなってますます泥沼化し、その後も他のルートで和平は探られたものの、もはや相手にされず、ひたすら戦争が行なわれたのです。
そんな時、われわれ少国民は、「兵隊さんは命がけ、私たちはたすきがけ」と一所懸命旗《はた》を振り、「勝った勝った」の提灯《ちょうちん》行列をしていたのです。やがて昭和十三年十月二十七日、ついに日本軍は漢口《かんこう》を陥落させます。蔣介石はさらに奥の重慶《じゅうけい》へ逃げます。しかしいくら日本軍が強力といっても補給という問題があります。点と線しか取っていませんから、ちょっと手を緩《ゆる》めればたちまちその間は切られてしまいます。中国大陸は奥深く、補給一つを考えてもたいへんなことなのです。漢口をやっと押さえたのがいわゆる「攻撃の終末点」、これ以上攻撃を進めると不利になる限界点だったのです。中国の兵隊や民衆の抵抗は治《おさ》まらず、街を占領してもルートを占領できないのですからゲリラ戦が絶えず起こる、毛沢東のいう持久戦論《じきゅうせんろん》が出てきて、でかい中国の地図の上に日の丸の旗はたくさん立てても、よく見れば日本が占領したのは主要都市のみで、その間はまったく敵地であったということになります。

昭和十四年に発表された司法省《しほう》（今の法務省）の調査によれば、日本国民はしきりにぼやいています。

「戦争はいつまで続くものでしょうか。御上《おかみ》はなんのためにかように人命を犠牲にして、大金を要してまで戦争をなさるるか、私には不思議でなりません」

「大事な人の子を連れていって、幾年《いくねん》も幾年も無駄奉公《むだぼうこう》させられてたまったものではない。焼けつくような熱いところで、飲み水もなく腹をへらして戦争をしているということだ」

漢口は「雀《すずめ》が落ちる」と言われるくらい暑いところなのですが。

「わが軍は漢口から先へ行くつもりか、広い国を先から先へ占領しても後が困るのではないか」

「戦死に際し、戦死して芽出《めで》たしと祝辞《しゅくじ》をのべたる村民あり、親として芽出たきことなし」

日本の民衆の中には泥沼の戦争への不満、先行きに対する政府への批判が徐々《じょじょ》に出はじめるのです。政府も軍も困って昭和十五年はじめ、気を引き締めるために「日本の戦争目的」をうたい上げます。

「今事変の理想が、わが国肇国《ちょうこく》の精神たる八紘一宇《はっこういちう》の皇道《こうどう》を四海《しかい》に宣布《せんぷ》する一過程《かてい》として、まず東亜に日・満・支を一体とする一大王道楽土《おうどうらくど》を建設せんとするにあり。その究極《きゅうきょく》において、世界人類の幸福を目的とし、当面において東洋平和の恒久的《こうきゅうてき》確立を目標としていることは、政府のしばしばの声明《せいめい》をまつまでもなく、けだし自明《じめい》のことである」

これには現在六十五歳以上の人ならば懐《なつ》かしく思われる言葉がたくさん出てきます。肇国の精神、八紘一宇、王道楽土、そういえば「東洋平和のためならば、なんで生命《いのち》が惜《お》しかろう」という歌もあったと……。それほど、日本の国自体も戦争目的があいまいになり、国民の気持ちにはいつまで戦争が続くのかという不安が大きくなっていったのです。

十月二十七日の漢口陥落で日本じゅうで提灯行列が行なわれた。その提灯行列の火の流れを三宅坂《みやけざか》の上から見ながら、参謀本部の高級課員堀場《ほりば》一雄《かずお》少佐が手記を残しています。

「漢口陥落して国民狂喜し、祝賀《しゅくが》行列は宮城《きゅうじょう》前より三宅坂に亘《わた》り昼夜に充満《じゅうまん》す。歓呼《かんこ》万歳の声も、戦争指導当局の耳にはいたずらに哀調《あいちょう》を留《とど》め、旗行列何処《いずこ》へ行くかを危《あや》ぶましむ」

参謀本部の高級参謀が、漢口陥落で万歳の声を聞いているとかえって哀しくなる、旗行列はいいとしても、いったい日本帝国はどこへ行こうというのか、それを危惧《きぐ》するばかりであるというのです。堀場少佐はのち、戦争拡大に猛反対して前線に飛ばされてしまいます。そういう良心的な軍人も多々いたのですが、大勢はもはや止めることはできません、蔣介石を相手にせず、なのですから。となれば、この日中戦争をなんとか解決するために、次の段階へ進まざるを得ない、それは何かといいますと、その中国を後方から援助しているアメリカ・イギリス相手の戦争になるわけです。

まことに本日は情けないお話でした。

＊1――『呉淞クリーク』　昭和十四年（一九三九）、日比野士朗（一九〇三―七五）が日中戦争初期の上海戦線を舞台に、泥沼の戦い、負傷して野戦病院に入院するまでの体験を綴った作品。現在、中公文庫。

＊2――『生きてゐる兵隊』　第一回芥川賞作家、石川達三（一九〇五―八五）による南京攻略戦のルポルタージュ。昭和十三年（一九三八）に中央公論特派員として現地を取材して書いたが、言論統制により発禁に。石川は当局から起訴され、有罪判決を受けた。現在、中公文庫。

＊3――戦陣訓　昭和十六年（一九四一）、東条英機陸相が全陸軍に通達した訓諭。皇軍としての団結・攻撃精神・必勝の信念などを説き、日中戦争の長期化で乱れた軍紀を引き締め、士気の高揚をはかろうとした。有名な「生きて虜囚の辱を受けず」はこのなかにある。

＊4――伊藤桂一が書いた河北省無極東陽村の話『兵隊たちの陸軍史』一九六九年、番町書房。

第七章

政府も軍部も強気一点張り、そしてノモンハン

軍縮脱退、国家総動員法

この章の

✷ポイント

昭和九（一九三四）年、対米英強硬派が中心となっていた当時の日本海軍は、ワシントン海軍軍縮条約の単独廃棄を決定します。また、昭和十三（一九三八）年には国家総動員法が議会を通過し、本格的に軍国主義化が進んでいきます。そして昭和十四（一九三九）年五月、満洲西北部のノモンハンで、日本軍とソ連軍との間で軍事衝突が起こりますが、待っていたのはとても悲惨な結果でした。日本軍はこの時の失敗を何も反省しないまま、太平洋戦争に突入していくことになります。

✷キーワード

東郷平八郎《とうごうへいはちろう》／伏見宮博恭《ふしみのみやひろやす》／超大戦艦建造／米内光政《よないみつまさ》／山本五十六《やまもといそろく》／井上成美《いのうえしげよし》／国家総動員法／東亜新秩序声明《とうあしんちつじょせいめい》／ノモンハン事件

✹海軍中堅クラスの強硬論

今回はちょっと前へ戻ります。これまで陸軍中心の話をしてきまして、ここで海軍の話を加えておかないと、昭和の激動の全体像がわからなくなるからです。

昭和五年（一九三〇）のロンドン海軍軍縮条約を結ぼうとした時に、海軍部内が国際協調のため条約を結んだほうがよいとする穏健《おんけん》グループ、すなわち「条約派」と、国防のためには米英のいうとおりにならず艦隊《かんたい》を整備し実力本位でゆくべしとする強硬グループ、すなわち「艦隊派」に分かれ、ある種の抗争になりました。そのことは前に話しました（第一章参照）。そして艦隊派の人たちが東郷平八郎元帥《とうごうへいはちろうげんすい》、伏見宮博恭《ふしみのみやひろやす》元帥をかついで条約派を追い落とすことに成功し、その結果、山梨勝之進《やまなしかつのしん》大将は昭和八年三月、谷口尚真《たにぐちなおみ》大将は同年九月、左近司政三《さこんじせいぞう》中将は昭和九年三月、寺島健《てらしまけん》中将は同年四月、堀悌吉《ほりていきち》少将は同年十二月、坂野常善《さかのつねよし》中将も同年十二月と、海軍の次代を背負って立つであろう軍政家たちが海軍を去っていきました。

山梨勝之進大将（当時は中将）は、翌昭和九年になって後輩に聞かれた際、当時のことを、

「海軍の人事はいったん海軍大臣が腹を決めたらどうにもならん。大角《おおすみ》（岑生《みねお》）海相の後ろからいろいろ強い示《し》唆《さ》や圧迫がかかっているんだよ。具体的に言えば、伏見宮殿下と東郷さんだ。東郷さんが海軍の最高人事に口出ししたことを、私は東郷さんの晩節《ばんせつ》のために惜《お》しむ」

と語っています。このように当時の海軍は、艦隊派つまり対米英強硬派の人たちが中心になっていたのです。そして、それから数年後の昭和十六年(一九四一)、対米戦争突入か回避《かいひ》かの関頭《かんとう》に際して、海軍中央の首脳に海軍省系出身者がほとんどいなかった事実を、どう考えたらいいのでしょうか。

海軍大臣・大角岑生、海軍次官・長谷川清、軍令部総長・伏見宮、軍令部次長・高橋三吉《たかはしさんきち》のち加藤隆義《かとうたかよし》、連合艦隊長官・末次信正《すえつぐのぶまさ》のち高橋三吉、参謀長・吉田善吾《よしだぜんご》のち豊田副武《とよだそえむ》、横須賀《よこすか》鎮守府《ちんじゅふ》長官・永野修身《ながのおさみ》のち末次信正、海軍大学校校長・井上継松《つぎまつ》——といった面々《めんめん》が昭和八年から十年頃までの海軍の重鎮《じゅうちん》で、いずれも対英米強硬派あるいはどっちつかずの八方美人《はっぽうびじん》的な提督《ていとく》たちで、特に伏見宮様の意向がたいへん大きく、姿かたちがよくて、宮様《みやさま》にぺこぺこする人が出世するとも言われました。そうした艦隊派中心の陣容《じんよう》を見て、トップだけでなく中堅《ちゅうけん》クラスまで俄然《がぜん》、対英米強硬論に固まっていきます。

昭和九年七月二日の朝刊に次のような記事が載《の》りました。

「連合艦隊幹部連署《れんしょ》の上申書《じょうしんしょ》提出

目下《もっか》九州方面の海上において演習中の連合艦隊では内外《ないがい》の時局《じきょく》に鑑《かんが》み、ことに明年《みょうねん》の軍縮会議を控え、各艦長級以上六十名の連署をもって全員の意志を代表し、末次司令長官を通じて、一両日前、伏見軍令部総長宮殿下をはじめ奉《たてまつ》り、大角海相、最古参《さいこさん》軍事参議官加藤(寛治《ひろはる》)大将にあて、重大意味を有《ゆう》する上申書を提出した」

南雲忠一《なぐもちゅういち》大佐―真珠湾攻撃の機動部隊を指揮した人です―を旗振《はたふ》りとして、連合艦隊の司令官、参謀クラスの幹部が全員署名をして、上の艦隊派のお偉方《えらがた》に上申書を提出したというのです。背景には、ワシントン海軍軍縮会議の有効期間が切れる昭和十一年に、それを延長するのか、改正するのか、あるいは廃棄するのかを決めることになっていた事情があります。

「一、明年の軍縮会議に当面してわが国は、一日も早く既存《きそん》条約から蟬脱《せんだつ》するため、最も早き機会においてワシントン軍縮条約の破棄《はき》通告をなし、明年の軍縮会議においては、国防自主権の確保、軍備権の平等原則を樹立《じゅりつ》すべく、すみやかに強固統一ある対策の確立を望む。

二、この重大時局に善処《ぜんしょ》するためには、一刻《いっこく》も早く国内の政局不安を一掃《いっそう》し、すみやかに国民の全幅的《ぜんぷくてき》信頼をうけ、公明にして強き政治を行ないうる内閣の出現を切望する」

注目すべき点をひとことで言えば、一は比率五・五・三の軍縮会議から脱退し、対等の軍備を完整せよということ、二は海軍軍人が政治に口出しをしていることです。これを平気で書いて提出している、二・二六事件の青年将校たちの心情とそう変わりません。

海軍を実際に動かしている中堅クラスが強硬論をぶちましたから、ワシントン海軍軍縮条約は風前の灯となり、昭和九年十二月三日、政府は条約単独廃棄を決定しました。この条約はアメリカ五、イギリス五、日本三の比率ですが、考え方によってはその範囲内で互いに兵力《へいりょく》の安定を計れる、軍艦造りを競争する必要のない、平和維持《いじ》にはまことにいい条約であったともいえるのですが、それではやってられないというのが海軍軍人たちの思いでした。

条約廃棄をアメリカ、イギリスなどに通告した日、加藤寛治大将は、その年の五月に亡くなった東郷平八郎元帥の墓参りをし、その後で寄った側近《そっきん》宅で主人不在のため置いて帰った名刺にこう書いたといいます。

「帝国海軍更生《こうせい》の黎明《れいめい》を迎え候《そうろう》につき、只今《ただいま》東郷元帥の墓に詣《もう》でて、いささか英霊《えいれい》を慰《なぐさ》め奉《たてまつ》り候」

果たしてこれが日本海軍の黎明、新しい出発の日であったかは、疑問とせざるを得ません。ワシントン海軍軍縮条約が守られている状態を「naval holiday」（海軍の休日）といって、「お休み」というぐらい世界じゅうの海軍が静かな日々を送っていたのですが、日本が軍縮会議からの脱退を決めますと、互いの縛《しば》りがなくなるわけですから、アメリカもイギリスも軍艦を再びどんどん造りはじめます。では日本海軍は、その平和な状態をつっぱねて、一体どうするつもりだったのか。

超大戦艦を建造すべし

後にもしばしば出てくる海軍軍人、石川信吾《いしかわしんご》中佐がまだ軍縮条約が守られていた昭和八年十月、「次期軍縮対策私見《しけん》」という長文の意見書を提出しています。簡単にいいますと、「満洲事変を機に、日米のアジア政策は正面衝突し、アメリカは東洋進攻作戦に必要な諸般の準備を着々と進めている。さらには英国およびソ連も陰《いん》に陽《よう》にアメリカを支援しつつある。この時、それに対抗し、侵略意図《いと》を不可能にするためには、軍縮条約から脱退し、兵力の均等をうることが絶対条件である」

軍縮条約からの脱退を強く訴え、脱退しても大丈夫だと断言するのです。日本の産業も文化も長足《ちょうそく》の進歩を遂げており、満洲の経営もうまくいっているのだから、無条約時代に入っても心配ない、これをチャンスととらえ、パナマ運河《うんが》を通れないような超大戦艦を五隻《せき》建造し、これを中心とする日本の国情に合った効率のいい軍備を充実することで、アメリカに対する勝算《しょうさん》は確実に得られるのだ、と説くのです。

この意見書に代表される海軍中堅クラスの対米英強硬論に、誰も彼もが同意しだしました。その背景には、「ワシントン会議は結局アメリカの勝利、日本の敗北であって、ルーズベルト以来のアジア戦略政策が成功した結果なのだ。またロンドン軍縮会議はアメリカに関する限り軍縮ではなく軍拡《ぐんかく》であり、日本を屈服《くっぷく》させてのアメリカの平和維持なのだ」という考えがありました。要するに日本は国際協調だなどといい気になっているが、実際はアメリカの思う通りにアゴで使われている大敗北だというのですね。ゆえに「naval holiday」は日本にとっては全く鬱屈《うっくつ》した気分だったというわけです。

もはや軍縮会議から脱退するほかはないという機運《きうん》になった昭和九年十月、軍艦の建造や修理など全般を統轄《とうかつ》する海軍艦政本部に、たいへんな要求が軍令部から出されました。

「四十六センチ主砲《しゅほう》八門以上、速力三十ノット、パナマ運河を通れない超大戦艦を建造すべし」

四十六センチ主砲というのは言葉ではイメージしにくいのですが、ふつうの戦艦の主砲は四十ないし四十二センチです。それでも弾は三万五千メートル飛びますが、四十六センチになりますと四万メートルは飛びます。ものすごい大きな弾で、それを積むのですから必然的に戦艦の長さも幅も大きくなる、するとパナマ運河は通れない。ということは、アメリカにすれば太平洋と大西洋の間を行ったり来たりできなくなります。大西洋にいたものを太平洋に持ってくるには南米大陸をずーっと回ってこなくてはなりませんから、とんでもない時間を食います。たいそう不利なことになる。だから日本軍は絶対にアメリカに負けない、必ず優勢になる、と考えたのです。

こうして、ワシントン海軍軍縮条約脱退と同時に超大戦艦の建造がはじまり、それが後の戦艦大和《やまと》、武蔵《むさし》になりました。

これらの戦艦は極秘のうちに造るのですが、かりに完成直前にアメリカに知られたとしても、急に対抗したとて一年以上も日本は優位に立てると踏《ふ》んでいました。海軍は、日米の戦艦がぶつかり合って相手を撃滅《げきめつ》するという、日露戦争の日本海海戦を思い描いていたのです。敵の大砲が届かない距離からも届く戦艦の大砲で敵を潰《つぶ》してしまおうという、まことに華々《はなばな》しく夢みたいな話で、よく言うように「軍人は常に過去の戦争を戦う」のであって、過去の戦争だけを手本とし、兵器の進歩や世界情勢の変化を予測することはほとんどないのです。

それにしても、日本の明治からの発展は、イギリスと同盟を結んでいたからなんですね。日露戦争に勝てたのも英国との同盟がすこぶる有効であったし、日露戦争がかろうじて勝利と認められたのもアメリカのセオドア・ルーズベルト大統領が仲裁《ちゅうさい》をしてくれたおかげです。したがって日本はアングロサクソンと協力といいますか、敵対《てきたい》しないことが国家発展のための有効な方法だったのです。そのアメリカ、イギリスと仲良くやっていこうと決めた軍縮条約が、日本は不満で不満で仕方ない。というのも、どうも両軍縮条約を結んだあたりから、とくに対イギリス感情が変化してきていたのです。

ワシントン海軍軍縮条約を結ぶ際に、アメリカが日英同盟の廃棄を要求してきました。万一、日米が戦争をはじめた場合、日本と同盟しているイギリスをも相手にすることになれば比率が五対八になる。アメリカにすれば当然の要求なのです。しかしこの同盟廃棄あたりから、仲良かったはずのイギリスを、日本海軍はむしろ敵視しはじめます。

そもそも第一次世界大戦にその発芽《はつが》がみられます。このとき同盟条約に基づき、日本海軍が地中海まで出てイギリス海軍を応援したのですが、その頃からやや「イギリスに思うように使われているんじゃないか」という猜疑心《さいぎしん》が芽生《めば》えます。でも、まだそれほど強い反英感情ではありませんでした。ところが、日英同盟を廃棄して昭和に入ってから、イギリス、ひいてはアメリカに対する感情が、悪化してくるのです。どうしてか。それを書いた文書があります。少し先になりますが、昭和十三年（一九三八）九月に海軍軍令部がまとめた「対英感情は何故に悪化したか」という、日本海軍独自の分析《ぶんせき》です。長いのでまず「間接的な原因」を簡単にわかりやすくまとめますと、

一、第一次世界大戦ではイギリスは日本をいいように利用し、終戦後の講和においては、零《こぼ》れ落ちるパン屑《くず》さえくれなかった。そしてついに近年は、日本の貿易に対して全面的な迫害になってあらわれている。

二、イギリスは、日本民族が発展していこうとすることが気に食わないのか、いたるところで圧迫してくる（と、たくさんの例をあげ）、イギリスが政治的または経済的に支配しているアジアにおいてはとくに然りである。近頃の中国が排日侮日《はいにちぶにち》政策をとっていること、蘭領《らんりょう》東インド（現在のインドネシア）その他の人びとが実に傲岸不遜《ごうがんふそん》な態度をとるのも、すべてイギリスが背後で援助して煽《あお》っているからと確信する。

三、自国の過去の植民地政策などはまったく棚《たな》に上げて、日本がやっていることをことごとく侵略・不正行為呼ばわりし、「ロイター」その他の新聞を総動員して世界の世論を反日に導いている。イギリスが各国を誘って、対日包囲網《ほういもう》をつくりつつある。

と実例を引いて三つの理由を挙げ、こういう国と日本はどうして仲良くできるのか、と述べています。

さらに「最近はとくに、支那事変におけるイギリスの態度はまったく日本への敵意を示しているなと断言せざるを得ない」など十六項目にわたって理由を連ねています。そして日中戦争がうまくいかないのはイギリスが後ろからあれやこれやと中国を応援しているからだとしています。さらに「直接的な原因」としては、イギリスの日本に対する態度の傲岸不遜——三等国扱いしているのは、さながら明治維新の時のパークス公使の恫喝《どうかつ》*1や圧迫と同じで、日本を国家として認めていない不遜な態度で許せない、というわけです。

海軍軍令部自身の分析ですから、みながそう考えていたともいえるのでしょう。結論として「日英国交恢復《かいふく》の鍵」でこう述べます。

「……英国の繁栄のために、アジアにおける日本の生存権を犠牲にして顧《かえり》みず、支那の排日反日政府を助長《じょちょう》育成したる結果が今日の日支《にっし》紛争《ふんそう》であって、……従って、英国にして日本を圧迫して、そのアジアの繁栄を企図《きと》しようとする根本方針を改めないかぎり、日英の国交調節ははなはだ困難であると言わざるを得ない」

簡単に言えば、とにかくイギリスは自国の繁栄のために日本のいっさいの権益を認めない、中国をおだてて排日反日運動をやらせている。このような態度を改めないかぎり、日本はイギリスと今後うまくやってはいけない、イギリスはもはや敵だという結論です。そして当然、イギリスの後ろにはアングロサクソン同士であるアメリカがいますから、イギリスを仮想敵国《かそうてきこく》とすることはアメリカとの衝突も覚悟《かくご》していることになるわけです。

といっても海軍の全員が全員、そういった人ばかりではなく、米内光政《よないみつまさ》や山本五十六や井上《いのうえ》成美《しげよし》ら、またそれにつながる人びとは、このような日本海軍の危険な考え方や政策は日本をとんでもない方向へ導くのでは、とかなり牽制《けんせい》するのですが、海軍中央は「何するものぞ」と対米英敵視と敵対意識を強めていきます。必然的に、同じように世界から孤立化しているヒトラーのドイツが「仲間」のように浮かび上がってくるのです。

昭和十一年三月、第三艦隊参謀長の岩村清一《いわむらせいいち》少将は、あまりにも危険な海軍中央の考え方に対して意見を具申《ぐしん》しています。

「帝国はいまだ好んで英米との衝突を誘起《ゆうき》するが如《ごと》き時機《じき》に達せず……帝国の外交を正常の軌道《きどう》にのせ、課《か》すに一定の時と順序とをもってし、逐次《ちくじ》に国家の進展を将来に期すべく、勢いに乗じ戦にあせって、己《おのれ》を知らず敵を知らずして不準備の裡《うち》に無名の師《し》を起こすは、もっとも戒《いまし》むべきことに属す」

強気になっているが、日本の国力から見れば、英米と衝突するなどとんでもない話である。外交をよろしくやって、徐々に国家を進展させていったほうがいいのだ。勢いに乗じ、あるいは気勢《きせい》だけを上げてろくな準備もないまま正義なき戦争を起こすことになってはとんでもない事態になる、と警告《けいこく》しているのです。こういう人も確かにいたのです、けれども残念ながら少数であり、あまりにも力が弱かったということです。

以上がだいたい海軍の当時の状況です。陸軍は二・二六事件によって統制派《とうせいは》が天下をとり、対中国一撃論が日中戦争へと具体化していった頃、海軍でも対英米強硬論が次第に支配的になっていたことを指摘しておく必要があったのです。

このように陸海軍の「勢いに乗じている」日本は、非常時のかけ声とともに、ますます強固な総力戦態勢《そうりよくせんたいせい》をつくらねばならない状況下に陥《おちい》り、国民は駆け足でそれについてゆきます。

「国家総動員上必要あるとき」

当時の日本政府は、前回に話しました「蔣介石《しょうかいせき》を対手《あいて》にせず」と唯我独尊《ゆいがどくそん》的なことを言い出した近衛文麿内閣でした。国民政府を対手にしないのですから、日中戦争は和平の機会をとらえられず、徹底的に相手を打倒《だとう》するまで続けねばならない、その中国には後ろにイギリス、アメリカがついていますので、やがてそれらと正面衝突して世界的な戦争になる恐れが常にありました。

そこで近衛内閣は、陸軍統制派が先の「陸軍パンフレット」（昭和九年）で唱えた「国家総動員体制」を早くつくるべきだという意見に乗っかって、その完成を目指して昭和十三年（一九三八）一月、議会に「国家総動員法」を提出します。この体制ができ上がって本当にひどくなるのは翌昭和十四年ぐらいからですが、出来上がったのは昭和十三年、支那事変がはじまって、「蔣介石を対手にせず」と明言した直後です。

その内容は、国民を好き放題に徴用《ちょうよう》できる、賃金《ちんぎん》を統制できる、物資《ぶっし》の生産・配給・消費などを制限できる、会社の利益を制限できる、貿易を制限できる……つまり戦争のために国民はもっている権利をいざとなったら全面的に政府に譲《ゆず》り渡すというもので、「軍需品《ぐんじゅ》を十分に作って軍隊に渡し、陸海軍に不断《ふだん》の戦闘力を供給する。同時に民需品《みんじゅ》を補給して経済の運行を確保する」という建前《たてまえ》のもと、総力戦を戦える国防国家をつくりあげるにはどうしても必要不可欠な法律でした。

これには既成《きせい》政党である政友会《せいゆうかい》も民政党《みんせいとう》もさすがに猛反対します。あたりまえなんです。たとえば条文の第四条にある、

「政府は戦時にさいし、国家総動員上必要あるときは、勅令《ちょくれい》の定《さだ》むる所により×××することを得る」

この×××は文言《もんごん》が入ってないんです、ですから「一万人を徴用する」「日本製鉄を徹夜《てつや》で働かせる」など何でも入れられるのです。つまり勅令というのは天皇の命令ですから、政府は戦争を遂行するためにはいかなることもできるのだとうたわれている、これはとんでもない話じゃないか、憲法違反だ、というわけです。

議会が開かれ、この法案をめぐって激論がはじまりました。昭和十三年二月二十四日、最初に質問に立ったのは民政党の斎藤隆夫《さいとうたかお》代議士でした。この人の名は後にも出てきます。その演説の内容は、日中戦争が予想外に拡大した。こうなると、何を措《お》いても国防を強化せねばなら

ないのはわかる。が、これほど広範囲にすべてを政府に委任《いにん》する法律は認められない。これは逆に言えば政府が勝手気儘《きまま》に天皇の非常大権を制限する、つまり大権干犯《たいけんかんぱん》ではないか。憲法では国民の権利義務の制限は議会の協賛を必要とすることになっているが、この法案が通過すればそれを無視して政府があらゆることをやれることになってしまう、という反対意見でした。

それから連日のように、民政党と政友会の雄弁《ゆうべん》な代議士が次々に出て議論をふっかけます。情けないのは近衛さんで、答えられないからでしょうが、具合が悪くなったなどといってはちょいちょい休むのですね。そんなすったもんだの中で、有名な話が二つあります。

三月三日、総動員法の委員会でしつこく質問する人がいて、それにいちいち陸軍省軍務局員の佐藤賢了《さとうけんりょう》中佐が答えていました。陸軍はどう考えているのか、といった端的《たんてき》な質問に対し、佐藤中佐は長々と何度も同じような答弁《とうべん》をするのです。それにいらだった政友会の宮脇長吉《みやわきちょうきち》代議士――紀行作家として有名で最近亡《な》くなった宮脇俊三《しゅんぞう》さんの父親です――が「長過ぎる！」「いい加減《かげん》にしろ！」などと野次《やじ》を盛んに飛ばすと、佐藤中佐がついに「黙《だま》れーッ！」とこれを一喝《いっかつ》したのです。説明を義務とする者が代議士に向かって威嚇《いかく》するとは何事《なにごと》か、と大騒ぎになって委員会はガタガタ紛糾《ふんきゅう》し、ついに翌日、杉山（元《はじめ》）陸軍大臣が「心から申し訳ない」と詫《わ》びる事態になります。これで一応は済《す》んだのですが、ただこうやって見ますと、陸軍の横暴《おうぼう》とはいうものの、昭和十三年三月頃はまだ、議会の方に陸軍をへこます力があったともいえるわけです。

このような笑いたくなるような事件を含《ふく》みながら、政友会も民政党も懸命に、なんとか少しでも法案に制限を加えようと頑張っていたのですが、なんと左翼《さよく》がこの法案に大賛成でした。当時、唯一の革新政党ともいえる社会大衆党は、何度も賛成論をぶったのです。現代から眺めれば、左翼勢力は階級闘争を通じて資本主義を改革ないし打倒しようと考えているわけですから、こうやって国家社会主義的な議論を押し立ててゆけば資本主義打倒も可能なのではないかという思惑《おもわく》があったためでしょう。矛盾《むじゅん》したややこしい理屈ですが、つまりはそれが革新に通じるとでも錯覚《さっかく》したのでしょうね。そこでもう一つの事件が起きたのです。

✺「スターリンのごとく」大胆に

三月十六日、この国家総動員法案が通過成立する当日ですが、社会大衆党の雄弁家をもってなる西尾末広《にしおすえひろ》代議士が登壇《とうだん》して大演説をしました。ちょっと面白いので引用します。

「……さる三月十四日は、五箇条《ごかじょう》の御誓文《ごせいもん》＊2の七十年目にあたるのであります。『わが国未曾有《みぞう》の変革をなさんとし』と御誓文の冒頭《ぼうとう》に仰《おお》せられているのであります。まことにしかり、今日においても、わが国は未曾有の変革をなさんとしている。御誓文のなかには『旧来《きゅうらい》の陋習《ろうしゅう》を破り、天地の公道《こうどう》にもとづくべし』こういうご趣旨《しゅし》もうたわれているのでありまして、この精神を近衛首相はしっかりと把握《はあく》いたされまして、もっと大胆率直《だいたんそっちょく》に、日本の進むべき道はこれであると、ヒトラーのごとく、ムッソリーニのごとく、あるいはスターリンのごとく、大胆に日本の進むべき道を進むべきであろうと思うのであります。今日わが国のもとめているのは、確信にみちた政治の指導者であります」

とこうやったんですねえ。「ヒトラーのごとく、ムッソリーニのごとく」辺りまではまだいいものの――もちろん日本は独裁政権ではありませんからヒトラーだってとんでもないのですが――最後に「スターリンのごとく」ときた瞬間、議場はひっくり返ってしまいました。怒った民政党と政友会からは「一体何を考えているのか」とガンガン野次が飛ぶのですが、西尾さんは屁《へ》でもありません。

「いまや世界は個人主義より相互主義へ、自由主義より統制主義へと進展しつつある」

「歴史的使命を果たすために、いまや躍進《やくしん》しつつある日本にとっては、国防の充実が絶対に必要である」

「労働者は労働をもって国に報《ほう》じ、財力のある者は財力をもって国に報ずるとの愛国心の具体的表現と、これを組織化し、総動員法によらざれば、今後の戦争に勝利を博《はく》することはできない」

と最後まで続けました。そして席に戻り、周りがわんわんいっているのを見てようやく自分の演説が大問題になっていることに気付くのです。そこで弁明《べんめい》のために再登壇し、「ヒトラーのごとく、ムッソリーニのごとく、あるいはスターリンのごとく」のくだりをすべて削除《さくじょ》したいと申し出たのですが、政友会と民政党の議員は承服《しようふく》せず、議会は大混乱のうちに、やむなく議長が西尾議員を懲罰《ちようばつ》することで収拾《しゆうしゆう》しました。

ところがまた面白いことに、西尾議員が懸命に弁明しているにもかかわらず、なかにはこれに賛成する人もいたのです。尾崎行雄《おざきゆきお》（咢堂《がくどう》）が西尾議員の後に登壇し、

「そこで私も言おう。近衛首相は自信をもって、ヒトラーのごとく、ムッソリーニのごとく、あるいはスターリンのごとく、大胆に日本の進むべき道を国民に示して指導せられたい。……西尾君はこの言葉を取り消したが、私は取り消さない。西尾君を除名《じよめい》する前に、私を除名せよ」

と応援演説したのです。今からみると、これほどの国家の大事《だいじ》を決めるのに何をやっているんだという感じがしないでもない。結果的には西尾代議士だけが除名されました。

そんな騒ぎを経て、この三月十六日に法案は通過してしまいました。「国家総動員法」ができていよいよ、いろんな手続きを踏みつつ日本の軍国主義化は進んでゆきます。

もうひとつ、昭和十三年十一月の議会で近衛内閣がある声明を発表します。いわゆる「東亜《とうあ》新秩序声明《しんちつじよせいめい》」です。

「蔣介石を対手にせず」後、日中戦争はもはや交渉相手がいなくなりました。そこで日本が考え出したのが、国民政府の時代に蔣介石とやりあっていたもう一方の旗頭《はたがしら》の汪兆銘《おうちようめい》を担《かつ》ぎ出して新しい政権をこしらえ上げ、その新しい政府と交渉をしてなんとか戦争を解決しようという策です。そうなると蔣介石の国民政府は一地方政権でしかなくなり、中央政権である汪兆銘

政府と日本が協力してアジア（当時は東亜といっていました）の平和を回復しようというのです。そのためにはスローガンが必要なので、「東亜新秩序声明」が出されたわけです。つまり今までのように「中国はけしからん、だからこれを叩《たた》き潰《つぶ》す」というのでは世界に認められませんから、日中戦争はアジアの安定を確保するための戦いであって、日本、満洲国、汪兆銘政権の中国が仲良く手を結んでアジアに新しい秩序をつくるために続けているのだという大名目をつくりあげ、歴史的にも意義のある戦争だと主張したのです。

その裏には、ヒトラーのナチス・ドイツが勃興《ぼっこう》して急速に力をつけ「ヨーロッパ新秩序をつくる必要がある」と叫び出した背景があり、これに連動して日本もアジアで東亜新秩序をつくろう、をスローガンにしたのです。

この考えが次第に大きくなり、西欧列強の植民地であるアジアの国々の解放という思想にまでやがて発展していきます。それまで日本は明治・大正・昭和にかけて、現実的には親欧米路線といいますか、ヨーロッパの国際秩序に従ってきました。たとえばワシントン体制という、ヨーロッパ中心の国際法を守るかたちで日本もそこに参加していました。ところがここで「東亜新秩序」を発表したということは、自前の秩序をつくろうとしていると世界に表明したことになるわけです。日本が指導者となりアジアに新しい世界をつくりつつあるので、ヨーロッパ諸国やアメリカは余計なおせっかいはするな、という態度でもあります。

ですからこの声明は、日本が蔣介石を見放したのと同様に、日本がアメリカを含め西欧列強と縁を切ったことも意味することになる。このあたりから雑誌ジャーナリズムの世界は、東亜新秩序一色になります。米英協調主義、国際法遵守《じゅんしゅ》主義の人たちが論壇から徐々に退場していき、「日本がアジア新秩序をつくる」などと書きたてるようになる。こうして日本はますます世界で孤立化してゆくのです。

そしてアメリカはこの声明ですっかり硬化《こうか》してしまったんです。

✺ノモンハンの悲劇

以上が昭和十三年末頃までの日本の情勢です。昭和十四年（一九三九）に入ると、国家総動員法も強化され、米英としばしば衝突する時代がやってきます。一方、ヨーロッパでは、ヒトラーが新秩序をつくるという大方針のもと、東にあるチェコスロバキア、ポーランドなどいわゆる東欧諸国へと勢力を広げつつありました。こういう世界変動の急速にして激しい状況下で起きたのが、ノモンハン事件です。昭和十四年五月中旬から八月末、満洲西北部のノモンハンを中心とする広大なホロンバイル草原で、関東軍プラス満洲国軍と、極東《きょくとう》ソ連軍プラス蒙古《もうこ》（モンゴル）軍とが大激戦をやったのです。

事件は、満洲国をつくって国防の生命線とし、関東軍がその後ろ盾《だて》になる、つまり満洲国に手を出せば関東軍が相手になるという態度をはっきり示した直後に起きました。これも「戦争」といわず「事件」というのは互いに宣戦布告《せんせんふこく》をしたわけではなく、「相手が国境線をまたいで領内に侵略してきた」と言い合った単なる国境紛争で、本来すぐ終わってしまう話だったからです。それが両方とも大軍を出して戦うことになったのはなぜか。

　満洲の防備を担当している関東軍としては、満洲国ができてからせいぜいゲリラ部隊――当時は匪賊《ひぞく》などと言っていました――との小競《こぜ》り合いぐらいしかなく、大部隊を抱《かか》えていながら毎日演習演習と、およそ勲章に値《あたい》する戦闘がなかったのです。軍人というのは困ったことに、戦争をして勲章をもらわないとなかなか出世しません。中国大陸の方では戦争をやっていて、しかも連戦連勝で次から次へと勲章や進級の栄誉をもらって威勢《いせい》がいいというのに、「日本の生命線」を護《まも》っている「無敵《むてき》関東軍」が鳴《な》かず飛《と》ばずであるとは許せないというわけです。しかしながら、陸軍中央としては関東軍が余計なことをやってソ連との国境線で大戦争でも起これば大ごとですから、「当分の間、静かにしていてくれ」という意味で、できるだけ紛争を起こさないように静謐《せいひつ》命令を出していたのです。

　ところが関東軍にしてみれば、命令はわかるが、侵《おか》されても侵さないとは座ったきりで負け

ノモンハン周辺図

ていろということかと大いに不満で、「国境紛争があった場合はこういうふうにする」と独自に方針を決めました。それを東京の陸軍中央に知らせるかどうかの微妙な状況の時に、ノモンハンで国境紛争が起きたのです。

四千キロに及ぶ長い国境線ですから、そういう紛争は以前にも至るところでありました。そもそもソ連軍は満洲国を認めていませんから、新たに満洲国と交渉して国境線など決める必要はないということで、かつて清国《しんこく》と話し合って決めたものを中ソ国境としています。ですから満洲側と主張の異なる箇所《かしょ》がずいぶんありました。ノモンハンの場合、ソ連はその集落までをモンゴル領とし、日本(満洲)は集落より西側のハルハ川を国境線と考えていたのです。ところがホロンバイル草原は、羊など家畜《かちく》の餌《えさ》になる草がたいへんよく、モンゴル人は、国境などという意識はなく、昔と同じように川を渡って草原に入ってくるわけです。しかし日本側にとってはハルハ川を越えてくるなどとんでもない、国境侵犯《しんぱん》になる、というわけです。

こんなふうに四千キロのあいまいな国境をめぐる偶発的紛争《ぐうはってきふんそう》は何度も起きていて、たとえば昭和十一年百五十二回、同十二年百十三回、同十三年百六十六回、とくに十三年から十四年にかけては数えられないくらい頻発していました。それでも陸軍中央が「なんとか大戦争にならぬよう収めろ」と命令してくるので関東軍は頭にきて、勲章欲しさもあり、今度明らかに侵犯してきたら徹底的にやっつけてやろうともくろんでいました。それで独自の方針をつくり、国境線を守る部隊に配布した途端《とたん》に起きたのがノモンハンの紛争です。さあ、この方針どおりや

ノモンハン事件。ソ連兵の監視下にある日本軍捕虜（ソ連軍撮影）

れ、と第23師団が全力をあげてかかりました。

モスクワでそれを知らされたスターリンは、仰天《ぎょうてん》すると同時にこれをチャンスとみました。というのは、当時ナチス・ドイツがポーランドに手を出し、自分のものにしてしまう可能性が大きくなっていました。ポーランドがドイツ領になると、ソ連はドイツと国境線を接してしまいます。ヒトラーは、著書《ちょしょ》『わが闘争《とうそう》（マインカンプ）』でも書いているように、常々、共産主義は撲滅《ぼくめつ》すべきと豪語《ごうご》しているほどですから、スターリンはドイツが目の前にくるということに痛切に脅威《きょうい》を感じました。ドイツの唱《とな》えるヨーロッパ新秩序に対処《たいしょ》するにはそちらに全力を注がなければならないのですが、その時、はるか東方の満洲で小競り合いが起こって関東軍の攻撃がはじまったと聞くと、スターリンは「まだ時間はある、この機会に日本軍をこてんぱんにやっつけてアジアを安泰にしておいてからヨーロッパに全力を注ごう」と考えました。

そして「名将」ジューコフ将軍を総指揮官に近代的な最新鋭の戦車部隊、重砲部隊を投入して日本軍を叩《たた》き潰《つぶ》す作戦に出ました。そうなると関東軍も第23師団以下、他師団も加わって全力でこれに刃向《はむ》かい、単なる小さな国境紛争が大戦争になってしまったのです。

『昭和天皇独白録』にはこう書かれています。

「ノモンハン方面のソ満（正しくは満蒙《まんもう》です）国境は明瞭でないから不法侵入は双方《そうほう》から言いがかりがつく」

「当時、関東軍司令官山田乙三《やまだおとぞう》（正しくは植田謙吉《うえだけんきち》です）には満洲国境を厳守《げんしゅ》せよとの大命が下してあったから、関東軍が侵入ソ連兵と交戦《こうせん》したのは理由あることで、また日満共同防衛協定の立場から満洲国軍がこれに参加したことも正当である」

また、国境線はこのままではいけないということから、以下を付け加えます。

「この事件に鑑《かんが》み、その後命令を変更して国境の不明確なる地方及び僻地《へきち》においては、国境は厳守するに及ばずということにした」

記述はこれだけです。ということは、日本の第23師団約二万人のうち約七〇パーセントが死傷して師団が消滅してしまったほどの大戦争が起きていることを、どうも昭和天皇は知らなかったようなんですね。考えてみるとずいぶんおかしなことなのですが、そう考えるより解釈のしようがない。

戦争は意志の強い方が勝つ

戦闘は日増《ひま》しに大きくなっていきました。陸軍中央が止《と》めるのも聞かずに関東軍は勝手に突っ込んで行きます。ソ連は戦車や大口径砲《だいこうけいほう》をつぎ込む。凄惨《せいさん》な戦いとなりました。結果的には日本側は五万八千九百二十五人が出動して戦死七千七百二十人、戦傷八千六百六十四人、その他を含め計一万九千七百六十八人と、三三パーセントつまり三分の一が死傷しました。ふつう軍隊は三〇パーセントやられれば潰滅《かいめつ》という感じです。それほどの大損害を受けたのです。ソ連軍も蒙古軍を含めるとたいへんな死傷者を出していて、二万四千九百九十二人といいますから日本よりも多いんです。それで近頃、うわついた評論家など「ノモンハンは日本が勝ったのだ」と言う人が少なくありません。そりゃ死傷者数だけみれば、日本の兵隊さんが本気になってよくぞ戦ったというところもありますが、結果として国境線は相手の言う通りになったのです。ハルハ川ではなくノモンハンまで出っぱったところ、ホロンバイル草原までが全部モンゴルの領土になったのですから、日本軍が勝ったなどとても言えません。ジューコフの指揮のもと、最新鋭《さいしんえい》の戦車、重砲、飛行機を次々に投入してくるソ連軍に対して、日本軍は銃剣と肉体をもって白兵《はくへい》攻撃でこれに応戦したわけで、まことに惨憺《さんたん》たる結果となりました。

捜索第23連隊長・井置《いおき》中佐自決、第8国境守備隊長・長谷部《はせべ》中佐自決、歩兵64連隊長・山県《やまがた》大佐孤立自決、野砲13連隊長・伊勢《いせ》大佐孤立自決、歩兵62連隊長・酒井《さかい》大佐負傷後送《こうそう》のち自決、元歩兵71連隊長岡本《おかもと》大佐入院中斬殺《ざんさつ》さる――

といった具合に、日本軍を指揮し最前線《さいぜんせん》で戦った連隊長はほとんど戦死あるいは自決でした。酒井大佐の「負傷後送のち自決」とは、戦闘状況の訊問《じんもん》の終わったあと、拳銃《けんじゅう》を置いて出て行かれ責任を取って自決せざるを得なかった、そういう悲劇もありました。

この戦いを指揮した関東軍の作戦参謀が、服部卓四郎《はっとりたくしろう》中佐と辻政信《つじまさのぶ》少佐でした。服部曰《いわ》く、

「失敗の根本原因は、中央と現地部隊との意見の不一致にあると思う。両者それぞれの立場に立って判断したものであり、いずれにも理由は存在する。要は意志不統一のままずるずると拡大につながった点に最大の誤謬《ごびゅう》がある」

また、辻は、

「戦争は指導者相互の意志と意志との戦いである。もう少し日本が頑張っていれば、おそらくソ連軍側から停戦の申し入れがあったであろう。とにかく戦争というものは、意志の強い方が勝つ」

二人とものほほんとしたことを言っていますが、そこからは責任のセの字も読み取れません。まことにひどい話です。

戦争が終わってから「ノモンハン事件研究委員会」が設置され、軍による反省が行なわれました。

「戦闘の実相《じっそう》は、わが軍の必勝の信念および旺盛《おうせい》なる攻撃精神と、ソ連軍の優勢なる飛行機、戦車、砲兵、機械化された各機関、補給の潤沢《じゅんたく》との白熱的《はくねつてき》衝突である。国軍伝統の精神威力を発揮せしめ、ソ連軍もまた近代火力《かりょく》戦の効果を発揮せり」

いいですか、こちら側は必勝の信念および旺盛なる攻撃精神でありまして、向こう側は戦車、砲兵、機械化された各機関、十分に潤沢な補給、それが白熱的に衝突したものである、というのが結論で、従って、

「ノモンハン事件の最大の教訓は、国軍伝統の精神威力をますます拡充《かくじゅう》するとともに、低水準にある火力戦能力を速《すみ》やかに向上せしむるにあり」

要するに、これからもますます精神力を鍛《きた》える必要がある、ついてはもう一つ水準の低い火力戦の能力を向上させたほうがいいことがわかった、というわけです。

火力戦の能力向上については、これが勝利の戦いであったなら付け加えなかったでしょうね、言い訳《わけ》めくから。

昭和十四年八月にこの戦いが終わって二年半がたたないうちに、太平洋戦争がはじまります。低水準の火力戦能力がわずか二年半で向上するはずはありません。ノモンハン事件の本当の教訓はまったくかえりみられなかったと言っていいと思います。その影響はどこにもなかったのか。たった一つあるとすれば、服部卓四郎と辻政信の心の内にありました。

「これからは北に手を出すな。今度は南だ」

二人はそう確信したのです。そうとしか考えられない。

事件後、軍司令官や師団長は軍を去りますが、参謀たちは少し左遷《させん》されただけで罪は問われませんでした。服部卓四郎は昭和十五年十月には参謀本部に戻って作戦班長に、翌十六年七月には作戦課長となります。また辻政信は昭和十六年七月に作戦課に戻り、戦力班長になります。つまりノモンハン事件で膨大《ぼうだい》な被害を被《こうむ》らせたはずの二人が再び参謀本部の作戦課に戻って「今度は南だ」と南進政策——これはイギリス、アメリカとの正面衝突を意味します——を、「こんどこそ大丈夫」と言わんばかりに推進したのです。なお、参謀にはお咎《とが》めなし、というのは陸軍の伝統でもありました。

後の話になりますが、ご存じのように、太平洋戦争では日本は見る影もなく撃《う》ち破られるのです。昭和十九年（一九四四）七月にサイパン島が陥落《かんらく》し、もはや太平洋戦争に勝利はないと確定した時、作戦課長であった服部卓四郎大佐はこう言ったといいます。

「サイパンの戦闘でわが陸軍の装備の悪いことがほんとうによくわかったが、今からとりかかってもう間に合わない」

何たることか、ノモンハンの時にすでにわかっていたではないか、と言いたくなるのですが、いずれにしろ日本陸軍はこれだけの多くの人をホロンバイルの草原で犠牲《ぎせい》にしながら何も学びませんでした。昭和史の流れのなかで、ノモンハン事件そのものは転換点的な、大きな何かがあるわけではないのですが、ただこの結果をもう少し本気になって考え反省していれば、対米英戦争という敗《ま》けるに決まっている、と後世《こうせい》のわれわれが批評するようなアホな戦争に突入するようなことはなかったんじゃないでしょうか。でも残念ながら、日本人は歴史に何も学ばなかった。いや、今も学ぼうとはしていない。

＊1――パークス公使の恫喝　イギリス駐日公使ハリー・パークス（一八二八―八五）は、慶応元年（一八六五）から明治十六年（一八八三）までの赴任中、高圧的な態度で近代日本の形成に大きな影響を与え、日本でのイギリスの地位を向上させた。

＊2――五箇条の御誓文　明治新政府が明治元年（一八六八）、旧習を打破するとともに、天皇が国の中心であるという新しい政治理念と方針を国内に示したもの。

第八章

第二次大戦の勃発があらゆる問題を吹き飛ばした

米英との対立、ドイツへの接近

この章の

✷ポイント

日中戦争から太平洋戦争へと続く日本の戦いは、当時のさまざまな国の思惑のせめぎあいの結果の一つだと言えます。中でも特に大きく影響したのはドイツのヒトラーとソ連のスターリンの関係です。昭和十四（一九三九）年、突如ドイツとソ連が独ソ不可侵《ふかしん》条約を締結し、世界中に衝撃を与えました。特に日本はドイツと対ソ連の軍事協力を強化しようとしていた矢先だったため、大きな影響を受けました。そして、第二次世界大戦がはじまります。

✷キーワード

平沼騏一郎《ひらぬまきいちろう》／日独伊三国同盟／ヒトラー／五相会議《ごしょう》／天津事件《てんしん》／朝鮮戸籍令改正《こせき》／スターリン／独ソ不可侵条約／大島浩《おおしまひろし》／阿部信行《あべのぶゆき》

海軍の良識トリオの孤軍奮闘

前回ノモンハン事件だけを一気《いっき》に話しましたが、じつはその裏側に、外交と国政の大事な問題がたくさんありましたので、今回はそれを話します。

近衛《このえ》内閣がにっちもさっちも動きがとれなくなったのは、政友会《せいゆうかい》や民政党《みんせいとう》、また社会主義政党など、批判政党がちゃんとあったからです。結果的には「組織を持たない人気」、ただ人気だけはある総理大臣ではどうしても政界運営がうまくいかず、それでたちまち「辞《や》めた」と。この人はすぐに放り投げてしまうのですが、昭和十三年（一九三八）の終わりに総辞職します。

翌十四年一月五日、平沼騏一郎《ひらぬまきいちろう》内閣が発足《ほっそく》します。この人は元検事総長で、基本的には右翼《うよく》的でした。ところが平沼内閣がさあスタートといった途端《とたん》、というかその少し前あたりから、ヒトラー総統が率いるナチス・ドイツから日独伊三国同盟が提案され、外交的大問題になっていました。この同盟は、広田弘毅《ひろたこうき》内閣の時に結んだ日独防共協定《にちどくぼうきょうきょうてい》を強化して、軍事同盟にまでもっていこうという内容でした。

ところがこれに「待った」をかけたのが、海軍大臣の米内光政《よないみつまさ》、同じく次官の山本五十六《やまもといそろく》、それに少し遅れて軍務局長となった井上成美《いのうえしげよし》の三人でした。このトリオが真《ま》っ向《こう》から三国同盟に反対し、このために平沼内閣は閣議《かくぎ》また閣議、いや、この問題を主に扱う五人の閣僚《かくりょう》——

総理大臣、外務大臣、大蔵大臣、海軍大臣、陸軍大臣――を集めた「五相会議《ごしょう》」を実に七十回以上開きました。

「今日も五相（五升《しょう》）あしたも五相、一斗《と》をついに買えない内閣」

と諷《ふう》されながらも海軍は頑《がん》として承諾《しょうだく》せずにすったもんだしていました。

一方、陸軍は、対日強硬政策をとりつつある英米に対抗するために、さらにソ連という年来《ねんらい》の敵に対抗するためにも、ドイツと同盟を結ぶことに賛成でした。陸軍が当時、何を考えていたのかがよくわかる文書が残っています。閑院宮《かんいんのみや》参謀総長が昭和天皇に提出した「日独伊協定締結《ていけつ》に関する大本営陸軍部の意見」という長たらしい名前のものです。ちょっと長々と引用してみます。

「本協定は元来、次期世界戦争に備えるをもって眼目《がんもく》となし、これに処《しょ》するためその規模と分野とに関し必然の運命を洞察《どうさつ》し、あらかじめ与国《よこく》と方略とを準備するものでありまして、その効果を自主的に利用すべきものと存じます。これによりまして、我が方針に対する独伊の策応力《さくおうりょく》を増大せしめ、極東《きょくとう》の負担を軽減し、もってドイツの実力策応により我が対北方戦勝を決定的ならしめ、またイタリアの存在により我が対南方措置《そち》を軽易《けいい》ならしむべきものと存じます。その戦略上もっとも有利なる形態は、イタリアをもって英国を抑《よく》留《りゅう》しつつ、ドイツと協同してまず『ソ』邦を各個《かっこ》に撃破するにありまして、これをさらに一歩進めますれば三国の提携と国力の強化とに伴《ともな》い、戦わずして逐次《ちくじ》その効を収むることでござります。

この政戦略上における『ソ』英の各個撃破は、次期大戦の根本方略でありますと同時に、東亜《とうあ》新秩序《しんちつじょ》建設に課《か》せられたる問題でござります。而《しこう》してこの方略は帝国の参加によりはじめて考え得られるものと存じます……」

つまり陸軍は必然的運命的に、次の世界大戦が起こると決めていて、同盟締結はそれに備えるためであるとし、あらかじめ同盟国とそれにどう対処するかを準備するべきだ。ナチス・ドイツが猛烈《もうれつ》な勢いで力をつけているから、ヨーロッパにおけるそのドイツの力を利用して、われわれのほうでは北方戦略つまりソビエトに対する戦略を有利に導こう。そしてこれにイタリアを加えることによって、アジア方面の戦略も非常に有利になる。要するに日本は、他人のふんどしで相撲《すもう》を取ろうということなんです。とても日本一国ではソ連だけで手いっぱいで、そこに米英が加わってはたまったものではない、そこでドイツ、イタリアと同盟を組み、その力を借りて日本の戦略を有利に展開したい、そのためにはどうしてもこの同盟を結ぶ必要がある、というのが陸軍の主張だったのです。

ところが同盟の内容をみると、確かにソ連に対してははっきりしているのです。もしドイツとソ連が戦争をした場合、日本はすぐにでも参戦すると。しかしドイツがもしイギリスやアメリカと戦争になった場合はどうするか、その時は一般情勢を合わせ考えながら決める、というように、ソ連を含まない戦争への日本の態度は非常に曖昧《あいまい》で、武力援助もするかどうかもはっきりさせないまま、つまり肝心要《かんじんかなめ》のところを曖昧にしたまま同盟をなんとか結ぼうとしていたのです。ドイツはそんなことは許しません、軍事同盟ですから、こちらが戦えばそちらもすぐ参戦すべきだ、相手がアメリカだろうがイギリスだろうが関係ないといいます。日本は、ソ連はともかく、できればアングロサクソンとは戦いたくないのでどうかしてごまかしたいと、またもた返事を延ばし、外交的にドイツの不信《ふしん》を買うわけです。

一方、国内では早く結べと大騒ぎになり、また海軍の中にも親独派、対英米強硬派がたくさんいました。前に話しましたように、海軍はロンドン軍縮会議での統帥権干犯《とうすいけんかんぱん》騒動を境《さかい》にいわゆる艦隊派《かんたいは》と称せられる対英米強硬派が天下を取り、どちらかというとアングロサクソンと協調しようという人たちは追い出されてしまい、残ったのはいかにも少数派でした。従って海軍内部でもかなり、三国同盟推進の勢いも強かったのです。

これに頑《がん》として立ちふさがったのが、米内・山本・井上トリオです。この三人のことを作家の阿川弘之《あがわひろゆき》さんが三部作[*1]に書き、うんと褒《ほ》め上げたため、海軍はまことに良識的かつ開明的《かいめいてき》で、戦争をなんとか食い止めようと苦心したのに陸軍のバカさゆえ戦争に突入したという、陸軍悪《あく》玉《だま》・海軍善玉《ぜんだま》説が戦後流行《はや》りました。が、実は海軍内部はそんなものではない。

軍令部総長伏見宮《ふしみのみや》様を頭に戴《いただ》くところのいわゆる反英米派である艦隊派が海軍中央にいまし

た。軍務局第一課長岡敬純《おかたかずみ》大佐を筆頭に、作戦課神重徳《かみしげのり》中佐、柴勝雄《しばかつお》中佐――これらの名前は後でまた出てきます――それから軍令部第一部（作戦部）直属部員横井忠雄《よこいただお》大佐、駐独武官小島秀雄《こじまひでお》大佐らは、防共協定などではなく三国同盟への拡大強化論をぶつのです。

それでも米内・山本・井上トリオは、外部に対してだけでなく、内側に対しても頑強《がんきょう》でした。断固として三国同盟には反対で、下剋上《げこくじょう》をおさえつつ、いわゆる海軍本来である対米英協調の方針を貫《つらぬ》きました。

山本次官は強硬派の面々に対してきちんとした文書で疑問を呈《てい》し、回答を求めています。

「一、独伊との関係の強化は、対中国問題処理の上、かえって対英米交渉に不利にならずや」

つまり中国との戦争をなんとか和平の方向にもっていこうと努力している時にドイツやイタリアと同盟を結べば、なおさら和平工作が不可能になるのではないか。

「二、日独伊ブロックに対し、米英仏が経済的圧迫をなした時の対抗策ありや」

日本がドイツやイタリアと同盟を結べば、必然的にアメリカ、イギリス、フランスが日本に対して経済的な圧迫を加えてくるに違いない、その時、日本に対抗策はあるのか。

「三、日ソ戦の場合、独より実質的援助は期待せられざるべく、かく実質なきものは結局無意味にあらざるや」

ソ連と戦争になった場合、ドイツからの実質的な援助が期待できるのか、嫌《いや》だと言う可能性は多い、こんな実質のない条約は無意味ではないか。

「四、本条約を締結するとせば、独伊に中国の権益《けんえき》を与えざるべからざるに至るなきや」同盟を結べば、ドイツ、イタリアは中国に対する権益の一部をよこしてくれと言ってくるに違いない。同盟ですから当然ですね、その時には大丈夫なのか。

考えれば、このトリオの反対のなされている時が、昭和史のまだ常識的というか賢明《けんめい》というか、かろうじて正常を保っている時であって、これ以後、狂《くる》いはじめてゆくのです。

遺書をしたためた山本五十六

それにしても、日本の海軍は、もともとイギリスに多くを学んできたのです。たとえば日露戦争は日英同盟が背景にあったから非常に有利に戦えました。また軍艦もすべてイギリスのものを買ったり技術を学んできました。それがなぜ関係がまずくなったのかは前に話したとおり、第一次世界大戦以後のいろいろな事情のためなのですが、その代わりにドイツが突然出てきたのはどういうわけか。

ドイツはイギリス、フランスなどと違って新興《しんこう》国家です。もちろんプロイセン時代がありますから古い国家ではありますが、ナチス・ドイツは言うまでもなく、ドイツが統一されたのが非常に新しいのです。日本の憲法そのものはプロイセン憲法を受け入れています。また医学ではベルツをはじめとするドイツ医学に多くを学び、軍事学でも陸軍のメッケル少佐の恩恵《おんけい》を蒙《こうむ》っていましたし、他にも哲学、文学、教育はフィヒテ、ケーベル、ブッセといった人たちの影響を受けてきました。昭和に入ってからもその傾向は大きくなり、ヘーゲル、ショーペンハウアー、アインシュタイン、コッホなどがその例です。また日本の医学者、軍人、思想家、音楽家、法律家などはほとんどドイツに留学して学び、そのレベルを上げていきました。このように親独《しんどく》感情は根強くかつ根深くあったのです。

さらに言えば、ナチス・ドイツです。ヒトラー総統によってドイツが軍事化され、第一次世界大戦でこてんぱんにやられたドイツが、その屈辱《くつじょく》をはねのけて、堂々たる国になったどころか、ヨーロッパの新秩序をつくろうという、いわばヨーロッパの盟主《めいしゅ》になろうとしている。昭和十年前後にベルリンを訪れた日本の陸海軍の軍人や外交官らは、その大いなる成果、ドイツの二段飛び三段飛びの発展ぶりに目を見張《みは》ったのです。

さらに付け加えれば、どうもドイツ人は日本人と性質がよく似ているのですね。堅実《けんじつ》で勤勉《きんべん》、几帳面《きちようめん》、組織愛に満ち、頑固で無愛想《ぶあいそう》——あまり外交的ではないということですが——形式を重んじ……とマイナス面も含めて似ています。しかもともに単一的《たんいってき》民族国家（ドイツはゲルマン民族）ですから、団体行動が得意、規律を重んじ、遵法《じゅんぽう》精神に富み、愛国心が強い。そしてともに教育水準が高く、頭が良くて競争心が強く、働くことに生きがいを感じている……というように日本人がドイツ人に親近感をもったとすれば、それに比べてイギリス人のそっけなさや冷たさ、フランス人の外交的な軽佻浮薄《けいちょうふはく》さインチキさ、アメリカ人の「われこそ世界の警察官

米内光政海相（左・1880-1948）と山本五十六海軍次官（1884-1943）

である」というような傲慢《ごうまん》さ横柄《おうへい》さは日本人には合わないというので、反英米感情と裏腹《うらはら》に親独傾向がどんどん強くなっていきました。すると三国同盟は、実はいいことじゃないかという空気が一般的になってきたのです。

しかし、同盟推進派《すいしんは》の人たちがいくら脅迫状《きょうはくじょう》を送っても、海軍のトリオは一歩も引きません。茫洋《ぼうよう》としていてあまり正面に出てこない米内さんと違って、新聞などにも好きなことをずけずけ言う山本五十六はとくにテロリストの標的《ひょうてき》にもなり、海軍全体に対しても揺《ゆ》さぶりがどんどんかかります。ところが不思議なことに、あまりに揺さぶりがかかってくると、海軍の親独派の中堅《ちゅうけん》クラスも、自分らの大将が殺されてはたいへんとばかりに、少しずつ現状では同盟反対の気運になってきました。

他方、ひどくなる外部からの脅迫に、山本五十六が五月三十一日付で書いた遺書《いしょ》「述志《じゅつし》」は有名です。密かにしたため、机の中にしまっていたといいます。いつ死んでもいいと、そのかわり一歩も引かないという決意を述べたものです。

「一死《いっし》君国《くんこく》に報《ほう》ずるは素《もと》より武人《ぶじん》の本懐《ほんかい》のみ。あに戦場と銃後《じゅうご》とを問《と》はむや。
勇戦奮闘《ゆうせんふんとう》戦場の華《はな》と散らんは易《や》すし。
誰か至誠一貫俗論《しせいいっかんぞくろん》を排《はい》し斃《たお》れて已《や》むの難《かた》きを知らむ。
高遠《こうえん》なる哉君恩《かなくんおん》、悠久《ゆうきゅう》なるかな皇国。
思はざる可《べ》からず君国百年の計《けい》。
一身《いっしん》の栄辱生死《えいじょくせいし》、あに論ずる閑《かん》あらんや。
語に曰《いわ》く。
丹可磨而不可奪其色、蘭可燔而不可滅其香と。
(丹《たん》磨《みが》くべしその色奪《うば》ふべからず、蘭《らん》やくべしその香滅《こうめつ》すべからずと)
此身《このみ》滅《めっ》す可《べ》し、此　志《このこころざし》　奪ふ可《べ》からず」

戦場で死ぬのも内地で銃後で死ぬのも同じだ、むしろ戦場で弾《たま》に当たって死ぬほうが易《やさ》しい。自分の思いを貫き、いかなる俗論にも負けずに「斃《たお》れてのちやむ」ほうがよほど難しい。この身は滅んでもいい、しかしこの志《こころざし》は奪うことはできないのである、と。

このくらい山本五十六は覚悟し、米内光政、井上成美も頑として動かないので、ついに陸軍は「三人を追い落としてしまえ」と、なんと脅迫的に海軍省前で部隊演習をすれば、海軍も「向こうがその気なら」とばかりに省内に兵器、弾薬、食糧をはじめ、停電に備えて自《じ》家《か》発電装置まで整え、持久戦《じきゅう》をも辞《じ》さぬと井戸まで掘ったとか。「いいか、水と電気を切られると、省内籠城《しょうないろうじょう》の三千人が水洗便所《すいせんべんじょ》を使えなくなるぞ」などと言いながら三千人が省内にたてこもり、陸軍と一騎討ちの準備まで完成させたそうです。

井上成美が戦後、『思い出の記』で回想しています。

「昭和十二、三、四年にまたがる私の軍務局長時代の三年間は、その精力と時間の大半を三国同盟問題に、しかも積極性のある努力でなしに、ただ陸軍の全軍一致の強力な主張と、これに共鳴《きょうめい》する海軍若手の攻撃に対する防御《ぼうぎょ》だけに費やされた感あり」

以上は昭和十四年のことで、満洲ではノモンハン事件の真っ最中です。この懸命な頑張りが続かなくなるのは、ヨーロッパで第二次世界大戦が起こってしまうからなのですが、その前にもう一つ、当時の日本がいかにアンチ・イギリス——その後ろにいるアメリカをも含みますが——になってきたかを物語る事件が起こります。

強硬となりはじめたアメリカ

東京では五相会議が毎日続いている頃です。まだノモンハン事件は起きていませんが、四月九日、中国で「天津事件《てんしん》」というのが起きました。イギリス租界《そかい》内で、日本側に立って便宜《べんぎ》をはかってくれていた関税委員が四人の中国人に殺されたのです。日本は裁判にかけるため、イギリス側へ逃げた容疑者《ようぎしゃ》を引き渡してくれと申し出たのですが、イギリス領事館はこれを突っぱねたので、揉《も》め事になりました。

天津に駐在している陸軍部隊第27師団長の本間雅晴《ほんままさはる》中将——後に太平洋戦争のフィリピン攻略戦におけるバターン死の行軍をやったため銃殺《じゅうさつ》刑になったのですが、陸軍には珍しい文化的将軍といわれた人です——はイギリスに対してそう強硬ではなく、なんとか話し合いをつけようと努力したのですが、イギリスが納得せず交渉が進まない。その第27師団の上にあるのが北《きた》支那《しな》方面軍で、参謀長が山下奉文《やましたともゆき》中将——二・二六事件でも名前が出ましたが、後に太平洋戦争のマレー半島シンガポール攻略戦で指揮をとった人です——そして参謀副長は武藤章《むとうあきら》少将、この人はものすごく頭のいい政治的軍人で陸軍きっての口八丁手八丁《くちはっちょうてはっちょう》といってもいい逸材《いつざい》でした。この二人が俄然《がぜん》、本間さんの手ぬるい外交交渉には任《まか》せておけない、と乗り出してきたので喧嘩腰《けんかごし》の話し合いとなりました。

ついに日本は「六月四日昼までに容疑者を引き渡せ」と最後通牒《さいごつうちょう》を発し、これをイギリスが拒否したため六月十四日、本間師団長は北支那方面軍の命令により「もはやこれまで」と覚悟を決め、英仏租界を隔離《かくり》してしまいました。どういうことかといいますと、境界に陸軍部隊が立ち、電流を通した鉄条網《てつじょうもう》を張り、いちいち身体検査など検問《けんもん》を行ない、男女とも出入りする人を時には民衆の面前《めんぜん》で素《す》っ裸《ぱだか》にして調べ上げるというような強硬なものでした。ただし、まだ喧嘩したくないアメリカ人にだけはできるだけ手を触《ふ》れないようにとの指示はあったようですが。

北支那方面軍司令部は声明を出しました。

「矢はすでに弦《つる》を放《はな》たれた。もはや容疑者の引き渡しで終わるものではない。この問題を通じ、帝国陸軍はイギリスの援蔣《えんしよう》政策（蔣介石《しようかいせき》の軍隊が依然《いぜん》として抵抗を続けるのはイギリスが弾薬などの兵器も含めて援護物資を送っているからだということ）を再検討することを呼びかけている。イギリス租界官憲《かんけん》が『日本とともに東亜新秩序建設に協力する』との新政策を高くかかげるまで、われわれは武器を捨てることはないであろう」

もう喧嘩腰です。これが日本の新聞に大きく書かれますと、反英の空気が高まっている時ですから、国民は「泥沼《どろぬま》の日中戦争の後ろにはイギリスがいるのだ」（実はアメリカもいるのですが）、まことにけしからん、この際イギリスの援蔣政策を放棄させてアジアから追い出せという強硬論を吐《は》き、国内が蜂《はち》の巣《す》をつついたように沸《わ》くのです。一方では親独感情から、日独伊三国同盟を早く結べというシュプレヒコールが乱れ飛びました。

昭和天皇はこの事態を非常に憂慮《ゆうりよ》し、七月六日、平沼首相を呼んで、

「反英運動はなんとか取り締まることはできないのだろうか」

と言いましたが、平沼は「とても困難です」と答えるので、重ねて天皇が、

「排英論に対する反対の議論を広く国民に聞かせることはできないか」

と、一方的な排英反英の論ばかりでなく、国民に少しはそうでない論も聞かせてやったほう

がいいのではないかと言いますと、平沼は、

「それは内務大臣の木戸幸一《きどこういち》に相談してみましょう」

ととりあえず答えました。ところが、平沼が木戸にそう言いますと、木戸は「とんでもない、親英派などは早く第一線から追い払えばいいのだ」と言う始末《しまつ》。英国と日本がいかにあるべきかなどという論など不要、中途半端に排英反英運動を抑えたりするからかえって悪く爆発するのだ、ここは徹底的にゆるめて、やるだけやらせてからいつか徹底的に弾圧しましょうと言ったというのです。

この木戸の無責任な言葉の裏には、へたに抑えればまた二・二六事件のような陸軍クーデタが起こる、という幻影があったと思います。また、この排英反英運動の裏にはどこかから金が出ているようだ、それは陸軍からではないか、という噂《うわさ》も飛び交います。これを聞いた山本五十六は「そういう事実があるなら陸軍をとっちめてやらねば」と。それがまた新聞に出ると物議《ぶつぎ》を醸《かも》すといったようなことで、七月を迎えノモンハンでは日本軍がソ連軍の猛反撃を受けてガタガタと崩れはじめた頃、国内もただならぬ事態になっていたのです。

しかも要人暗殺《ようじんあんさつ》容疑の逮捕者が次から次へと出ていました。元陸軍大将宇垣一成《うがきかずしげ》の七月七日の日記には、

「今日、四谷《よつや》―新橋《しんばし》行き沿道《えんどう》の立看板《たてかんばん》（排英側）が影を没《ぼっ》せり。政府の注文どおりに英が乗りくるか、煽《あお》られた右傾団《うけいだん》が納得《なっとく》するか」

それまでイギリスに対して「アジアから出て行け」とかいった看板が立ち並んでいたのが突然消えたというんですね。それが十一日になりますと、

「今日、四谷―新橋間の四辻《よつつじ》などには排英看板林立《りんりつ》の状《じょう》なり。行過ぎねば宜《よろ》しいが！」

というように政府のある筋の影響のもと、活殺自在《かっさつじざい》に看板が出たり入ったりしつつ、国民を煽っていたのは明らかなわけです。

じゃあ新聞はどうか。七月十五日に共同声明を発します。報知《ほうち》新聞、東京日日新聞（現在の毎日新聞）、東京朝日新聞、同盟通信社、中外商業《ちゅうがい》新報社、大阪毎日新聞社、大阪朝日新聞社、読売新聞社、国民新聞社、都《みやこ》新聞社といいますから、大新聞はほとんど全部です。これが、

「英国は支那事変勃発《ぼっぱつ》以来、帝国の公正なる意図を曲解《きょっかい》して援蔣の策動《さくどう》を敢《あ》えてし、今に到るも改めず、為《ため》に幾多《いくた》不祥《ふしょう》事件の発生をみるに至れるは、我等の深く遺憾《いかん》とするところなり。我等は聖戦《せいせん》目的完遂《かんすい》の途《と》に加えらるる一切の妨害に対して断乎《だんこ》これを排撃する固き信念を有するものにして、今次《こんじ》東京会談の開催せらるるに当たり、イギリスが東京における認識を是正《ぜせい》し、新事態を正視して虚心坦懐《きょしんたんかい》、現実に即《そく》したる新秩序建設に協力もって世界平和に寄与《きよ》せんことを望む。右《みぎ》宣言す」

要するにイギリスよ、日本の言うことを聞け、という宣言です。

これでイギリスもどうしようもなくなり、七月十七日、東京で有田《ありた》八郎《はちろう》外務大臣とクレーギー駐日英大使が会談します。結果的にはイギリスは日本側の言い分をすべてのみ、後退に後退

をして協定を結びました。日本はこれでさあ主張が通ったと大喜びした、その途端です。七月二十七日、イギリスの譲歩《じょうほ》を大喜びしている日本に対し、アメリカが日米通商航海条約廃棄を通告してきたのです。これはまさに、イギリスの譲歩の代わりの強硬政策なんです。アメリカのコーデル・ハル国務長官が次のような声明を発します。

「日本が中国におけるアメリカの権益に対し、勝手なことをしているのに、なぜアメリカは通商条約を維持しなければならないのか。日本のスポークスマンが『東亜の新秩序』とか、『西太平洋の支配権』とか、『イギリスは日本に降参《こうさん》した』とか、日本は『徹底的外交の勝利』を得たとか叫んでいる。今こそ、アメリカがアジア問題に対する態度を再声明する機会が到来した。わが行動は、中国、イギリスその他を激励《げきれい》し、日本、ドイツ、イタリアを失望させるであろう」

つまりアメリカは日本に対してこれから敵対行為をとることを表明したわけです。実際の条約廃棄はそれから半年後の昭和十五年一月なのですが、アメリカはこの通告以降、日本の威嚇《いかく》などものともせず、けしからんことは断乎として認めないと完全に強硬路線をあらわにします。つまり、それまでイギリスだけが相手だったところにアメリカが敢えて割って入ってきたのです。これは、なんとかごまかしてきた対アメリカ政策の破綻《はたん》であるわけです。事実この後、日米交渉がこの問題をめぐってはじまるのですが、今までそれほど強硬なことは言わなかったアメリカがはっきりと敵対意識をとるようになりました。

以上のようなことが、ノモンハン事件の最中《さなか》の日本の国内および外交でした。まさに歴史は昭和十四年の夏——私は『ノモンハンの夏』[*2]という本を書きましたが——に大きく転換しました。反英の気運と親独の動きを背景に、私たちの生活もまた転換していったのです。

✸パーマネントはやめましょう

その前に、この昭和十四年がその後もいろいろな意味で影響を残しているという話に触れておきます。

直前の昭和十三年十二月十七日、ドイツの物理学者オットー・ハーン博士が、実験により、ウラニウム235をウラニウム原石《げんせき》から分離し、そこから中性子《ちゅうせいし》が飛び出して、それがさらにウラニウム235を破壊する、するとまた中性子が出てきて……という分裂一つひとつにつき想像を絶する二億電子ボルトのエネルギーが放出される、つまり中性子によるウランの核分裂《かくぶんれつ》に成功したと発表しました。原子力というものが人類の前に登場したのです。これを受けてアインシュタイン博士は、ルーズベルト米大統領に、もしこのウラニウム235の核分裂が兵器に用いられたとしたら、ほんのマッチ箱一つくらいの爆弾で戦艦を一隻撃沈《いっせきげきちん》できる、アメリカも直《ただ》ちにこの問題を深刻《しんこく》に受けとめ、研究する必要があると手紙を書きました。これが昭和十四年八月二日のことでした。アインシュタイン博士は、これをドイツが開発して原子爆弾《げんしばくだん》の製造に成功すれば、人類はただならぬ状態に置かれるという危機感から手紙を書いたのですが、ルーズベルト大統領はすぐには反応しなかったものの、やがてこれが原子爆弾製造への道を切り開きました。

一方、日本では昭和十四年三月十七日、ゼロ戦――正式には零式艦上戦闘機《れいしきかんじょうせんとうき》といって、航空母艦《こうくうぼかん》から発進できるもので、あまり重くてはいけませんし、といって武器が不十分でも困りますから、直径《ちょっけい》二〇ミリの機関銃を積んで撃ち出せる戦闘機というので開発にずいぶん苦労したのですが――が誕生しています。これが正式に戦闘機として採用されるのは翌昭和十五年です。今はまったく使いませんが、かつて日本は年号として紀元というのを神武天皇即位《じんむてんのうそくい》を元年として使っていまして、ちょうど昭和十五年が紀元二六〇〇年に当たるので、その最後の「〇」をとって「零戦」というのです。その前の飛行機はたとえば紀元二五九九年にできたものであれば「九九艦爆《きゅうきゅうかんばく》（九九式艦上爆撃機）」とか、紀元二五九七年であれば「九七艦攻《きゅうななかんこう》（九七式艦上攻撃機）」と呼んだのです。

つまり、片《かた》や原子爆弾、片や零式戦闘機というわけです。

またこの年、十六歳から十九歳の青少年を満洲に送り、関東軍を側面から応援するという「満蒙開拓青少年義勇軍《ぎゆう》」の計画が四月二十九日に発表されます。

さらに五月二十二日、「青少年学徒《がくと》に賜《たまわ》りたる勅語《ちょくご》」が発せられ、「汝《なんじ》ら学徒の双肩《そうけん》にあり」、国の運命はおまえたち学徒の双肩にかかっている、学徒よしっかりしろ、と鼓舞《こぶ》したのです。

だいたい青少年がおだてられる時代はよくないのですが、この辺からそれがはじまり、戦時体制への道を突き進むことになるのです。

そして十二月二十六日、日本政府は、合併《がっぺい》以来、日本人として暮らす朝鮮人に「創氏改名《そうしかいめい》」といって日本名に変えさせるという「朝鮮戸籍《こせき》令改正」を押し付けました。儒教《じゅきょう》を信じる朝鮮人にとって、自分たちの名前は祖先を重んじる非常に大切なものです。それを捨てて日本名にしろというのですから、朝鮮の文化そのものを真っ向から破壊するとんでもない政策でした。

このように昭和十四年から、日本全体がものすごい勢いで皇国的になっていきます。そして私たちの日常生活の上では、近衛首相が唱《とな》えた「国民精神総動員《そうどういん》」がますます強化され、戦時体制が具体的になってゆきます。

三月二十八日、国民精神総動員委員会というのが、あの手八丁ロ八丁の荒木貞夫《あらきさだお》を委員長に設置されました。六月十六日には、これまでのだらしない生活を徹底的に改めなくてはいけない、との方針を「生活刷新《さっしん》案」として具体化します。ネオン全廃、お中元《ちゅうげん》やお歳暮《せいぼ》などの贈答《ぞうとう》はぜいたくゆえ廃止、男の長髪《ちょうはつ》禁止、みんな坊主頭になれ、ついでにパーマネントも禁止。

この時、私は九つでした。悪ガキどもが集まって、パーマネントの若い娘さんや奥さんが通ると「パーマネントに火がついてみるみるうちにはげ頭、はげた頭に毛が三本、ああ恥ずかしや恥ずかしや、パーマネントはやめましょう」と歌ってはぐるぐると囃《はや》し立てて回り、立ち往《おう》生《じょう》させたものです。

それまでも戦時体制ではあるのですが、それがいっそう強まってぜいたくは禁じられるし、みんながくりくり坊主になったりと、生活そのものがたいそう軍隊的になってきました。

永井荷風《ながいかふう》の六月二十一日の日記です。

「このごろ噂《うわさ》によれば軍部政府は婦女のちぢらし髪《がみ》を禁じ男子学生の頭髪《とうはつ》を五分刈《ごぶがり》のいが栗《ぐり》にせしむる法令を発したりといふ。林（銑十郎）荒木（貞夫）等《ら》の怪《あや》し気《げ》なる髯《ひげ》の始末はいかにするかと笑ふものもありといふ」

国民精神総動員で節約が奨励され、本当に必要なもの以外は買わないように、東京市はサンドイッチマンを雇って人びとに訴えた

さも他人が言ったように書いていますが、荷風さん自身の嫌味《いやみ》なんですね。

さらに、いざとなった際に徴発《ちょうはつ》するため、七月一日に国民の持っている金《きん》の調査がはじまります。また荷風の日記です。

「六月二十八日。陰（くもり）。……この日、浅草辺《あさくさあたり》にて人の噂をきくに、純金強制買い上げのため掛《かか》りの役人二三日前より戸別《こべつ》調査に取りかかりし由《よし》。入谷町《いりやまち》辺も同様なりという。一寸八分《いっすんはちぶ》純金の（浅草）観音様《かんのんさま》は如何《いかが》するにや、名古屋《なごや》城の金《きん》の鯱《しゃちほこ》も如何と言うものもありとぞ」

例によって嫌味たらしく書いていますが、その調査が荷風にもおよんできて、六月三十日、

「この日午前市兵衛《いちべえ》町々会の男来《きた》り金品申告書《きんぴんしんこくしょ》を置きて去る」

しょうがないので自分の回りを探しますと、煙管《きせる》一本と煙管の筒《つつ》がありました、これを申告して供出《きょうしゅつ》し、戦争遂行のたしにする気などさらさらない荷風は、

「浅草への道すがら之《これ》を携《たずさ》え行き吾妻橋《あづまばし》の上より水中に投棄《とうき》せしに、そのまま沈まず引汐《ひきしお》にうかびて流れ行きぬ」

自分の家の庭に埋《う》めればいいものを、わざわざ吾妻橋まで行って隅田川《すみだがわ》に捨てたというんですね。ところが家に帰ったら、煙管の筒に「行《ゆく》春の茶屋《ちゃや》に忘れしきせるかな　荷風」と句が彫《ほ》ってあったと気づき、もしや川船なんかに拾われでもしたら非国民的所業《ひこくみんてきしょぎょう》がばれてしまうじゃないかと震《ふる》え上がったなんて話も書かれています。時代はそのように急迫《きゅうはく》を告《つ》げだしたということです。軍靴《ぐんか》の音がより高くなったということです。

スターリンの悪魔的決断

このように日本が外交的には三国同盟や天津事件でごたごたし、国民生活にも不自由な空気が漂ってきたという状態の時、ソ連の後に首相となるスターリンの出番がきました。

アイザック・ドイッチャーというソ連研究者の本によると、

「スターリンが遂にもはや〝眉をひそめ、すねる〟まいと決めた時間は、きわめて正確に言い当てることができる。――それは八月十九日午後三時十五分ごろであった」

ノモンハンではまだ大激戦が続き、かなり追い詰《つ》められた日本軍が、塹壕《ざんごう》を掘《ほ》り冬に備えての防御《ぼうぎょ》対策に苦心している時、スターリンはさらに強力部隊を再編成し、日本軍総攻撃の命令を発します。スターリンはその上でさらに、今がチャンスとばかり、ヒトラーのドイツと協定を結ぶという大決断をするのです。すなわち八月十九日午後三時十五分。

前年、ヒトラーはチェコスロバキアに強引に進攻《しんこう》してきていました。この政策を、ミュンヘン会談でイギリスのチェンバレン首相が認めたのは平和維持のための譲歩であったのですが、それに味をしめたヒトラーは「次はポーランドだ」と狙いをつけていました。ところが非常な危険を感じていたポーランドは、すでにイギリス、フランスと同盟を結び、もし攻められることがあればドイツに宣戦布告をする約束を両国に取り付けていました。ヒトラーは、ポーランドを得たければ英仏との戦争を覚悟しなければなりません。そのときにソ連がどう出てくるか、もし英仏にくっつけば東西両面で戦うことになりますから、できればスターリンを自分の仲間に巻き込んで同盟を結び、東からソ連が攻めてくることのないように安心を得たうえでポーランドに攻めかかり、英仏との戦争に備えたかったのです。それで盛んにスターリンに甘い誘いの手紙を送っていました。しかし、なかなか色よい返事がソ連からはきませんでした。ところがです。歴史は大きく動き出しました。八月二十一日午後六時、スターリンが突如《とつじょ》、ヒトラー宛ての返事を書いたのです。

「ドイツ総統アドルフ・ヒトラー閣下《かっか》

閣下の書簡に感謝いたします。私は独ソ不可侵《ふかしん》条約が、われわれ両国間の政治関係の改善に、決定的な転機を画《かく》してくれるよう望んでおります。

私はここに、リッベントロップ氏（ドイツの外務大臣）が八月二十三日にモスクワへ御来訪くださることにたいして、ソビエト政府が同意する旨《むね》を、ソビエト政府より委任《いにん》された権限によって、閣下に通知いたします。

ヨゼフ・スターリン」

つまり独ソ不可侵条約を結ぶために、ドイツの外務大臣がモスクワに来て調印することを承諾しましたという内容です。スターリンはまさにヒトラーの誘いに乗ったのですが、「代わりに俺《おれ》にも分け前をくれよ」とポーランドを二分《にぶん》する条件つきです。ただそれはとうにヒトラーも承知していましたから、この手紙を受け取った時にはこう叫んだといいます。

「しめた！　ついに全世界が俺のポケットに入った！」

ポーランドにとってはひどい話ですが、ひどいといえば日本にとってもそうです。これまで見てきましたように、対ソ連の有利な戦略を練《ね》るためにドイツと軍事同盟を結ぼうかと盛んに議論している最中に、ヒトラーとスターリンが手を結んだとなると、日本は何のために七十数回も五相会議をやっているんだかわからなくなります。世界の裏側で首脳たちが何を考え、どんなやりとりをし、何が起こりつつあるかをまったく知らないまま、日本は一所懸命議論をしていたわけです。アホーもいいところです。

二十一日夜、駐独日本大使の大島浩《おおしまひろし》が呼ばれ、リッベントロップ外相に言われます。

「実は、ソ連が英仏に接近する可能性があったゆえ、ドイツとしてはこうする以外に道がなかったんだよ。それに、三国同盟の早期締結というわれわれの求めに、日本は半年も沈黙したままではなかったか。そうだろう、だからドイツはやむを得《え》ずほかの道を探らねばならなくなったのだ」

大島はア然《ぜん》として声も出ず、夢の中で聞いているような気分だったと後に語っています。

「ドイツの今度の行動は日独防共協定違反である、厳重《げんじゅう》に抗議したい」

と言うのが精一杯《せいいっぱい》でした。ドイツの国営放送はこの日の午後十一時過ぎ、音楽番組を中断して全世界に独ソ不可侵条約締結を放送しました。東京時間の二十二日午前七時に当たります。

朝っぱらからこれを聞かされた日本の指導者は腰《こし》を抜《ぬ》かしたでしょうが、もっとも驚いたのは三国同盟を必死で推進していた参謀本部作戦課だったのではないでしょうか。再び宇垣一成《うがきかずしげ》の

日記を見ますと、

「独ソ不可侵条約締結の報《ほう》は、何だか霞《かすみ》が関《せき》（外務省）や三宅坂《みやけざか》（参謀本部）には青天《せいてん》の霹靂《へきれき》であったように見える。驚天《きょうてん》し狼狽《ろうばい》し憤慨《ふんがい》し怨恨《えんこん》するなどとりどりの形相《ぎょうそう》が現われているが、余《よ》は何にも驚くに値《あたい》せぬ、来るべきものが当然に到来したのであると考えている。有頂天《うちょうてん》になりてフワフワしている連中には、心ここに在《あ》らざるをもって見れども見えず、聞けども聞こえなかったらしい」

たしかにドイツとソ連の接近が、見える人には見えていたのでしょう。ドイツの軍隊がポーランド国境に向かってどんどん集結しているという情報は新聞に出ていましたから、いずれポーランドに進攻するのは予想できる話です。そうなれば、フランスとイギリスは宣戦布告をします。その時、ソ連がどう出るかは大問題ですから、しっかり見据《みす》えていれば今回の事態は予想しえたかもしれません。しかし、日本はまったくそれができず、ただびっくりしていたというわけです。

高木惣吉《たかぎそうきち》という、非常に良識的で、米内光政が最も信頼する部下でもある海軍大佐は次のように書いています。

「政府も陸海軍もそれぞれに違った意味で開いた口が塞《ふさ》がらない格好《かっこう》である。平沼内閣の立場は全くゼロということになった。しかし考えると、……英国も日英同盟を米国に売ったし、ドイツが防共協定をソ連に売ったからといって、さまで驚くにあたらないであろう。

ソ連でもまた独ソ不可侵条約をいつ英米に売らないとは保証できない。今日の国際信義《しんぎ》は要するに国家的利害の従属《じゅうぞく》にすぎないと見なければならぬ」

これが冷静な見方だと思います。条約なんていうのは、いつだって、まずくなれば売り渡してしまうものであって、これは現代もそう変わらないんですね。国際信義など下手《へた》すれば国家的利害のためだけにあるのかもしれません。

それにしても、政府や軍部の「見れども見えず」は情けないかぎりです。が、こうやって昭和史を見ていくと、万事《ばんじ》に情けなくなるばかりなんですね。どうも昭和の日本人は、とくに、十年代の日本人は、世界そして日本の動きがシカと見えていなかったのじゃないか。そう思わざるをえない。つまり時代の渦中《かちゅう》にいる人間というものは、まったく時代の実像を理解できないのではないか、という嘆《なげ》きでもあるのです。とくに一市民としては、疾風怒濤《しっぷうどとう》の時代にあっては、現実に適応して一所懸命に生きていくだけで、国家が戦争へ戦争へと坂道を転《ころ》げ落ちているなんて、ほとんどの人は思ってもいなかった。

これは何もあの時代にかぎらないのかもしれません。今だってそうなんじゃないか。なるほど、新聞やテレビや雑誌など、豊富すぎる情報で、われわれは日本の現在をきちんと把握《はあく》している、国家が今や猛烈《もうれつ》な力とスピードによって変わろうとしていることをリアルタイムで実感している、とそう思っている。でも、それはそうと思い込んでいるだけで、実は何もわかっていない、何も見えていないのではないですか。時代の裏側には、何かもっと恐ろしげな大きなものが動いている、が、今は「見れども見えず」で、あと数十年もしたら、それがはっきりする。歴史とはそういう不気味《ぶきみ》さを秘《ひ》めていると、私には考えられてならないんです。ですから、歴史を学んで歴史を見る眼《め》を磨《みが》け、というわけなんですな。いや、これは駄弁《だべん》に過ぎたようであります。

✸「いまより一兵士として戦う」

さて、平沼内閣は総辞職するしかなくなります。「欧州の天地は複雑怪奇《ふくざつかいき》なる新情勢を生じましたので」という〝名文句〟を残して――複雑怪奇もないもんで、要するに見れども見えず、あまりにも自分たちだけの世界で生き、ほんとうの世界が見えてなかったツケだと思いますが――八月二十八日に退陣し、陸軍大将阿部信行《あべのぶゆき》が後継《こうけい》となります。

天皇は厳しい注文を出しました。

「一、英米に対しては協調しなくてはならない」

天皇が最後までイギリスとアメリカとの協調を主張していたことがわかります。

「一、陸軍大臣は自分が指名する。三長官（陸軍大臣を部内で決める陸軍大臣、参謀総長、教育総監のこと）の決定がどうあろうとも梅津《うめづ》（美治郎《よしじろう》）か畑《はた》（俊六《しゅんろく》）のうちどちらかを選任せよ」

これもすごいことで、ここまで天皇が人事《じんじ》に介入《かいにゅう》するのは憲法違反（機関説違反？）です。

あくまで政府の輔弼《ほひつ》に対して判断を下すのが役目であって、こちらから判断を押し付けるのは違反にも関わらず、天皇が厳然《げんぜん》としてこう言ったのは、陸軍を叱《しか》りつけたんだと思います。三国同盟問題をめぐる陸軍の強引さ横暴さに許せないものを感じていたのではないでしょうか。ちなみにこの時、クビになった陸軍大臣は、あの満洲事変の板垣征四郎でした。さらに、

「一、内務、司法（大臣）は治安の関係があるから選任にとくに注意せよ」

国内に何事が起こるかわからない、ということですね。たしかに同盟締結でいきりたっていた人びとは、上げた拳《こぶし》の下ろしようがない。どこに八《や》つ当《あ》たりするかわからない状況でした。

八月三十日に阿部内閣が成立し、翌三十一日に新旧大臣が交代します。陸軍大臣には天皇の言う通り畑俊六が選ばれ、海軍大臣は、米内光政が降り、山本五十六という声もあったのですが、「山本を海軍大臣にすれば命が危い事態も考えられる。連合艦隊司令長官として海に出そう」という米内の言葉により、吉田善吾《よしだぜんご》中将が海軍大臣となります。「誰がなっても海軍は変わらんよ」と山本は新聞記者に話したといいますが――。

その山本五十六は八月三十一日午後一時、特急かもめ号で東京を出発しました。ベルリン時間では三十一日午前五時です。列車が大阪に近づきつつある頃、ヒトラー総統《そうとう》は第一号命令書にサインしました。

「ドイツ東部国境における耐《た》えがたい状況を、平和裡に解決するいっさいの政治的可能性がなくなったので、私は力による解決を決意した。ポーランド進撃は決められた計画に従

って行なわれる。……攻撃開始日一九三九年九月一日、攻撃開始時間四時四十五分……」

これに基づき、九月一日未明、フォン・ボック、フォン・ルントシュテット両元帥指揮の百五十万のドイツ軍部隊が一斉《いっせい》にポーランド国境を越えて進撃を開始しました。第二次世界大戦がこの瞬間にはじまったのです。午前十時前、ヒトラーは国会で演説し、ラジオで全世界に流れました。

「ポーランドは昨夜わが国土を正規軍でもって攻撃してきた。今朝五時四十五分からわれわれは反撃している。爆弾に対しては爆弾をもって報《むく》いるまでである」

なんとポーランドから攻撃してきた、と獅子吼《ししく》して「いまよりドイツの一兵士として戦うことのほか何も望んではいない」を二度繰り返し、

「それゆえ私は、もっとも神聖で貴重なものである兵士の制服を身にまとった。私は勝利の日までそれを脱《ぬ》がないであろう」

そばにいた空軍司令官ゲーリングが宣誓《せんせい》演説を行ないます。

「総統は命じたり。われはただ服従、そして忠誠《ちゅうせい》あるのみである」

こうして第二次世界大戦がはじまり、以下これがどうなるのか、永井荷風日記を読むことで次回につなげようと思います。

「九月初二（二日）。……この日新聞紙独波（ポーランド）両国開戦の記事を掲《かか》ぐ。ショーパン（ショパン）とシェンキイッツ（作家）の祖国に勝利の光栄あれかし」

ポーランドよ、勝ってくれというのですね。

「十月十八日。……夕刊の新聞紙英仏連合軍戦い利あらざる由《よし》を報ず。憂愁禁《ゆうしゅうきん》ずべからず」

「十一月十日。……独軍和蘭陀《オランダ》国境を侵《おか》す」

ドイツの猛進撃が続いてポーランドはあっという間に降伏《こうふく》し、今度は北部戦線でオランダ領に進撃しました。

こうして第二次世界大戦の勃発《ぼっぱつ》で、それまでのあらゆることがぶっ飛んだのです。日本は三国同盟も天津事件問題もふっ飛び、残ったのはアメリカからの日米通商航海条約廃棄の通告だけでした。こうして昭和十五年、紀元二六〇〇年を迎えるわけです。これからは話も少々、世界的になってゆくかと思います。

＊1——阿川弘之さんの三部作『山本五十六』一九六五年、『米内光政』（上・下）一九七八年、『井上成美』一九八六年、いずれも新潮社。

＊2——『ノモンハンの夏』一九九八年、文藝春秋（現在、文春文庫）。

第九章

なぜ海軍は三国同盟をイエスと言ったか

ひた走る軍事国家への道

この章の

✷ポイント

昭和十五（一九四〇）年五月、ついにナチス・ドイツは西部戦線に攻撃を仕掛け、第二次世界大戦が本格化します。あっという間に英仏連合軍をドーバー海峡まで追い詰め、六月にはパリを無血《むけつ》占領します。こうしてヨーロッパは完全にドイツが席捲しました。そして同年九月、アメリカのヨーロッパへの参戦を抑止するため、日独伊三国同盟が結ばれるのです。日本国内では戦時色がぐんぐんと強まり、国民は一層の耐乏《たいぼう》生活を強いられていきます。

✷キーワード

第二次世界大戦／米内光政《よないみつまさ》／敵性言葉／ぜいたくは敵だ／日独伊三国同盟／近衛文麿《このえふみまろ》／松岡洋右《まつおかようすけ》／東条英機《とうじょうひでき》／及川古志郎《おいかわこしろう》／バトル・オブ・ブリテン

「ぜいたくは素敵だ」

昭和十四年（一九三九）九月に第二次世界大戦がはじまりました。イギリス・フランスの同盟軍にベルギーやオランダが後に追従《ついじゅう》して大連合軍となってドイツに宣戦《せんせん》を布《ふ》告《こく》したのですが、奇妙なことに「戦争」が起きなかったのです。「まやかしの戦争phony war」といいますが、互いに戦いを宣《せん》していながら銃火《じゅうか》を交《まじ》えない、ひたすら睨《にら》み合いの状態が続きました。といって冷戦ではなく、ところどころでドンパチはやっているものの、本来なら大戦争に進むはずが、実際はそうならなかったのです。

そして昭和十五年が明けました。無策の阿《あ》部《べ》信行《のぶゆき》内閣が倒れ、一月に替わった米《よ》内光政《ないみつまさ》内閣は「世の中の動きに反している」とはじめから大不評で、これまた大した仕事もできぬままに揉《も》みに揉まれていました。もちろん、陸軍の暴圧《ぼうあつ》がますます強くなったからでもあるのです。二月二日の第七十五議会で民政党《みんせいとう》の斎藤隆夫《さいとうたかお》代議士が陸軍に食ってかかったことがそれをよく示しています。斎藤議員は、

「ただいたずらに聖戦《せいせん》の美《び》名《めい》に隠れて国民的犠《ぎ》牲《せい》を閑却《かんきゃく》し、いわく国際正義、いわく道義《どうぎ》外交、いわく共存共栄《きょうそんきょうえい》、いわく世界平和、かくのごとき雲をつかむような文字を並べ……」

こう頭から内閣の政策を批判したうえで、陸軍に詰《つ》め寄ります。

「支那《しな》事変がはじまってからすでに二年半になるが、十万の英霊《えいれい》を出しても解決していない。どう戦争解決するのか処理案を示せ」

陸軍は「聖戦の目的を批判した」と怒って逆に斎藤議員を追い詰めましたが、斎藤議員が、

「私は議員を辞任しない、文句があるなら除名せよ」

と啖呵《たんか》をきると、陸軍は本当に斎藤議員を除名してしまいました。その横暴さはそれほどにひどくなっていたのです。これが議会の「最後の抵抗」だったのではないでしょうか。つまり政党が有効性を失った、象徴的な出来事だったと思います。

そして七月には陸軍の策謀により米内内閣が打倒《だとう》されます。畑俊六《はたしゅんろく》陸相が「閣僚として責任を果たせない」と辞表を提出したからです。代わりを出すよう米内さんが頼んでも、陸軍は「協力できる人がいない」と拒否します。二・二六事件後、広田内閣が「軍部大臣現役武官制《ぐんぶだいじんげんえきぶかんせい》」を復活させたため、当時は閣僚が辞任すると内閣は崩壊《ほうかい》しましたので、陸軍が大臣を出してくれない以上、米内内閣は辞職せざるを得なくなる。米内内閣の崩壊を天皇は非常に残念に思いますが、どうしようもなかったのです。

そしてまた出てきたのが、近衛文麿《このえふみまろ》という、まことに始末《しまつ》におえない首相でした。

ところでこの昭和十五年がどのような年だったか、少し余談《よだん》をしておきます。

三月、政府は映画会社やレコード会社に、芸名が「ふまじめ」「不敬《ふけい》」「外国人と間違えやすい」ものを改名するよう命じました。国粋《こくすい》主義で徹底《てってい》しようというわけですね。漫才師《まんざいし》のミ

ス・ワカナ、歌手のディック・ミネ、東宝《とうほう》映画の藤原釜足《ふじわらかまたり》、日活《にっかつ》映画の尼《あま》リリスなどがだめで、ディック・ミネはたしか「三根耕一《みねこういち》」と改名したと思います。黒澤明《くろさわあきら》監督の『七人の侍』などに出演した藤原釜足も、後に元に戻しましたが、戦争中は藤原鶏太《ふじわらけいた》と改名したはずです。

また戦争なんかしていないのに、「敵性言葉《てきせい》」を使うな、というのでプラットフォームは「乗車廊《じようしやろう》」、ビラは「伝単《でんたん》」、ラグビーは「闘球《とうきゆう》」、パーマネントは「電髪《でんぱつ》」、ペニシリンは「碧素《へきそ》」、カビだから緑なんですね。またアメリカンフットボールは「鎧球《がいきゆう》」、スキーは「雪艇《せきてい》」、野球のスタルヒン投手は須田博《すだひろし》と変えられました。ストライクは「よし」、ボールは「だめ」、というのは有名な話ですが、実際そこまでやったかはさだかではないものの、少なくとも横文字は片《かた》っ端《ぱし》から禁止と槍玉《やりだま》にあげられた記憶はあります。とにかくすべては国粋《こくすい》主義でいかねばならなくなった。

また、時局《じきよく》に合わない不真面目《ふまじめ》なことはいかん、という命令が出て、落語協会までが、あるまじきことながら「自粛《じしゆく》」して、遊廓《ゆうかく》、妾《めかけ》、不義《ふぎ》、好色《こうしよく》など五十三の噺《はなし》を演じないことにし、浅草本法寺《あさくさほんぽうじ》に「はなし塚《づか》」をつくって葬《ほうむ》ってしまいました。いやはや、お粗末《そまつ》な話でした、というしかありません。

さらに「七《しち》・七《しち》禁令」といって七月七日、ぜいたくをしてはいけないということが法律で決まるのです。戦前の日本人なら忘れられない「ぜいたくは敵《てき》だ」の標語ができ、街のいたるところに「ぜいたく品よ、さやうなら。あすから閉《と》ぢる虚栄《きよえい》の門」などと書かれた看板が立つようになりましたが、なかには反骨精神旺盛《はんこつせいしんおうせい》にも、「敵」の上に「素」の字を書いて「ぜいたくは素敵《すてき》だ」とやった人もいました。憲兵《けんぺい》に見つかったら大変です。指輪、ネクタイピン、宝石類、高価な白羽二重《しろはぶたえ》、丸帯《まるおび》、洋服などが禁じられ、「夏物の背広《せびろ》は百円、時計は五十円、ハンカチは一円、下駄《げた》は七円、靴は三十五円、香水《こうすい》は五円まで、それ以上は禁止」とされました。もっとも当時それで慌《あわ》てたのは上流階級だけで、われら下町の貧民《ひんみん》どもはぜいたくなどした覚えはないのですが。

他方、「産めよ殖《ふ》やせよ」と、子だくさんが推奨《すいしょう》されました。十月十九日、厚生省が満六歳以上の子供十人以上を育てている全国の子だくさんの一万三百三十六家庭の名簿《めいぼ》を発表して表彰したのですが、日本一になったのは長崎県庁総務部長の白戸半次郎《しらとはんじろう》さんで、なんと男十人女六人でした。都道府県別で多い順に北海道九百七十八、鹿児島県五百四十一、静岡県四百四十四、一番少ないのは鳥取県の三十九家庭だったそうです。ちなみに半藤家は当時、子供は私と弟の二人でしたから(間に三人死んでいますが)、とても表彰の対象にはなりませんでした。

また十月三十一日には、全国のダンスホールが完全閉鎖《へいさ》となりました。最後は「蛍《ほたる》の光」が演奏され、ホールのあちこちですすり泣きの声が聞こえたといいます。

こうして陸軍主導で戦時色がぐんぐんと強まり、いよいよ軍国主義国家への様相《ようそう》を呈《てい》してくるなかで、国民は来たるべき対英米戦争に備え、いっそうの耐乏《たいぼう》生活へと入っていきました。

✺「バスに乗り遅れるな」の大合唱

そしてこの時、ナチス・ドイツは「まやかしの戦争」に終止符《しゅうしふ》を打って、五月一日、西部戦線に大攻撃を仕掛けてきたのです。目を見張《みは》る電撃作戦により、それまで世界史にも例のないほど見事に英仏蘭の連合軍を撃《う》ち破ります。この瞬間に、睨《にら》み合いか、あっても小競《こぜ》り合い程度だった戦争が、本格的な第二次世界大戦となったのです。

五月十四日にオランダが降伏、十七日にはベルギーの首都ブリュッセルが陥落《かんらく》、フランスの最大の防衛線マジノラインを突破したドイツが、英仏連合軍をドーバー海峡にまで追い詰めるとイギリス軍はほうほうの体《てい》で撤退《てったい》し、本国へ逃げ帰りました。なぜかドイツ軍が猛追撃をひかえた。それで助かったのですが、まさしく「ダンケルクの奇蹟《きせき》*1」であったわけです。六月十四日にはパリ無血《むけつ》占領、フランスは二十二日、第一次世界大戦勝利の思い出の地コンピエーヌの森で、降伏の調印をします。こうしてヨーロッパは完全にドイツが席捲《せっけん》しました。

永井荷風《ながいかふう》の日記です。

「五月十日。独軍和蘭陀白耳義《オランダベルギー》国境を犯《おか》す」

「五月十六日。……余は日本の新聞の欧州戦争に関する報道は英仏側電報記事を読むのみにて、独逸《ドイツ》よりの報道又《また》日本人の所論《しょろん》は一切之《いっさいこれ》を目にせざるなり。今日の如き余が身にとりては、列国の興亡《こうぼう》と世界の趨勢《すうせい》とはたとえ之《これ》を知り得たりとするも何の益《えき》するところもなく、また為《な》すべきこともなし。余《よ》はただむねの奥深く日夜仏蘭西《フランス》軍の勝利を祈願して止《や》まざるのみ。ジャンダルクは意外なる時忽然《こつぜん》として出現すべし」

期待のジャンヌ・ダルクはついに出ませんでした。

「五月十八日。……号外売《ごうがいうり》欧州戦争独軍大捷《たいしょう》を報ず。仏都巴里《パリー》陥落の日近しという。余自ら慰《なぐさ》めむとするも慰むること能《あた》わざるものあり。晩餐《ばんさん》も之《これ》がために全く味なし。燈刻悄然《とうこくしょうぜん》として家にかえる」

「六月十四日。巴里陥落の号外出でたり」

「六月十九日。都下《とか》諸新聞の記事戦敗の仏蘭西に同情するものなく、多くは嘲罵《ちょうば》して憚《はばか》るところなし。その文辞《ぶんじ》の野卑低劣《やひていれつ》読むに堪《た》えず」

フランス好きの荷風さんは、悲嘆《ひたん》のどん底に落ち込んだわけです。

こうなりますと軍部はなおさら、ヨーロッパ戦争に不関与《ふかんよ》の方針をとる米内内閣が邪魔でしようがなくなったんですね。親独路線の傾向が強まり、日本もナチス・ドイツばりの「強力な一元《いちげん》政治」、つまり一つの組織で引っ張って行くべきだという声にも、米内は耳を貸さぬ、日独伊三国同盟締結への勢いが再燃《さいねん》しても目もくれず、なんとかアメリカとの関係を改善したいと言い張る。連戦連勝のドイツにならって日本もアジア新秩序をつくるべきだ、今こそ「バスに乗り遅れるな」と日本じゅうが浮かれに浮かれるなかで、先ほど話しましたように、とうとう畑陸軍大臣が理由もなく辞任し、後継の陸相を陸軍は出さない。かくて米内内閣は倒されます。そして七月二十二日に近衛内閣が誕生した。さあ、ここからが問題なのです。

近衛さんはどちらかといえば反英米主義者で、アングロサクソンの世界制覇《せいは》に対して懸念《けねん》の強い人でした。しかも、他人の意見を聞く振りをしながら自分の意見を頑固《がんこ》に押し通し、まずくなるとすぐ逃げ出すという、まことに頼りない人なのです。当時、内閣書記官長を務めた富《とみ》田《た》健治《けんじ》の回想録にあります。

「組閣《そかく》早々近衛首相の考えを支配していた問題は、三国同盟と政治新体制問題であり、その他は馬の耳に念仏《ねんぶつ》であった。そして近衛首相は独伊問題は単なる政治協定でなしに、軍事同盟にまでいくと考えていた」

近衛さんは、日独伊三国同盟を軍事同盟として結ぶことと、政党を解党して一元的で強力な新体制――後の大政翼賛会《たいせいよくさんかい》につながるもの――をつくることしか考えていなかったわけです。この時、近衛首相を取り巻いていたのが後の駐独大使・大島浩《おおしまひろし》、後の駐伊大使・白鳥敏夫《しらとりとしお》、徳《とく》富蘇峰《とみそほう》、中野正剛《なかのせいごう》、末次信正《すえつぐのぶまさ》、久原房之助《くはらふさのすけ》といった、いずれもそうそうたる枢軸《すうじく》派つまり反英米派の大物です。彼らは月に一度、星ヶ岡《ほしがおか》茶寮《さりょう》に集まって、三国同盟をいかにして結ぶか、新体制をどのような組織にするかなどを話し合っていました。

また外務大臣には唯我独尊《ゆいがどくそん》、自信家、強硬な反英米派の松岡洋右《まつおかようすけ》が就任します。彼は、アメリカの世界戦略に日本は引き回されている、アメリカと対等の立場で外交を展開するためには日独伊三国同盟はもちろんのこと、さらに「日独伊ソ」の四国の枢軸で協定し、日本の国際的地位を上げ、毅然《きぜん》として振舞《ふるま》う以外に方法はない、独ソ不可侵条約が結ばれている今がそのチャンスである、と明言していました。要するに、日独伊ソの四国で臨《のぞ》めば英米と対等にやりあえる、という強烈な意見の持ち主だったのです。

考えれば日本は明治以来、ロシア・ソ連をずっと仮想敵国《かそうてきこく》としていました。そのための満洲強化であり、陸軍はソ連と戦争するために兵士を訓練してきたようなものですが、この四国同盟構想には俄然《がぜん》乗り気になってしまうんです。うまくいけばこれで北方は安全になると。どうも、ノモンハンでこてんぱんにやられて「あつものに懲《こ》りてなますを吹《ふ》く」(一度失敗したのに懲りて度の過ぎた用心をする)じゃありませんが、日本の上層部や陸軍に「ノモンハン症候群」といったようなものがあったのではないかと思うんですね。

松岡に吹き込まれたのでしょう、夢みたいなことを思い描き、すっかりその気になってしまった近衛さんが、今活字で読むとどても本気とは思えない大ボラの声明を出すのです。

「アメリカが日独伊のそれぞれの立場と地位を認めるにおいては、日独伊三国もアメリカ大陸における米国の主導的地位を認めることになるわけである」

アメリカが日独伊の地位や力を認めるならば、こちらも南北米大陸におけるアメリカの地位を認めてやってもよろしい、というわけです。

「米国は日本の真意をよく理解し、世界新秩序建設の大事業に積極的に協力すべきであると思う」

世界新秩序とは、ヨーロッパの場合はドイツのヨーロッパ新秩序、アジアの場合は日本のアジア新秩序、だからアメリカはアメリカ大陸だけにしとけよ、というのです。

「米国があえて日独伊三国の立場と真意を理解せず、あくまでも同盟をもって敵対行為として挑戦してくるにおいては、戦うことになるのはもちろんである」

まだなんとか戦争を避けようとしている人もいるのに、すでにアメリカと戦争をするのだと言わんばかりの勢いでこういうことを声明するんですね。

さらに、駐日ドイツ大使オットーをはじめ、諜報《ちょうほう》機関が大々的な宣伝を行ない、少しでもドイツの悪口を言う人がいればただちに外務省に乗り込んできて抗議し、抑《おさ》え付けるよう要請する状態でしたから、近衛内閣が七月二十二日に組織されたその夏は、「バスに乗り遅れるな」の大合唱のままに、陸軍省や外務省でも親独の同盟論者が増え続けていました。

最後の防波堤が崩れた時

そこに九月七日、ドイツ本国からリッベントロップ外相の、つまりヒトラーの特使としてシュターマーが来日しました。日独伊三国同盟を再度協議して、なんとか結ぶためです。九日、十日に松岡外相と親密な会談をし、互いにドイツのヨーロッパ新秩序、日本のアジア新秩序の勢力圏を確認し承認する――まあ日本がヨーロッパに手を出すわけはないのですが――、またアメリカがヨーロッパの戦争に参戦しないよう、日本とはっきりと軍事同盟を結ぶ――そうしておけばアメリカはヨーロッパに参戦した場合、アジアでも日本と戦わねばならなくなります――、さらに松岡の夢のような政策である、日独伊ソの四国が同盟ならずとも協商を結ぶ、ということで意見の一致をみたのです。

さあ今こそ日独伊三国同盟を結ぶべき秋《とき》、なぜならそれがアメリカのヨーロッパへの参戦を抑止《よくし》し、同時に日本との戦争も抑止することになる。こうして非常に魅力的な案だと俄然、締結ムードが盛り上がるなか、松岡・シュターマー会談の合意を受けて九月十二日、近衛、松岡、東条英機《とうじょうひでき》陸軍大臣、及川古志郎《おいかわこしろう》海軍大臣の四人が集まって話し合いました。この時、及川海相だけは、ふにゃふにゃと態度を保留《ほりゅう》しました。

そして十四日午前中の大本営政府連絡会議《だいほんえいせいふれんらくかいぎ》(この会議についいては後にくわしく話します)、十六日の臨時閣議を経て、十九日の御前会議で、まことにあっという間に日独伊三国同盟が国策として決定してしまいました。拙速《せっそく》といえば拙速ですが、これほどまやかしな国策決定がなぜ猛スピードででき上がったのか。それはとりもなおさず、十二日に態度を保留していた海軍が、十三日には一転して「現下《げんか》の局面を打開するには他に名案がない」として「政府に一任する」と明言したからです。

かつて米内光政・山本五十六《やまもといそろく》・井上成美《いのうえしげよし》トリオが猛反対し、当時の海軍中堅クラスも陸軍と戦争をする覚悟で反対した三国同盟を、一年たつかたたないうちに海軍が事実上賛成してしまったのはどうしてか。これが昭和史の大問題なのです。この同盟を結ぶことは、完全にイギリスはもちろんのこと、それを応援しているアメリカをも敵であると明示することになる、非常に大事な決定だったのです。ここをこれからちょっと詳しくみていきます。

独ソ不可侵条約締結の報《しら》せに驚いて「複雑怪奇《ふくざつかいき》」の言葉とともに平沼騏一郎《ひらぬまきいちろう》内閣が辞職した時、次の内閣の海相にという声もあった山本五十六海軍次官は、暗殺の危険を避けるため連合艦隊司令長官として海に出ましたが、「これで問題が解決したわけではない、この先どうなるでしょう」と尋ねられ、「いや、誰が出てきても三国同盟には反対だから安心だよ」と答えたといいます。そして結果的に、吉田善吾《よしだぜんご》が海相になったのは前回話したとおりです。

その吉田海相の周りにいたのは、次官の住山徳太郎《すみやまとくたろう》中将、軍令部総長は変わらず伏見宮《ふしみのみや》、次長は近藤信竹《こんどうのぶたけ》中将、作戦第一部長に宇垣纏《うがきまとめ》少将、作戦第一課長に中沢佑《なかざわたすく》大佐、先任部員に川井《かわい》巌《いわお》中佐、次席部員に神重徳《かみしげのり》中佐らでした。中沢さんを除いて、どっちつかずの住山さんはともかく、その下は皆、どちらかといえば親独にして対米強硬派でした。

海軍の方針は、吉田海相になる前から決まっていました。

一、陸海軍備対等の建前《たてまえ》を堅持《けんじ》して建艦《けんかん》計画を展開する——予算陸海平等のことです。

二、米国を明確に仮想敵国とする——これは明治四十年（一九〇七）以来の方針です。

三、英米蘭等との衝突を覚悟しつつ南進する——戦争に対しては慎重なのですが。

ところがドイツの連戦連勝を知ると、「日本だって」と、軍人というのは強気になるようです。アメリカがビンソン案（第一次～第三次海軍拡張計画）のもと太平洋・大西洋の両洋艦隊用の軍艦をどんどんつくって急速に軍備拡張しており、いずれ日米艦隊比率は問題にならぬほどアメリカ優位となる、それはなんとかして避けたい、と頭を悩ませている折りに、アメリカが昭和十五年一月に日米通商航海条約を完全廃棄したばかりでなく、ルーズベルト大統領は、石油や屑鉄《くずてつ》などの日本への輸出を政府の許可制にしました。これは日本海軍には衝撃でした。いくら軍艦があっても燃料《ねんりょう》がなければ動かすこともできない、ならば万一に備えて鉄や石油などがとれる東南アジアのジャワ、スマトラ、ボルネオといった資源地帯に進出し資源を確保する必要がある、それにはどうしても仏印（フランス領インドシナ三国、とくに現在のベトナム）まで兵力を進出させておく必要がある、いざとなればそこを基地にしてアメリカの根拠地《こんきょち》フィリピンを叩《たた》かねばならないからです、しかし南進をあらわにするとアメリカは怒って日本への輸出を全面禁止とするだろう、ならばいっそう開戦に備えて油田《ゆでん》獲得のためオランダ領東インド（現在のインドネシア）を占領するほかはない、となると、これはもう明らかに対米戦争は必至《ひっし》……という堂々《どうどう》めぐりの結果、現在のベトナムへの進出の必要性が出てきたのです。

アメリカの輸出許可制などの措置《そち》は、明らかに日本に対する戦争を前提にした脅迫《きょうはく》行為です。それゆえますます三国同盟の必要性が強調されてきても、米内・山本・井上トリオの流れを汲《く》む吉田海相は「ドイツと同盟を結ぶことはイギリスひいてはアメリカと敵になることであり、亡国《ぼうこく》への道だ」となかなか承知しませんでした。

そこで海軍の対米強硬派は、アメリカを牽制《けんせい》しつつベトナムに基地を設ける必要があると主張して内部から揺さぶりをかけました。部内で浮き上がった吉田海相は眠れない夜が続きます。吉田の戦後の手記があります。

「八月下旬に至り連日にわたり下痢《げり》を催《もよお》すことあり、精力の減退少なからざるを感ず。時々頭痛を覚え、夜中に寝汗《ねあせ》を催すことしばしばであった……」

半分ノイローゼです。そこに九月一日、海軍きっての政治的軍人として知られ、松岡外相とは同じ長州出身で仲のいい石川信吾《いしかわしんご》大佐がやってきて、強引に談判《だんぱん》します。

「こうなればもはや理屈じゃなくて、イエスかノーか二つのうち一つです。決心の問題です、大臣の肚《はら》ひとつです」

下剋上《げこくじょう》そのものです。吉田海相はその翌日、大臣室を訪ねた近藤中将の胸《むな》ぐらを取り、声を震《ふる》わせて、

「きさまらはこの日本をどうするつもりか」

と怒鳴《どな》ったと秘書官が伝えています。完全に孤立した時のことが、手記にはこうあります。

「心根消耗《しんこんしょうもう》して実行力尽き如何《いかん》ともすべからず……この重大時にこの為体《ていたらく》、健康の為とは申しながら遺憾《いかん》限りなく、憤然自決《ふんぜんじけつ》せんとまで心《こころ》せる機《き》もありしほどにして、遂《つい》にそのまま倒れ、……」

自殺まで考えたが、その機を得ず逆に消耗して倒れてしまったと。いや、毒薬を飲んだもの

の発見されて命を取りとめ、もはやつかいものにならなかったという話もあります。『昭和天皇独白録』には「……心配の余り強度の神経衰弱にかゝり、自殺を企《くわだ》てたが止められて果さず後辞職した」と記されています。また当時の新聞発表は、吉田が「激務《げきむ》の疲労もあり回復捗々《はかばか》しからず、かつ数日前より狭心症《きょうしんしょう》の発作《ほっさ》あり」でした。とにかく吉田さんは、任に耐《た》えず、辞めさせられるのと近いかたちで辞任しました。

金のために魂を売った？

その後任が、先の及川古志郎大将でした。また、なよなよとやわらかい人で方針がなく、部下のいうとおりどちらにも動くと言われた住山次官も辞任して、豊田貞次郎《とよだていじろう》次官にかわりました。及川さんは、海軍きっての漢学者といわれるほど漢籍《かんせき》に詳しく、机上では毎日論語《ろんご》や孟子《もうし》を読んでいるという学者肌《はだ》で、一方、豊田さんはたいへんなやり手《て》の政治的軍人、策士《さくし》で、「豊田大臣」とささやかれるくらいでした。ドイツのシュターマーの来日は、この陣容《じんよう》になった矢先《やさき》のことです。そして松岡外相とたった二日間会っただけで三国同盟は四相会議に持ち出され、東条陸相はもちろん大賛成、近衛首相もこれを自分の使命と思っていますから賛成、そして最初は一人ふにゃふにゃしていた及川さんも、実はその翌日、突然賛成に転じてしまうのです。つまり海軍が方針を大転換した。

その運命的な海軍部内の会議は、先に言いましたように九月十三日のことでした。縁起《えんぎ》を担《かつ》ぐわけではありませんが、これが金曜日なんですね。出席者は及川海軍大臣、豊田次官、阿部《あべ》勝雄《かつお》軍務局長、近藤次長、宇垣作戦部長の五人です。ここでの問題は、もし日独伊三国軍事同盟を結んだ場合、ヨーロッパ戦争にアメリカが参入してドイツと戦うことになった際、日本も即座《そくざ》に自動的にアメリカと戦争することになるのかということでした。松岡外相の説明によると「そんなことを条項に書く必要はない。自動的に参戦、ではなく、自主的決定に委《ゆだ》ねる、情況を見て日本は自主的に判断する、というように書けばいいのだ」とのこと。今日、テレビで国会の予算委員会を見ていましたら、イラクへの自衛隊派遣《じえいたいはけん》について小泉首相が「それはその時の情勢をみて自主的に決める」と答えていましたが、これと同じなんですね。つまり軍事同盟といっても〝自主的〟という条件付きなのだから安心という説明を、不思議なくらい海軍は信じてしまうんです。

もともと豊田さんにしろ近藤さんにしろ軍事同盟賛成派ですから、たちまち承認ムードです。この機を逃《のが》せば同盟は今後完全に不可能である、締結しないと近衛内閣は崩壊《ほうかい》すると。考えれば、この時点の首相としては近衛さん以外に適当な人はいなかったんだろうかとも思いますが、小泉さんと同じで格好《かっこう》いいし、それに人気取りの弁《べん》も立つ。他に適当な人がいないんですね。その人気の内閣を倒す原因を海軍がつくったと、そんな責任を取らされるからいやだと、海軍はずるを決めました。

それで大した議論もしないうちに「それじゃあだいたいやることにしてはどうかね」という雰囲気になりました。

しかしさすがに宇垣作戦部長——後に連合艦隊参謀長として山本五十六とともに太平洋戦争を指揮した人です——は、いざアメリカと戦争をする時のことを考えざるを得ない。それで迂《う》闊《かつ》に賛成できない思いもあって、やや鼻白《はなじろ》みながらも、「おやりになるというならやむを得ないでしょうが、アメリカ参戦の場合、わが国が自主的に行動することは絶対必要です、そのことだけは強く強く申し上げます」と加えました。ですが「大丈夫、自動参戦の義務はないのだから」と押し通され、こうしてまことに単純な経緯《けいい》で反対する理由はなくなったから賛成する、というわけです、そして以下の条文となりました。

「三国はあらゆる政治的、経済的および軍事的方法により、相互に援助すべきことを約す」

たしかに「自動的に参戦する」とは書かれていませんが、よく読めば「あらゆる軍事的方法により」相互援助ですから参戦義務が生じることになると思うのですが……。そして宇垣さんの日記『戦藻録《せんそうろく》』を眼を大きくあけてよく見ると、

「条約締結の裏面《りめん》の目的は、海軍としては、いや自分の願うた点は達したのである」

と書いています。これはどういうことか。「裏面の目的」とは何なのか。海軍の戦備をみれば、莫大《ばくだい》な予算を使って大和《やまと》や武蔵《むさし》などの超大戦艦をつくっている。それはアメリカと戦争するためではないのかと陸軍からつつかれます。なのに、いざというとき戦争はできない、なん

て口が裂《さ》けても言えないではないか。言ったら予算がパアになる。これはたまりません。宇垣さんはむずむずしながらも、三国同盟を結べば、結果として予算をより多く獲得する条件を陸軍につきつけて約束させることができる、裏取引《うらとりひき》をやれると考えた。つまり、軍備予算の獲得が条約締結の裏面の目的だったわけです。情けないことに、金のために身を売ったんです、いや、魂《たましい》を売った——そう言うと酷《こく》ですが、それに近いのではないですか。

こうして十三日の海軍首脳会議は日独伊三国同盟を結ぶことを、条件付きながらも賛成で一致しました。そして十四日の大本営政府連絡会議で、「他に案がないので賛成する」と海軍大臣が公的に言った後、海軍は予算をとるために陸軍との会合のたびにこれを口にします。この十四日の連絡会議では、近藤軍令部次長が滔々《とうとう》と意見を述べました。

「海軍は対米の開戦準備をまだ完整《かんせい》してはいない。しかし、来年四月になれば完整するであろう。準備ができさえすれば、対米戦も即戦即決ならば勝利をうる見込みがあるのである。ただし、これが長期戦となると非常に困難になることを承知されたい」

長期戦になると困るので、そのためにも軍備強化促進への協力を、というのです。

「アメリカは今日どんどん建艦に力を入れており、対日比率の差は今後ますます大きくなるであろう。海軍戦備強化のためのご協力を強く要望するとともに、その意味からいって、戦うとすれば今が一番有利な時とも言えるのである」

この近藤次長の演説に続き、及川海軍大臣もこう言います。

「残された道は独伊との提携以外にはないことに海軍も賛成する。ついては軍令部次長がのべたごとくに海軍戦備促進に政府、ことに陸軍当局が十分に考えてほしいと思う次第である」

この及川さんの豹変《ひょうへん》には、さすがの近衛首相も「ええっ」とのけぞったようです。

こうして海軍は、一番大事な時に、自分たちの果たすべき使命を投げ棄《す》ててしまったのです。

血と苦労と涙と、そして汗

このように賛成を明らかにしたうえで、九月十五日夕方、海軍は東京に幹部をすべて集めて首脳会議を開きます。各軍事参議官つまり引退した海軍大将たちに、山本五十六連合艦隊司令長官を筆頭とする各艦隊司令長官、また現場の首脳である各鎮守府《ちんじゅふ》司令長官らが一堂に会しました。司会は豊田海軍次官が務め、これまでの経過を阿部軍務局長が説明したあと、及川大臣が言いました。

「もし海軍があくまで三国同盟に反対すれば、近衛内閣は総辞職のほかはなく、海軍としては、内閣崩壊の責任はとれないから、この際は同盟条約にご賛成願いたい」

すると軍令部総長の伏見宮がすぐに口を開きました。

「ここまできたら仕方がないね」

これもひどい話ですね。仕方がないという判断では済まされないのですが、この宮様の高飛《たかび》車《しゃ》な発言でもはや、三国同盟がいいか悪いかを論じる会議ではなくなってしまいました。あとは打ち合わせ通りに、最長老《さいちょうろう》の軍事参議官の大角岑生《おおすみみねお》がこう言ってしまいます。

「軍事参議官としては賛成である」

事前に参議官全員が話し合った形跡《けいせき》はないのですが、長老が全員賛成ですべては決します。

それまで黙っていた山本五十六が静かに立ち上がって言いました。

「私は大臣の海軍部内の統制に対して絶対に服従《ふくじゅう》するものであります。ただ心配に堪《た》えぬところがありますのでおたずね申し上げます。この条約が成立すれば、アメリカと衝突する危険はかなり増大します。現状では航空兵力が不足し、とくに戦闘機や陸上攻撃機を二倍にせねばならないのであります。しかし条約を結べば英米勢力圏の資材を必然的に失うことになります。増産にストップがかかります。ならばその不足を補うためどういう計画変更をやられたか、この点を聞かせていただきたい、連合艦隊長官としてそれでなくては安心して任務を遂行《すいこう》できないのです」

この発言を豊田次官は完全に無視し、こう言いました。

「いろいろご意見もありましょうが、大かたのご意見が賛成という次第ですから」

そして指名された及川海相が締《し》めくくります。

「三国同盟締結に同意ということで本日は……」

まことに海軍トップの人たちの会議とも思えない、「海軍善玉説《ぜんだま》」にあるまじきいい加減な話が進み、かつ決定してしまったのです。繰り返しますが、そこには目下あまりにドイツが強いのでドイツと組んだ方が有利だ、という明快な理屈があるのです。それもそのはずベルギーもオランダも降伏し、パリが陥落してフランスも手を挙げたのですから、残るはイギリスだけなんですね。そのイギリス本土が七月頃からがんがん爆撃されている。日本からは、明日にでもドイツ軍の英本土上陸作戦がはじまらんばかりに見えていたわけです。

ところが歴史は皮肉なもので、日本海軍の首脳が三国同盟を決めたまさにその日、ドイツ空軍がロンドン上空で大打撃を受けるのです。

五月一日にドイツが西部戦線に怒濤《どとう》の進撃を開始して間もない五月十日、イギリスはウィンストン・チャーチルを首相に選出します。そのチャーチルが十三日、下院で行なった就任演説は、二十世紀を代表する名演説となりました。

「私は、血と苦労と涙と、そして汗以外に、捧《ささ》げるべき何ひとつも持っていない。……諸君は、政策は何かと尋ねられるであろう。私は答える——海で、陸で、また空で、神がわれわれに与え給《たも》うたわれわれの全力をあげて戦うだけである。……われわれの目的は何かと尋ねられるであろう。私はひとことで言うことができる——勝利。それだけだ」

イギリスはこのチャーチル首相のもとに団結し、ものすごい抗戦をはじめました。それが九月十五日の「バトル・オブ・ブリテン」と称される英本土防衛戦の最大の戦果につながるのです。

どうもヒトラーは何か大きな勘違《かんちが》いをしていたようです。日本では海軍が三国軍事同盟賛成を表明した九月十四日、ベルリンの軍事会議でヒトラーは、英本土上陸作戦の結論を十七日まで延期すると言い出しました。国防軍の首脳は驚きました。なぜならば、準備に全力をあげても十日間かかるので、十七日になって「やれ」と命ぜられても上陸作戦開始は二十七日になる。しかしドーバー海峡の潮の干満《かんまん》の関係で二十七日は無理で、十月十八日まで延ばさなければならなくなる。それを過ぎると秋の霧と暴風雨で上陸不可能になる、だから一日も早く決めてほしい、そう頼んだのですが、ヒトラーは反応しなかったのです。ヒトラーの頭の中は、空軍総司令官ゲーリングの「空からの本土爆撃を続けるうちに、悲鳴をあげてイギリスのほうから和平を求めてくるに違いない」という意見が占め、今月は自分の幸運な星の月なのだから、とそれを確信していたようなんです。そしてイギリスに早く悲鳴をあげさせるべく、十四日にロンドン大空襲作戦を敢行《かんこう》する計画をたてることにしました。しかし敵はチャーチルを中心とする祖国防衛に生命を燃やす戦士たちです。降伏なぞするものかと闘志《とうし》に燃えていますから、これはヒトラーの大誤算でした。

十五日、ドイツは戦闘機七百機、爆撃機四百機と全力でロンドン総攻撃にかかります。イギリスは、動けるすべての戦闘機約三百機を集めて迎え撃ちました。数はドイツの半分ですが、往復しなければならないドイツ軍に対してイギリスは自分の国の上空でやってるんですから上がったり下がったりの繰り返しでいいわけで、三百機は約三倍の力を持つのです。この大反撃のおかげで、イギリス空軍は完璧にドイツ空軍を叩《たた》きのめしました。「敵機百九十五機撃墜」「味方損害は二十六機」とされていますが、実はドイツの損害は六十機を超えていなかったものの、そうはいっても大打撃です。落ちたのは六十機弱でも、弾に当たって損害を受けたものを含めればほとんど壊滅《かいめつ》状態でした。というわけで、この日一日の大激戦で、ヒトラーが考えていたようなイギリスからの和平要求どころか、逆にイギリス空軍をはじめイギリス国民の「負けるものか」の意気《いき》が大いに上がったのです。

空軍総司令官のゲーリングは怒り狂ってドイツ空軍の花形パイロット、ガーランド少佐を呼んで問い質《ただ》すと、ガーランドはこれが戦争の実態だと経過を説明しました。ゲーリングが、

「わかった。それならどんな戦闘機があれば勝てるというのか」

と聞くと、撃墜王《げきついおう》のガーランドはこう答えたそうです。

「英空軍のスピットファイアが欲しい」

戦闘機の能力が、断然《だんぜん》違っていたようですね。一方、チャーチル英首相は、

「これほど多くの国民が、これほど少数の人から、かくも多大な恩義をこうむった戦いは前《ぜん》代未聞《だいみもん》である」

とイギリスを救った三百人の戦闘機乗りに感謝を述べました。いずれにしろ、この勝利が、本土上陸作戦でイギリスを占領するというヒトラーの大いなる野望を完全にくじいてしまいました。

そんなこととは知らなかったのが日本海軍です。時差はありますが、まさに裏側で同じ日に、三国軍事同盟締結の意見を一致させていたのですから。歴史とはほんとうに皮肉《ひにく》なものですね。九月十六日には、大本営政府連絡会議の決定を受けて、閣議で内閣一致で同盟締結を決定したことを、近衛首相が昭和天皇に報告しました。天皇は近衛に言いました。

「この条約は非常に重要な条約で、このためアメリカは日本に対してすぐにも石油や鉄屑《てつくず》の輸出を停止してくるかもしれない。そうなったら日本はどうなるか。この後長年月にわたって大変な苦境《くきょう》と暗黒のうちにおかれるかもしれない。その覚悟《かくご》がお前にあるかどうか」

昭和天皇はかなり先を見通していたんですね。そしてまたこう言いました。

「アメリカに対して、もう打つ手がないというなら致し方あるまい。しかしながら、万一にもアメリカとことを構える場合には、海軍はどうだろうか。海軍大学校の図上《ずじょう》演習では、日米海戦は思わしい成績がでない、と聞いているが大丈夫なのか」

海軍大学校では図上演習規則に基づいてアメリカと戦う場合の演習を図上でやっているのですが、何十回やっても日本海軍は一遍《いっぺん》も勝ったことがなく、いつもこてんぱんにやられて日本艦隊は土佐沖《とさおき》まで追い詰められ、演習中止ということになっているんです。そのことは内緒《ないしょ》にしていたはずが、いつのまにか天皇の耳には入っていたようです。

ただ近衛は松岡外相から吹き込まれていますから、「今後は日独伊ソ四国同盟になり、それは日米戦争防止に非常に役立つのですから大丈夫です、同盟を締結しないほうがかえって日米開戦の危険は大きいのです」とかなんとか答えます。黙って聞いていた天皇はまた言います。

「しかしながら、ドイツやイタリアのごとき国家と、このような緊密《きんみつ》な同盟を結ばねばならぬことで、この国の前途《ぜんと》はやはり心配である。私の代はよろしいが、私の子孫《しそん》の代が思いやられる。本当に大丈夫なのか」

これに近衛さんは、伊藤博文《いとうひろぶみ》の話を思い出して答えました。

「日露戦争開戦が御前会議で決まりました時、明治天皇は伊藤公を別室に呼び、『もし敗《ま》けた時はどうするつもりか?』とたずねられました。伊藤公は『万一《まんいち》にも敗《やぶ》れました場合には、臣は爵位勲等《しゃくいくんとう》すべてを拝辞《はいじ》し、単身《たんしん》にても戦場に赴《おもむ》いて討《う》ち死に致す覚悟でございます』と奏上《そうじょう》されました。近衛もまた同じ覚悟でございます」

天皇はうなずいて言いました。

「日米戦争が起こり、万一のことがあった時には、近衛は、私と憂《うれ》いをともにせよ。三国同盟のこと、今日の場合はやむを得まいと思う」

『昭和天皇独白録』に、三国同盟に関しては賛成ではなかったと書かれているのはこういうことなのです。

そしてこの日、山本五十六はがっかりして東京を後《あと》にします。去る前に及川海軍大臣に面会を求め、海軍中央としての将来の見通しを問い詰めました。及川は答えます。

「あるいはドイツのために火中《かちゅう》の栗を拾うの危険がないとはいえない、かもしれないが、アメリカはなかなか立つまいよ。まあ、たいてい大丈夫だと思っている」

さらに伏見宮にも会いましたが、返ってきた答えは、

「こうなった以上は、やるところまでやるもやむを得まい」

山本の胸中には憮然《ぶぜん》とした思いだけが残ったようです。「倒閣の責任を取りたくない」とか「陸軍とこれ以上角《つの》を突き合わしたくない」とか「金が欲しい」とかいった情けない理由でこのような、国を亡国《ぼうこく》に導くような同盟を結ぶとはいったい何なのか、と。東京駅まで見送りに来た親友の堀悌吉《ほりていきち》元中将に、以下の言葉を残したそうです。

「内乱では国は滅びない。戦争では国が滅びる。内乱を避けるために、戦争に賭《か》けるとは、主客顚倒《しゅかくてんとう》もはなはだしい」

いずれにしても、アホな同盟を結んだものであります。これをもってアメリカは日本をはっきりと敵視《てきし》することになりますが、当時のグルー駐日米大使が、誤伝《ごでん》も含め、興味あることを日記に書いています。

「きわめて権威ある話として聞いたところでは、天皇と近衛公は、二人とも三国同盟には絶対反対だった（ここは誤伝ですね、近衛さんは賛成でしたから）。しかし天皇が拒絶した場合、皇室が危うくなるかもしれぬと告《つ》げるものがあり、天皇は、近衛公に〝死なばもろともだね〟と話されたという。この話は皇族の一人から間接的に伝わってきたものだ」

日独伊三国軍事同盟の締結。右から２人目が松岡洋右、軍服姿は東条英機

つまり天皇が「死なばもろともだね」と言った背景には、拒絶した場合に「あるいは」という思いがあったようです。そのような憂《うれ》いは『独白録』にこう書いています。

「三国同盟について私は秩父宮《ちちぶのみや》と喧嘩して終わった」

「私がもし開戦の決定に対して〝ベトー〟（拒否）したとしよう。国内は必ず大内乱となり、私の信頼する周囲の者は殺され、私の生命も保証できない、それはよいとしても結局狂暴《きょうぼう》な戦争は展開され……」

天皇の思いの中には、いざとなった時には内乱が起こり、自分は押し込められ、代わりの者が天皇になって、それを操《あやつ》って軍部は思い通りの強硬政策にもっていく、という怖《おそ》れがあったのではないでしょうか。三国同盟に、最後に天皇は「やむを得ない」と了解したのも、そんな危惧《きぐ》がはたして背後にあったのかとも感じられるのです。これも二・二六事件の大規模なテロの恐怖がもたらしたものなのでしょうね。

ひとつ付け加えますと、九月十九日に日本では儀式《ぎしき》的な御前《ごぜん》会議が開かれ、三国同盟を国策として決定します。その二日前の九月十七日、ドイツでもヒトラーが重大決定をしています。「B軍団は本日付をもって東方に移動すべし」というものです。B軍団とはイギリス本土上陸作戦の先陣《せんじん》をきるはずの基幹《きかん》兵力すなわち最強力部隊です。つまりこの命令が出されたということは、英本土上陸作戦は完全に放棄《ほうき》され、次の目標は東方、ソビエト進攻だというわけです。これまた、皮肉といえばこれほど皮肉なこともありません。日本が夢みた「日独伊ソの四国協定によって、英米に対抗する」などという考えは、夢想《むそう》もいいところというのがこの瞬間はっきりします。ドイツは独ソ不可侵条約など放り投げて、東方進撃を開始するとこの時に決めているのですから。

まったく違う場所ではまったく違うふうにことは動いているというのに、日本は依然《いぜん》としてドイツの英本土上陸、イギリスの降参、やがて結ばれる四国協定ゆえに手出しできずに呆然《ぼうぜん》とするアメリカ……という想像上の図式にのんびりと浸《ひた》っていたわけで、日独伊三国同盟を決定したその時、ヒトラーは、来たるべきソビエト進攻のために「東に向かえ」という命令を下していたわけなんですね。おお、ミゼラブル（惨《みじ》めなことよ）と嘆《なげ》くほかはないようです。

＊1——ダンケルクの奇蹟　一九四〇年五月二十七日から六月四日にかけ、ドイツ軍は猛攻により、ダンケルク付近から英仏海峡越えに、連合軍三十三万八千人（うち十一万二千人はフランス兵）をイギリス本土に乗船撤退させた。

第十章

独ソの政略に振り回されるなか、南進論の大合唱

ドイツのソ連進攻

この章の

✷ポイント

三国同盟を結んだ日本は、米英の軍需物資が中国に送られることを阻止するという目的を掲げて北部仏印《ほくぶふついん》（現在のベトナム）に進駐します。そして昭和十六（一九四一）年四月、松岡外相がヒトラーとスターリンそれぞれと直接会談。ソ連とは日ソ中立条約を結びます。これで国内は南進論一色となりますが、わずか二カ月後にドイツがソ連に侵攻。これにより日本は「南進して米英と戦うのか、北進してソ連と戦うのか」という決断を迫られるのです。

✷キーワード

北部仏印進駐／南進論／紀元二六〇〇年／大政翼賛会《たいせいよくさんかい》／治安維持法《ちあんいじほう》／国家総動員法／ヒトラー／スターリン／日ソ中立条約／独ソ開戦（バルバロッサ作戦計画）

恥ずべき北部仏印への武力進駐

日本は、ヨーロッパで大戦争を起こしているドイツと軍事同盟を結び、仮想敵《かそうてき》ではなく、英米を正真正銘《しょうしんしょうめい》の敵とするたいへんな決断をしました。それは前回に話しました。それに連動するように陸軍は、万一に備《そな》えて南方へ軍隊を進出させておく必要があることから、昭和十五年（一九四〇）九月二十三日、北部仏印《ほくぶふついん》（現在のベトナム）に進駐《しんちゅう》する大計画をたてます。そこは当時、ドイツに降伏後に樹立《じゅりつ》されたペタン元帥《げんすい》が指揮するフランスの傀儡《かいらい》政府の総督府《そうとくふ》がありましたが、本国はガタガタしていますからドイツのいいなりで、実際はこの政府には力はなかったのです。そこでチャンスと、日本はこの〝仮〟政府に交渉し、北部仏印、現在のハノイ周辺に軍隊を送り込むこととしたのです。

私たちの子供のころ、南方といえば「冒険《ぼうけん》ダン吉」や「わたしのラバさん酋長《しゅうちょう》の娘」[*1]の歌じゃないですけれど、マーシャル諸島やマリアナ諸島などのいわゆる内《うち》南洋しか知りませんでした。そこに南十字星《みなみじゅうじせい》、マンゴー、ゴム園、大油田《ゆでん》などの、現在の東南アジアのイメージが、突然、南方として大きく姿を現したんです。

日本としては、いざという場合に備えても、仏印を通して米英の軍需《ぐんじゅ》物資がどんどん中国に送られているのを遮断《しゃだん》する意味でもここを押さえる必要がありました。が、一気に仏印南部ま

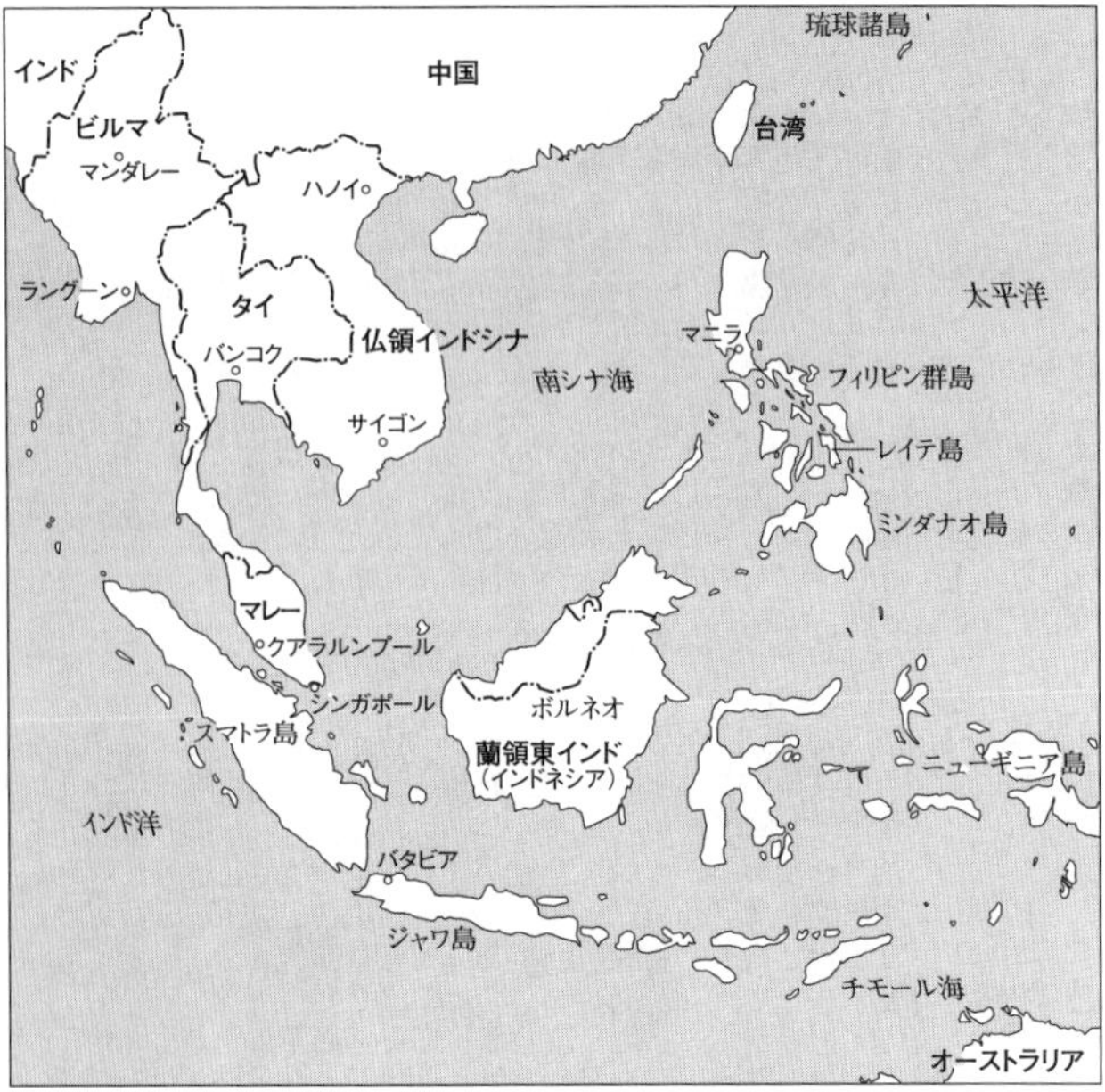

南洋地図

で軍隊が下がると問題が大きくなりますので、まず北部だけでもということで、軍と政府が一緒になって仏印総督《そうとく》に交渉をはじめました。自国が敗れているフランスの総督としては涙をのんで承諾《しょうだく》せざるをえません。

しかし、進駐はあくまで話し合いの結果ですから平和裡《り》に行なうはずだったのです。ところが、手続きの問題でごたごたして九月二十三日、進駐してきた日本軍は、守備にあたっていた仏印軍と銃火《じゅうか》を交えてしまいました。「武人《ぶじん》が敵地に乗り込むのにおめおめ両刀《りょうとう》を収《おさ》めて玄関から上がるのですか」と当時の陸軍の若い参謀がいきまいたそうで、話し合いがスムースに進まないのに苛立《いらだ》って一気に仏印軍を撃破してやろうと突入したのが無用の流血を強《し》いる結果となりました。平和進駐のつもりが侵略というかたちになってしまい、これで日本は世界の非難を全面的に浴びることになります。平和進駐のために苦心して交渉を続けていた現地の責任者たちはあっけにとられ、二十六日に東京に打電《だでん》しました。「統帥《とうすい》乱れて信《しん》を中外に失う」、この文句は、歴史に残る名言となってしまいました。

日本軍としては、とにかくこれでまず援蔣《えんしょう》ルート、つまり蔣介石を助けるための輸送路が押さえられたので満足したものの、この銃火をともなった上陸は、まことに軍としても日本としても世界的信用を失うみっともない出来事であったのです。

こうして日本は三国同盟を結び、北部仏印に進駐し、万が一に備える態勢をとったわけです。この半ば戦争を準備した状況を目《ま》の当たりにして十月十四日、上京していた山本五十六《やまもといそろく》連合艦隊司令長官は、西園寺《さいおんじ》さんの秘書の原田熊雄《はらだくまお》に、憂慮《ゆうりょ》と怒りをぶつけました。

「じつに言語道断《ごんごどうだん》だ。……自分の考えでは、アメリカと戦争をするということは、ほとんど世界を相手にするつもりでなければだめだ。しかしここまできた以上は、最善《さいぜん》を尽《つ》くして奮闘せざるを得ない。そしておれは戦艦長門《ながと》（連合艦隊の旗艦《きかん》）の艦上で討《う》ち死にするだろう。その間に、東京あたりは三度ぐらいまる焼けにされて、非常なみじめな目にあうだろう。じつに困ったことだけれども、こうなったらやむを得ない」

連合艦隊の旗艦・長門

三国同盟や日本軍の無謀《むぼう》な仏印進駐は、いかなる障害があろうと断乎《だんこ》として突破するという日本軍の戦闘意識を世界的に感じさせたことになりました。

前にふれましたが、前年の昭和十四年、日本はアメリカから日米通商航海条約の廃棄を通告され、翌十五年一月、アメリカはこれを実施してきます。日本にとってはたいへん強硬な経済統制政策で、これに対する怒りと反発や恐怖が国民のなかに響いてきていました。しかも九月には、この第一の行動として、アメリカは屑鉄《くずてつ》（再生して鉄材をつくる）を全面的に輸出禁止としました。こうなると誰が考えても次は石油です。

日本は石油を全面的にアメリカからの輸入に依存していますから、これが禁輸となって途絶えればどうなるかは一目瞭然《いちもくりょうぜん》、戦慄的《せんりつてき》な恐怖です。軍艦や飛行機がいくらあろうが動かないのですから。もし石油の輸出が全面的に禁止されたら、その四、五カ月以内に南方の資源地帯を押さえなければ国家の防衛が不可能になるのは、陸海軍にも政府にも明らかです。そこで万が一に備えて南方で作戦を展開しやすい地点にまで軍隊を送っておかなければと北部仏印に進駐したわけですが、さらにより南方に足を延ばしてゴム、スズ、タングステンなど、アメリカとイギリスが自国で生産できない資源を押さえれば、資源面で米英と対等になれるという公算《こうさん》もでてきます。ところが南方に手をつければ米英との全面戦争は必然と覚悟せざるを得ない、しかし現状ではとてもその準備は整っていない。もし戦争になればせいぜいがんばっても一年半、あまくみても二年もつかどうかで、長期戦など不可能な状態なんです。しかし戦争がいったんはじまってしまえば長期戦となる可能性がすこぶる高い、そうなれば資源が必要ゆえに……この堂々《どうどう》めぐりです。それは前回にも話したとおりです。

このジレンマにいちばん恐怖をおぼえたのは海軍です。陸軍と違って軍艦や飛行機といった大きな物を動かさなくてはならないのですから、なんとしても石油が必要です。備蓄《びちく》してある石油じゃ間に合わない。ですから昭和十五年秋ごろから、海軍中央（海軍省と軍令部）の中堅《ちゅうけん》クラスに、山本五十六の言葉を借りれば、「バスに乗り遅れるなの時流《じりゅう》に乗って、いまが南方作戦のしどきなり、と豪語《ごうご》する輩《やから》」が次第に集まってきます。対米強硬派が天下をとった時代の潮流からきた結果です。対米協調派が現場の艦隊へ出されて、たとえば山本は、いわば「工場長」のような役割をさせられている一方、「本社」には対米強硬派の秀才連中が集められてきました。

戦争へ走り出した海軍中央

昭和十五年十月十五日、岡敬純《おかたかずみ》少将が軍務局長に、富岡定俊《とみおかさだとし》大佐が作戦を担当する軍令部第一課長になります。さらに十一月十五日、高田利種《たかだとしたね》大佐が軍務第一課長に、石川信吾《いしかわしんご》大佐が軍務第二課長に就任します。石川は、前に、アメリカと戦争するには超大戦艦をつくるべきだという意見書を出した人で、大和《やまと》が目下《もっか》建造中でもありました。口八丁手八丁《くちはっちょうてはっちょう》の政治的な軍人で、非常によく動いて裏工作《うらこうさく》なども達者《たっしゃ》、しかも長州《ちょうしゅう》出身ですから陸軍の長州閥《ばつ》や、同じく長州出身の松岡洋右《まつおかようすけ》外相とも仲がいい。海軍には珍しい、どこへ飛んでいくかわからない弾《たま》のようだから「不規弾《ふきだん》」といわれるぐらい、軍の統制にも従わず、自分の思ったことをどんどん進める人でした。

そして十一月十五日、これらの強硬派が推進して海軍は出師《すいし》準備を実施します。海軍は、戦争がはじまる前に軍艦を戦場に近い場所まで運んでおかなくてはなりません――たとえばこのあと太平洋戦争はハワイの真珠湾軍港に対する奇襲《きしゅう》ではじまりますが、それは事前に攻撃可能なハワイ近海《きんかい》まで空母《くうぼ》を運んでいたわけです。さらにその前の段階として、軍艦を整備し、弾薬や食糧を載《の》せたりしておく必要もあります。それを相当早くからしておかねばならない事情から、及川《おいかわ》海相はいざという時すぐ出動できる準備つまり出師準備の実施を天皇に上奏《じょうそう》して許可を得、天皇の名においてこの日、全軍に対して準備発動を命じたのです。

実際は、翌昭和十六年四月十日をもって、連合艦隊などの外戦《がいせん》部隊が、アメリカの全兵力に対して七割五分の比率の戦備を整えるという目的あってのことでした。これは日本海軍の当時のほとんど全戦力といっていいと思います。この出師準備発令は、日露戦争以来なかったことなのです。もうある種の戦争決意と言えましょうか。

十月二十八日、過激な対米強硬派である軍令部作戦課先任《せんにん》部員の神重徳《かみしげのり》中佐は、陸軍参謀本部作戦課の岡村誠之《おかむらのぶゆき》少佐にこう言ったといいます。

「海軍は来年（昭和十六年）四月以降に南方作戦を実行しないと、部内統制上も都合《つごう》が悪くなる。それに四月になれば対米戦に自信がある。対米兵力比が七割五分になるからである」

さらに参謀本部作戦部長の田中新一《たなかしんいち》少将にもこう言いました。

「かりに蘭印《らんいん》（オランダ領東インド、現在のインドネシア。ここに石油やゴム、スズなどの資源が眠っています）をやり、英米を敵としても、十六年四月以降ならば差《さ》し支《つか》えない。外戦部隊の七割の戦備が十二月にほぼ終わり、一月中旬に完整《かんせい》する。蘭印だけならこれでやれる。四月中旬になれば、対米七割五分の戦備が整う。十六年四、五月ころ、海軍としても対米戦争をやらねばならない。十六年暮れになると、修理を要する艦艇が多くなり、作戦がやりにくくなる」

海軍の作戦課の重要人物が、陸軍の作戦部長にこの豪語です。いつもはでかいことを言っているさすがの陸軍もこれには驚いたようです。つまり海軍はこの出師準備発動《はつどう》で七割以上の戦力を確保できると俄然《がぜん》、対米戦争への自信を胸の内に抱いたのです。

この中央の動きをもっとも憂《うれ》えたのが、何度も出てきますが、山本五十六です。中央は何を考えているのか知らないが、とにかく日本を戦争へ、戦争へと引っ張っていこうとしている、として十一月下旬に及川海相に会い、厳重に意見具申《ぐしん》をしました。

「たとえば軍務局第二課長の石川信吾大佐のごときは、南部仏印進駐のゆゆしきことを豊田《とよだ》貞次郎《ていじろう》次官に進言《しんげん》しているというではないか。あのまま放置《ほうち》しておけばたいへんなことになる」

はやくクビにしたほうがいい、ということまで言ったようです。またこう進言します。

「三国同盟締結の前とは情勢はまったく変わっているのだから、対米英戦争の危機を確実に防止するためには、生半可《なまはんか》な注意なんかではだめで、トップの思い切った、つまりあなたの決心が必要なんです。作戦部長や軍令部次長の首をかえたところで何もならない。不徹底《ふてってい》以外のなにものでもない。私見《しけん》を申せというならばあえて申し上げるが、軍令部総長に（伏見宮を辞《や》めさせて）米内光政《よないみつまさ》大将、それが無理というなら吉田善吾《よしだぜんご》大将あるいは古賀峯一《こがみねいち》大将。そして福留繁《ふくとめしげる》中将に次長として補佐させる。また、海軍次官には井上成美《いのうえしげよし》中将がよい。これ以外にはない。いずれも無理な人事であろうが、これくらいのことを思い切って実行しなければ今の状態を引きずって戦争に突入するばかりです。今はこの難事《なんじ》を敢行《かんこう》して、狂瀾《きょうらん》を既倒《きとう》に廻《めぐ》らさねばならない。ここまであえてやって頂けるのならば、連合艦隊としては忍《しの》びがたいことながらどんな犠牲《ぎせい》を払ってもよい」

この人事構想には肝心要《かなめ》の海軍大臣が抜けています、それは自分がなる、ということでしょうね。ところが周りをすでに対米強硬派でがっちり取り巻かれている及川さんに、こんな人事ができるはずありません。ふだん山本は広島湾の柱島《はしらじま》（連合艦隊の根拠地です）にいて、たまたま上京した時に意見を言ったとしても、すぐに柱島へ戻ってしまうわけですから、遠くでいくら吠《ほ》えても中央は知ったこっちゃありません。

十二月十二日、及川海相の認可のもと、海軍中央に「海軍国防政策委員会」ができました。後に井上成美中将が「百害《ひゃくがい》あって一利もなかった」と断じたほどひどいものですが、これには四つの委員会があり、第一委員会は政策、第二委員会が軍備、第三委員会が国民指導、第四委員会が情報を担当します。うち第一委員会が国防政策や戦争指導の方針を分担するのですが、海軍省から高田利種《としたね》軍務一課長、石川信吾同二課長、軍令部から富岡定俊一課長、大野《おおの》竹二《たけじ》戦争指導部員の四大佐が委員となり、幹事役に藤井茂《ふじいしげる》、柴勝男《しばかつお》、小野田《おのだ》捨次郎《すてじろう》の三中佐が配属されます。みんな、対米強硬派です。うちの一人、高田利種大佐がのちに語っています。

「この委員会が発足したのち、海軍の政策は、ほとんどこの委員会によって動いたとみてよい。海軍省内でも、重要な書類が回ってくると、上司から、この書類は第一委員会をパスしたものかどうかを聞かれ、パスしたものはよろしいと捺印《なついん》するといったぐあいに、相当重要視されていた」

「相当重要視」どころではありません。つまりこの委員会が、南方への進出などこれ以後の海軍国防政策のすべてを牛耳《ぎゅうじ》ったのです。

こうして十二月終わり頃、海軍中央部は、岡、高田、石川、富岡を中心に、南進論の先駆者といえる中原義正《なかはらよしまさ》少将を人事局長にすえ、彼らが相談して、情報を担当する軍令部第三部長に前田稔《まえだみのる》少将、戦争指導部員に大野竹二大佐、軍令部第一課に神重徳中佐、山本祐二《やまもとゆうじ》中佐、軍務局第二課に柴勝男中佐、藤井茂中佐、木阪義胤《きさかよしたね》中佐、同じく第一課に小野田捨次郎中佐ら、対米強硬派を配置しました。じつは、これはみな薩摩《さつま》か長州出身の気心《きごころ》が知れた連中で、しかもヒトラー大好きのドイツ賛美者でした。石川大佐は言ったといいます。

「ナチスはほんのひと握《にぎ》りの同志の結束で発足《ほっそく》したんだ。われわれだって志《こころざし》を同じくし、団結しさえすれば、天下何事《なにごと》かならざらんや」

すると藤井中佐は、昂然《こうぜん》としてこう言うのを常としました。

「金と人（予算と人事）をもっておれば、このさき何でもできる。予算をにぎる軍務局が方針を決めて押し込めば、人事局がやってくれる。自分がこうしようとするとき、政策に適した同志を必要なポストにつけられる」

また、かつて井上成美中将に「三国同盟の元凶《げんきよう》だ」と叱責《しつせき》された柴中佐は言いました。「理屈や理性じゃないよ。ことを決するのは力だよ、力だけが世界を動かす」というわけで、昭和十五年暮、海軍中央は対米強硬路線でぐんぐん走り出してゆきます。遠く広島湾の山本五十六連合艦隊司令長官が「対米英戦争はもはや避けられないのであろうか。やむを得ん。いざとなったら真珠湾《しんじゆわん》を攻撃しよう」と考え出したのはこの時でした。言い換えれば「いざとなったら伝統の戦術などかなぐり捨てて、俺流の乾坤一擲《けんこんいってき》の戦法でいく」ということです。戦争への道を突き進む海軍中央の動きを止める手段がまったくないとみた彼の苦悩の選択ではなかったかと思えないでもありません。

〽紀元は二六〇〇年……

その頃国民は、生活状態も押し詰まってきて自由がきかず、心の中にはかなりの不満を抱いていました。それをなんとか抑《おさ》えていられたのは、中国では勝てる戦争をやっている、そしてそれは正義の戦いであり、決して間違ったことをしているわけではない、という意識がマスコミなどによって叩《たた》き込まれていたからです。ただ、泥沼《どろぬま》の戦争がえんえん続き、しかも報道によればアメリカとイギリスが次々に蔣介石に援助物資を送っている、おまけにアメリカは日本に強硬な経済的圧迫をますます強めてきている。ＡＢＣＤ包囲陣《ほういじん》（Ａがアメリカ、Ｂはブリティッシュ、Cはチャイナ、Dはダッチつまりオランダ）という言葉が、新聞紙上に躍《おど》りだし、そして「米英討《う》つべし」の声も聞こえはじめている……というので、なんとなしにもう一つドカーンとやればすべてが解決するような、次の戦争を望むような、どちらかといえば好戦的《こうせんてき》な風潮が、国民の心のなかに生まれていたといってもいいと思います。日本の明日を脅《おびや》かす〝敵〟がすぐそこにいるのだ、それを叩かないことにはこの状態がいつまでもだらだらと続いてゆくというやりきれない思いが国民の心理を揺さぶっていたのではないでしょうか。

その年がちょうど、前に話しました「紀元二六〇〇年」にあたっていました。東京でオリンピックや万国博覧会《ばんこくはくらんかい》を開催する計画があり、そのために隅田川河口《すみだがわかこう》に勝《かち》どき橋《ばし》がつくられました――この橋は真ん中から割れて万歳《ばんざい》をするような形になるので勝どき橋と名付けられたと、私も子供のころは思っていたのですが、そうじゃなくて、昔からあそこには勝どきの渡《わた》しがあって、単にそれをとって名付けられたらしいのですが。

しかしヨーロッパでは大戦が行なわれ、アジアでは日中が戦争をしているといった世界情勢のため、オリンピックも万博も中止になりました。けれども、国民のなかに鬱屈《うっくつ》した思いがありますから、紀元二六〇〇年のお祝いだけは盛大にして景気をつけようじゃないかということになり、十一月十日、宮城前広場で大式典が催《もよお》されました。

この時、「金鵄《きんし》輝く日本の、栄《は》えある光《ひかり》身に受けて〜」という歌が流行《はや》りましたが、僕らはすぐに替え歌にして、「金鵄上がって十五銭《せん》、映えある光三十銭、鵬翼《ほうよく》高い五十銭、紀元は二

宮城前広場で行なわれた紀元2600年記念式典に出席する天皇皇后

六〇〇年、ああ一億は困ってる〜」と歌いました。要するに金鵄（ゴールデンバット）も光も鵬翼も煙草《たばこ》の名前で、その値上げをもじった歌が流行ったんですね。

裏側ではそんなふうに「お目出度《めでた》くもないよ」と毒《どく》づきながらも、表では盛大なお祝いに天皇皇后がお出ましになり、宮城前広場に約五万人が集まって「君が代」を斉唱《せいしょう》し、総理大臣近衛文麿《このえふみまろ》が寿詞《よごと》（お祝いの言葉）を申し上げ、ラジオが中継で全国に放送しました。また花電車やイルミネーションで飾られた電《でん》飾市電《しょくしでん》が走り、もちろん提灯《ちょうちん》行列も華々《はなばな》しいものでした。新聞も大々的に報じました。

「この日、聖典《せいてん》を祝福するがごとく、秋《しゅう》天爽《てんさわ》やかに澄《す》み渡り、宮極も太《ふと》しき寝殿《しんでん》造《づく》りの式殿は瑞祥《ずいしょう》の気燦《あきらか》なるがごとく……」

まあ、要するにめでたくて賑《にぎ》やかだったということを新聞記者は美文《びぶん》で精一杯に書いたんです。およそほとんどの人が理解できなかった名文をですね。

また高松宮宣仁親王殿下《たかまつのみやのぶひとしんのうでんか》がしずしずと前へ進んで、天皇に奉祝《ほうしゅく》の詞《ことば》を奏上した時、「臣《しん》、宣仁」と言ったのがラジオで流れまして、「えっ、宮《みや》さまも天皇の家来《けらい》なんだ」と子供心にも思った記憶があります。

いずれにしろ、これは太平洋戦争がはじまる前の昭和日本のもっとも輝ける日であったと思います。そして式典が終わると、一斉《いっせい》に街頭にポスターが張られました。

「祝いは終わった、さあ働こう」

まったくゲンキンなもので、政府はたちまち国民の尻をたたいているわけです。

近衛首相にとっても一番栄光にみちみちた時だったでしょう。ちなみに近衛さんはこのひと月前の十月十二日、大政翼賛会《たいせいよくさんかい》を発足《ほっそく》させています。彼が総理大臣になった時から口に出していた「新体制運動」の実践《じっせん》であり、民政党や政友会など日本の過去の政党がこの時すべて解散して翼賛会に吸収されてしまいました。その後の日本は、大政翼賛会を中心に政治が動いていくのですが、これも実際はたちまちに軍部と内政の中心たる内務省の支配下におかれ、どんどん戦争協力の御用《ごよう》機関になっていくのです。

だいたい何か賑やかなことをやる時は、当時の日本ではすぐ軍部と内務省が出てきて仕切《しき》るのです。大政翼賛会に入って、政治をもう少しなんとかしようとしていた心ある人もいたのでしょうが、内情を知るにつけ、次々に脱落《だつらく》していきました。

式典の約半月後の十一月二十四日、元老の西園寺《さいおんじ》公望《きんもち》が亡くなります。戦前の二十一人の総理大臣は、この人が昭和天皇に推薦《すいせん》し進言することによってつくられたという、重要な役割を果たした人でした。しかし前にも申しましたが、軍部があまりに強くなった頃、これではだめだとへっぴり腰になり、政治に口出しする気力を失って興津《おきつ》にこもったきりになってしまいました。三国同盟が結ばれた時には、側近《そっきん》に「これで日本は滅びるだろう。これでお前たちは畳の上で死ねないことになったよ。その覚悟を今からしておけよ」としみじみ言ったそうです。事実、西園寺さんの言うような日本になるわけですが。享年《きょうねん》九十一でした。

松岡外相のヨーロッパ旅行

その年の十二月頃、雑誌「文藝春秋《ぶんげいしゅんじゅう》」が「日米戦争は避《さ》けられるか」というアンケートをしました。掲載は翌年一月号で、回答は「避けられる」四百十二人、「避けられない」二百六十二人、「不明」十一人。この時すでに約三分の一の日本国民は、もはや戦争は避けられないと思っていたのですが、逆に三分の二の人はまだ避けられると考えていたわけです。ただ、雑誌がこんなことをやっていられたのもこの頃までで、昭和十六年に入りますと統制は厳しさを増します。治安維持法《ちあんいじほう》、国家総動員法《こっかそうどういんほう》、言論出版集会結社等臨時取締法《けっしゃとうりんじとりしまりほう》、軍機《ぐんき》保護法、不穏《ふおん》文書臨時取締法、戦時刑事特別法など、マスコミはありとあらゆる法令によってがんじがらめとなり、息もつけないような状態になるのです。

アメリカのルーズベルト大統領が十二月二十九日、ラジオで「炉辺談話《ろへんだんわ》」を発表し、それが日本にも伝わりました。

「今日、アメリカ文明は最大の危機にさらされている。われわれはデモクラシー諸国の偉大な兵器廠《しょう》たらねばならない」

さらに日独伊《にちどくい》三国同盟に真《ま》っ向《こう》から猛反対し、ナチス・ドイツと戦うイギリス国民を大いに支援する、民主主義国家へは今後、物資を送るなどどんどん援助《えんじょ》すると明言《めいげん》したのです。

それまでアメリカは「モンロー主義」[*2]といって中立《ちゅうりつ》を守っていたのですが、この放送は、そこから脱すること、ヨーロッパ戦争への参戦を考えはじめた表明でもあるのです。これは日本にとっては大ショックでした。貿易統制の全権をもつ大統領が三国同盟を批判し、ナチス・ドイツを倒せと言わんばかりですから、次はそのナチスと同盟した日本への石油の輸出禁止をうってくるに違いない、ということを日本人は痛烈《つうれつ》に、かつ心寒く思わせられたのです。

こうして九月の三国同盟、北部仏印進駐の二つを中心に、日本が戦争への道を大きく踏《ふ》み出した昭和十五年が終わり、翌昭和十六年になりました。

喜劇俳優の古川《ふるかわ》ロッパさん(一九〇三—六一)が、正月の風景を日記に書いています。

「お屠蘇《とそ》も雑煮《ぞうに》も味が悪く、年賀状というものも無し、年々歳々《ねんねんさいさい》正月の気分は薄らぐとはいえ、此《こ》の非常時の正月は、みじんも正月の気分が無い」

比較的グルメでぜいたくな生活を好むロッパさんがこう嘆《なげ》くくらいですから、物資が乏《とぼ》しいだけでなく、一般人の生活は味気《あじけ》ない、殺伐《さつばつ》としたものだったのではないでしょうか。

さて、この時点では日本は一気《いっき》に南方に進出するよりも、まだアメリカとの関係を外交交渉によってなんとか丸く元に戻せないかと、多くの人が考えていたと思います。そこで間もなく日米交渉がはじまるのですが、その前に、松岡洋右《まつおかようすけ》外務大臣は、三国同盟を結んだのだから、これを基盤《きばん》にして自分が提唱《ていしょう》している「日独伊ソ」四国協定にまで話をもっていくチャンスではないかと考えました。そして昭和十六年三月から四月にかけて、ヒトラーとスターリンに会うため、自らベルリンとモスクワを訪問することにしました。その話を先にいたします。

同盟を結んだ直後ですから、ヒトラーは大歓迎してくれるでしょうが、その帰りにモスクワに寄るといっても、スターリンが会ってくれるかどうかは大きな問題でした。しかし松岡外相はあえてこの思い切った外遊《がいゆう》に踏み切ったのです。

私も一九九〇年、東西ドイツが統一された翌々日ぐらいにベルリンを訪問しました。東ベルリンの飛行場に降りましたら、ロシア語ばかりだった看板を英語のものに取り換えている最中でした。一週間ほど滞在しまして、ヒトラー・ドイツのもっとも盛んな時の遺跡を見物したり、松岡外相が訪独した時のようすも探ったりしました。その際の歓迎ぶりは、まことにドイツ挙《あ》げての盛大なものだったようです。ベルリン駅頭《えきとう》に日の丸と旭日旗《きょくじつき》、そしてナチス・ドイツの鉤十字旗《かぎじゅうじき》がだーっと張りめぐらされるなか、整列したヒトラー・ユーゲントが「ハイル・ヒトラー！」「ハイルハイル・マツオカ！」の歓声を飛ばす光景を駅前広場に立って想像したのですが、松岡はそれはいい気分だったと思います。世界一美しいといわれるドイツの軍服姿の将兵整列を閲兵《えっぺい》したあと、銅像が並び立つウンターデンリンデンの大通りをオープンカーで行進して宿舎《しゅくしゃ》に入る。まあ、私はタクシーで通ったんですが、宿舎となった離宮《りきゅう》シュロッス・ベレ・ビューも残っていました。なかなか立派な、高価《たか》そうなホテルになっていました。

ヒトラーの悪魔的な誘い

さて三月二十七日と四月四日の二回、松岡は膝《ひざ》を突き合わせてヒトラーと会談します。その一回目、三月二十七日の会談で、ヒトラーが滔々《とうとう》と述べました。

「日本にとって、歴史的にこれ以上絶好の機会はない。若干《じゃっかん》の危険は必然的に伴うが、ロシアとイギリスが取り除かれ（実際は、イギリスがドイツの空襲を受けているとはいえ、前回お話ししましたように様子はずいぶん変わっているのですが、もちろんヒトラーはそんなことは言いません。またロシアとは同盟を結んで仲良くしているから心配ないというわけです）、アメリカも戦備が整っていない。そういう時には危険など非常に小さいものである。だから今こそチャンスで、日本は東洋におけるイギリスの牙城《がじょう》であるシンガポールを一日も早く攻撃すべきだ。この機会を逃せば、フランスとイギリスが二、三年中に戦力を回復してくる可能性もある。この二国を応援しているアメリカが、フランス、イギリスと同盟を結べば、日本はいやでもこの三国と戦争することになってしまう。だからなおさら早くシンガポールを叩《たた》き、イギリスを完璧《かんぺき》につぶしておかねばならない。いまのところ、日本がヨーロッパにほとんど利害関係をもたないのと同じように、ドイツもアジアに対してはほとんど利害関係がなく、お互いに好都合である。日本のアジア、ドイツのヨーロッパという新秩序をつくって協力をすることで、世界を支配する最善の基礎がつくれるではないか」

この時、鼻《はな》っ柱《ぱしら》が強くて大言壮語《たいげんそうご》の好きな松岡外相とはいえ、さすがに、「わかりました。シンガポールをやりましょう」とは言わなかったらしいのです。かろうじて抑《おさ》え、約束はしなかったようです。

「日本は非常に世論の微妙《びみょう》な国であって、私は帰国後、この会談内容を政府や軍部や新聞に説明しなくてはなりません。その時、シンガポール攻撃が論議されたことは一応言わざるを得ませんが、それは単に仮の話であったと報告するほかはないのです。だから、この件について、ドイツから急いで特使《とくし》を派遣《はけん》するようなことはしないでほしい」

というような、いずれやるつもりではあるがいまのところは……、みたいな言い逃《のが》れをしたようです。しかしヒトラーはさらにたたみ掛《か》けます。

「アングロサクソン（アメリカとイギリス）というのは、協力したとしても決して真の提携《ていけい》ではない。一方が必ず他方に対して常に反目《はんもく》するという例を歴史がたくさん示している。イギリスはヨーロッパにおいて、ある一つの国が優位になることを決して容認《ようにん》しない。同様にアジアにおいては、日本、中国、ロシアを相互《そうご》に反目させて、イギリス帝国の利益のみを増やそうとしている、そういう国なのだ。アメリカもまたイギリスと同じやり方を受け継ぎ、イギリスの帝国主義にかわって、アメリカ式の帝国主義でこれから行動しようとしているのだ。日本はそういうイギリスを早くぶっ潰《つぶ》すためにも、シンガポールを……」

この時も、松岡さんはむにゃむにゃ言って、約束だけはしなかったようです。

そして二回目、四月四日の会談です。こんどは松岡が口を開きます。

「ルーズベルト以下アメリカの指導者たちは、南方（東南アジア）からアメリカに向けて比較的アメリカに不足しているゴムやスズの輸送の自由を日本が保証しさえすれば、中国や東南アジアのために、日本に戦いを挑むようなことはしないのではないか。しかし、日本が大英帝国の没落《ぼつらく》を早めるためシンガポールを攻撃するようなことになれば、アメリカはただちに日本に開戦すると前々から宣言している。この声明は、イギリス文化に育《はぐく》まれた日本人には相当の効果を発揮していて、だからシンガポール攻撃に対しては大きな反対運動が起きるでしょう」

するとヒトラーはこれに厳しく批評を加えます。

「そのようなアメリカの態度というものは、イギリスが存在する限り、いつか手を組んで日本に一撃を加える野心《やしん》の表明にほかならない。裏を返せば、イギリスが没落すれば仲間を失い、いきおいアメリカは孤立せざるを得ないということだ。そうなるとドイツ、日本、イタリアを相手に戦争する気などまったく起こさないだろう」

まさにヒトラーの悪魔のささやきです。このように誘いをかけられても松岡が自制《じせい》し、シンガポール攻撃の約束だけはしなかったのは、一つにはそんな約束をして帰国し、ちらとでも昭和天皇の耳に入れれば、理由もないのにドイツの手助けのためイギリスを叩《たた》くなど、それこそイギリス贔屓《びいき》の天皇が激怒《げきど》するのが目に見えているからです。松岡は長州出身で、話が天皇のことに及ぶと涙がぽろぽろ出るというかなりの天皇好きで、ヒトラーの前でもスターリンの前でもそうだったといいますから、その天皇の叱責《しっせき》を浴《あ》びるということを考えれば、いくら有頂天《うちょうてん》になっていたとしても約束だけはできなかったのでしょう。

しかし、近頃の研究によれば、約束をしたのだけれど帰国してから言えなかった、松岡はドイツに日本を「売っていた」のだ、という説もあり、あまり人を悪く言わない天皇も、『昭和天皇独白録』で、かなりはっきりと松岡に不信を投げかけています。

「松岡は二月の末に独乙《ドイツ》に向い四月に帰って来たが、それからは別人の様に非常な独逸《ドイツ》びいきになった、おそらくはヒトラーに買収《ばいしゅう》でもされてきたのではないかと思われる」

辛辣《しんらつ》もここに極《きわ》まれり、ですね。

こうして松岡は、ヒトラーと三国同盟を祝い、今後ドイツはヨーロッパで、日本はアジアで新秩序をつくるということを確認して鉄道に乗り、四月十三日にモスクワに到着しました。すると会ってくれないだろうと思っていたスターリンが、思いがけず会うというのです。ここでもまた膝《ひざ》を突き合わせた話し合いがもたれました。

その時、松岡のほうから、二人で「電撃外交《でんげきがいこう》」をやって全世界をあっと驚《おどろ》かせようじゃないか、と言い出したという話も残っています。いや、スターリンからともいわれていますが、いずれにせよスターリンがいかなる政戦略を頭に描いていたのか、話がトントンと妙に進んであっという間に四月十三日午後二時、その日のうちに世界じゅうの誰もが予想していなかった日ソ中立条約が調印されてしまったのです。

日本に対してソ連が友好的な態度をとることなど、およそ昭和はじまって以来、いえ日清戦争以来なかったと思うのですが、ソ連側から提案して中立条約が結ばれるなどは驚天動地《きょうてんどうち》で、昭和史最大の不思議の一つであります。それだけに松岡にとっては大手柄でした。こうなると松岡はさらにいい気分になって、中立条約ではなく不可侵《ふかしん》条約にしてもらいたいと希望したのですが、さすがにソ連もこれには驚きました。不可侵条約というのは、相互の領土を互いに攻撃することを絶対的に禁止し、相互間に侵略は行なわない、という取り決めです。現在、北

✺ご機嫌そのもののスターリン

朝鮮がアメリカにしきりに不可侵条約を結んでくれというのはまさにこれなんです。アメリカは結びたくないもんですからぐちゃぐちゃ言ってますが。この場合、ソ連側はさすがに戸惑《とまど》いつつも、モロトフ外務大臣は「日露戦争で失った樺太《からふと》（サハリン）などの返還を伴《ともな》わないなら世論《よろん》が許さないだろう、ついてはそこまで結びたいのであれば、南樺太と千島《ちしま》列島を返してくれないか」と言い出します。すると、松岡はでっかく答えるんです。

「小さい、小さい。世界地図をよくごらんなさい。南樺太と千島なんて言ってないで、ソ連はインドやアフガニスタンに出ていきなさい、日本は目をつぶっていますから」

この辺のところは虚々実々《きょきょじつじつ》といいますか、外交なんてのはまことにインチキ極《きわ》まりないなと思うところがあるのですが。ともかくここは、スターリンも出てきて、まあいいじゃないかというので中立条約に落ち着きました。ただその第一条には、一応、「両国の領土の保全および不可侵を尊重する」という文言《もんごん》を入れています。不可侵を「尊重」する、というわけです。また第二条は、「締結国の一方が、一または二以上の第三国よりの軍事行動の対象となる場合、他方の締結国はその紛争の全期間中、中立を守る」。もし日本がアメリカと戦争した場合、ソ連は中立を守ってくれる、そのかわりソ連がドイツと戦争する場合は、日本はドイツと軍事同盟を結んでいるけれども中立を守る、という約束です。

つまりスターリンの戦略構想のなかには、ソ連の優秀な諜報機関《ちょうほうきかん》により、ドイツがやがて攻めてくることがわかっていて、万が一の事態がすでに目前にある、という危機感があったことを意味するのではないでしょうか。そんな時に、後ろから日本にやられたら、ソ連はヨーロッパでもアジアでも戦うというたいへんな事態になるわけで、うまい時に松岡外務大臣がやって来てくれたと考えたのでしょう、独ソ戦が起こっても中立を守るということを日本に約束させたわけです。この辺はまさに虚々実々というところです。しかも五年間という珍《めずら》しいほど長い有効期間で調印《ちょういん》されました。

松岡外相はしかし、裏にどんなもくろみが、いかなる陰謀《いんぼう》や策略《さくりゃく》が渦巻《うずま》いているのかなど少しも考えず、十三日午後五時、いい気持ちでシベリア鉄道で帰国すべくモスクワを出発します。そのとき、駅頭にスターリンが見送りに来たというのですよ。そんなことはまずないのですが、その時の写真が残っています。一層《いっそう》有頂天になった松岡に、スターリンは肩を抱きかかえるようにして言いました。

「お互いにアジア人だからなあ」

スターリンはたしかに、グルジア共和国というアジアの生まれです。そんな派手《はで》な演出でもって、われわれはいつまでも友人だ、と甘い言葉をささやいたようですが、現在でも、この時モスクワ駅頭でスターリンがいったい何を考えていたのか、不思議なこととされています。また、調印後の小さなパーティの時も、スターリンは日本大使館付《づき》の海軍武官に近づき、

「これで日本は安心して南進できますなあ」

と声をひそめて言ったといいます。南進したくてたまらない日本海軍の思惑《おもわく》をじつによく見

越したこれまた「悪魔のささやき」でした。

松岡が帰国すると日本国民は大歓迎し、千駄ヶ谷《せんだがや》の松岡邸門前《もんぜん》には東京市民がこもごも集まって万歳三唱《ばんざいさんしょう》しました。もちろんソ連の魂胆《こんたん》など想像する人はいません。唯一《ゆいいつ》いたとすれば、陸軍参謀本部でしょう。「スターリンはいったい何を考えているのか」。陸軍にとっては、これまで好意のこれっぽっちも見せなかったソ連が中立条約を積極的に結んだのですから疑惑の念を抱きましたが、国内全般としては「ソビエトの、北からの脅威《きょうい》が薄れた。さあ南進だ！」とマスコミが太鼓《たいこ》を叩《たた》き、日本は国をあげて南進論一色に染《そ》め上げられていきました。そしてスターリンの言葉そのままに、「安心して」英米との正面衝突が確実となる東南アジアへの進出がいよいよはじまります。おそらくスターリンの期待通りでしょう、ソ連にとってこれでアジアは「安心」でした。

モスクワ駅頭でスターリン（右）と談笑する松岡洋右（左）
昭和16年４月13日

ひとつ面白いエピソードを付け加えれば、松岡外相がモスクワにいた時、イギリス首相ウィンストン・チャーチルが、駐ソ英国大使に松岡宛《あ》ての書簡《しょかん》を託《たく》しました(四月十二日付)。大使はそれをわざわざWC(便所)で松岡に手渡したそうで、つまりウィンストン・チャーチルの頭文字《かしらもじ》、しゃれてますよね。なかなかいい手紙なので、紹介しますと、

「昭和十六年夏から秋において、ドイツは果《は》たしてイギリスを征服《せいふく》できるのか。この問題が解決するまで待つのが日本にとって有利《ゆうり》ではありませんか」

つまり、あなた方はイギリスが負けると思っているでしょうが、そういうものでもありませんよ。よーく見届《みとど》けたほうがいいんじゃないですか、というわけです。このように、チャーチルはきちっと質問してくるんですね。

「独伊軍事同盟への日本の加入はアメリカの参戦を容易《ようい》にしたのではないですか、あるいはかえって困難にしたのでしょうか。アメリカがイギリスに味方し、日本が独伊枢軸《すうじく》に参加するとして、英米の優秀な海軍はヨーロッパの枢軸国を処分《しょぶん》するとともに、日本をも処分することを可能にしたのではないですか」

要するに、イギリスとアメリカが手を組めば、独伊など簡単につぶせるし、それと同時に日本も簡単につぶせるというのです。また、

「イタリアは、ドイツにとって力となるでしょうか、重荷《おもに》となるでしょうか」

チャーチルという人の世界観、戦略観はじつにしっかりしてるんですね。

「一九四一年（昭和十六）には、アメリカの鋼鉄の生産高は七千五百万トンになり、イギリスでは千二百五十万トンになり、合計しておよそ九千万トンになるというのは事実ではありませんか。万一ドイツが敗北すれば、日本の生産高七百万トンでは、日本単独の戦争には不充分ではないのですか」

まさにその通りなんです。チャーチルは、日本が対米強硬路線を突っ走るのは非常に危険であり、もう少し政策を緩《ゆる》やかにしてはどうか、と忠告してくれたのですが、松岡さんはそうは受け取りません。むしろ侮辱《ぶじょく》ととり、帰国と同時に返事を書きました。

「日本の外交政策は、たえず偉大な民族的目的と八紘一宇《はっこういちう》に具現《ぐげん》した状態を地球上に終局《しゅうきょく》的《てき》に具体化することを企図《きと》し、日本の直面《ちょくめん》する事態のあらゆる要素をきわめて周到《しゅうとう》に考慮《こうりょ》して決められたものであるから、ご安心くだされたい。

また、一度決定された以上は、決然《けつぜん》と、極度《きょくど》の慎重《しんちょう》さをもって遂行《すいこう》されることを、あえて申し上げる。敬具《けいぐ》」

簡単に言いますと、日本のやろうとしているのは偉大なる八紘一宇の大目的であって、その実現のため、三国同盟にしろ日ソ中立条約にしろ、すべていい加減《かげん》ではなくしっかり考えて決めたのだから、余計《よけい》なことは言わないでいただきたい、さよなら、というのです。

こうして昭和十六年の春から初夏にかけて、何度もいいますが、北のソ連は中立条約で安心だ、これからは長期戦を戦える資源を求めて東南アジアの資源地帯へ、と日本は「決然と」して南への進出を国策として決めていきます。

ここで一つ、非常に興味深い話をつけ加えておきます。それはアメリカがこの中立条約締結までの日ソ両国の動きをどう見ていたか、なんです。言うまでもなく、当時からアメリカの諜《ちょう》報《ほう》機関は優秀でした。ですから、あとでもう一度触れることになりますが、得意ともいえる暗号電報の解読で、子細《しさい》な点までアメリカ政府の知るところとなっていたのです。ルーズベルト大統領は、スターリンやモロトフ外相と松岡との微妙《びみょう》なやりとりから、日本の南進政策が今や主流の考え方になっていることを再確認することができました。それだけではなく、ソ連が南樺太《からふと》は当然のこととして千島《ちしま》列島にまで食指《しょくし》をのばしていることを、この時に察知《さっち》することができたのですね。

そのお陰《かげ》でというと奇妙な言い方になりますが、後にソ連を対日参戦に誘《さそ》うための〝獲物《えもの》〟として千島列島があることを、ルーズベルトがその意識下《か》にしっかりおさめたのです。それは一九四五年（昭和二十）二月のヤルタ会談での折衝《せっしょう》なんですが、その時のルーズベルトとスターリンとの間で交《か》わされた秘密の会話の前提《ぜんてい》が、この時の暗号解読にあったというわけです。いずれそのことについて語る時がきますが……。外交というものの恐ろしいところが、この一《いち》事《じ》をもってもよくわかります。

英雄は頭を転向する

ところで歴史は日本の思った通りには動いてくれませんでした、というより、日本の思わない方向へさらに動いてゆくことになるのです。

なんと、一九四一年（昭和十六）六月二十二日、ナチス・ドイツがソ連に進攻を開始しました。バルバロッサ作戦計画といいます。日本政府へのあらかじめの知らせもなしに、です。三国同盟締結の時の目的であった「日独伊ソの四国が提携《ていけい》して米英にあたる」などという日本の夢は、まさにこの瞬間に雲散霧消《うんさんむしょう》し、いまやソ連は米英陣営《じんえい》の一員となったのです。

もしこの時、チャーチルがいうように、日本が本気で自国のことを真剣に慎重に考え、全体を見極《みきわ》めていたら、ドイツが約束を破ったのを理由に日独伊三国同盟から離脱《りだつ》して中立となり、戦争不参加を決め込むこともできたのです。まさしく戦争に巻き込まれないためのチャンスが訪れたのです。ところが日本はあえて三国同盟に固執《こしつ》しました。なぜでしょうか。ドイツの勝利を信じていたからです。英国を倒し、ソ連も叩《たた》きつぶす。そしてその後の新しい世界地図、アジア新秩序を日本がつくることを夢想《むそう》していたからでした。

蛇足《だそく》ですが、六月二十七日、ドイツのソ連進攻というゆゆしき事態を受けて、大本営《だいほんえい》政府連絡会議（この会議について次回にくわしく述べます）が開かれます。この時、松岡外務大臣は突然こう言い出します。

「断固《だんこ》としていま、ソ連を攻撃しよう」

二カ月ちょっと前に中立条約を結んできた当事者のこの発言に周囲は驚きますが、松岡はかまわず続けます。

「英雄は頭を転向《てんこう》する。わが輩《はい》はさきに南進論を主張してきたが、いまは北進論に転向する」

さすがに皆、ア然としましたが、松岡は滔々とやりはじめます。

「時間がたてばソ連の抵抗力が増し、日本は米英ソに包囲《ほうい》されることになる。日本が満洲から攻撃に出てスターリンをぶっ叩《たた》き、ヒトラーに勝たせる。その後にゆっくりと南方へ進出すれば、米英を押《お》さえることができる。ところが、さきに南方へ進出すれば、米英と衝突してアメリカのヨーロッパ参戦を招くことになり、ドイツが俄然《がぜん》、不利《ふり》になる。おかげでソ連は生き延び、そのため日独はともに敗北するかもしれない」

なかなか先を見越《みこ》したことを言っているのですね。いまは南進してはいけない、北だ北だ、と。ですが無責任な外務大臣ですね。いまになるとまことに滑稽《こっけい》としかいいようがないのですが、この後も論争は続きます。松岡が言います。

「まず北をやり、次いで南をやるべし。虎穴《こけつ》に入《い》らずんば虎児《こじ》を得《え》ず。よろしくソビエト攻撃を断行《だんこう》すべし。それが正義《せいぎ》というものだ」

平沼騏一郎《ひらぬまきいちろう》内務大臣が言います。

「国策として、ただちにソ連と開戦せよというわけだね」

「然《しか》り」

「その前に、まず準備が必要じゃないのか」

これに杉山《すぎやま》参謀総長が答えます。

「なるほど正義はまことに結構ですが、実際はただちにはできません。陸軍統帥部《とうすいぶ》としては、まず準備を整える、やるやらないはそれから決める」

松岡はがんばります。

「では、とにかくソ連を討《う》つということだけは決めてほしい」

――なんともおかしな話で幕《まく》が閉じられます。そしてこの六月二十七日の大本営政府連絡会議の結果をもって、昭和十六年の四回の御前《ごぜん》会議のうちの、第一回目が開かれることになるのです。その会議で「南進すべきか北進すべきか」が中心議題とされるのです。

次回は日米交渉とそれにともなう四回の御前会議ということになります。

＊1――「冒険ダン吉」　昭和八年（一九三三）から六年間にわたって講談社「少年倶楽部」に連載された島田啓三作の冒険漫画。主人公のダン吉とねずみのカリ公が漂着した南洋の島で繰り広げる波瀾万丈の物語。／「わたしのラバさん酋長の娘」　石田一松作詞作曲の流行歌「酋長の娘」（大正十五年）。「わたしのラバさん酋長の娘　色は黒いが南洋じゃ美人」ではじまる。

＊2――モンロー主義　一八二三年のアメリカ第五代大統領J・モンローによる宣言をもとにした、欧米両大陸の相互不干渉を主張する外交政策の原則。

第十一章

四つの御前会議、かくて戦争は決断された

太平洋戦争開戦前夜

この章の

✷ポイント

昭和十六（一九四一）年に開催された四回の御前《ごぜん》会議は、まさに太平洋戦争開戦へのカウントダウンでした。第一回の決定に基づいて、日本は北部仏印《ほくぶふついん》で留まっていた軍隊を進め、南部仏印《なんぶふついん》に上陸。これにより太平洋を挟んだ日米両国の激しい対立がはじまります。第二回、第三回の決定を基に日米交渉が行なわれますが、すでに日本の外交暗号を解読していたアメリカは、最終的にハル・ノートを突きつけ、第四回でついに開戦が決定してしまいました。

✷キーワード

野村吉三郎《のむらきちさぶろう》／グルー／日米諒解案《りょうかいあん》／大本営《だいほんえい》政府連絡会議／御前会議／関特演《かんとくえん》／南部仏印上陸／ハル・ノート／ニイタカヤマノボレ

外務省内の対米英強硬派

今回はいよいよ対米英開戦ですが、その前に、長い日米交渉の時間があって、それを踏《ふ》まえながら四回の御前《ごぜん》会議が開かれ、ついに対米英戦に突入するのです。そこで、また少し時計の針を逆《ぎゃく》に回して、昭和十五年（一九四〇）十一月末頃に話を戻します。

ちょうどその頃アメリカから、ウォルシュとドラウトという二人の神父《しんぷ》が日本にやって来ます。どうして来ることになったか経緯《けいい》は少しややこしいので略《りゃく》しますが、その二人がまず産業組合中央金庫の井川忠雄《いがわただお》[*1]理事に会い、また井川さんを介《かい》して十一月末、近衛《このえ》首相にも会うことになります。なぜ、二人の神父が近衛さんにまで会うことになったか、それは彼らが「日米国交打開策《にちべいこっこうだかいさく》」を携《たずさ》えてきたからです。近衛さんはそれに乗り気となって、十二月のはじめ、両神父は陸海軍の首脳《しゅのう》にも会うことになるのです。

その案は、「ルーズベルト大統領と近衛首相とが、太平洋沿岸のアラスカまたはハワイで会見し、日米両国間の懸案《けんあん》を一挙《いっきょ》に調整する」ことをうたったものでした。その前提条件として、ヨーロッパ戦争に対する日米両国の態度、日支《にっし》事変つまり日中戦争の解決策、そして日米通商問題――アメリカから通商航海条約を打ち切ってきたことについての再検討――などが挙げられており、要するに日米が敵対関係になっている基本的な問題について両国が意見をぶつけ合

海軍大将時代の野村吉三郎
（1877-1964）

い、引くところは引いてお互いに調整しようという内容でした。

日本陸海軍としても政府としても、日米通商航海条約の廃棄で太平洋の波が荒立っているわけですから、これが元通りになるならそれに越したことはありません。特に陸軍軍務局長の武藤章《むとうあきら》少将は俄然《がぜん》、乗り気になります。そこで政府はこの日米国交打開策をそのまま生かし、問題を一気に解決しようと、交渉を開始するため、当時欠員《けついん》だった駐米日本大使を急ぎ補充《ほじゅう》して海軍大将野村吉三郎《のむらきちさぶろう》を選びます。これは近来《きんらい》にない名人事《めいじんじ》といわれました。というのは野村さんはアメリカ勤務の経験もあり、現地に友人も多く、信頼も築《きず》いていたからです。

しかし歴史というのは困ったもので、これを名人事と思わない連中もいました——外務省の人たちです。というのも、時間をさらにさかのぼって昭和十四年九月、阿部信行《あべのぶゆき》内閣ができた時に、外務大臣となった野村さんがやったのが外務省の大改革だったからです。

当時は外務省もまた、対米英強硬派が主流となっていました。そこへ乗り込んだ野村さんは、人事異動を強行します。次官には、対米英に柔軟《じゅうなん》といいますか、むしろ協調派といえる谷正之《たにまさゆき》を据《す》え、野村・谷コンビでいわゆる「革新派」すなわち対米英強硬派を外へ転出させようと考え、実行しました。

たとえばアジア局長の栗原正《くりはらただし》をスイス公使に、情報部長の河相達夫《かわいたつお》をオーストリア公使に、親ドイツの元凶《げんきょう》である駐独大使の大島浩《おおしまひろし》と駐伊大使の白鳥敏夫《しらとりとしお》をただちに日本に呼び戻して、後任にドイツは来栖三郎《くるすさぶろう》、イタリアは天羽英二《あもうえいじ》といった、どちらかといえば「中間派」の人たちを送り込んだのです。

これが外務省のエリートたちのものすごい反発を招《まね》きました。ところが彼らはそのへんは上手で、いきなり大臣と次官に刃向《はむ》かうことはせず、いつか復讐《ふくしゅう》してやろうと追い落としの機会を狙《ねら》ったわけです。そのワナに入ったかのように、阿部内閣が「貿易省」をつくるという構想を発表します。「待ってました」とばかりに外務省の全部局がそれに猛《もう》反対し、昭和十四年十一月、課長以下の有資格者《ゆうしかくしゃ》つまりキャリア百三十人が全員、谷次官に辞表を提出し、外務省はじまって以来の大騒動になってしまいました。

これにはさすがの野村さんも閉口《へいこう》し、「参った」となります。まあ、たしかに「貿易省」という構想自体に少々無理がありまして、もう少しきちんと根回《ねまわ》ししてからやればよかったのでしょうが、政府筋《すじ》はそんなことを考えずに発表したためにこういう事態になってしまったのです。阿部首相もあきらめて、原案《げんあん》を撤回《てっかい》しました。

これで一応、騒動はおさまったものの、外務大臣野村吉三郎がやろうとする改革路線は完全に出鼻《でばな》をくじかれ、野村反対のエリートたちが、より結束《けっそく》を固める結果となりました。ちょうどアメリカが通商航海条約の廃棄をちらつかせながら日本に脅《おど》しをかけていた頃ですから、なんとか条約の延長をはかろうと野村さんがグルー駐日米大使と交渉していたのにも、外務省の連中《れんちゅう》はそっぽを向き、「アメリカ何するものぞ」と鼻息《はないき》も荒く固まっていきます。二人の交渉がうまくいくはずもなく、前にも話しました通り、昭和十五年一月、アメリカは正式に日米通商航海条約を廃棄してきたのです。

——といういきさつが過去にあったんですね。海軍軍人の野村さんは外務官僚にとって目の敵《かたき》といってもいい。その人が駐米大使になるなど許すべからざる人事だったと思います。しかし官僚というのはそういうことは口に出しません。代わりにサボタージュでもってこれを迎える。日米交渉がスムースにいかないわけです。

ちなみに主な外務官僚を分けてみます。

〈米英協調派〉幣原喜重郎《しではらきじゅうろう》、佐分利貞男《さぶり》、重光葵《しげみつまもる》、堀内謙介、芦田均《あしだひとし》、藤村信雄、福島慎太郎、平沢和重《かずしげ》——ただし藤村、福島、平沢はのちに対米英強硬派に鞍替《くらが》えしたようです。

〈アジア派〉有田八郎、斎藤博、谷正之——これは、中国進出は宿命ではあるが、ただし米英協調の枠《わく》のなかでやるべきだと唱えていた人たちです。

〈大陸派〉松岡洋右《まつおかようすけ》、斎藤良衛《りようえい》、吉田茂《よしだしげる》——中国での日本の権益は守るが、ただしそれはなんとか外交手段でと主張した人たちです。うち吉田さんは後に親米英派に転《てん》じます。

〈対米英強硬派〉本多熊太郎、白鳥敏夫、栗原正、松宮順《じゅん》、重松宣雄《のぶお》、仁宮武夫《にのみや》

そして、

〈ドイツ傾斜派〉東光武三《とうこう》、三原英次郎、中川融《とおる》、牛場信彦《うしば》、青木盛夫、甲斐文比古、高瀬侍郎《じろう》、高木公一——この人たちの名前は戦後、外務省内の相当偉《そうとうえら》いところに並びます。まあ、こういう具合に、外務省のなかで外相時代の野村さんは浮いていたのですが、ともかくその人がアメリカに赴任《ふにん》します。それが昭和十六年四月一日のことでした。

雲散霧消した日米諒解案

野村さんはワシントンに着き、大使館員《たいしかんいん》を集めてあいさつをし、日米関係をなんとか元に戻し、荒立《あらだ》っている太平洋の波をしずめたいと言って聞かせました。

また初の会見の時、コーデル・ハル国務長官は、野村大使に提案しました。

「今日のように険悪《けんあく》な状態のときに、日米両国のどちらかが、国交調整《こっこうちょうせい》の主導権《イニシアチブ》をとることは適当でない。ところが、ここに幸いにも三人の愛国者（ウォルシュ、ドラウト両神父と日本陸軍の岩畔豪雄《いわくろひでお》中佐を指します）によって作成せられた試案がある。日米両国はこれを基礎《きそ》として交渉をはじめてはどうだろうか」

こうして両神父がもってきた「日米国交打開策」を原案《げんあん》とし、ただちに日米双方《そうほう》の担当者が話し合いを進め、四月五日には、「日米諒解案《りょうかいあん》」の第一案ができあがります。ルーズベルト大統領と近衛首相が太平洋沿岸のどこかでサミットを行ない、こじれている問題点を解決するという内容で、ワシントンでの交渉では日米双方ともこれに異論《いろん》なく、さらに討議《とうぎ》を重ね、四月十六日には最終案がまとまります。

野村大使はハルに言いました。この日米諒解案の最終案を本国に通達《つうたつ》する、と。ハル長官も、なるべく早く日本政府の正式な意見を承《うけたまわ》りたい、と好意的でした。そこで野村さんは晴れやかな気分で、四月十七日に最終案を日本へ送り、翌十八日に届きました。

こんなにも早く、と言ってもいいと思いますが、これを受け取った日本政府は狂喜しました。特に当時、モスクワ旅行中の松岡洋右にかわって外務大臣を兼任《けんにん》していた近衛首相は、結構なことだと大歓迎し、さらに陸軍大臣も海軍大臣も参謀総長も軍令部総長も賛成、細部の問題はともかく、ほとんど全員が諒解案の趣旨《しゅし》に同意したのです。すぐにでも野村大使に「日本政府は同意」と返事を出そうという意見が大半《たいはん》でした。

さてここで、残念な話になってしまうのです。近衛さんが本当にリーダーとしての決断ができればよかったのですが、それができない人だった。さながらどこかの首相のように「丸投《まるな》げ」がお好きな方でしたから、「松岡外相がまもなく帰ってくる。松岡君の意見も聞いたほうがいいのではないか」とくだらないことを言い出したのです。したがって、すぐに返事をという強い意見も「トップがそう言うなら」と引き下がりました。四月十九日、二十日あたりのことです。

そこへ松岡外務大臣が、独伊との三国同盟の締結《ていけつ》、さらには日ソ中立条約という、ものすごいお土産《みやげ》をもって、おのれの手柄《てがら》に酔《よ》っ払ったような顔で四月二十二日、立川《たちかわ》の飛行場に着陸あそばしました。これがもう十日も遅けりゃあなんでもなかったんですが、折《お》りも折り、日米諒解案への同意《どうい》をアメリカに伝えようという直前に帰ってきてしまったんですね。

近衛さんは、松岡の同意をとりつけるつもりでわざわざ立川の飛行場まで迎えに行きましたが、有頂天《うちようてん》の松岡は、「そんなこと聞いている暇《ひま》はありません。これから日比谷《ひびや》で行なわれる私の歓迎国民大会に出席しますから、後でうかがいます」と言うので、近衛さんも仕方なく、移動の車内で丁寧《ていねい》に説明させるよう、大橋忠一《おおはしちゆういち》外務次官を松岡の車に同乗させました。

大橋から説明を聞いた松岡外相は、「そんな二人の神父がもってきたような、正常なルートでもない案をどうして信用するのか。愚劣《ぐれつ》にもほどがある。これは陸軍の陰謀《いんぼう》だ。わが外務省はこのようなくだらない案に乗ることはできない、だめ！」と突《つ》っぱねたんです。こうしてせっかくの日米諒解案は、松岡の猛《もう》反対によって、すっ飛んでしまいました。実は、松岡の胸中《きよう》は、俺が乗り出していってドイツ、ソ連と同様に、アメリカとの交渉もうまくやってみせる、その自負《じふ》にみちみちていたんです。他の者が余計《よけい》なことをするな、というわけです。ですが、ワシントンの野村大使は、日米諒解案とは別にハル長官との交渉をはじめていましたので、内容は徐々に絞られてくるわけです。

後に出てきますが、アメリカの態度は非常にはっきりしていて、とにかく「日独伊三国同盟から日本は外《はず》れろ」「中国および北部仏印の軍隊を速《すみ》やかに撤退《てったい》せよ」「満洲国も日本だけが押さえている形にせず、アメリカにも機会均等《きかいきんとう》にせよ」などという原則的な要求を強く押し出してくる。交渉はスムースに進まず、難航《なんこう》しかけていました。

そんな時、前回話しましたが、突然、ドイツがソ連に進攻《しんこう》をはじめ、世界情勢が一気に変わってしまいました。そこで、前回にお話しましたが、この新しい事態に向かって日本はいかに進むべきかというので「大本営《だいほんえい》政府連絡会議」が開かれます。

後の昭和十九年七月から「最高戦争指導会議」という名に変わるこの会議は、昭和十二年、第一次近衛内閣の時、政府と軍部のやろうとしていることがちぐはぐなので、指導力を発揮《はっき》したいと考えた近衛さんが、陸海軍の統帥部のお偉方《えらがた》と、政府の責任者が時々会って話し合おうじゃないかと提案し、まあ軍部も特に嫌《きら》う理由もないので設置《せっち》されたものです。つまり国務と統帥、内政外交と軍事の相互調整を目的に設けられた会議です。

しかし法制上の根拠《こんきょ》はありませんし、単に国政と統帥の双方《そうほう》の話し合いの会ですから、なんら結論は出ません。結論は、国務については改めて閣議《かくぎ》で正式決定するという手続きが必要でした。ですから、日中戦争の時にはじめたものの、近衛さんが内閣を辞《や》めた途端《とたん》に自然休会、平沼騏一郎《ひらぬまきいちろう》内閣の時は、例の「五相会議《ごしょうかいぎ》」が取って代わり、阿部《あべ》、米内《よない》内閣の時はまったく開かれませんでした。それが、近衛さんが第二次内閣をつくった時に、もう一度やりましょうという話になって再開したわけです。

出席するのは原則として総理大臣、陸軍大臣、海軍大臣、外務大臣——これが政府側です——軍部からは参謀総長、軍令部総長の計六人でした。また内閣書記官長、陸軍省軍務局長、海軍省軍務局長が陪席《ばいせき》で加わり、議題によっては内務大臣あるいは大蔵《おおくら》大臣が出席することもありました。

この会議を建前《たてまえ》としたために、じつは、これからの話がややこしくなるのです。というのは、天皇陛下は、天皇陛下であると同時に大元帥《だいげんすい》陛下であって、二つを使い分けていました。ところが大本営政府連絡会議では、内閣と統帥部が話し合いをしてしまうわけです。したがって、ここで決められたことは、なんとなしに内閣で決めたことのようになってしまう。つまり天皇陛下と大元帥陛下を一つにしてしまう傾向が生み出されたのです。つまり国政と統帥の両方の「決定にノーと言わない天皇」ということです。いずれにしろ第二次近衛内閣以降は、この日本のトップだけの会議がこれからしばしば行なわれます。

まず、ドイツがソ連に進攻するバルバロッサ作戦を開始した後に開かれた大本営政府連絡会議では、前回に申しましたが、日ソ不可侵条約を自《みずか》ら決めてきたばかりの松岡外務大臣が、その舌《した》の根《ね》も乾《かわ》かないうちに「直ちにソ連を攻撃せよ」と言って周囲を驚かせ、反発も受けましたが、構わず松岡は会議のたびに主張し続けました。

同時に、これをチャンスとみた軍部も、「北の脅威《きょうい》がなくなったのだから、今こそ南へ進出しよう」と盛んに唱えだします。ここに木戸幸一《きどこういち》の手記があります。

「この世界の急激なる大変動に際会《さいかい》し、我が国がひとり拱手傍観《きょうしゅぼうかん》し居《お》る能《あた》わざるは当然であって、資源の貧弱《ひんじゃく》なる我が国が南方の石油、ゴム、鉄を入手《にゅうしゅ》する為の施策《せさく》をなすは、何ら差《さ》し支《つか》えなきところであるが、これはあくまでも平和的に行なわれるべきものであって……」

これが当時の日本人の、おそらく一番代表的な考え方であると思います。南方の資源を入手するための政策を日本がとることは、何ら差し支えない——そんなわけないんですが、平和的にやれば構わないと思っている辺りが、じつに世界情勢を知らないといえばそれまでですが、事実そうなんですね。その時の天皇の発言が、同じ木戸日記にあります。

「わが国は、歴史にあるフリードリヒ大王や、ナポレオンのような行動、極端にいえば、マキャベリズムのようなことはしたくないね。神代《かみよ》からの御方針《ごほうしん》である八紘一宇《はっこういちう》の真精神《しんせいしん》を忘れないようにしたいものだね」

このように、昭和天皇その人もまた、平和的に行なわれるならいいんじゃないかというふうに思っていたことがわかります。

✹「対米英決戦を辞せず」

というわけで、大本営政府連絡会議ではいささか揉《も》めましたが、じゃあ両方の意見をとると

太平洋戦争開戦を決めた御前会議の出席者

〈第一回〉近衛首相　平沼内相　松岡外相　東条陸相
及川海相　河田蔵相　鈴木企画院総裁（以上政府側）
杉山参謀総長　永野軍令部総長　塚田参謀次長
近藤軍令部次長　原枢密院議長　武藤陸軍軍務局長
岡海軍軍務局長　富田書記官長

〈第二回〉近衛首相　田辺内相　豊田（貞）外相
東条陸相　及川海相　小倉蔵相　鈴木総裁
杉山参謀総長　永野軍令部総長　塚田参謀次長
伊藤軍令部次長　原枢相　武藤局長　岡局長
富田書記官長

〈第三回〉東条首相兼陸相　東郷外相　嶋田海相
賀屋蔵相　鈴木総裁　杉山　永野　塚田　伊藤　原
武藤　岡　星野書記官長

〈第四回〉東条　東郷　嶋田　賀屋　岩村法相
橋田文相　井野農相　岸商工相　寺島逓相　小泉厚相
鈴木総裁　杉山　永野　田辺参謀次長　伊藤　原
武藤　岡　星野

いうことで合意して、昭和十六年七月二日、この年の第一回の御前会議が開かれました。

御前会議というのは、天皇の前で内閣と軍部が一緒になって、日本の国がとるべき大方針を決める国家最高の会議です。天皇陛下は（天皇陛下と大元帥陛下の両方の役割をもって出席しますが）ひとことも発言しません。意見を聞くだけで、それを嘉納《かのう》あらせられる、つまり承知するという、建前《たてまえ》なんです。そのために、政府も軍部も前もって、大本営政府連絡会議で決めたことを天皇陛下に報告し、了承をとっておくという手続きをとります。その時には天皇もいくつか発言し、意見を述べ、それを加味して内容が少しは訂正されることもありますが、ほとんどはそのまま御前会議に持ち込まれます。したがって御前会議は一種の儀式《ぎしき》なんですね。

昭和十六年のその御前会議は、七月二日の第一回に続いて、第二回が九月六日、第三回が十一月五日、第四回が十二月一日に開かれますが、その出席者は表の通りです。

——こう見ますと第一回は、内閣側は農林大臣や厚生大臣などは出ていないんですね。ただし、最後の、対米英戦争を決定する時の会議にはあらゆる大臣が出席しています。

つまり、その時によってメンバーは変わりますが、政府と軍部のお偉方はほとんど全員が出席するという会議です。何遍《なんべん》も言いますが、ある程度の成案《せいあん》を前もって報告されている天皇陛下は、それを黙って聞くだけで承認する。つまり政府が決めてきたことは拒否しない、立憲君《りっけんくん》主制《しゅせい》の原則のもと、法的な責任は取らせない、それをきちんと守るというわけです。

議事《ぎじ》の経過《けいか》は語るほどのことではないので省《はぶ》きますが、さて七月二日の第一回御前会議において、日本は何を決めたのか。それが重大事です。

「帝国は大東亜共栄圏《だいとうあきょうえいけん》を建設し……支那《しな》事変処理に邁進《まいしん》し、自存自衛《じそんじえい》の基礎を確立するため、南方進出の歩《ほ》をすすめ、また情勢の推移《すいい》に応じ、北方問題を解決す」

簡単にいいますと、日中戦争の処理はどんどん進めていく、自存自衛の基礎を固めるために南方に進出し、同時にドイツの攻撃によって生じる情勢如何《いかん》によっては北方の、ソビエトの問題も解決する——要するに、松岡外相の強硬な主張に乗っかりながら南へは進出する、北も都合によってはやろうじゃないか、というのです。そして肝腎《かんじん》なのは次です。

「本目的達成のため対英米戦を辞《じ》せず」

国家として戦争決意を公式なものとした、運命的な決定であったと思います。

ただし、この頃、アメリカは前にも述べたとおり、日本の外交暗号《がいこうあんごう》の解読《かいどく》に成功していました。「パープル（紫）」と呼んだ外交暗号をアメリカが解読しはじめたのは、現在では、前年の昭和十五年十月頃といわれています。なんと、日本の外務省が使う九七式欧文印字機《おうぶんいんじき》とそっくり同じような暗号変換機《へんかんき》を八台もつくって解読に励《はげ》んでいたのに、日本政府はそれに全然、気付いていませんでした。今さら悔《くや》しがっても「喧嘩《けんか》過《す》ぎての棒《ぼう》ちぎれ」ですが。とにかく日本がドイツやイタリア、ワシントンの大使館に打電《だでん》した秘密電報はすべて傍受《ぼうじゅ》解読されていたことになります。したがって七月二日の御前会議での決定も、外務省がワシントンに知らせた途端に「なに？　日本は対英米戦を辞せずと？」という具合《ぐあい》でした。

そんなこととは知らない日本は、この御前会議の決定に基づいて「いよいよ南進だ」と、七月二十三日、北部仏印進駐でとどまっていた軍隊を、南のサイゴンおよびその近辺に移動させる、あるいは船で海から上陸させることを決定します。それと同時といってもいいくらいの七月二十五日、アメリカは、日本の在米《ざいべい》資産（日本がアメリカに持っている資産）をすべて凍結《とうけつ》すると発表します。ただちにイギリス、フィリピン、ニュージーランド、オランダもこれに続き、各国にある日本の資産は凍結され、運用できなくなりました。完全な包囲網《ほういもう》が敷《し》かれたわけです。しかしそれにも一切構わず日本は予定通り七月二十八日、南部仏印上陸を開始する。

その途端です。八月一日、アメリカは石油の対日輸出の全面禁止を通告してきました。これ以降、日本はアメリカから石油が一滴《いってき》も入らなくなるという緊急事態に直面《ちょくめん》したわけです。「えっ、まさかそこまでやってくるとは」と海軍の何人かは言ったそうですが、やる気のアメリカはすでに屑鉄の輸出を禁止し、在米資産を凍結しているわけですから、戦争政策をもって日本に対抗してくるのはわかっていたはずです。政府も軍部も迂闊《うかつ》というのかアメリカを甘く考えていたというのか、驚いたきり声もなかったようです。

八月七日の木戸日記にあります。

「油は海軍が二年量としても戦争をすれば一年半しか無いという（石油は今後入ってこなくても二年はなんとかなるだろうが、戦争がはじまれば一年半しかもたないということです）、陸軍は一年くらいとのことだ。そこで結論からいえば、右が事実なりとすれば、到底米国に対して必勝の戦いをなすことはできないというほかはない」

軍人でもない、内大臣の木戸さんがこう書いているのですから、軍部がひっくり返っているのは明らかです。山本五十六《やまもといそろく》が上京し、中央に厳重《げんじゅう》な抗議をしました。

「こんな重大なことを艦隊長官の考えも聞かずに簡単に決め、万一戦争になって、さあやれといわれたって勝てません」

これに対する永野修身《ながのおさみ》軍令部総長の返事は無責任きわまるもので、

「政府がそう決めたんだから仕方がないだろう」

軍部の頭領《とうりょう》ですよ、その人がこんなことを言っているんです。そればかりじゃありません。

永野総長は七月二十九日、天皇にこう言ったというのです。

「物がなくなり、逐次《ちくじ》貧しくなるので、どうせいかぬなら早いほうがよいと思います」

つまり石油の輸入禁止で日本はどんどん貧しくなる、どうせうまくいかないのなら、早く戦争をしたほうがいいのではないかというわけです。天皇陛下は驚いて聞きました。

「戦争となった場合、（日露戦争の時の）日本海海戦のような大勝は困難だろう」

永野はしゃあしゃあとして答えます。

「日本海海戦のごとき大勝はもちろん、勝ちうるかどうかもおぼつきません」

海軍の全作戦を統轄《とうかつ》する人がこう言うのです。要するに、繰《く》り返しますが、日本は戦争をするには資源調達のため南部仏印に進駐しないとだめなんですね、しかしそうすればアメリカとイギリスがカンカンに怒って戦闘行為で報《むく》いてくるのはわかっているわけです。それでも、もしかしたらそうならないんじゃないかという楽観《らっかん》のもとに、こういう決定をしたということなんです。これで戦争への道から障害は突き破られました。例の石川信吾《いしかわしんご》大佐はこう言いました、「石油を止められれば戦争だよ」と。日米諒解案なんて吹っ飛ぶと同時に、野村とハルの地道《じみち》な交渉もこの瞬間に吹っ飛び、日米交渉もしばらくは中止ということになりました。

✹やる気満々であった「関特演」

七月二日の決定でわかりますように、日本は南へ出ると同時に、もし情勢がよければ北もやるということになっていますが、北はもちろん陸軍の担当です。では陸軍はどうだったか。彼らもまた、可能ならばソ連を攻撃するつもりでした。その証拠に、参謀本部の作戦課が用意した「対ソ作戦計画」が現在残っているのです。

「動員開始　七月十三日／集中輸送始め　七月二十日／開戦決意　八月十日／第一段集中完了　八月二十四日／開戦　八月二十九日／第二段集中完了　九月五日／作戦終了　十月中旬」（集中というのは国境線に兵力を集めることで、第二段は増援《ぞうえん》部隊のことです）

こんなのは絵に描いた餅《もち》なんですよ、ソ連がそう簡単に降参《こうさん》するわけないのです。それでも「関東軍特種大演習《かんとうぐんとくしゅだいえんしゅう》」（「関特演《かんとくえん》」）の名のもとに、いざという時に備えて無茶苦茶《むちゃくちゃ》に兵隊を集め、満洲に送ったのです。陸軍はかなり本気になっていたことになります。この時は三十歳を過ぎた人も召集《しょうしゅう》され、たとえば慶應《けいおう》大学教授の池田弥三郎《いけだやさぶろう》＊2さんに令状《れいじょう》が届き、「え？　おれみたいなロートル（年寄り）が？」とびっくりしたことを書いたものも残っています。いずれにしろ大勢の人たちが召集されて「いざ鎌倉《かまくら》」となったわけです。ところが、実際はうまくいかなかったことは戦後、元大本営参謀の瀬島龍三《せじまりゅうぞう》が未刊行《みかんこう》の手記《しゅき》『北方戦備《ほっぽうせんび》』に書いています。ソビエト軍に対する武力行使の場合の作戦構想として、

戦時体制が強化され、徴兵される人もどんどん増えていった

「武力行使は、極東ソ連軍の戦力が半減し、在満鮮（満洲と朝鮮の日本軍の）十六箇《こ》師団（新たに増派《ぞうは》せる二師団を加えた）をもって攻勢《こうせい》の初動《しょどう》を切り、後続《こうぞく》四箇師団を逐次《ちくじ》加入し、約二十師団基幹《きかん》をもって（を基本兵力にして）第一年度の作戦を遂行し得る場合であること。ただし大本営としては総予備《そうよび》としてさらに約五箇師団を準備し、これを満洲に推進する如く腹案《ふくあん》す」

つまり、ソ連を攻めるとして、日本が二十個師団約四十万人、戦争ですから多くみて約五十万人の兵隊さんを集中すれば大丈夫、ただしその場合でも国境を守っているソ連軍の戦力が半分になっている時でなければならないと。その場合、大本営としては総予備としてさらに五個師団を用意する、という攻撃計画を立てて召集したわけです。

ところが結果的には予想に反しまして、ソ連はドイツとの戦いに訓練十分の部隊をヨーロッパにどんどん送った一方で、さらにそれに相当する戦力を満洲との国境にも送り込んできて、ソ満国境は従来通りの兵力がだーっと展開したのです。こうして武力行使の一条件である「極東ソ連軍の半減」が成立せず北方作戦は中止、関特演はあくまで「演習」の名のもとに兵隊さんが国境線に集まってエッサエッサと訓練だけやって終わり、となったのです。もっとも、こんな時に北で戦争を起こしたらどうなるか。南でアメリカ、イギリスと敵対しながら北でソ連とやったりしたらもう大変なことなのですが、幸いなことに、まあこういうぶざまな結果となりました。日本には「北も南も」と両天秤《りょうてんびん》をかけるほど国力があるはずはなかったのです。

さて、こうして第一回目の御前会議の結果、ゆゆしき事態となりました。どうしていいのかわからないような状態です。本当ならここで内閣総辞職なんですが、粘《ねば》り強い近衛さん、なんとかなるんじゃないかと楽観的《らっかんてき》に考えます。なにしろ公家《くげ》さんですからね。そもそもあの松岡という男が一番いかん、あれを追い出さないとまた何があるかわからない、ということになる。『昭和天皇独白録』には「……国際信義を無視するもので、こんな大臣は困るから私は近衛に松岡を罷《や》める様《よう》にと云《い》ったが、……」と驚くようなことが記されている。というわけで、七月十七日、松岡外相をクビにするための内閣総辞職に踏み切ります。松岡だけというわけにもいかず、陸海軍相など半分ほどは元の通りの陣容《じんよう》で第三次近衛内閣ができあがるのです。

総辞職の翌日、永井荷風《ながいかふう》は日記でこれを「初《はじめ》より計画したる八百長《やおちょう》」と笑い、こんなことばかりやっていると「以後軍部の専横益甚《せんおうますますはなはだ》しく世間一層暗鬱《いっそうあんうつ》に陥《おちい》るなるべし」と書いています。まあ誰にでも八百長とわかるような総辞職でしたが、いずれにしても近衛さんはまだ頂上会談《サミット》を開くことでアメリカとうまくやれるんじゃないかと自信たっぷりでいたことがわかるのです。

天皇陛下はこの事態に心底から参っていました。そこで近衛に真意《しんい》を問いただすと、「ルーズベルトとの直接会談を行なうことによって問題解決を図《はか》る決意です」と明言したため、さらに八月七日、「この際、米大統領との会談は急いだほうがよいだろう」と督促《とくそく》します――天皇は、まだ近衛さんに全般的な信頼を置いていたんですね。私などは調べれば調べるほど、近衛はこりゃだめな宰相《さいしょう》だと思うのですが、昭和天皇はそうじゃなかったんですねえ。とにかく、どこかの総理大臣と同じように、近衛さんは言うことだけは国民受けするほど立派ですが、積極的には動かないお方のようで、何もしないいままでべんべんと月日がたっていくわけです。

第３次近衛内閣発足

八月十五日、山本連合艦隊司令長官は、全艦隊に電報命令を発しました。

「連合艦隊は……すみやかに戦備を完了し、時局《じきょく》の急変《きゅうへん》に備えんとす」

ここまできた以上、もはや戦争への道を避けることはできない、戦わざるをえないと思ったはずです。ただ山本はこの時、もしどうしても戦争をやれというならば、俺は俺流のやり方をすると、真珠湾《しんじゅわん》攻撃作戦を本気で考えています。ここから後は若干、そのハワイ作戦と関連させながらお話することになります。

戦争を辞せざる決意をする

南部仏印進駐によって、太平洋は一気《いっき》に波立ちました。日米両国は太平洋を挟《はさ》んで厳しく対立し、アメリカは中国大陸に飛行機とアメリカ人飛行士をどんどん送り込みます。そして仏印進駐と同時に、極東《きょくとう》アメリカ陸軍を創設し、ダグラス・マッカーサー中将（のち元帥）を総司令官に任命しました。さらにフィリピン人部隊を派遣米陸軍の指揮《しき》下《か》に入れます。つまりフィリピンはアメリカのアジア戦略の一大基地《きち》となったのです。「やるなら来い」の覚悟を定めたことを示したわけです。

さすがに政府や軍も、緊迫《きんぱく》する日米関係に直面し、もうだめだ、戦争を覚悟せざるを得ないということから、九月六日、第二回御前会議を開くことになります。その前日の九月五日、大本営政府連絡会議で次のようなことが決定されます。

一、米英に対して戦争準備をする

二、これと併行《へいこう》して日米交渉を進める
三、十月上旬になっても日米交渉成立の〈目途《もくと》なき場合は〉英米に対し戦争を辞せざる決意をする

なんとか戦争を避けようとしても、会議を開くとたちまちこういうことになってしまうんですね。この際はしばらくの間は臥薪嘗胆《がしんしょうたん》で、という意見がたくさんあっても、会議となると国策の第一番に「戦争の準備」が挙げられるのです。まあ、軍部としては、いざという時に準備もなしに急には戦えませんから、準備を整えるためにもやるなら一刻も早く決めてもらわないと困るし、やらないのなら本当にそうしてほしい、という事情もあるわけです。

さてその決議を携《たずさ》えて近衛さんが宮中にやってきて、明日の御前会議ではこれこれこういうことになりますと報告します。おったまげたのは天皇です。戦争などということは考えず、なんとか平和に解決したいという強い考えをもっていましたから、

「これを見ると、まず第一に戦争準備を記し、二番目に外交交渉を掲《かか》げているではないか。なんだか戦争が主で、外交が従であるが如《ごと》く感じられる。これじゃあいかんのでは」

と問い詰めます。すると近衛はぬけぬけと答えます。

「一、二の順序は必ずしも軽重《けいちょう》を示すものではありません。政府としてはあくまでアメリカとの外交交渉を行ない、どうしてもまとまらない場合には戦争準備にとりかかるという趣旨《しゅし》であります」

毎度のことなので、天皇は近衛のあやふやな答弁に納得せず、杉山参謀総長、永野軍令部総長を宮中に呼び出しました。陪席《ばいせき》していた近衛さんが、その時のやりとりを詳しく手記に残しています。有名なくだりですので、重要なところをわかりやすくしてみます。
天皇「日米に事が起これば、陸軍としてはどれくらいの期間で片付ける確信があるのか？」
杉山「南方方面だけは三ヵ月で片付けるつもりであります」
天皇「杉山は支那《しな》事変勃発《ぼっぱつ》当時の陸軍大臣だぞ。あの時、陸軍大臣として、事変は一ヵ月くらいにて片付く、と言ったように私は記憶している。しかしながら四ヵ年の長きにわたり、まだ片付いていないではないか」
杉山「支那は奥地《おくち》が開けており、予定通り作戦がうまくゆかなかったのであります」
天皇「なに？　支那の奥地が広いというなら、太平洋はもっと広いではないか。いかなる確信があって三ヵ月と申すのか」
これには杉山はすっかり弱ってしまい、頭を下げたままで答えられませんでした。見かねた永野が助け船を出します。
「統帥部として大局《たいきょく》より申し上げます。今日の日米関係を病人にたとえれば、手術するかしないかの瀬戸際《せとぎわ》にきております。手術をしないでこのままにしておけば、だんだんに衰弱《すいじゃく》してしまうおそれがあります。手術をすれば、非常な危険があるが、助かる望みもないではない。……統帥部としては、あくまで外交交渉の成立を希望しますが、不成立の場合は、思い切って手術をしなければならんと存じます……」

永野という人は七月二十九日、開戦となった場合「日本海海戦のような大勝はもちろん、勝ち得るか否《いな》かもおぼつかない」と天皇に言った男なんですよ、それが今や「手術のほうが大事なんだ」というような言い方をしているわけです。

天皇はここで納得しちゃいけなかったんですよねえ、ほんとうは。怒って、何を言っているのか、と二人をもっと問い詰めなきゃいけないんですが、話し合ううちに永野にだまされたのか、杉山をとっちめるのが気の毒と思ったのか、質疑《しつぎ》はこれにて終わり。その日の「大本営機密日誌」という陸軍が毎日つけている日記にはこう書いてあります。

「……南方戦争に関し種々御下問《しゆじゆごかもん》二時間にわたり、両総長は退下《たいげ》した。一時は参謀本部内の空気は（天皇が猛反対していると聞いて）サッと緊張したが、御前会議は、両総長の奉答《ほうとう》により御嘉納《ごかのう》あったようで、一同安堵《いちどうあんど》した」

つまり、「明日の御前会議を開いてよろしい」と天皇が許可したということのようです。

そして九月六日、皇居の千種《ちぐさ》の間《ま》で第二回目の御前会議が開かれます。

それは「戦争を辞《じ》せざる決意のもとに」もういっぺん対米交渉をやり直し、「十月上旬頃に至るもなお我が要求を貫徹《かんてつ》し得る目途《もくと》なき場合においては、ただちに対米（英蘭）開戦を決意す」るというものです。中断していたワシントンでの日米交渉を再開するが、十月上旬頃になってもアカン、となればもう戦争だ、と決めたわけです。どうですか、これ。九月六日ですよ。

十月上旬といえばひと月しかないんです。今まで揉《も》めに揉めてきている問題が一挙に解決するはずはないではありませんか。この辺のところはじつにインチキなものです。体裁《ていさい》だけつけてごまかしている。

そしてすべては大本営政府連絡会議で決定ずみですから、御前会議においては例によって天皇は無言のままであったということになります……が、ここで有名な話がひとつ加わるのです。すべての説明を聞き、統帥部の発言も終わった後、天皇は突然、懐《ふところ》から明治天皇の御製《ぎょせい》（和《わ》歌《か》）を出して朗々《ろうろう》と詠《よ》みあげたのです。

よもの海みなはらからと思ふ世に
など波風《なみかぜ》の立ちさわぐらむ

世界が平和であれと願っているのに、どうして波風が立ちさわぐのであろう——天皇が御前会議において発言をされたというのはこの時だけです。では天皇ももう諦《あきら》めていたのかということになるのですが、そうでなくて、対米交渉をなんとか頑張《がんば》って妥結《だけつ》にもっていってほしいという気持ちがまだあったかと思います。そのことを閣僚《かくりょう》にも軍部にも言いたかった。それがこの歌というわけです。

そしてこの頃、海軍では、山本五十六の真珠湾攻撃案をめぐり、「何を考えているのか」と反対意見が噴出しまして、大激論がはじまっていました。こんな無鉄砲《むてっぽう》な作戦は博打《ばくち》にすぎない、山本は好きな博打を戦争にまで持ち込んでいる、けしからん、というわけです。事実、そういうところもあるんですね。もしはるばる出かけて行って真珠湾にアメリカの艦隊がいなかったらどうするのか、もし作戦をはじめた途端に反撃を食って日本の虎《とら》の子《こ》の航空母艦が全滅したらどうするのか、さらにハワイまで艦隊を持っていくのに燃料補給はどうするのか、またその間、無線《むせん》を封止《ふうし》して航海し途中でアメリカの船舶にぶつかったらどうするのか……と問題が多過ぎて、とうてい成功は望めない。そんな作戦を許すことはできないと、作戦総本山《そうほんざん》の軍令部は猛反対していました。

✺桶狭間とひよどり越えと川中島

さて、天皇陛下から「十月上旬までになんとか外交交渉でまとめてほしい」と仰《おお》せつかった近衛さんは、少しずつながら動きだします。最初の日米諒解案にあったように、ルーズベルト・近衛サミットで一気に問題を解決したいと、ワシントンの野村大使に電報を打ちます。ところが、ここまできて今さらサミットをやってもどうにもならないことに近衛さんは気付いてないんですね。松岡外相がいなかったあの時にやってしまえば事態は別のほうへ進んだかもしれませんが、すでにアメリカは石油輸出を禁止し、フィリピンや中国や太平洋の島々での戦争準備を固めているんですから。ワシントンで野村大使が懸命に頼んでもいい返事は返ってきません。闇夜《やみよ》に鉄砲《てっぽう》を射ち込んでいるようなものです。

ついにはルーズベルトから「サミットなどとんでもない、お断り申し上げる」と言ってきました。すると途端に「やーめた」と十月十六日、近衛内閣はひっくり返ってしまいます、というより、自ら御前会議で決めた期限である十月上旬を過ぎ、事態が進まないことを閣議で問い詰められたのです。とくに陸軍大臣東条英機《とうじょうひでき》中将がガンガン言いました。

「いいですか、アメリカがしきりに要求している中国からの撤兵《てっぺい》は、陸軍にとっては、それを実行することは、人間でいう心臓が止まるような話です。アメリカの主張をそのままのめば、これまで四年間戦ってきた支那事変の成果はまったくゼロになり、満洲国そのものも危うくする。朝鮮を国防の最前線とすることも不可能となる。撤兵を交渉の看板にするなどということは絶対いけません。撤兵は退却そのものです、撤兵は心臓停止です。主張すべきは主張すべきです。譲歩《じょうほ》に譲歩を加え、その上で基本をなす心臓まで止める必要がどこにありますか。それは外交ではありません、降伏です」

すると近衛さんは、さようでござるか、では海軍大臣はどう思うかと尋ねましたが、及川海相からは、「よくわかりませんので、首相にご一任《いちにん》申し上げます」と情けない答えしか返ってきませんでした。海軍はここで敢然《かんぜん》として和を主張すべきと思いますが、「一任する」と重い責任から逃げ出したわけですね。かくて、陸海軍の不一致を理由に、近衛首相は辞表提出となったのです。国家存亡の危機に直面して、誰も彼も、ほんとうに無責任そのものなんですね。右も左も不忠《ふちゅう》の臣《しん》ばかり、哀れというもなかなか愚《おろ》かなり、というわけです。

そして二日後の十月十八日に、なんと東条英機内閣が成立したのです。近衛さんに断乎《だんこ》として開戦を迫った当人を総理大臣に推挙したのは、内大臣の木戸幸一です。この時、昭和天皇は言ったといいます。

「虎穴《こけつ》に入《い》らずんば虎児《こじ》を得《え》ず、だね」

天皇はかなりわかっていたんですね。東条はなるほどガンガン言う人ですが、天皇陛下に対しては非常に忠節《ちゅうせつ》なる軍人でした。そこで木戸はない知恵をしぼったのです。よく考えてみれば九月六日の第二回御前会議の決定——十月上旬までに交渉がまとまらなければ開戦する——はまずかった、これをなかったことにしてもういっぺん、果たして戦争をするべきか、というより戦争となって勝てるのかどうかを改めて、根本のところから研究させてみよう、そのためには、むしろ忠節なる軍人である東条が最適ではないか、そう天皇と木戸さんが話し合って決めたようです。つまり宮廷グループのリモートコントロールが一番きくのが東条だと考えたのではないか、と思うのですよ。

それにしても、最大の主戦論者を首相に選ぶとは、いかなることか——。

東条内閣成立翌日の十月十九日、連合艦隊から黒島亀人《くろしまかめと》参謀が東京に乗り込んできました。ハワイ作戦に猛反対する軍令部を前に「どうしてもやらせろ」とねじ込むためにです。作戦部長の福留繁《ふくとめしげる》少将も同課長の富岡定俊《とみおかさだとし》大佐も、絶対承認できないと突っぱねます。交渉の余地《よち》はない、連合艦隊は軍令部の指示に従うのが当然とばかりに聞く耳持たずの態度でした。

「ハワイ作戦は戦理《せんり》に反している。危険きわまりない」

「いや、戦理を超えた作戦ゆえに、敵の想像をも超えている。それゆえ成功の算《さん》は大きい」

「それは違う、失敗の算のほうが大きい。要するに大博打《ばくち》だ」

そう言われた黒島は、顔を真っ赤にしてこう切り出します。

「軍令部は、ハワイ作戦を放棄《ほうき》せよということなのですか。それならば山本長官は辞職すると言っておられる。われわれ幕僚《ばくりょう》も全員辞職します」

これはあり得ないことなんです。幕僚はともかく、山本五十六は天皇の勅命によって長官になっていますから、それを無視して自ら辞職することなどできないのです。それを黒島は勢いに乗って言っちゃったんですね。これにはさすがに福留も富岡もびっくりして、軍令部総長の永野修身《おさみ》に意見を聞こうということで、ぞろぞろと説明しに出かけました。

そこで永野はこう言ったというのです。

「山本にそんなに自信があるというのなら、希望通りやらせてやろうじゃないか」

いいですか、これは国家の運命を賭《と》する大事な作戦であって、下手《へた》すると一発で負けてしまうんですよ。それがこういう情にからんだようないきさつで、十月十九日にハワイ作戦が正式に決定したのです。

山本五十六がなぜハワイ作戦に固執《こしつ》したかを伝える手紙が、戦後になって発見されました。以下はその内容です。要旨《ようし》を述べます。

……いくら大本営のいうようにやったとしても、南方作戦での味方の損害が大きくて、海軍兵力がいっぱいに伸びきるおそれなしとしない。しかも航空兵力の補充能力がはなはだ貧弱《ひんじゃく》な現状である。そののちにハワイから一挙《いっきょ》にやってくる敵の大部隊を迎え撃って太平洋で一大決戦をやれといわれても、勝つのは至難《しなん》というほかはない。それゆえに、

「種々考慮《こうりょ》研究の上、結局開戦劈頭《へきとう》有力なる航空兵力をもって敵本営に斬込《きりこ》み、彼をして物心《ぶっしん》共に当分、起《た》ち難《がた》きまでの痛撃《つうげき》を加うるの外《ほか》なしと考うるに立ち至《いた》り候《そうろう》次第に御座候」

要するに、やれば負ける戦争であって、とても軍令部のいうように敵の艦隊を日本近海《きんかい》に待ち受け、大艦巨砲《たいかんきょほう》による一大決戦に持ち込んで勝とうなんてことはあり得ない、日中戦争がはじまって以来四年間、わが国力は疲弊《ひへい》しきっている。そんな時に強大なアメリカ、そして必ず出てくるイギリスを相手に戦うのに、それこそ持久《じきゅう》作戦などあり得ない、一気《いっき》にケリをつけて早く講和を考えたほうがいい――それが山本のハワイ作戦だったのです。どうしてもやれというう大勢《たいせい》に押されて立ち上がらざるを得ないとするならば、艦隊の責任者としては到底《とうてい》、尋常一様《じんじょういちよう》の作戦では見込《みこ》みが立たない。ここから先は、山本の言葉そのままです。

「結局、桶狭間《おけはざま》とひよどり越《ごえ》と川中島《かわなかじま》とを併《あわ》せ行《おこな》うの已《や》むを得ざる羽目《はめ》に、追込《おいこ》まるる次第《しだい》に御座候《ございそうろう》」

つまり彼はここで、桶狭間の合戦、ひよどり越えの戦い、川中島の合戦[*3]の三つをあわせたよ

うな無鉄砲というか、万難《ばんなん》を排《はい》して遮二無二《しゃにむに》突撃するというふうにやらざるを得ないと言い切っているわけです。山本の頭の中には、この作戦がもし成功すればパーッと早いこと講和に持ち込み、惨敗《ざんぱい》すればただちに戦争を中止、腹《はら》を斬《き》って死ぬだけだ、という考えがあったのだと思います。つまり戦争を早くやめるための攻撃作戦なんです。

「戦機はあとには来ない！」

ここで、なぜ海軍がそういう状態にありながら、戦争に「ノー」と言わなかったかについて、ひとことだけ述べておきます。

海軍が明治四十年（一九〇七）以来、ずっと考えてきた対米戦争（イギリスを含まず）は、さまざまな研究や海上演習の結果、アメリカに対して七割の海軍力があればなんとか頑張れるとされていました。ワシントン、ロンドンの軍縮条約を破棄して、いわゆる「naval holiday」が終わり、軍艦をばんばん造りだしますと、アメリカの建造力は日本の十倍以上も強大ですから、日本の対米比率がどんどん不利になっていくことは目に見えています。一方、日本も懸命に造っていますから、では対米比率が七割になるのはいつかということになります。それが昭和十六年十二月なんですね。この時、日本海軍の対米現有《げんゆう》兵力が七割になる計算なのです。

詳しく言いますと、戦艦は日本十隻《せき》、アメリカ十七隻、航空母艦は日本十隻、アメリカ八隻、重巡洋艦《じゅうじゅんようかん》は日本十八隻、アメリカ十八隻、軽《けい》巡洋艦は日本二十隻、アメリカ十九隻、駆逐艦《くちくかん》は日本百十二隻、アメリカ百七十二隻、潜水艦《せんすいかん》は日本六十五隻、アメリカ百十一隻、ただしアメリカは大西洋艦隊も含んでいますから、これがすべて日本に向かってくるわけではありません。としても、総計すると日本海軍の艦艇数《かんていすう》二百三十五隻、総トン数九十七万五千七百九十三トンに対して、アメリカは三百四十五隻、百三十八万二千二十六トン、つまり日本の対米比率は七〇・六パーセントです。

また飛行機は、日本三千八百機（うち実際の戦争に使える「展開兵力《てんかいへいりょく》」は千六百六十九機）、アメリカ五千五百機（うち日本に使える「対日正面《たいにちしょうめん》」は二千六百機）。これもまた七割です。つまり七割の海軍兵力を日本が保ち得るのは昭和十六年十二月末なのです。これを越して昭和十七年、十八年になれば、もう戦わずして六割、五割となってしまいます。それに海軍部内には対米戦宿命論《しゅくめいろん》という考えが以前からありました。いずれ戦わねばならない。そうであるなら、機先《きせん》を制《せい》して攻撃をかけ、相手国の戦力を叩《たた》きつぶして侵攻《しんこう》の危険を排除《はいじょ》する、軍事的に世界共通に主張されている「予防戦術論」が有効であろう。劣勢《れっせい》にあるものが、優勢のものと対決する場合、こっちのいちばんいい機会を捉《とら》えて立たねばならない。それは〝今〟なのだ、というわけです。対米戦宿命論と予防戦術論に頭を支配されている日本海軍にとっては、「戦うなら今だ」というわけです。それゆえに海軍は戦争に「ノー」と言わなかったのです。

かくて東条内閣ができ上がり、天皇陛下に九月六日の御前会議の決定を撤回《てっかい》して――「白紙《はくし》還元の御聖断」といいます——ほんとうに戦いをはじめて日本は勝てるのか、大丈夫なのかということの検討がはじまります。東条さんは忠節なる軍人ですから、毎日のように部下を督促《とくそく》し、約十日間にわたって連日会議を開いて戦備を計算しました。

さて、当時の国内の情況です。たとえば、十月二十六日の東京日日新聞（現在の毎日新聞）の社説にはこう書かれています。

「戦わずして日本の国力を消耗《しょうもう》せしめるというのが、ルーズベルト政権の対日政策、対東亜政策の根幹《こんかん》であると断じて差支《さしつか》えない時期に、今や到達している。われらは見る。日本及び日本国民は、ルーズベルト政権のかかる策謀《さくぼう》に乗せられてはならない。われらは東条内閣が毅然《きぜん》としてかかる情勢に善処《ぜんしょ》し、事変完遂《じへんかんすい》と大東亜共栄圏《だいとうあきょうえいけん》を建設すべき最短距離を邁進《まいしん》せんことを、国民と共に希求《ききゅう》してやまないのである」

「最短距離」とは戦争をやれということですね。歴史の流れはもう滔々《とうとう》として、誰も止めることのできない激流となっているのです。個々人の反対はたくさんあったと思います――たとえば山本五十六などもそうです――が、海軍大将米内光政《よないみつまさ》が言うように、ナイアガラの滝に逆行《ぎゃっこう》して、孤独な舟《ふね》を漕《こ》ぐような、それほどはかないものであったということです。

さて、東条内閣が戦力を再検討し、ようやく結論が出ました。とにかく戦備を整えることを続けながら、日米交渉も続ける。しかしながら、十一月二十九日までに外交手段による交渉が不成立の場合は開戦を決意する、その際の武力発動は十二月初頭《しょとう》とする、というものでした。

したがって、交渉が成立したならば、作戦は即座《そくざ》に中止することになります。

十一月二日、この東条内閣の結論をもって、大本営政府連絡会議が開かれました。そのクライマックスの問答は次のようなものでした。賀屋興宣《かやおきのり》蔵相が言います。

「私はアメリカが戦争をしかけてくる公算は少ないと判断する。結論として、戦争を決意することがよいとは思われない」

続いて、東郷茂徳《とうごうしげのり》外相も反対論を述べます。

「私も米艦隊が攻勢に来るとは思わない。今、戦争をする必要はないと思う」

これに永野修身軍令部総長が答えました。

「来たらざるを恃《たの》むことなかれ、という言葉もある。先のことは一切《いっさい》不明だ、安心はできないのだ。三年たてば南の防備（南方の米英蘭の防備）は強くなる。敵艦《てきかん》も増える」

賀屋興宣は再び言います。

「ならば、いつ戦争をしたら勝てるのか」

「今！　戦機は後には来ない。今がチャンスだ」

永野はこう答えたといいます。そんな軍部の強い意志に押され、大日本帝国は自存自衛をまっとうし、大東亜の秩序《ちつじょ》を建設するため、対英米戦争を決意することとなりました。

✹対米開戦を決意する

天皇陛下はこの結論の報告を聞くと、たいへん悲痛《ひつう》な表情で、首相と陸海軍総長に念《ねん》を押すように言いました。

「日米交渉を極力《きょくりょく》続けて目的が達しえられない場合は、米英と開戦しなければならないのかね」

さらに重ねて切言《せつげん》しました。

「事態が今日のようになれば、作戦準備をさらに進めることはやむをえないとしても、なんとか極力日米交渉の打開《だかい》をはかってもらいたい」

陸海軍総長はア然として天皇の顔を見ていたようですが、東条さんは、ひたすら恐縮《きょうしゅく》しながら深く頭を下げて聞いていたといいます。

こうして十一月五日、皇居一の間でこの年三回目の御前会議が開かれました。事実上、太平洋戦争の開戦を決定づける会議となります。東条首相、東郷外相、鈴木貞一《すずきていいち》企画院総裁、それに賀屋蔵相、陸海軍総長がこもごも説明し、つづいて原嘉道枢密院《はらよしみちすうみついん》議長が天皇のかわりに質問をし、儀式通りに答えが返ってきます。ひとことで言うと、どなたの発言をみても、すでに日米交渉の不成立を確信しているようなのです。外交による打開など、言葉だけであって、実際はあり得ないといった感じが否《いな》めないのです。

こうして質疑が終わり、原枢密院議長が結論を出します。

「今を措《お》いて戦機を逸《いっ》しては、米国の頤使《いし》（アゴで使われる）に屈《くっ》するも已《や》むないことになる。従《したがっ》て米に対し開戦の決意をするも已むなきものと認《みと》む。初期作戦はよいのであるが、先《さ》きになると困難を増すが、何とか見込みありと（軍部が）云《い》うので、之《これ》に信頼す」

こういう話は全部、アメリカにツーツーカーカーで読まれているわけです。野村大使に送られた電報には、なんとか日米交渉を妥結せよ、その期限は十一月いっぱいだぞとあり、その訓《くん》電《でん》は傍受《ぼうじゅ》されていました。コーデル・ハルは『回想録』に書いています。

「ついに傍受電報に交渉の期限が明記されるにいたった。……この訓電の意味するところは明白であった。日本はすでに戦争機械の車輪《しゃりん》を回しはじめているのであり、十一月二十五日までにわれわれが日本の要求に応じない場合には、アメリカとの戦争も敢《あ》えて辞さないことを決めているのだ」

そして、日本は最後の日米交渉に、強硬な、たとえば中国派遣《はけん》の日本軍は二十五年を目途《めど》として撤退する、といった「甲案《こうあん》」と、やや引き下がった「乙案《おつあん》」、「仏印から日本軍は撤兵する、その代わり米国は日本に石油を供給する」、つまり日米関係を昭和十六年七月以前の状態に戻すことを骨子《こっし》とした案をつくり、これでなんとか妥結せよとの指令を野村さんに送りました。そこで野村さんはさっそく、ワシントン時間の十一月七日にまず甲案を出します。アメリカもずるいんです、どうせ月末まで交渉を続けていれば戦争だと知っていますから、ずるずる引き延ばします。仕方なく野村さんが返事を催促しますと、ハルは十四日までに回答すると言ってきて、その日、そんな案は認められない、と全面拒否で突き返してきました。そこで野村さんは、乙案を出すことになります。

ところで、なぜ開戦を十二月初頭としたのかといいますと、一つは石油の備蓄《びちく》の関係から、どう節約してもそれまでに開戦を決めねばならなかったこと。二番目に、冬の間はもしかするとソ連がアメリカと一緒になって満洲に攻撃をしかけてくるかもしれないが、それも不可能だろう、ならば早く南方作戦を終了させておき、いざとなったらソ連と戦う準備をしておかなければならない。三ヵ月で南方を押さえるとすれば、十二月の開戦が最適ということ。三つ目に、フィリピンやマレー方面の米英の戦備がどんどん増大しており、とにかく早いほうがよいということ。四つ目に、マレー方面の気候情況からすると、一月二月は波が荒く上陸作戦に不適《ふてき》なので、十二月中にやるべきであること。よって十二月初旬に開戦しないとアカン、というので、必然的に外交交渉は十一月いっぱいとなったわけです。

そして日本時間の十三日、山本連合艦隊司令長官は、各艦隊の長官と参謀長ら主要な幕僚《ばくりょう》を岩国《いわくに》の海軍航空隊に集め、最終の作戦打ち合わせを行ないます。全部隊はこの日をもってそれぞれ出撃の予定錨地《びょうち》へと出て行くのです。この時の記念写真が今も残っています。その最後の会議が終わった時、山本は指揮官全員を再度集めて次のように言いました。

「十二月X日をもって、米英に対して戦端《せんたん》をひらく。X日は今のところ十二月八日の予定である。しかしながら十二月八日までにワシントンでの交渉が成立した場合、前日の午前一時までに、出動全部隊にただちに引き返せという命令を送る。それを受領《じゆりよう》した時には、何があろうと即座に作戦を中止して反転《はんてん》、日本に帰ってもらいたい」

これを聞いた機動部隊の司令長官南雲忠一《なぐもちゆういち》中将が、反対の声をあげます。

「それは無理です。敵を目の前にして帰るなんてできません。士気《しき》にも影響します」

これには二、三の指揮官も「同感です」と同調し、中には「出かかった小便《しようべん》は止《と》められない」と言った者もあったとか。すると山本五十六は一瞬《いつしゆん》キッとなりました。

「百年兵を養《やしな》うのは何のためだと思っているのか。国家の平和を護《まも》らんがためである。もしこの命令を受けて帰ってこられないと思う指揮官があるのなら、今より出動を禁止する。即刻辞表を出せ」

山本は最後の最後まで、交渉の妥結を願っていたのです。しかしながら、ハル国務長官のほうは、返事を引き延ばして、提出された乙案を読みもしない。アメリカ外交の現在にも通じる頑固《がんこ》さです。自分が正しいとして、それを押し通し、柔軟性《じゆうなんせい》の「ジュ」の字も示さない。

そして十一月十五日、戦争になった場合の見通しについて大本営政府連絡会議はさらに討議を重ねました。結論として、アメリカを全面的に屈服《くつぷく》させることは、さすがの無敵《むてき》の陸海軍もできないということになる。ではどうやったら戦争を終結できるのか。

一、初期作戦が成功し、自給の途《みち》を確保し、長期戦に耐《た》えることができた時

二、敏速《びんそく》積極的な行動で重慶《じゅうけい》の蔣介石《しょうかいせき》が屈服した時
三、独ソ戦がドイツの勝利で終わった時
四、ドイツのイギリス上陸が成功し、イギリスが和《わ》を請《こ》うた時
――おわかりのように、とにかくドイツが勝つことをあてにしているんです。ドイツがソ連を叩《たた》きつぶし、イギリスが降参《こうさん》したら、さすがのアメリカも戦意《せんい》を失うだろう、したがって講和に持ち込むチャンスが出てくる。だからそれまではつらいだろうが長期戦になろうと頑張ろうじゃないかという結論でした。


当時の議会の話を少しだけしておきます。十一月十五日から五日間、臨時《りんじ》国会が開かれ、追加の軍事予算三十八億円がまともに審議《しんぎ》されることもなく成立しました。質問に立った小川郷《おがわごう》太郎《たろう》議員が叫びました。

「私はもはや決戦に移行すべき時であると主張したい」

これに呼応して、島田《しまだ》俊雄《としお》議員も大声を上げます。

「ここまでくれば、やるっきゃないというのが全国民の気持ちである」

東条英機もそれに答えて獅子吼《ししく》します。

「帝国は百年の大計《たいけい》を決すべき重大な時局に立っている」

これを受けて新聞は、それぞれ勇ましい論陣《ろんじん》を張ります。「一億総進軍の発足《ほっそく》」（東京日日新聞）、「国民の覚悟《かくご》に加えて、諸般《しょはん》の国内体制の完備《かんび》に総力を集中すべき時」（朝日新聞）。どこ

もかしこも対米英強硬の笛《ふえ》や太鼓《たいこ》を鳴らし続けていたわけです。

議会の討論を聞いていたグルー駐日米大使の日記にあります。

「東条の演説が終わると米海軍武官は書記官のほうへ身を乗り出し、『やれやれ宣戦布告じゃなくてよかったね』とささやいた」

そのくらい、空気は緊迫《きんぱく》し、険悪《けんあく》だったわけです。

ニイタカヤマノボレ　一二〇八

ワシントン時間の十一月二十日、野村大使はハルに乙案を提出します。日本では十一月二十五日、寺内寿一《てらうちひさいち》大将（のち元帥）――ずいぶん前に紹介した永井荷風と中学が同級であった人です――が南方軍総司令官に任命され、すでに台湾《たいわん》の台北《たいほく》に向けて東京を発《た》っていました。総司令部はのちサイゴンにまで進める予定になっています。この寺内大将の麾下《きか》（部下）に、フィリピン攻略の第十四軍（長・本間雅晴《ほんままさはる》中将。この人は天津《てんしん》事件の時に登場しました）、タイ国進駐の第十五軍（長・飯田祥二郎《いいだしょうじろう》中将）、蘭印攻略の第十六軍（長・今村均《いまむらひとし》中将）、そしてマレー半島からシンガポール攻略の第二十五軍（長・山下奉文《ともゆき》中将、二・二六事件で活躍しましたね）が南方作戦部隊として勢ぞろいし、それぞれ予定出撃地点へと進出していきました。総勢三十九万四千人という大部隊ですが、それでも陸軍兵力の二割に過ぎません。つまり開戦直前の陸軍は南方軍のほかにも中国に、満洲に、朝鮮に、そして内地にと、二百二十八万という兵力を擁《よう》し、必勝を期していたのです。

一方海軍は、ハワイに向から機動部隊のほか、南方作戦支援の第二艦隊（長・近藤信竹《こんどうのぶたけ》中将）、フィリピン攻略部隊支援の第三艦隊（長・高橋伊望《いぼう》中将）など、主要軍艦二百五十八隻、百万トンが予定海域にまで進出、待機につくことになります。なかでも南雲《なぐも》中将指揮の機動部隊は十一月二十六日午前六時、千島単冠湾《ちしまヒトカップわん》よりハワイに向けて出撃しました。その二十数時間後のワシントン時間二十六日午後五時、ハルが乙案をあっさり拒否し、かわりにハル・ノートを提出しました。これがアメリカの最終的返事である、といって出されたその内容は、

一、中国およびインドシナ（仏印＝ベトナム）からの日本軍および警察の完全撤退

二、日米両国政府は中国において重慶（蔣介石）政権以外の政権を認めない

三、日米両国政府は中国における一切の治外法権《ちがいほうけん》を放棄する

四、第三国と締結した協定を、太平洋地域の平和保持に衝突する方向に発動《はつどう》しない

つまり、一は中国や仏印など日本占領地を放棄《ほうき》せよということ、また二は中国での汪兆銘《おうちょうめい》政権を否定し、満洲国（溥儀《ふぎ》政権）を解消せよということ、そして三は中国から出て行けということ、四は日独伊三国同盟を余計《よけい》なことで守らない、すなわち有名無実化《ゆうめいむじっか》しろということです。要するに昭和六年（一九三一）の満洲事変以前の日本に戻れというものすごい要求です。それまでの日本の営々《えいえい》たる努力の全否定です。この段階でこんな強硬な要求をつきつけるなんて、

外交の常識に反しています。これをのむくらいなら、日本は今まで何のために交渉を続けてきたかわかりません。とうてい受け入れられないことは目に見えています。アメリカは日本と話をつける気などなかったんですね。これを提出した後、ハル長官はスチムソン陸軍長官に、「おい、これからは陸海軍の番だぞ」と言ったといいます。

十二月一日、これを受けて第四回御前会議が開かれます。もはやあらゆる望みは失われました。交渉決裂、戦争を行なうだけである、という決定をします。午後二時に開会し、一時間ほどであっという間に終了しました。今さら何も論ずることはなかったのです。

木戸内府は、開戦の決定を、「運命というほかはない」と日記に書きました。

この決定を受けて十二月二日、山本連合艦隊司令長官は全軍に暗号による命令を発します。

「ニイタカヤマノボレ　一二〇八」——開戦、Xデーは十二月八日と決定しました。

さて、なんと日本が開戦を決定したその翌々日くらいの十二月五日、日本が心の底より勝利をあてにしていたドイツの国防軍《こくぼうぐん》は、モスクワまでわずか三十キロまで攻め入っていたにもかかわらず、ソ連軍の猛烈《もうれつ》な反撃を受けて退却を開始したのです。吹雪《ふぶき》の中を追い立てられて、後退に後退をはじめたわけです。ドイツがソ連を倒すなどという芽《め》はまったくなくなっていました。その時に、そんなこととも知らず、十二月八日に日本は戦争に突入したのです。

ひとつだけ付け加えておきますと、十二月一日の御前会議が開かれる前、昭和天皇が最後の最後まで手続きに沿《そ》ってことを決めたいということで、十一月二十九日、過去の総理大臣経験者すべてを集めた「重臣《じゅうしん》会議」を開いて戦争突入を報告し、意見を聞いています。この時に反対意見を述べたのは若槻礼次郎《わかつきれいじろう》、岡田啓介《おかだけいすけ》、米内光政《よないみつまさ》の三重臣でした。とくに、若槻さんと東条さんの論戦は歴史に残るものだと思います。若槻さんが言います。

「自存自衛ならともかく、戦争目的にある八紘一宇《はっこういちう》といった理想に目をくらましてはならぬ」

東条さんは反発して答えました。

「理想を追うて現実を離れるようなことはしない。が、理想をもつことは必要だ」

「理想のために国を滅《ほろ》ぼしてはならない」

若槻さんは、満洲事変の時、「もう（朝鮮からの援軍《えんぐん》が）出てしまったものは仕方がない」と言って昭和史の方向を最初に間違えさせた当の首相なのですが、その人が最後になって正論《せいろん》を吐《は》き、そして実際、日本はその言葉通り「理想のため国を滅ぼす」ことになるのです。

岡田さんは二・二六事件の時の首相で九死《きゅうし》に一生《いっしょう》を得た人です。米内光政はご存じのように、海軍の良識ある提督《ていとく》でした。この時の米内光政の発言は、有名な「ジリ貧《ひん》を避《さ》けてドカ貧《ひん》になったらどうするか」というものでありました。

＊1――産業組合中央金庫　農林漁業者の団体を構成員とする農林系統金融の中央機関。大正十二年（一九二三）に設立され、昭和十八年（一九四三）に農林中央金庫と改称。

＊2——池田弥三郎　一九一四—八二、国文学者。折口信夫に師事。『芸能』『文学と民俗学』などの著書がある。
＊3——桶狭間の合戦　永禄三年（一五六〇）、織田信長が今川義元を尾張国桶狭間村（名古屋市緑区有松町）・大脇村（豊明市）一帯の起伏の激しい丘陵地帯で迂回奇襲し敗死させた戦い。／ひよどり越えの戦い　播磨・摂津の境の一ノ谷（兵庫県神戸市須磨浦の西）で元暦元年（一一八四）二月、一ノ谷に陣を構えた平氏を討つため山上に出た源義経は、急坂で〈馬も人もよもかよひ候はじ〉と言われた断崖をシカが通るとの話を聞いて、〈鹿の通程の道、馬の通はぬ事あるべからず〉と、ここを一気に駆け下って平氏の背後をつき源氏軍を勝利に導いた。／川中島の合戦　戦国期に甲斐の武田信玄と越後の上杉謙信が、北信濃の領有をめぐって信濃国水内郡川中島で天文二十二年（一五五三）から永禄七年（一五六四）にわたって対戦した合戦の総称。

第十二章

栄光から悲惨へ、その逆転はあまりにも早かった

つかの間の「連勝」

この章の

✷ポイント

昭和十六（一九四一）年十二月八日、日本海軍の連合艦隊機動部隊が、ハワイ真珠湾にてアメリカ太平洋艦隊を奇襲し、大勝利をおさめました。ここからはじまる連戦連勝に日本中が沸きに沸き、有頂天になってしまいます。しかし昭和十七（一九四二）年六月、アメリカの航空母艦を誘い出して一気に叩こうとミッドウェー作戦が実施されると、日本は空母四隻が全滅するという大敗を喫してしまいました。以降日本は、敗戦への悲惨な道をたどっていくことになります。

✷キーワード

真珠湾攻撃／ルーズベルト／開戦の詔書《しょうしょ》／汚辱《おじょく》の日／マレー沖海戦／太平洋戦争／大東亜新秩序／辻政信《つじまさのぶ》／戦艦大和《やまと》／ミッドウェー作戦

開戦通告は必ずやられたし

昭和十六年（一九四一）十一月二十七日、ハル・ノートが届き、政府も軍部も脳天《のうてん》を棍棒《こんぼう》で打たれたように大ショックを受けました。それまで戦争に反対であった東郷茂徳《とうごうしげのり》外務大臣も賀屋《かや》興宣《おきのり》大蔵大臣も、このようなアメリカの強硬な要求を受ければやむを得ない、とあきらめ、大本営政府連絡会議《だいほんえいせいふれんらくかいぎ》も閣議《かくぎ》も一致して、対米英戦争を決意したわけです。

問題は、前回申しましたが、すでに日本の機動《きどう》部隊が密《ひそ》かに千島《ちしま》のヒトカップ湾《わん》を出てハワイの方に向かっていたことです。これは海軍にとって乾坤一擲《けんこんいってき》の大勝負といいますか、イチかバチかの賭《か》けであったわけです。もしこれがバレて、敵が攻撃をかけてきて、全滅とはいかなくても大半が撃破されるようなことがあれば、もう戦争の前途《ぜんと》はない。なんとかこれを隠したい、極秘《ごくひ》のうちにいわゆる「奇襲《きしゅう》」をかけたい、ですから軍部としては、宣戦布告《せんせんふこく》をしないですむのならやりたくない――というのが本音《ほんね》であったようです。

ところで一九〇七年といいますから明治四十年、オランダのハーグで国際的に「開戦に関する条約」が決められていて、そこにはこうあります。

「締約国は、理由を付《ふ》したる開戦宣言の形式、または条件付《つ》き開戦宣言を含む最後通牒《さいごつうちょう》の形式を有する明瞭《めいりょう》かつ事前《じぜん》の通告なくして、その相互間に戦争を開始すべからざることを

承認す」（定訳）

日本は明治四十四年（一九一二）にこれを批准《ひじゅん》していますから、明らかな宣戦布告、あるいは宣戦布告だとわかるような何らかの「明瞭かつ事前の通告」をしなくてはならないわけです。それで、「いつ」「いかにして」通告するべきかが大問題となりました。

一方で実際問題としては、下世話《げせわ》にいえば、通告せずに、左手で通告文を渡しながら右手でぼかんと殴《なぐ》るぐらいのことをやりたいというのが軍部の本音です。

しかし、東郷外相が「それでは国際的に日本の立場が非常に悪くなるから、やっぱり通告したほうがいいんじゃないか」とその方向に傾いたものの、軍部はさらに強く意見を押し通します。実は十一月十五日、宣戦布告をせずになんとか戦争に入る方法を研究しようという意見が多数になり、二十二日には「宣戦の詔勅《しょうちょく》に関連し、宣戦布告をなすや否《いな》やに関して、その方法とともに法制的にも実際的にも研究することに申し合わせり」（参謀総長杉山元の『杉山メモ』）とあるように、ハル・ノートがくる前からそういった研究をはじめていたからです。

その結果、ハル・ノートが届いた二十七日に「開戦の翌日に宣戦を布告する、宣戦の布告は宣戦の詔書《しょうしょ》により公布《こうふ》する」と研究会は決議します。ということは、日本は、実際にドカーンとやった一日後に宣戦布告をする、それも直接布告文を手渡すのではなく、国内の宣戦布告の天皇の詔書をもって、世界に知らせることに決めたのです。

東郷外相はこれに強く反対しながらも、自身、ハル・ノートがきた途端《とたん》に気落ちしていて抵抗も弱く、押し切られてしまいます。また世界史上これまでにも、敵が強引に押さえつけてきてどうにもならない時、国家の自存自衛《じそんじえい》のためには宣戦布告をせずに戦闘を開始した例が多くあり、当のアメリカもやっているのです。それが東郷さんの頭の中にあって、今回は自存自衛のための戦《いくさ》であるから通告しないですむかもしれない、といったんはおのれを納得《なっとく》させる理論づけをしたようです。

ところがその後、大本営政府連絡会議で軍部が「交渉はしかし続けてほしい」と盛んに念を押してきました。もはや無駄ではないかと聞いても、反応はあいまいです。東郷さんは、おかしいなと思いながら十一月二十九日——最終的に開戦を決定した日ですが——まだ外交交渉をやる余裕があるのかと尋ねてみました。東郷さんは、開戦日はアメリカの日曜日とする、という軍部の主張に、それなら日本の十二月一日だなと考えていました。すると永野修身《ながのおさみ》軍令部総長が「まだ余裕があるのだ」と答えたのでびっくりして、

「いったい軍部は何日に開戦するつもりなのか。十二月一日ではないのか」

そう聞きますと、永野総長は杉山元参謀総長と顔を見合わせて口ごもりながらも、

「それでは言う。開戦は十二月八日だ。だからまだ余裕があるのだ。戦に勝つのに都合のいいように外交を進めておいてくれ」

東郷さんは呆気《あっけ》にとられながらも、それなら宣戦布告をする余裕はまだある、と思い直します。その時、まさに時間を合わせたように十二月一日の最後の御前会議が終わった後、東条英《とうじょうひで》

機《き》首相兼陸軍大臣を昭和天皇が呼び出して言いました。

「攻撃開始の前に、きちんと最後通牒を手渡すように」

驚いた東条さんは、さっそく思い直して「宣戦布告をすることになった」と東郷さんに伝え、最後通告をいかなるかたちでやるかを新たな議題として政府内の討議がはじまります。

この通告問題については、東京裁判の前、検事団が来日した時にしつこく東条さんを尋問《じんもん》しています。その時、東条さんははっきりこう答えています。

「天皇は最高関係に関することについては絶えず私に注意を与えていました。しかし最後通牒の手交《しゅこう》（手渡すこと）について陛下が私に注意を与えられた最初の時は、昭和十六年十二月一日のことでありました」

最後通牒の手交前に実際の攻撃が行なわれはしまいかを天皇が懸念《けねん》していたかどうか、と検事団に聞かれた時も、東条さんはこう証言しています。

「陛下はそのことをずっと懸念しておられた。そういうことが起こらないよう気をつけるように私に言われた」

さらにその頃、東京に呼び出されていた連合艦隊司令長官山本大将が軍令部や海軍省に姿を現して、非常に重々《おもおも》しい口調で申し出ました。

「手切《てぎ》れの事前通告はかならず、かつ確実にやってもらいたい」

これでさすがに軍令部も「それならば」と、やっと通告について考えはじめました。

こうして「交渉打ち切り」の通告をすることが十二月四日の連絡会議で決まり、外務省は、懸命の努力で文案《ぶんあん》を作成してワシントンの野村大使に送る計画をたてました。そして最後通牒は日本時間十二月八日午前二時半、ワシントンでアメリカ政府に手渡しすることが決まります。これはワシントン時間で十二月七日午後零時半、ハワイ時間では七日午前七時。日本の機動部隊のハワイ攻撃は午前八時（ハワイ時間）の予定ですから、攻撃一時間前です。――実はこの後、軍令部から「午前二時半を午前三時にしてくれ」との要望があり、三十分繰《く》り下げられ、結局、攻撃三十分前には最後通牒が手渡されることになったのです。

「だまし討ち」の永遠の汚名

そうして通告文はさっそくに作成され、暗号文が組まれ、ワシントンにどんどん送られました。しかしその後に判明した事実が示す通り、大使館の外交官どもの怠慢《たいまん》というか無神経が災《わざわ》いし、結果的に通告が一時間遅れたという、歴史にあってはならない破廉恥《はれんち》な事態になったことはご存じかと思います。これは前回申しました、野村大使に対する外務省エリートたちの反感、不信、不協力の態勢がなしたことでしょう。向こうで一所懸命頑張っている野村さんはまったく恥《は》ずかしい思いをしたのです。

今になりますと、なぜそんなことが起きたかについていろんな議論がありまして、さまざまな言い訳めいた理由づけがなされています。最後通牒とは思えなかった、だからのんびりしていた、と言う人もいるようです。いや、外務省の不手際《ふてぎわ》でワシントン着信が遅れたという説もあります。いや、陸軍があえて遅らせる工作をしたという説もある。しかし結局のところ、あまり問題にしなくてもいいといえるのではないでしょうか。なんとなれば、日本からの通告文をアメリカはどんどん解読していて、ワシントン時間十二月七日朝には届いていた最終の通告の解読に目を通したルーズベルト大統領は、「This means war」(これは戦争ということだね)と側近《そっきん》のホプキンスに言っていたのです。つまり相手はとうの昔に受け取っていて、これが正式に開戦の通告であると認識していたのですから。甲案、乙案そしてハル・ノートを含め、この辺のところは拙著《せっちょ》『「真珠湾」の日』[*1]にくわしく書いておきました。

そして残念なことに、真珠湾でまさに日本の海軍機がハワイの太平洋艦隊主力に魚雷《ぎょらい》や爆弾による攻撃を開始してから一時間後に通告が手交されたことは紛《まぎ》れもない事実なのです。

このために、その後、アメリカ国民が日本に猛烈《もうれつ》な怒りと反感をもち、一致《いっち》結束《けっそく》して戦争に当たるようになったといわれています。ただし、「リメンバー・パールハーバー」という言葉は当初に言われたのではありません。むしろ昭和十七年夏から秋にかけてのガダルカナル島をめぐる攻防《こうぼう》の時に海兵隊将兵の口から言われはじめ、それが本国へ戻り、アメリカ国民もまた盛んに言い出したのです。では最初は何と言っていたのか。十二月八日(ワシントン時間)、ルーズベルト大統領が上下両院で演説をしています。少し長いのですが、読んでみます。

「十二月七日は汚辱《おじょく》（恥辱《ちじょく》）の中に生きる日（the day of infamy）であります（これが、アメリカ人が最初に心に刻《きざ》み込んだ言葉でした）。アメリカは突如《とつじょ》、計画的に、日本帝国により海空から攻撃されました。アメリカは日本と平和交渉の最中であり、日本の懇請《こんせい》により太平洋の平和維持のため、日本政府や天皇との間に対話を進めておりました。事実、日本の航空隊がオアフ島を爆撃してから一時間後に、日本大使（野村吉三郎《のむらきちさぶろう》大使）とその同僚《どうりょう》（応援の来栖三郎《くるすさぶろう》特命全権大使）は、最近のわが提案への公式回答をもって国務長官を訪問したのであります。……日本とハワイ間の距離を考えると、日本の攻撃が何日も、いや何週間も前から計画されたことは明らかです。日本政府は、謀計《ぼうけい》によりアメリカをだましたのであります」

つまり「汚辱の日」「だまし討《う》ち」（treacherous attack）、それが最初の合言葉《あいことば》でした。アメリカ国民はこれを信じ、世界もこれを聞いて日本がアメリカをだましたと承知したようです。日本にとっては、まことに情けない限りです。結果、上院では賛成八十二対反対〇、下院では三百八十八対一——一票が反対です——の圧倒的多数によって、アメリカは対日戦争を決意し、宣戦布告となるのです。

ただし「謀計」「謀略《ぼうりゃく》」によってだましたというのはあり得ないのであって、というのも、さきほど申しました通り、日本からの交渉打ち切り通告を読んだルーズベルトが「This means war」と言ったように、アメリカ政府や軍部は日本の攻撃開始を十分に承知していて、早く一撃を打たせたいという気持ちがあったのは明らかなのです。とくにルーズベルト大統領です。

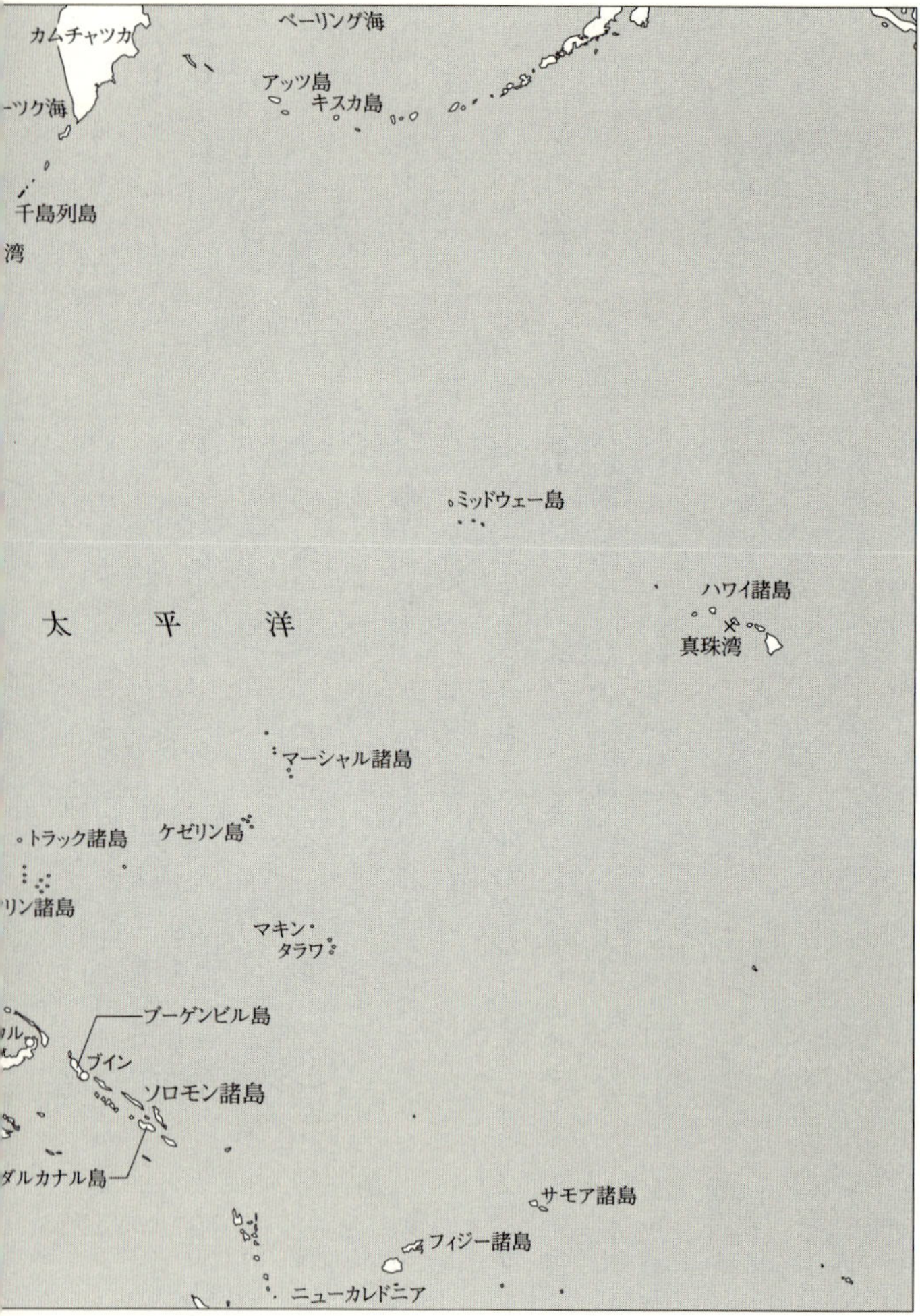
カムチャツカ
ベーリング海
ーツク海
アッツ島
キスカ島
千島列島
湾
ミッドウェー島
ハワイ諸島
真珠湾
太　平　洋
マーシャル諸島
トラック諸島
ケゼリン島
リン諸島
マキン
タラワ
ブーゲンビル島
ブイン
ソロモン諸島
ダルカナル島
サモア諸島
フィジー諸島
ニューカレドニア

シベリア
ソビエト連邦
モンゴル
満洲国
新京
北京
延安
中国
南京
上海
漢口
重慶
日本
小笠原諸島
沖縄
インパール
騰越
インド
ビルマ
台湾
ハノイ
仏領インドシナ
タイ
バンコク
ルソン島
マニラ
フィリピン
南シナ海
サイゴン
レイテ島
ミンダナオ島
ペリリュー
マラッカ海峡
マレー
シンガポール
スマトラ島
ボルネオ島
セレベス島
インド洋
蘭領東インド
ジャワ島
オーストラリア

太平洋戦争図

なぜかと言いますと、アメリカ政府と軍部は、なんとかイギリスを助けてヨーロッパ戦争に参加し、ヒトラーのドイツを倒したくてしょうがないのですが、宣戦布告するための名目《めいもく》がありません。そこで日本をして先に一発打たせれば、日独伊三国同盟の結果、ドイツも必ず宣戦布告してくるに違いないからです。事実ドイツは、日本より少し遅れてアメリカに宣戦布告をします。これでアメリカは大義《たいぎ》名分《めいぶん》を得て、堂々と第二次世界大戦に加入できたわけです。

さて真珠湾攻撃のことは、くわしくお話しなくてもよろしいかと思います。衆知《しゅうち》のことですから。日本の機動部隊から飛び立った飛行機三百五十三機の完全奇襲となり、敵の太平洋艦隊の戦艦群をほぼ全滅させる大戦果を上げました。残念ながら、航空母艦だけは真珠湾にいなくて取り逃がしたのですが、とにかく世界戦史上冠《かん》たるといってもいいくらいの大勝利を得ました。

私はまだ子供でしたが、朝まだき「本日未明、西太平洋方面において戦闘状態に入れり」という放送があった時、この日は非常に寒かったのですが、東京の空はきれいに晴れ渡っていて、その澄んだ空のように、なにかこう頭の上を覆《おお》っていた雲がぱあーっと消えたような、晴れ晴れとした気持ちをもったことを覚えています。日本人ほとんどがそう感じたと思います。

この日のことを後に多くの人が回想していますが、戦後に書かれたものはあてにならないところがあります。なんとなしに「自分は戦争に反対であったが」と条件つきのようなかたちで報告していますが、当時に書かれたものを見ますと、たいていが万歳《ばんざい》万歳の叫び声をあげています。雄叫《おたけ》びといったらいいでしょう。とくに小説家や評論家など、文学者が何をしゃべったかを『「真珠湾」の日』にたくさん書いておきましたので、興味のある方はそちらを読んでいただくとして、ここでは五人ばかりご紹介しておきます。まず評論家の中島健蔵《なかじまけんぞう》（一九〇三―七九）は、

「（これは）ヨーロッパ文化というものに対する一つの戦争だと思う」

同じく評論家の本多顕彰《ほんだあきら》（一八九八―一九七八）は、

「対米英宣戦が布告されて、からっとした気持ちです。……聖戦《せいせん》という意味も、これではっきりしますし、戦争目的も簡単明瞭となり、新しい勇気も出て来たし、万事《ばんじ》やりよくなりました」

小林秀雄《こばやしひでお》（一九〇二―八三）も、戦争を肯定しています。

「大戦争がちょうどいい時にはじまってくれたという気持ちなのだ。戦争は思想のいろいろな無駄《むだ》なものを一挙《いっきょ》になくしてくれた。無駄なものがいろいろあればこそ無駄な口をきかねばならなかった」

亀井勝一郎《かめいかついちろう》（一九〇七―六六）は、もっとはっきりと言っています。

「勝利は、日本民族にとって実に長いあいだの夢であったと思う。即《すなわ》ち嘗《かつ》てペルリによって武力的に開国を迫られた我が国の、これこそ最初にして最大の苛烈極《かれつきわ》まる返答であり、復讐《ふくしゅう》だったのである。維新以来我ら祖先《そせん》の抱いた無念の思いを、一挙《いっきょ》にして晴《はら》すべきとき

が来たのである」

作家の横光利一《よこみつりいち》（一八九八―一九四七）も、日記に躍動《やくどう》の文字をしたためています。

「戦いはついに始まった。そして大勝した。先祖を神だと信じた民族が勝ったのだ。自分は不思議以上のものを感じた。出るものが出たのだ。それはもっとも自然なことだ。自分がパリにいるとき、毎夜念じて伊勢の大廟《たいびょう》を拝《はい》したことが、ついに顕《あらわ》れてしまったのである」

この頃の横光さんは超ナショナリストになっていましたけれど、それにしても、わが日本は神国であり、先祖を神と思う民族が勝ったのだと大喜びしているのです。

とにかく国民は真珠湾攻撃の大勝利に一気に沸《わ》きました。結果として山本五十六《やまもといそろく》の腹の底にあった、真珠湾攻撃をもって敵を完膚《かんぷ》なきまでにたたき、それを機に講和へ持ち込もうという意図など一気に吹っ飛んじゃったわけです。こんな時に講和なんていうバカはどこにもいないというくらい、日本じゅうが沸きに沸いたのです。有頂天《うちょうてん》になったのです。

✹ひたすら大勝利に酔った日本国民

ただここでひとつだけ注意しておかなければならないのは、その日に「開戦の詔書《しょうしょ》」が発布《はっぷ》され――これはもちろん急に出来上がったものではなく、きちんと討議し、学者も参画《さんかく》して文法的に誤りのないように前々から準備してあるもので、堂々と完成した文章として出たものなんですが――そこにはなぜか大事なことが削《けず》り落とされていたのです。

書き出しは、日清戦争、日露戦争、第一次世界大戦の時とほぼ同じ文章です。

「天佑《てんゆう》ヲ保有シ、万世一系《ばんせいいっけい》ノ皇祚《こうそ》ヲ践《ふ》メル大日本（帝）国皇帝（天皇）ハ……」

そして、日清戦争ではこうなっています。

「苟《いやしく》モ国際法ニ戻《もと》ラサル限リ、各々権能ニ応シテ一切ノ手段ヲ尽《つく》スニ於《おい》テ、必ス遺漏《いろう》ナカラムコトヲ期セヨ」

日露戦争と第一次世界大戦はほぼ同じで、

「凡《およ》ソ国際条規ノ範囲ニ於テ一切ノ手段ヲ尽《つく》シ、遺算《いさん》ナカラムコトヲ期セヨ」

つまり、今まで日本が経験した三つの大戦争ではすべて、「国際法、国際条規というものを守る限りにおいて最大の努力を尽くせ」と記してあるのですが、それが今回の「開戦の詔書」にはないのです。削り取ったのです。

一つには、今まで真珠湾攻撃のことばかり話しましたが、実は開戦の布告前に陸軍はマレー半島に上陸していて、それにはどうしてもタイ国の領土から侵入する必要があったのです。ところがタイは中立国です。そこへ開戦の意図を秘すためには、いきなり軍隊を送り込んで、その後に交渉せざるを得ない。作戦計画上やむを得ない。はじめから国際法違反を承知なんです。つまり「国際法を守れ」となると、そもそも当初の作戦自体がだめだということになる、それで東条さんが削れと言ったという説があるのです――こんなことで、指導者たちが一番大切な文句を削ったのです。どうも最初から国際法を守らなくていい戦争だという感覚をもってしまったわけで、このことは後に、意識の上でまことに大きな問題を残す結果になります。

ちなみに、私はいま「対米英戦争」と言っていますが、これを「太平洋戦争」と呼ぶべきか、「大東亜戦争《だいとうあ》」と呼ぶべきか、しばしば議論となります。戦争が起きた時に何と名称をつけるか、陸海軍も政府も議論をしました。海軍は太平洋を舞台とする戦争だから「太平洋戦争」でいいだろう、また政府筋《すじ》には「日清戦争」「日露戦争」のように相手国との戦争という意味で「対米英戦争」でいいのでは、という意見もありました。ところが陸軍は、強硬に「大東亜戦争」を主張します。理由は、

「今次の対米英戦は支那《しな》事変をも含めて大東亜戦争と呼称す。即ち大東亜戦争と称する所以《ゆえん》は、大東亜新秩序建設を目的とする戦争なることを意味するものにして、戦争地域を大東亜のみに限定する意味に非《あら》ず」

つまり、これまではノモンハン事件も、盧溝橋《ろこうきょう》事件も、起こった場所による「地域戦争」であることを意味するのですが、今回の戦争はあくまでも「大東亜新秩序」をつくることが目的なのだと強調したかったんですね。ただし、開戦の詔勅《しょうちょく》にはそんなことは一言もありません。「自存自衛のためにやむを得ずして立ち上がる」です。「大東亜新秩序建設のため」などとは書

かれていません。この名称は開戦後の十二月十二日の閣議で決められたことであって、いわば後から飾りつけた戦争目的でした。まあ、それというのも、とにかく最初に日本が勝ち過ぎたためでしょう。ガンガン勝ち続けてしまうものですから、大東亜新秩序でもなんでもできるような気になって、自存自衛などという切羽詰《せっぱつ》まった気持ち、緊張感はいつの間にか吹っ飛んじゃったのかもしれません。

ちなみに言いますと、その二日前の十二月十日、派遣《はけん》されてきたイギリスの東洋艦隊、シンガポールを根拠地として日本軍を迎え撃つために送られて来たプリンス・オブ・ウェールズ、レパルスという二隻の新鋭《しんえい》戦艦を、南部仏印（サイゴン）から出撃した日本の航空部隊が見事に撃沈しました。戦艦は飛行機では沈められないという世界の軍事常識を破った驚くべき大戦果でした。

さらに、台湾南部を基地とする日本の航空部隊がフィリピンの米軍基地を攻撃し、アメリカの航空部隊を完璧《かんぺき》に撃破してしまいました。

とにかく戦争がはじまって毎日のように「勝った、勝った」で私たち小学生は、日の丸の旗行列、提灯《ちょうちん》行列を賑《にぎ》やかにやった覚えがあります。日本じゅうが大喜び、歓喜に震えていました。それくらいいい思いをしていましたので、閣議そのものも沸き、「大東亜新秩序建設を目的とする戦争ゆえ大東亜戦争とする。なにも戦争地域を大東亜のみに限らない」と大きく出たのでしょうな。

しかしこれも微妙なところなんですよ。「大東亜に限らない」ということは、これからインドに進出し、さらに中近東へ進出し、ドイツと握手をして……なんてことを夢見ているのです。もっと言えば、ついでにソ連もやっつけちゃおうとも考えていますから、シベリアも視野に入ってくる。とにかく無敵《むてき》の日本陸海軍なんです。

なお、日本人がいかにうぬぼれのぼせていたかのもう一つの証拠として、だいぶん先の昭和十八年五月三十一日に御前会議で決定された「大東亜政略指導大綱《たいこう》」があります。軍部も政府もできるだけ隠したかったものですが、当時はまったく知られることはなく、戦後になってひょっこり飛び出してきたのです。

「マレー・スマトラ・ジャワ・ボルネオ・セレベス(ニューギニア)は、大日本帝国の領土とし、重要資源の供給源として、その開発と民心《みんしん》の把握につとめる。……これら地域を帝国領土とする方針は、当分、公表しない」

この驚くべき大方針を、天皇陛下の前で決めているのです。いいですか、東南アジアの国々を「帝国領土」にするというんです。これを公表すれば、国際世論は「ええーっ、日本は何だ、綺麗《きれい》ごとばかり言っているが、やはり自分の領土にするつもりか」と袋叩《ふくろだた》きにあったでしょう。しかしこういうことをぬけぬけと言うくらいに日本は勝利で自己過信に陥《おちい》っていたのです。しかも昭和十八年五月三十一日といえば、もうかなり戦況が不利になっている時なんですよ。

もう一つ話しますと、ハワイと同時に陸軍はマレー半島上陸を敢行《かんこう》してシンガポール攻略戦に入ったのですが、そのマレー半島に上陸する部隊に配られた『これだけ読めば戦《いくさ》は勝てる』という小冊子《さつし》があります。辻政信《つじまさのぶ》、朝枝繁春《あさえだしげはる》という、共に士官学校も陸軍大学も優等の大秀才である参謀がつくり、輸送船の中の兵隊さんに読ませたものです。どこそこの戦地は非常に暑いので飲み水に注意しろとか、細々《こまごま》としたことがわかりやすく書いてある中に、こういう文章があります。

「これから行くところの土民《どみん》を可愛がれ。土民の風俗習慣を尊重したほうがよろしい。しかし、過大な期待はかけてはならない」

陸軍エリート参謀が、東南アジアの人を土民と心得《こころえ》ていたことがはっきりするのですね。

✹ミッドウェーの落日

こうやって、戦争がはじまりました。とにかく緒戦《しょせん》は威勢がよかったのです。連合艦隊は大勝利に次ぐ大勝利ですからまことにいい調子で、軍令部など万が一を恐れ戦《おのの》いてハワイ作戦に反対していたことなど忘れて、毎晩、ハワイ、マレー沖の凱旋《がいせん》を祝って赤坂《あかさか》や新橋《しんばし》で宴会を繰《く》り返していました。

時を合わせたように十二月十六日、戦艦大和《やまと》がめでたく竣工《しゅんこう》し、連合艦隊の第一線にその堂々たる勇姿《ゆうし》を現しました。基準排水量六万二千三百十五トン、全長二百六十三メートル、幅三十九メートル――パナマ運河を通れない幅です。四十六センチ主砲《しゅほう》九門――富士山の二倍を飛び、四十二キロ先の厚さ四十センチの鋼板をぶちぬく威力をもちます。乗組員二千五百人といいますから、まるで一つの村が乗っかったような巨艦の完成に、日本海軍は意気天《いきてん》をつく思いを味わっていました。

ところが、日本の軍部は実はこんなに勝つとは思っていなかったんですね。ですから第一段作戦――ハワイをやり、イギリスの東洋艦隊をぶっつぶし、シンガポールをやり、フィリピンを占領し、蘭領東インド（現在のインドネシア）を攻《せ》め落とす――は決めていました。そしてそれは着々と思う通りにいきました。しかも予想外に早くにです。そうして東南アジアの資源地帯のすべてを占領し、日の丸を掲げる状況になったものの、さて次をどうするか、確実な作戦を決めていなかったのです。このへんがお粗末《そまつ》といえばお粗末ですが、はじめから戦争はやがてドイツが勝ち、めでたく講和になる、それまでとにかく資源地帯を押さえ長期戦ができる態勢を整えておく、それでいいじゃないかといった調子でしたから、長期戦に対する本気の覚悟がなかったのです。いや、最初から長期戦になることはわかっていたはずなのに、そうしたくない思いのほうが強いものですから、「したくない」が「ならないだろう」の思いに通じ、最後は「長期戦にはならないのだ」と決めつけてしまって、第二段、第三段作戦を考慮《こうりょ》の外においたのです。

さてそこで議論がはじまります。もしもアメリカが日本に反撃をかけてくるようなことがあるとすれば、豪州（オーストラリア）を基点としてくるに違いない、そうするためには南太平洋を通ってオーストラリアへ兵隊、資材、大砲、戦車などをどんどん運んで戦備《せんび》を十分に整えてから攻め上ってくることは容易に予想できます。したがって、それを防ぐにはハワイからオーストラリアへの輸送路を遮断《しゃだん》するのが一番いいという意見が有力になります。

しかしそのためには、日本の兵力をはるか遠くの南太平洋にまで運ぶ必要がある。そうした遠い南の島のどこかに飛行場をつくらねばならず、それからさらにその先の島へ、ということの繰り返しで、日本の目はうんと南へ向いてゆくことになります。

ところが、連合艦隊司令部は、そんなに南へ進出することは補給もたいへんだし保持するのも難しい、むしろこの際、敵の残った航空母艦をぶったたいて完全に制海権を奪い、ハワイ占領を意図したほうがいい、と大きく出ます。連合艦隊の参謀のなかにも、米豪遮断の作戦はやりたいならやらせてもいいが、それよりも最終目的は「ハワイ占領」とまで夢を膨《ふく》らませる人もいました。ただしそれには、大兵力を輸送船でハワイまで運ばねばならない、それは相当の難事業であって、そのためにもその前に敵の航空母艦を叩《たた》いておく必要がある。そこでハワイ攻撃の目標を昭和十七年秋口ごろとし、その前に敵の空母を叩くための「ミッドウェー作戦」が開始されるのです。ミッドウェーを奪《と》りに行けば、アメリカ艦隊はなんとかしてこれを阻止《そし》するためになけなしの航空母艦を出してくるだろう、それをチャンスとして撃破してしまおう、というわけです。

昭和十七年四月一日に連合艦隊司令部が立てた作戦計画は次の通りでした。
「五月中旬　ニューギニアのポートモレスビー攻略作戦
六月下旬　ミッドウェー島攻略作戦
七月中旬　フィジー・サモア攻撃破壊作戦（米豪遮断）
十月を目処《めど》としてハワイ攻略作戦準備」
それにしてもハワイ攻略とは大きく出たものです。
このミッドウェー島攻略作戦にも反対はたくさんありました。軍令部も反対です。太平洋の真ん中、相当遠いところなので、もし敵が来ずに占領できたとしても、補給はたいへんだし、攻められたら守るのも困難です。やはり南方の米豪を遮断すべきだ、という意見も出てきた矢《や》先《さき》の四月十八日、アメリカによる東京空襲が起こります。なけなしの航空母艦の上に陸上の爆撃機B25を載《の》せ、なんとか甲板《かんぱん》から飛び立てても戻って着艦《ちゃっかん》もできず、やむを得ないから中国大陸まで飛んでいって蔣介石《しょうかいせき》の飛行場に降りる、という誰も考えないような破天荒《はてんこう》な作戦でした。これが大成功し、日本の上空に次から次へとB25が飛び来たり飛び去っていった。大した被害はなかったのですが、とにかく本土上空を敵機が飛んだというので日本側は大騒ぎでした。これというのも、太平洋がガラ空きだからだ、やはり太平洋にきちっと防衛線をつくっておかねばまた同じようなことになる、というので、陸軍からも「やはりミッドウェー作戦を具体的に考えたほうがいい。陸軍も兵力を出す」と提唱してくる。反対していた軍令部も、陸軍がオッケーなのですから、いやいや「やるか」となったわけです。

　昭和十七年六月五日、日本の空母四隻対アメリカの空母三隻の戦いとなったミッドウェー海戦は、今度は見事にアメリカの奇襲攻撃を受けて、日本の四隻が全滅し搭乗員の多数が戦死、一方アメリカ軍は一隻を失っただけという、日本軍には想像もしなかった大敗を喫します。当時、日本には九隻の航空母艦がありましたが、正規空母は六隻だけ、あとの三隻は商船改造のもので、防御《ぼうぎょ》は弱く、積んでいる飛行機数も少なく、正規の空母に頼るところ大でしたが、そのうちの四隻が海の底に沈んでしまったのですから、影響するところ甚大《じんだい》なものがあり、連合艦隊の意気はいっぺんに消沈《しょうちん》してしまいました。

　しかし、よく調べてみればそんな空母全滅をくらうような戦闘ではなかったところもあるのです。なのに、勝つべき戦いを慢心《まんしん》と怠慢と錯誤《さくご》のために、完敗したともいえるのですね。戦後に、山本の部下であった黒島亀人《くろしまかめと》先任《せんにん》参謀がこう断言しているのです。

「作戦は少しも間違ってはいなかった。機動部隊指揮官の南雲《なぐも》中将が、あらゆる機会を捉《とら》えて、アメリカ空母部隊を攻撃するようにという連合艦隊の命令を正しく実行していたら、この海戦は日本海軍が勝利をおさめていたことであろう」

　しかし、戦闘は黒島がいうようにはうまくいかなかったのですね。南雲司令部は敵艦隊の待ち伏《ぶ》せはないものと信じ込んでいました。連合艦隊からくどいように言われていた「敵機動部隊の出現を予期して、搭載機《とうさいき》の半数は即時《そくじ》待機の態勢にしておくように」という指示を、あっさりと無視していたのです。だから、偵察機《ていさつき》からの「敵艦隊発見」からなんと二時間近くも攻撃隊が発進できない不手際《ふてぎわ》をおかすのでした。

ミッドウェー海戦になぜ負けたかについては、戦後いろんな人がたくさん書いています。積んでいた魚雷を陸上攻撃用の爆弾に付け直した時に敵空母を発見したので、慌《あわ》てて魚雷にまた付け替えていたところに攻撃を受けたからで、あと五分あれば無事に付け替えて甲板から飛び立ち、大被害を受けることはなかった、「運命の五分間」だ、などという説が今も通用していますが、そんなことはありません。「運命の五分間」もヘチマもない。日本海軍は勝ちに驕《おご》り、うぬぼれのぼせ、敵の航空母艦など出て来ないと思い込んでいたのです。ですから待ち伏せされているなどとつゆ思わず、はじめから魚雷など放り出して陸上爆弾にしていたのが実状だと思います。戦後、私は当時の機動部隊参謀長、草鹿龍之介《くさかりゅうのすけ》元中将に会って話を聞きましたが、草鹿さんは「驕慢《きょうまん》の一語《いちご》に尽《つ》きます」と言い、それ以上はあまり語りたがらなかったのが強く印象に残っています。

この戦いのあと、日本が攻勢をとって、つまり作戦的にイニシアチブをとって戦いを仕掛《しか》け、出てくる敵をたたきつぶし、ということにはいかなくなりました。つまり戦争が「五分《ごぶ》」に引き戻され、敵が攻勢をかけてくる可能性がどーんと増えてしまったのです。もう勝算《しょうさん》があるなしにかかわらず、戦力の多寡《たか》にかかわらず、敵の攻撃があれば戦わねばならなくなる。

しかし、この大敗は一切《いっさい》公表されませんでした、というより「米航空母艦エンタープライズ型一隻及びホーネット型一隻撃沈、彼我《ひが》上空において撃墜《げきつい》せる飛行機約一二〇機。我方損害、航空母艦一隻喪失《そうしつ》、同一隻大破、巡洋艦一隻大破、未帰還《みきかん》飛行機三五機」というのが大本営の発表です。国民はまさか大打撃を受けたとは思わず、意気消沈《いきしょうちん》した山本長官が以後、やる気を失ったなど誰も知りません。「ミッドウェーでも勝ったんだってなあ」なんて会話をしながら沸いていたのです。

海戦から十日ばかりたった六月十八日、日本の文学者が大同《だいどう》団結し、「日本文学報国会《ほうこくかい》」をつくりました。これには文学者のほとんどすべてに加え、友好団体のメンバーや学生も参加しました。私は小学生なので参加していませんが、当時の文学青年もみな参加したと思います。日比谷《ひびや》公会堂《こうかいどう》は超満員でした。会長に徳富蘇峰《とくとみそほう》（一八六三—一九五七）が選ばれ、菊池寛《きくちかん》（一八八八—一九四八）が小説、太田水穂《おおたみずほ》（一八七六—一九五五）が短歌、河上徹太郎《かわかみてつたろう》（一九〇二—八〇）が評論随筆、深川正一郎《ふかがわしょういちろう》（一九〇二—八七）が俳句、尾崎喜八《おざききはち》（一八九二—一九七四）が詩の各部門代表となり、最後に吉川英治《よしかわえいじ》（一八九二—一九六二）が「文学者報道班員に対する感謝決議」を提唱して朗読《ろうどく》しました。

「……銃後《じゅうご》われ等《ら》同僚、同田同耕《どうでんどうこう》（同じ土を一緒に耕《たがや》しているの意）の士《し》もまた今日無為《むい》なるに非《あら》ず。文芸文化政策の使命大、いまや極《きわ》まる。国家もその全機能を求め、必勝完遂《かんすい》の大業もその扶与《ふよ》をわれ等に命ず」

自分たちもまた、この戦争に勝つための大いなる責任を与えられた、頑張ろうじゃないか、というのです。日本の文学はどんどん戦争謳歌《おうか》、戦意高揚《こうよう》の文学になります。

しかし、あっさり言ってしまえば、戦争はここまでなんですね。ミッドウェー海戦に負けるまでが、日本の一番威勢がよかった時期で、以後は「戦争」ではなくなる。敢《あ》えていえば、日本軍が肉体をもって鉄と弾丸にぶつかっていく殺戮《さつりく》がはじまる。悲惨な状況が、次から次へと展開されることになるのです。

＊1――『「真珠湾」の日』二〇〇一年、文藝春秋（現在、文春文庫）。

第十三章

大日本帝国にもはや勝機がなくなって……

ガダルカナル、インパール、サイパンの悲劇から特攻隊出撃へ

この章の

✷ポイント

昭和十七（一九四二）年八月、日本がガダルカナル島に飛行場建設をはじめると、豪州との輸送路を遮断されたくない米軍はすぐさま反攻を開始。五カ月間に及ぶ激しい戦闘の結果、日本はまたしても大敗を喫してしまいます。そして昭和十九（一九四四）年には「史上最悪の作戦」インパール作戦が強行されます。戦死者は約三万人といわれる完全敗北でした。同年、サイパン島でも大敗を喫した日本軍は、ついに悲痛な「特攻《とっこう》作戦」をはじめてしまうのです。

✷キーワード

ガダルカナル島の戦い／杉山元《すぎやまはじめ》／学徒出陣《がくとしゅつじん》／インパール作戦／牟田口廉也《むたぐちれんや》／チャンドラ・ボース／ノルマンディー上陸作戦／小磯国昭《こいそくにあき》／特攻作戦／レイテ沖海戦

ガダルカナル奪取さる

ミッドウェーで海軍は敗《ま》けましたが、これを外部には完全に秘《ひ》していましたから、陸軍は南方地域を完全に占領したので大いに意気《いき》が上がっています。「次はソ連だ」と左団扇《ひだりうちわ》でのほほんとしている時、アメリカ軍は早くも反攻《はんこう》を開始しました。昭和十七年（一九四二）八月八日からはじまったガダルカナル島の争奪戦《そうだつせん》です。

太平洋戦争は航空母艦あるいは飛行機による戦争でした。アメリカの太平洋艦隊も、イギリスの東洋艦隊も、主力といわれた戦艦は飛行機によってあっという間に沈められました。日本の機動部隊の飛行機が空を蔽《おお》う限り、アメリカもイギリスもオランダも敵対することはまったく適《かな》いませんでした。では、飛行機の戦争とはどういうものか。爆撃機はかなりの航続距離《こうぞくきょり》＊1をもっていますが、戦闘機はそれに比べれば短い。その中でも日本の零式戦闘機《れいしきせんとうき》（ゼロ戦）は約二千キロと、非常に長い航続距離をもっていて、往復するなら千キロ飛べます。ただし、それではすぐに戻ってこなくてはならず戦闘にはなりません。せいぜい八百キロ辺りの円をコンパスで描き、その範囲内でどこかに次の飛行場をつくり、またそこから八百キロの円を描いて……というかたちで戦争を進めていったのです。最初の頃は、まず日本の飛行機が敵の空軍を撃破して制空権《せいくうけん》をとり、陸軍部隊や艦艇がそれに続くという作戦が、実にうまく進みました。

ところが、うんと前に申しましたが、日本本土を完璧に防衛するには、朝鮮半島を確保しなければならない、その朝鮮半島を防衛するには、今度は満洲を確保して最前線としなければならない……というように、日本の軍隊は本土を守るために前へ前へと進むわけです。太平洋においても南へ南へ、つまり日本本土の防衛のためには、サイパン島、テニアン島、グアム島のマリアナ諸島を守らねばならない、それにはさらに先のトラック島を中心とするカロリン諸島を、それにはさらにコンパスで円を描いたその先、零戦の十分な航続距離の範囲に入るラバウルを守らねば、というように前進基地を広げていくわけです。そうして日本はラバウルにまで航空部隊を進出させました。

ところがそのラバウルを守るには、さらに先の南の島に飛行場をつくる必要があるというのでまた円を描きました。するとちょうどその千キロ先にガダルカナル島があったのです。常識から考えれば、千キロといえば零戦の航続距離のギリギリの半分ですから、そこを奪《と》っても零戦は行ってすぐに戻らねばなりません。要するに、容易《ようい》には守ることができないところにまで敢《あ》えて踏み込んだのです。その手前に飛行場に適した島がないわけではなく、事実、後にはブインというところに慌てて飛行場をつくりなおしますが、当時は「勝った、勝った」で敵をなめてかかってますから大丈夫だというので、遠くガダルカナルにまで脚《あし》を延ばしたのです。

ところがガダルカナルに日本の基地ができるということは、アメリカ軍にすれば豪州との間の輸送路が遮断《しゃだん》され、常に日本の空からの監視下《かんしか》におかれることになります。ニューギニア辺りから飛んできたアメリカの偵察機《ていさつき》が、日本海軍がガダルカナルに陸戦隊を上陸させて飛行場をつくりはじめたのを見て、米軍は愕然《がくぜん》となります。すぐに奪回《だっかい》せねばならないというので、七月二日に早急に攻略作戦命令を出しました。反攻の開始です。

そんなこととは知らない日本軍は、悠長《ゆうちょう》にモッコとシャベルでもってエッサエッサとやっています。ようやく滑走路《かっそうろ》ができ、兵舎《へいしゃ》もでき、飛行機の進出もあと二、三日でOKとなった時、八月八日にアメリカ軍が上陸してきました。日本側は設営隊ばかりで兵隊さんはろくにいません。全力をあげて上陸してきたアメリカ海兵隊にたちまち追っ払われ、七分通りできていた飛行場にブルドーザーが入ってあっという間に完成、敵の戦闘機の大部隊が次々に到着したのです。あれよあれよという間にガダルカナル島はアメリカの一大基地になってしまったわけです。

はじめはまさか本格的反攻ではなく、偵察的な上陸だろうと楽観《らっかん》していた日本軍は、やがて敵は超強力な部隊とわかり、腰を抜かします。ともあれ、これを取り返せというので、全力を投入しはじめる。ラバウルから発進した頼《たの》みの零戦はガダルカナル島上空にいられるのはわずか十分間、すぐに戻ってこないとラバウルまで着きません。十分間の戦いなんてあり得ません。敵は、零戦が来れば、逃げて十分間待っていれば引き返すことがわかっていますから、まったく恐れないのです。逆に、飛行場を確保していますから、制空権は完璧に米軍の手にある。日本の艦艇がそばに近寄ると空からの攻撃で次々にやっつけられるという苦しい戦いがはじまるのです。

くわしくは拙著《せっちょ》『遠い島　ガダルカナル』[*2]を読んでいただければ、と思います。結論だけを申しますと、八月八日にはじまって、十二月三十一日、天皇陛下が「このような情勢では大晦日《おおみそか》も正月もない」と急きょ、御前会議を開いてガダルカナル島撤退を決めるまで約五カ月間の戦闘で、海軍は艦艇（戦艦含む）二十四隻、計十三万四百八十三トンが沈みました。アメリカも二十四隻、計十二万六千二百四十トンが沈むほど、全力をあげてぶつかり合ったのです。

一方、日本の飛行機は八百九十三機が撃墜《げきつい》され、搭乗員《とうじょういん》二千三百六十二人が戦死しました。これこれは非常に大きなことで、ここで日本のベテラン飛行機乗りの大半が戦死し、あるいは傷つき、以後、あまり熟練《じゅくれん》していない人たちが飛行機に乗るようになりました。陸軍が投入した兵力三万三千六百人のうち、戦死約八千二百人、戦病死約一万一千人、そのほとんどが栄養失調による餓死《がし》なんです。哀《あわ》れというほかはない。

一方アメリカは、作戦参加の陸軍および海兵隊計六万人のうち、戦死千五百九十八人、戦傷四千七百九人で、戦病死者はなし。ペニシリンがすでに発明されていましたから、たいていの傷病はどんどん治《なお》ったのです。

こうして日本軍が全力をあげて取り戻そうとしたガダルカナルはアメリカの占領するところとなります。日本軍の完全敗北でした。

翌昭和十八年二月九日、最後の兵隊さんを無事に撤退《てったい》させた後、大本営《だいほんえい》が発表します。

「ソロモン群島のガダルカナル島に作戦中の部隊は、昨年八月以降、引き続き上陸せる優勢なる敵軍を同島の一角に圧迫し、激戦敢闘克《かんとうよ》く敵戦力を撃摧《げきさい》しつつありしが、その目的を達成せるにより、二月上旬同島を撤《てつ》し他に転進せしめられたり」

「目的」とはガダルカナル島を取り戻すことのはずなのですが、それもできないのに「やめた」と撤退し、他へ軍隊を「転進」せしめたというのです。ここで後世《こうせい》の私たちは悪口を言うのですね、撤退も敗北もない、大本営発表とはごまかしの代名詞《だいめいし》なのだと。

そしてここでもう一つ大事なのは、どこに戦いを求めて転進したのかです。陸海軍両総長（参謀総長と軍令部総長）が天皇に報告に行った時、「ではどこへ攻勢に出るのか」と聞かれ、「これから十分に作戦を練《ね》ります」と答えればいいものを、参謀総長杉山元《すぎやまはじめ》が「ニューギニアです」と言ったんですね。そうして今度はニューギニアで惨憺《さんたん》たる戦いがはじまるのです。ガダルカナル島とほぼ同じ距離にありますから、ラバウルからの戦闘機はまた十分間で帰ってこなければならないというバカな戦いが大々的に展開されました。そして十七万の将兵が、終戦の日まで戦闘（餓死とマラリアとの戦いも含めます）を続け、生還《せいかん》し得たもの一万数千という悲惨《ひさん》となったのです。なんということか！

山本長官戦死の発表

ミッドウェー海戦は昭和十七年六月上旬でしたから、開戦から半年足らずはいい気持ちでいられたのですが、後半はもう日本の敗北が目に見えていました。以後アメリカは、日本の逆をとってガダルカナルからコンパスをぐるっと回し、その範囲に入る次の島を落とし、またそこからコンパスを回して次の島を攻め上っていく、という北上《ほくじょう》の進撃を開始します。日本守備軍はいくつもの島々で抵抗するものの、なにせガダルカナルで飛行機も艦艇も傷《いた》んでいますから、全力をあげて戦えず、次々に落とされていきます。

そしてラバウルです。占領後、五万人くらいの陸海軍の将兵がいましたが、アメリカがコンパスを回すと「占領する必要なし」という位置にあるのです。なにも大軍を送って大激戦をやる必要はない、というので、南の方の島はやっつけられているのにラバウルでは待ってても何も来ません。兵隊さんはすることがなくて、と言っちゃあ悪いのですが、「できないのは赤ちゃんだけで、あとは何でも作った」というくらい、終戦まで戦争の外にいて、自給自足《じきゆうじそく》態勢で無事に百姓をやっていたのです。部品を方々から集めてきて新司令部偵察機《しんしれいぶていさつき》（新司偵）や零戦など、飛行機を三機つくったそうです。アメリカが実に上手にコンパスを回していたわけで、これは「カエル跳《と》び作戦」といわれています。

さてガダルカナル戦の後、日本海軍もアメリカ海軍もかなり艦艇が傷みまして、日本は本土へ、アメリカは真珠湾へとそれぞれ引き揚げ、海の戦いはこれで一段落となります。そしてアメリカは猛烈な勢いで航空母艦を主体とする船を造りだし、飛行機乗りもどんどん訓練して戦力を整える。しばらくの間、マッカーサー大将が指揮するソロモン方面からの陸軍および海兵隊だけの戦争が続くことになります。同じく引き揚げた日本海軍も、大いに船を造って……と言いたいところですが、国力がありませんので、ふうふう言いながら少しずつ船を造り、再度のアメリカ艦隊との決戦に備えていました。これが昭和十八年のはじまりです。

その昭和十八年の大事なところだけを話しますと、まず一月十四日、モロッコのカサブランカでルーズベルトとチャーチルが会います。アメリカはガダルカナルを手に入れ、イギリスもロンメル将軍指揮するドイツ戦車軍団をエルアラメインで撃破して、もう敗《ま》けなくてすむと大いに意気があがっていました。そこでルーズベルトが明言します。

「世界平和は、ドイツと日本の戦争能力の全面的殲滅《せんめつ》をもってのみ達成可能なのである。われわれはユリシス・グラント将軍という人物をもっている（南北戦争のことです）。私や英国首相の少年時代には彼を〝無条件降伏のグラント〟と呼んだものだ。ドイツ、イタリア、日本の戦争能力の除去は、その無条件降伏と同義《どうぎ》である。住民の殲滅を意味はしないが、三国のイデオロギーの殲滅を意味する」

ドイツもイタリアも日本も無条件降伏以外は戦争をやめることはできない、すなわち話し合い、講和、休戦はない、という宣言なのです。実はこれにはチャーチルが少し反対し、それを聞かされた蔣介石《しょうかいせき》も猛反対したのですが、アメリカは断乎として主張しました。この政策は、後の日本の戦いぶりに影響してきます。無条件降伏以外に戦争をやめられないのなら、最後の一兵までも戦ってなんとかせざるを得ないと、日本軍の徹底抗戦がはじまるのです。

そんなふうにアメリカが調子に乗っている時に、日本では三月一日、陸軍省軍務局長の佐藤《さとう》賢了《けんりょう》少将が、議会で代議士の質問に答え、アメリカ軍について「詳細なる解剖《かいぼう》を加えた」話をしました。

「一、米陸海軍はまことに実戦訓練にとぼしい。
二、大兵団の運用がはなはだ拙劣《せつれつ》である。
三、米陸軍の戦術は前近代的なナポレオン戦術であって、多くの欠陥《けっかん》をもつ。
四、政治と軍事との連携《れんけい》が不十分である。」

よく読むと、日本のことを言ってるんじゃないか、というようなことを軍務局長がぬけぬけと発言してるんです。ガダルカナルで大敗したにもかかわらず、「あれは距離が遠過ぎて、補給がうまくいかなかったのだ」という理由のもとに、なお敵をなめてかかっていて、「まだまだ日本は」という鼻息の荒さがうかがえます。それは「国民を叱咤《しった》激励《げきれい》しなければ」という考えにつながり、二月二十三日、忘れもしない決戦標語《けっせんひょうご》ができあがりました。

「撃《う》ちてし止まむ」

私たちは小学生時代から、何かというと「撃ちてし止まん」で、喧嘩《けんか》をしても最後までやっていた覚えがありますが。

そうした時、日本国民をエッと驚かせる事件が起きました。山本五十六《やまもといそろく》長官が前線において戦死したのです。四月十八日のことでした。開戦直前には外務省の暗号がすべてアメリカによって解読されていたことは前にお話ししましたが、ミッドウェーの頃には海軍最高の暗号も解読がはじまっていて、当初はまだほんの一部のみでしたが、昭和十八年春頃には完全に解読に成功し、日本海軍の計画もほとんど読まれていたのです。したがって、山本が視察のためにラバウルからブインの飛行場に飛ぶ計画の分秒までも知られていて、アメリカ軍は山本が何時何分にどこに来るというところまで完全に把握していました。しかし「飛行機を落とすのは可能だが、山本を戦死させたために、もう一人か二人、もっと有能な提督《ていとく》がいたら困る。今まで通りのほうがいいんじゃないか」という議論になり、ニミッツ大将が情報参謀レイトン中佐を呼んで聞くと、

「いえ、日本が山本を失うことは、アメリカ海軍がニミッツ提督を失うのと同じくらい重大です」

と答えました。上手な言葉ですねえ。するとニミッツもニンマリ笑って「そうか、よしそれなら」というわけで山本の撃墜作戦が組まれ、予定通りに来た飛行機を待ち伏せし、撃墜に成功しました。直接指揮したハルゼイ大将が大喜びで打った電報にはこうありました。

「攻撃隊員に祝意《しゆくい》を表す。獲物《えもの》の鴨《かも》のなかに、孔雀《くじやく》が一羽《いちわ》まじっていたそうだな」

もうすっかり敵は日本をなめてかかってますよね。残念なことです。

これが日本国民に知らされたのは五月二十一日です。ちなみに私の誕生日です。それでよく覚えています。四月十八日の戦死をすぐ発表するにはあまりにも衝撃が大きいというわけです。

日比谷公園内斎場で行なわれた山本五十六の国葬　昭和18年6月5日

笑い話がひとつあります。この日の大相撲《おおずもう》で、力士《りきし》二人が土俵《どひょう》の上で組んだまま動きませんでした。水が入って取り直したのですが、また動かないので引き分けになりました。協会が怒って「山本閣下が戦死されたのに、敢闘《かんとう》精神が足《た》らん」と二人に休場を命じると、力士会長の双葉山《ふたばやま》が「土俵で動かないように見えても両力士は全力をふりしぼっているのだ、それを何ですか」と抗議し、また二日後に取り組んで勝負をつけた。そのくらい山本の戦死は国民にはショックだったのです。

その山本の戦死発表の直後の五月二十九日に、北の方のアッツ島での玉砕《ぎょくさい》がありました。「玉砕」という言葉はこの後もやたらに出てきます。私はこの頃、中学一年生になっていましたから少しはわかりまして、「瓦全《がぜん》より玉砕」――瓦《かわら》となって全《まった》からんより、玉となりて砕《くだ》けよ――という言葉を覚え、悪ガキの子分どもに「おい、玉砕を知ってるか」など

学生たちも前線に向かった。安田講堂前で昭和18年11月12日にあった東大壮行会

と盛んに講義したことを覚えています。こうして「山本五十六の戦死」「アッツ島の玉砕」の二つが象徴するように、日本は敗北に次ぐ敗北がはじまっていくのです。もうこうなると、一億の日本人は全員が戦闘員、学校もへちまもない、というので十月二十一日、明治《めいじ》神宮外苑《じんぐうがいえん》でいわゆる「学徒出陣《がくとしゅつじん》」の式、「出陣学徒壮行会《しゅつじんがくとそうこうかい》」が行なわれました。大学生が鉄砲《てっぽう》を担《かつ》いで雨の中をびしょびしょに濡《ぬ》れながら行進している場面を、今でも時々テレビなどで見ることがあると思いますが、そこで東条総理大臣が壮行《そうこう》の辞《じ》を述べます。

「諸君はその燃え上がる魂《たましい》、その若き肉体、清新《せいしん》なる血潮《ちしお》、すべてこれ御国《みくに》の大御宝《おおみたから》なのである。このいっさいを大君《おおきみ》の御為《おんため》に捧げたてまつるは、皇国《こうこく》に生《せい》を享《う》けたる諸君の進むべきただ一つの途《みち》である」

岡部《おかべ》長景《ながかげ》文部大臣も送別の辞を述べました。

「諸子《しょし》の心魂《しんこん》には、三千年来の皇国の貴《たっと》き伝統の血潮が満ちあふれている」

こうして秋口から、「学徒は兵隊たれ」と青年がどんどん戦場へ送られていきます。

昭和十八年はこのように、でかい戦闘はなくとも、じりじりと圧迫されながら後退に後退を重ねつつ暮れていきました。

豪雨のなかのインパール街道

太平洋方面では日本が、ヨーロッパではドイツが連合軍に押しまくられ、敗退に次ぐ敗退の情勢のもと、ここでがっちりと姿勢を固め、連合軍の勢いを押し留《とど》めることが一番大事だったのです。が、ここにやらなくてもいい作戦が強行され、昭和十九年の春には目を蔽《おお》いたくなる大敗北がはじまっていました。インパール作戦です。

昭和十八年の末頃から、実はこの作戦が考え出されています。インパールというのはビルマ（現在のミャンマー）の国境線の向こう、山を越えたところにあるインドの主要都市です。常識的には「今ごろインドに進攻してどうするのか」という話なのです。それにビルマ方面軍というのはビルマ防衛が本来の任務です。ところが、なぜそんな攻勢作戦が立てられたのか。実は、不利になりゆく戦勢で不人気になりつつある東条内閣への、全国民の信頼を再燃させるために、という政治的な意図がその裏にありました。要するに、何かでかいことをやって、功《こう》一級の金《きん》鵄勲章《しくんしょう》をもらおう、というまことに個人的な野望にはじまる作戦であったのです。

この作戦を推進《すいしん》したのが、誰あろう第十五軍司令官・牟田口廉也《むたぐちれんや》中将です。東条首相の子分ともいわれている人物。その上にいたのがビルマ方面軍司令官の河辺正三《かわべまさかず》大将です。ご記憶ですか、二人は盧溝橋《ろこうきょう》事件の時の旅団長と連隊長でした。まさにビルマでも同じコンビがこの大作戦に当たったわけです。その頃すでに偉くなっていた牟田口さんは、前にも申しましたが、非常に功名心《こうみょうしん》の強い突撃型《とつげきがた》の軍人で、誰がつくったのかわかりませんが、こんな冷《ひ》やかしの歌が流行《はや》りました。

「牟田口閣下《かっか》のお好きなものは、一に勲章、二にメーマ（ビルマ語で女のこと）、三に新聞ジャーナリスト」

どうしようもないですね。こういう方が指揮をとって、インドを一挙《いっきょ》に攻略してしまおうというわけです。「閣下と本職はこの戦争の根因《こんいん》となった支那事変を起こした責任があります。この作戦を成功させて、国家に対して申し訳がたつようにせねばなりません」と牟田口は河辺に言ったといいます。

それにしてもビルマからインドへ入っていくには峨々《がが》たる山を越えなければならないのですから、相当の準備がなければ作戦は成り立ちません。にもかかわらず、後方支援《こうほうしえん》、補給をまったく考えておらず、「五十日で落としてみせるので、何らの心配もいらない」と新聞記者に豪語《ごうご》し、まるでアレキサンダー大王か木曾義仲《きそよしなか》のように、*3 兵隊さんが食糧用にたくさんの牛を連れて進撃します。しかし山道ですから、牛は崖《がけ》から落ちたりでほとんど役に立ちませんでした。

昭和十九年三月に開始された作戦は、四月末頃には戦力が四〇パーセント前後に低下し、とてもこれ以上攻撃できない、撤退《てったい》したほうがいいという状況になります。しかもビルマは五月を過ぎると雨季《うき》で撤退もしづらく、できるだけ早く作戦を中止すべきだという雰囲気になりましたが、牟田口さんは、なお攻撃を主張して尻を叩《たた》き続けました。

しかし状況がますます悪くなった五月二十日頃、参謀本部もさすがに作戦は失敗と判断してビルマ方面軍にその旨《むね》を伝えました。そこで河辺・牟田口両軍司令官は六月四、五日に会談をもちます。まず五日に、牟田口が「戦《いくさ》も今が峠であり、これ以上の心配はかけない。かならずインパールを落としてみせる」と言うのを、河辺は「華々《はなばな》しさを求めずに、地味な作戦でいくように」と激励《げきれい》したといいます。

ところが翌六日、牟田口が「部下の師団長がだらしなくていかん、作戦遂行《すいこう》のためにクビにする」と言い出します。牟田口はすでに二人の師団長をクビにしていましたから、さすがに河辺も「そういうことでは作戦がうまくいかないのではないか」と牟田口を睨《にら》みつけます。負けずに牟田口も睨み返し、会談はそのまま無言で終わったそうですが、思い起こしてください、まさに盧溝橋事件の再現ではありませんか。

結果的には、日本軍は完敗、徹底的に撃破され、雨季のどしゃぶりの中のインパール街道を各部隊は後退また後退、それをイギリスとインドの連合軍が戦車で追撃するという哀れな失敗に終わり、実に多くの方が戦死しました。戦後の牟田口の回想があります。

「私は、もはやインパール作戦は断念《だんねん》すべき時期である、とのどまで出かかったが、どうしても言葉に出すことができなかった。私はただ私の顔色によって察してもらいたかったのである」

何を言ってるんだということになるのですが、一方、河辺の『戦中日記』では六月六日、つまり牟田口との会談の後の記述はこうです。

「牟田口軍司令官の面上《めんじょう》にはなお言わんと欲《ほっ》して言い得ざる何物かの存《そん》する印象ありしも、予《よ》また露骨《ろこつ》に之《これ》を窮《きわ》めんとせずして別《わか》る」

どうもこの辺が、何と言いましょうか、上にたつ指揮者二人のばかげた考えで作戦を遂行し、肝心要《かんじんかなめ》のところで睨み合うだけで、正しい判断も下せず、それどころか代わりに総攻撃命令を出したことを考えると、同じような過《あやま》ちを何度繰り返すのかと、天を仰《あお》ぎたいような気持ちになります。

河辺も牟田口も、飢《う》えてどんどん死んでゆく兵隊、その死体が山のようになっていくことを知っていました。置き捨てられた死体をネズミが食い、目の玉をかじる、負傷兵の上をイギリス・インド連合軍の戦車がばく進してゆくことも知っていながら、作戦中止を言わなかったのです。河辺の戦後の回想があります。

「この作戦には私の視野《しや》以外さらに大きな性格があった。この作戦には日本とインド両国の運命がかかっていた。チャンドラ・ボースと心中《しんじゅう》するのだと、予は自分自身にいい聞かせた」

チャンドラ・ボースとは、日本側についた自由インド国民軍の最高指揮者です。絶大な政治的手腕《しゅわん》で東条英機《とうじょうひでき》首相兼参謀総長と意気投合《いきとうごう》し、「東条をしてインパール作戦を認可《にんか》させる」というところまでもっていきました。その手前《てまえ》もあり、途中でやめるわけにはいかない、こういう、作戦そのものとは違う「政治的判断」で作戦を遂行《すいこう》し、失敗がわかっていながらなおかつ総攻撃命令を出すなど、およそ軍をあずかる指揮官のやることではありません。こうした何ともアホな判断が働き、史上まれに見る大惨敗《だいざんぱい》を喫《きっ》した戦いについては、話すこともホトホト嫌《いや》になります。

サイパン奪還は不可能

一方、南方の戦線では、マッカーサーを指揮官として豪州《ごうしゅう》からニューギニア、ニューギニアからガダルカナル、ガダルカナルから北上し「カエル跳《と》び作戦」でフィリピンを目指すアメリカ陸軍の攻撃が続くなか、さらに、中部太平洋をおし渡ってくる米海軍と海兵隊の大機動部隊による攻撃もはじまります。ソロモン諸島を北上してフィリピン諸島を目指すマッカーサー軍は、コンパスを回して基地をつくりながら島をつたってゆくわけですから航空母艦の飛行機に頼らなくていいのですが、太平洋の真ん中の島々を攻撃するには航空母艦以外にないわけです。

そこで大機動部隊が編成され、昭和十八年末から十九年にかけて攻撃を開始してきたのです。これはものすごく強力な部隊でした。四つの機動群に各四隻ずつ、計十六隻の航空母艦が一挙《いっきょ》に襲いかかってくるのです。何百機という攻撃機です。日本軍は、島づたいに北上するマッカーサー軍と、太平洋を横から渡ってくるニミッツ軍との両面作戦を強《し》いられたのです。二本の矢です。両方とも目的地はフィリピンです。フィリピンを落としてから日本本土を目指す作戦です。

この太平洋を渡ってくる大機動部隊が昭和十九年夏に襲いかかったのが、サイパン島でした。アメリカ軍はその前にトラック島などをこてんぱんに爆撃して使い物にならない状態にしておいたうえで、サイパン、テニアン、グアム——今、新婚旅行や観光のメッカになっているマリアナ諸島——がその時、まさに米軍最大の目標になったわけです。

日本軍は、次はサイパン島に来るということは覚悟していました。しかし、もしそこをとられたら、「超空の要塞《ようさい》」として喧伝《けんでん》されている大型爆撃機B29をそこへ持ってきてアメリカが日本本土を空襲するのは必至です。本土を爆撃されたらたまったものじゃありませんから、日本はマリアナ諸島をなんとしても死守《ししゅ》しなければならない、そこでサイパン、テニアン、グアムの大きな三つの島に陸軍部隊がはりつき、難攻不落《なんこうふらく》の防御《ぼうぎょ》態勢を整えました。

四月二十八日、陸海軍合同の研究会議で、作戦課長の服部卓四郎《はっとりたくしろう》大佐——ノモンハン事件の時に出てきましたね——が、「マリアナ諸島は絶対に落ちない」と言明《げんめい》します。

さらに五月十九日、天皇の前で開かれた大本営政府連絡会議で東条首相が言います。

「サイパンの防衛はもはや安泰《あんたい》である」

海軍は今までのことがありますから念を押して言いました。

「敵の上陸がはじまってから少なくとも一週間は飛行場をなんとか確保してもらいたい」

すると東条さんはこう豪語したのです。

「一週間や十日は問題ではない。何カ月でも大丈夫である。サイパンは占領されることはない」

それを聞いていた天皇陛下はこう言いました。

「陸軍もしっかりやってくれ」

それからひと月もたたない六月十五日、米軍はサイパン島に上陸を開始しました。おもしろいことに、その九日前の六月六日、ヨーロッパでは、英国本土から大兵力によるノルマンディー上陸作戦*4がはじまっています。つまり西も東も軌《き》を一《いつ》にしたように日本とドイツの運命を決する大作戦が開始されたのです。

さて、「水際《みずぎわ》で敵を完璧《かんぺき》に追い落とす」と豪語されていたはずの米軍は続々と上陸します。飛行場はたちまち占領され、ぼかぼかと砲弾《ほうだん》が撃ち込まれます。上陸以前に約三千トンの砲爆撃が行なわれ、上陸後は艦砲《かんぽう》射撃だけで十三万八千三百九十一発、約八千五百トンの弾丸が集中して撃ち込まれました。迎え撃つ日本軍ですが、火砲は二百十一門、これに対して米軍は二千四百十七門といいますから問題になりませんでした。

こうしてサイパンをたちまち奪《と》られた日本軍は、六月十九日、連合艦隊が総力をあげての決戦に出ます。まさにそれが全戦力である九隻の航空母艦がすべて出撃し、アメリカ海軍の十五隻との間に激闘が交わされます。結果は惨憺《さんたん》たる日本海軍の敗北でした。日本の空母三隻が撃沈され、一年がかりで養成した飛行機部隊は潰滅《かいめつ》、三百九十五機がほとんど全滅しました。米海軍はこれを「マリアナの七面鳥撃《しちめんちょう》ち」と形容しました。かくてサイパン島の陥落《かんらく》はいかんともしがたい状況となったわけです。

サイパンがもはやどうにもならないことが判明した六月二十日、なお天皇陛下が「なんとか取り戻せないか」と陸海軍に盛んに言いました。天皇が同じ問題について二度も三度もご下問《かもん》するというのはめったにない例で、やむを得ず陸海軍は二十二日と二十三日に最後の会議を開きます。ところが奪還《だっかん》は完全に不可能の結論となり、二十四日、陸海軍両総長がそう報告しますと、めずらしいことに天皇は返事もせず、黙って二人を睨みつけたまま退室しました。上奏《じょうそう》を許されなかったのです。両総長が困っていると、今度は天皇が自ら「元帥《げんすい》会議を開きたい」と侍従武官長に要望したのです。

こうして急きょ、二十五日に元帥会議が開かれることになりました。出席者は伏見宮《ふしみのみや》、梨本《なしもと》宮《のみや》、永野《ながの》修身《おさみ》、杉山元《すぎやまはじめ》の四人（閑院宮《かんいんのみや》は病気で欠席）です。陸海軍両総長の説明を聞き、論議を交わしたものの、もはやだめだと結論が出た時、伏見宮がこう言ったというのです。

「それならば、陸海軍とも何か特殊兵器を考え、これを用いて戦争をしなければならない」

実は昭和十九年春頃から、陸海軍ともに、先走《さきばし》りの人たちがなんとか勝つための手段として特別攻撃兵器を研究していました。戦闘機に爆弾を積んで突撃する方法、あるいはモーターボートに爆薬をいっぱいつけて敵の軍艦に突入する兵器……ありとあらゆる兵器や戦法が考えられていたのですが、まだそれをどうするかという段階には入っていませんでした。

ところがこの元帥会議での伏見宮の発言を受けて、それならば、と陸海軍は「特攻作戦《とっこう》」を現実的に計画しはじめたのです。つまりそれまで、零戦に爆弾を載《の》せてそのまま突っ込むという方法は机上《きじょう》の話だったのですが、その時から具体的に「いつ」「どのように」やるかが議論されはじめたと考えていいと思います。これが特攻のスタートになるわけです。

特別攻撃は海軍の総意？

さてここから、悲痛《ひつう》な特攻作戦について考えてみます。仮説《かせつ》かもしれない話に入ります。

七月七日、サイパン島が玉砕《ぎょくさい》し、もはやこの戦争における勝利はまったくないことが決定づけられました。そして十八日に東条内閣は総辞職し、小磯国昭《こいそくにあき》内閣が成立します。日本がB29の爆撃圏内《けんない》に入ったことは明らかで、次に敵の二本の矢はどこへ向くのかといえば、当然フィリピンです。これはもう自明《じめい》の戦理《せんり》です。そこでフィリピン諸島が、米軍を迎え撃つ決戦の場となります。

十月二十日に米軍がそのフィリピンに上陸を開始する、その直前の話を少しいたします。

情勢が絶望的であることから、当時、軍需《ぐんじゅ》省航空兵器総局長だった大西滝治郎《おおにしたきじろう》中将が、海軍部内に激烈な意見書を提出しました。それが「このままの状態では日本は敗北以外考えられない、上の人たちは総辞職すべきである」という過激な内容だったため大問題となり、大西さんは十月五日には南西方面艦隊司令部付《づき》という、責任分担《せきにんぶんたん》の何もない肩書《かたが》きを与えられ、第一線への赴任《ふにん》となりました。そして十月九日、東京を飛び立ちます。ところがその途中で台湾沖《たいわんおき》航空戦という予期しない大戦闘があったため、マニラに着いたのは十月十七日でした。その翌日、米軍のレイテ湾上陸作戦が開始され、フィリピンをめぐる大決戦がはじまります。そこで最前線の基地マバラカットに飛んだ大西さんが、十九日の時計の針が午前零時を指そうとする約三十分ほど前、突然、特別攻撃隊出撃案を持ち出したのです。

この時、マバラカット基地には戦闘機主体の第二〇一航空隊がいて、その副長玉井《たまい》浅一《あさいち》中佐に大西さんがこう持ちかけたのです。

「零戦に二百五十キロの爆弾を抱かせて体当たりをやるほかに、確実な攻撃方法はないと思うが……どんなものだろうか」

玉井副長は答えます。

「私は副長ですから、勝手に決めることはできません。司令である山本栄《さかえ》大佐に意向を聞く必要があります」

するとと大西さんはこう言います。

「いや、山本司令とはもうマニラで会って、十分に打ち合わせ済みである。副長の意見を聞いてほしい、万事、副長の処置に任《まか》せる、ということであった」

大西さんが山本司令に会ったという証拠はこれっぱかりもないんです。ということは、大西さんがここで嘘をついたことになります。玉井副長はそうとは知りませんから、「司令も承知しているならば」というので、「わかりました」となりました。

ここで日本海軍はじめての特攻隊《とっこうたい》が編成されるのです。

玉井副長は、「どうせ出すのなら、自分の教え子たちを出したい」と、第二〇一航空隊から選び、指揮官には兵学校《へいがっこう》出がいいというので、当時二十三歳の関行男《せきゆきお》大尉が選ばれました。命令ではなく、志願ということでした。

ここから大西さんが「特攻の父」と呼ばれることになったのです。特別攻撃は大西さんの発案で、まさに下から澎湃《ほうはい》として起こってくる、止《や》むにやまれぬ勢いから最後の断《だん》を下《くだ》したのだと、現在では伝わっています。大西さんは、終戦直後に切腹《せっぷく》して亡《な》くなりましたので口をききません。その口をきかない大西さんに全責任を負わせたことになるのですが、ここに一つの電報が残っています。軍令部の源田実《げんだみのる》参謀が起案《きあん》したもので、日付は、いいですか、昭和十九年十月十三日です。大西さんがフィリピンへ向けて飛んだのが九日、特攻作戦の案を持ち出したのが十九日の午前零時直前、そして二十日に特攻隊が編成されました。ところがそれより一週間も前の電報にこうあるのです。

「神風攻撃隊《しんぷうこうげきたい》ノ発表ハ全軍ノ士気《しき》昂揚《こうよう》竝《ならび》ニ国民戦意ノ振作《しんさく》ニ至大《しだい》ノ関係アル処《ところ》　各隊攻撃実施ノ都度《つど》　純忠ノ至誠《しせい》ニ報《むく》ヒ攻撃隊名（敷島隊《しきしまたい》、朝日隊《あさひたい》等）ヲモ併《あわ》セ適当ノ時期ニ発表ノコトニ取計《とりはから》ヒ度《たし》……」

すでに「神風攻撃隊」（正しくは〝しんぷう〟ですが、一般には〝かみかぜ〟と呼ばれました）という名前もついていて、特攻攻撃が行なわれた時には、全軍の士気を高めるため、その都度必ず大々的に発表したほうがいいとあるのです。さらに敷島隊、朝日隊という名まで書かれています。実際に関大尉を隊長とする初の攻撃隊は敷島隊、大和《やまと》隊、朝日隊、山桜《やまざくら》隊と名付けられていました。本居宣長《もとおりのりなが》＊5の歌「敷島の大和心を人問はば朝日に匂ふ山桜花」からとられたもので、編成は敷島隊五機、大和隊六機、朝日隊二機、山桜隊二機、さらに楠木正成《くすのきまさしげ》の湊川《みなとがわ》出陣＊6の旗印《はたじるし》にちなんで菊水《きくすい》隊も加えられました。

つまり、「澎湃として下からの熱意によって起こった」とされる特攻隊は、大西さんがフィリピンへ行く前に、すでに軍令部の計画として練《ね》られていて、しかも「神風」の名称だけでなく、第一回の出動隊名まで決まっていたのです。ということは、大西さんは、発案者でも何でもなく、むしろ海軍中央の総意《そうい》の実行者だったのです。ただ、大西さんは翌二十日、第一航空艦隊司令長官として正式に任命されることになっていて、その肩書《かたが》きにおいて「命令」はしたくないという思いがあった、そこで南西方面艦隊司令部付という、何の権限もない肩書きでいるぎりぎりの十九日に「案」として出し、採用するかしないかは、現地の、まさに澎湃たる熱意に任せた、という体裁《ていさい》を繕《つくろ》ったのではないでしょうか。つまり海軍がいかに自分に全責任を負わせようとしても、自分はこれを命令したくはないのだという意思を、嘘をついてまで二十日直前に提案することで表明したのだと思います。

総指揮をとった関大尉が、出発前に言ったといいます。

「日本もおしまいだよ。僕のような優秀なパイロットを殺すなんて……しかし、命令とあれば、やむを得ない。日本が負けたら、KA《ケーエー》（家内）がアメ公に何をされるかわからん。僕は彼女を守るために死ぬ」

こうして十月二十五日に基地を飛び立ち、再び帰りませんでした。二十八日、海軍は神風特別攻撃隊を大々的に「命令ではなく志願による」として公表しています。

ここで思い出すのは、真珠湾攻撃の時に、特殊潜航艇《せんこうてい》*7による攻撃があったことです。とても湾の中に入っていくのは無理だという二人乗りの潜航艇によるもので、まさに特殊潜航艇乗りの熱意がほとばしり、どうしてもやらせてくれと言うのを山本五十六が「九死《きゅうし》に一生《いっしょう》はあり得ても、十死に零《ゼロ》生という作戦はない」と突っぱねました。それを隊員や乗組員らがいろいろと研究し、攻撃終了後に五隻を決められた海域で回収する、という方法をひねり出し、九死に一生分くらいは帰ってこられるかもしれないと再び志願すると、山本は「生還《せいかん》できる可能性があるのだな」と念を押し、「わずかながらでもあります」との答えを聞いて許可したといいます。山本の発言があります。

「自分が命令できない作戦は行なってはならないのである」

神風特別攻撃隊も、後の回天《かいてん》特別攻撃隊*8も、志願によった、となっています。しかしながらそこにはまったく、海軍リーダーたちの自信も責任もないのです。モラルのかけらもないと言えるのではないでしょうか。彼らは命令しないのです。そういう作戦を敢えて行ない、以後、「志願による」という形式はずっと守られます。最初の攻撃が行なわれたことを聞いた天皇はこう言ったといいます。

「そのようなことまでせねばならなかったのか。しかし、よくやった」

あとの「しかし、よくやった」は余計でした。以後、日本には特攻、特攻による攻撃のみが残された日々が来るのです。

もう一つ、面白い事実を話しておきます。大森仙太郎《おおもりせんたろう》という歴戦の中将がいます。昭和十九年九月、この人は海軍特攻部長に任命されています。特別攻撃がはじまる前に、部長職ができていたというのは、はたして何を語るのでしょうか。

昭和十九年はこうして惨憺《さんたん》たるかたちで終わります。とにかく国民総動員《こくみんそうどういん》ですから、戦場も後方も区別がなくなりました。本土空襲もすぐにはじまります。昭和十九年度の軍事費は、国家予算の八五・五パーセント、七百三十五億円という記録が残っています。日本が総力をあげて戦ったことがわかると思います。私は当時中学二年生でしたが、十一月末ごろから勤労動員されて海軍の軍需工場で働いています。学業など全面的に停止です。勉強しなくてすむと喜んでいるものもいましたが。

東京の上空にサイパン島から発進した爆撃機B29がはじめて姿を見せたのが、昭和十九年十一月一日でした。そのほぼ一週間前、フィリピンの東方海域で凄絶《せいぜつ》な戦いが展開されました。これをレイテ沖海戦といいます。この戦いについても一冊、私は詳細《しょうさい》に書いております。[*9] まさしく史上最大の海戦でした。艦艇（駆逐艦以上）百九十八隻、飛行機二千機が敵味方に分かれ、レイテ湾に入った七百隻以上の艦艇および輸送船、レイテ島に上陸した十万数千人のマッカーサー軍を焦点《しょうてん》として、死闘の限りを尽くした戦いでありました。連合艦隊はこの時、「全軍突撃セヨ」の命の下に果敢《かかん》な突撃を行ない、ほぼ全滅《ぜんめつ》します。同時に神風特攻隊の体当《たいあ》たり攻撃も正式の作戦となりました。

その頃、日本はどこを向いても明るいところなど一点もなかったと言っていいと思います。物質的にも精神的にも荒廃《こうはい》し、日本じゅうが休止状態になっていました。

そして昭和十九年が終わり、昭和二十年に入っていきます。

＊1――航続距離　航空機（艦船）が一度の積載燃料で航空（航海）できる距離のこと。

＊2――『遠い島　ガダルカナル』　二〇〇三年、ＰＨＰ研究所。
＊3――アレキサンダー大王か木曾義仲　古代マケドニアの征服王（紀元前三五六―三二三）と、木曾山中で育てられた平安末期の武将（一一五四―八四）の戦闘をさす。
＊4――ノルマンディー上陸作戦　一九四四年六月、米英連合軍が北フランス、ノルマンディー海岸に行なった史上最大の上陸作戦。西部戦線で敗れヨーロッパ大陸から退けられていた連合軍が、ドイツ本土に進攻するための足場を求めて行なわれた。奇襲となり、一日でほとんどの上陸地点で橋頭堡（きょうとうほ）を確保した。
＊5――本居宣長　一七三〇―一八〇一、江戸中期の国学者。「もののあはれ」論で知られる。
＊6――楠木正成の湊川出陣　延元元年（一三三六）、摂津兵庫（神戸市）の湊川付近一帯で行なわれた足利軍と楠木・新田軍との合戦。京都を駆逐された足利尊氏・直義は大軍を集めて博多を発し、建武新政府は新田義貞・楠木正成に迎撃を命じ、義貞は和田岬に、正成はその西の湊川に布陣した。楠木軍は新田軍の敗走によって孤立し敗戦。建武新政府は崩壊、尊氏は再び入京して室町幕府を建てた。
＊7――特殊潜航艇　日本海軍が考案・使用した小型潜航艇。全長二十四メートル。魚雷二門、乗員二名。潜水艦または母艦から発進。
＊8――回天特別攻撃隊　太平洋戦争末期、日本軍が敵艦への体当たり攻撃に用いた人間魚雷。
＊9――『レイテ沖海戦』　一九九九年、ＰＨＰ研究所。

第十四章

日本降伏を前に、駈け引きに狂奔する米国とソ連

ヤルタ会談、東京大空襲、沖縄本島決戦、そしてドイツ降伏

この章の

✸ポイント

昭和二十（一九四五）年二月、クリミア半島のヤルタにてルーズベルト、チャーチル、スターリンの米英ソの首脳が会談をします。ここでドイツの降伏後にソ連が対日参戦することが決まります。同じ頃、硫黄島《いおう》が陥落。これにより米軍は日本本土の制空権を獲得し、三月に東京大空襲に踏み切ります。四月には沖縄本島決戦がはじまり、ついに五月、ドイツが無条件降伏しました。世界を相手に戦っているのは日本だけとなり、あとはいかにして降伏するかだけが問題でした。

✸キーワード

ヤルタ会談／硫黄島の戦い／東京大空襲／沖縄本島決戦／鈴木貫太郎《すずきかんたろう》／阿南惟幾《あなみこれちか》／本土決戦訓五カ条／トルーマン／ドイツ降伏／最高戦争指導会議／ポツダム宣言

✹元暁の焼夷弾こそあぶなけれ

敗《ま》け戦《いくさ》が続いて、昭和二十年（一九四五）になりますと、わが大日本帝国はもう末《すえ》の世で、どこにも希望のもてることはなかったと思います。私はまだ東京にいましたから、当時のようすはよく記憶していますが、三度の食事をとれたのは前年の十月までくらいで、とにかく腹を空《す》かしていました。主食はもとより、肉も野菜も魚も嗜好品《しこうひん》もぜんぶ配給品《はいきゅう》です。並べておくものがないので当たり前なのですが、それも店からあっという間に消えてしまい、裏側のいわゆる「闇《やみ》取り引き」が日常生活を支えていました。物価はどんどんはね上がり、配給で決めている公定《こうてい》価格の三十倍近くにまでなったと思います。新聞の配給欄《らん》には毎日、何地区に何が配給されます、と品目と数量が載《の》っていて、それを見ると当時の私たちの生活は、たとえば四人家族にイワシが二匹といった状況でした。たばこは男一人一日につき六本、女はなしです。また六十歳以上の老人と十五歳未満の子どもには、一ヵ月に一回だけお菓子が配給されました。私も十五歳以下でしたから、もらったんでしょうか、記憶はまったくありません。

だんだん戦争に嫌気《いやけ》がさしてくる人たちが増えて、反戦あるいは厭戦《えんせん》的な「流言飛語《りゅうげんひご》」がところどころで飛び交《か》うようになります。これを憲兵隊《けんぺいたい》が摘発《てきはつ》し、また警察は「不穏言動《ふおんげんどう》」を徹底的に取り締まり、言論の自由などカスほどもなくなりました。また民間《みんかん》の隣組《となりぐみ》や翼賛壮年団《よくさんそうねんだん》などという団体が憲兵や警察の連絡者のようになって、裏側で協力してさす、(密告《みっこく》する)ので危なくてしょうがない、「新聞にはこう書いてあるけれど、全然違う。負け続けだとよ」と言っただけでもたちまち憲兵隊が引っ張りにくるというような状態でした。

前回にも言いましたが、昭和十九年の十一月末くらいから勤労動員《きんろうどういん》で、中学二年生だった私も軍需《ぐんじゅ》工場で働いていました。昼休みに日向《ひな》ぼっこをしながら「日本機が中国大陸で爆弾を落とした」なんていう新聞の大きな写真を見て、「全弾命中《ぜんだんめいちゅう》、とあるけど、あんなでかいところじゃ全弾命中するに決まってるじゃないか」と余計なことを言ったものですから、当時いた物理《ぶつり》学校、今の東京理科大学の髯面《ひげづら》のおっさんに「きさまみたいな非国民《ひこくみん》はあるか!」と頭をポカポカ殴《なぐ》られたのを覚えています。とにかくなにごともお上《かみ》の言う通りにしないと、たちまち非国民にされてしまう、恐ろしい時代ではあったと思います。

電車やバスが宮城《きゅうじょう》や靖国神社の前を通る時には、決まって車掌《しゃしょう》さんが「最敬礼《さいけいれい》!」と叫び、乗客は皆、立って最敬礼をしました。「空に神風《かみかぜ》、地に肉弾《にくだん》」というスローガンが流行《はや》っていたと思います。「一億一心《いちおくいっしん》」という言葉も私たちの身の回りにありました。そういう状態で昭和二十年の正月を迎えたのです。

そしてまさに時計の針が昭和二十年の元旦《がんたん》になった途端《とたん》の零時五分、東京にブーというサイレンが鳴りました。警戒警報《けいかいけいほう》です。随筆家《ずいひつか》で漫談家《まんだんか》の徳川夢声《とくがわむせい》(一八九四—一九七一)の日記があります。

「三時頃の高射砲《こうしゃほう》と半鐘《はんしょう》で起きる。敵機はすでに頭上《ずじょう》を去り、向うのほうで焼夷弾《しょういだん》*1を落としている。大変な元旦なり。娘たち、警報解除《かいじょ》とともに八幡神社《はちまんじんじゃ》に初詣《はつもう》で。除夜《じょや》の鐘鳴らず、除夜のポー、除夜の高射砲。

敵機去りし雲くれないに初日《はつひ》かな
元暁《がんぎょう》の焼夷弾こそあぶなけれ」

宮城前広場で行なわれた観兵式　昭和20年1月8日

除夜の鐘のかわりに警戒警報がポーと鳴り、景気よくドンドンと音がしたのは高射砲であったと。俳句には、元旦早々、敵の空襲を受けている現状が詠《よ》まれています。

正月を祝う気持ちもなく、人びとは沈黙といいますか、危ないということもありますから、あまりしゃべらなくなります。思えば昭和十七年頃は戦争の話で賑《にぎ》やかでした。十八年頃は工場や食い物の話が中心でした。十九年になりますと闇《やみ》の話、また後半は空襲の話が盛んに交わされ、昭和二十年になると、もうほとんど誰も何も語ろうとしなくなったのです。

そういう状況の一月八日、天皇は宮城前広場で例年通り観兵式《かんぺいしき》——近衛《このえ》連隊を前に白馬《はくば》にまたがり閲兵《えっぺい》する

――という新年恒例《こうれい》の行事にのぞみます。ただ空襲が危なくてしょうがないので、合間《あいま》をぬっててごく短時間で終わります。その写真が今も残っていて、連隊旗手《きしゅ》といって軍旗を捧《ささ》げもって天皇陛下の前を通っているのは後の評論家、村上兵衛《むらかみひょうえ》です。

国民が厭戦気分になると同時にこの頃から、上の方でも、なんとかしてこの戦争をやめなくては、という動きがそろそろ出ていました。近衛文麿を中心に後の総理大臣・吉田茂《よしだしげる》、評論家の岩淵辰雄《いわぶちたつお》、元「皇道派《こうどうは》」のエース小畑敏四郎《おばたとししろう》といった人たちが、和平への模索《もさく》をはじめます。これは間もなく憲兵隊に知られて弾圧を受け、吉田茂は逮捕されます。戦後この逮捕は吉田の「勲章」となりましたが。また東京大学法学部の先生たち――南原繁《なんばらしげる》、高木八尺《たかぎやさか》、岡義武《おかよしたけ》さんなど、戦後も大いに活躍された方々が、戦争をこのまま続けるのは危険ということで密《ひそ》かに相談し、終戦工作をはじめていました。

このように日本は押されに押されながら、戦争をやめる手立《てだ》てをなんとか探そうという気になってはいるのですが、ただ前に申しましたように、ルーズベルト米大統領がカサブランカで決めた無条件降伏という大政策があるため、いろんな人がいろんな事を考えるのですが、いつもそこにぶつかってなかなか先へ進みませんでした。

✹日本の家屋は木と紙だ

ヤルタ会談でのチャーチル、ルーズベルト、スターリン（左から）　1945年（昭和20）２月

そのルーズベルトが、二月四日から八日間にわたり、ヤルタ――チェーホフの小説などに出てくるウクライナの避暑地《ひしょち》です――で、イギリスのチャーチル首相、ソ連のスターリン書記長と三人で会談します。ドイツが間もなく降伏することがわかっていますので、もっぱら戦後ヨーロッパをどうするかが主題でしたが、当然、日本の降伏についても話し合われます。ただし全部機密《きみつ》で当時は一切《いっさい》発表されず、会談の内容は戦後になってわかったものです。

日本については、ひとことで言えば、中立条約のため太平洋方面で参戦していないソ連の日本への攻撃を、ルーズベルトが強く要求したのです。チャーチルもこれにノーと言わず、アジアへの戦端《せんたん》を開いてほしいと言います。そこでスターリンはこう答えたといいます。

「私たちもそのつもりでいます。けれどもそのかわり、帝政ロシアが日露戦争の敗北によって失った諸権益《けんえき》をすべて復活してもらいたい――樺太《からふと》（サハリン）の南半分と千島《ちしま》列島をソ連に返す、大連《だいれん》港を国際港とする、旅順《りょじゅん》港をソ連に供与《きょうよ》する、南満洲鉄道をソ連が租借《そしゃく》する――日本がロシアから奪い取ったものを返してもらうことだけを私は願っているのです。対ドイツ戦争は明らかにわが国の生存にかかわる問題でしたが、日本とは今日まで大した紛争《ふんそう》もなく、それと戦争するといっても国民が容易《ようい》に理解しないかもしれない。しかし、奪われた権益を復活するという希望がもし満たされるのなら、国民に対日参戦が国家的利益であることを了解させることができると思うのです。それなら大手《おおで》を振って日本を攻撃できます」

ルーズベルト大統領はこれに相槌《あいづち》をうちました。

「取られたものを取り返したいというのは、きわめて当然な要求でありましょう」

こうしてヤルタ会談で米英ソ三国首脳《しゅのう》は、ドイツの降伏後、準備期間をとって三ヵ月後にソ連が対日参戦することを決めます。結果的に言いますと、ドイツは五月七日に降伏、ソ連は約束を守って八月九日に日本に攻撃を開始しました。アメリカもイギリスもこれを承知だったということになります。

そんなこととは日本はつゆ知りませんから、大丈夫、ソビエトはこのまま中立を守ってくれるだろうと当てにして、敵は正面に立ち塞《ふさ》がるアメリカであり、これをどう撃ち破るかというので二月二十二日、二十四日、二十五日の三日間にわたり、陸軍省と参謀本部の首脳が合同会議を開きます。次はいよいよ本土《ほんど》決戦《けっせん》である、いかに戦い、勝ちをおさめるかと議論して、「本土決戦完遂《かんすい》基本要綱《ようこう》」を決定します。これによると、本土防衛の兵備《へいび》を三月末までに三十一個師団、七月末までに四十三個師団、八月末までに五十九個師団に拡大動員する。このほか国民義勇軍《ぎゆうぐん》の編成も計画、とむちゃくちゃに兵隊さんを集めるんですね。そしていざ、敵が本土上陸の時には、人海戦術《じんかいせんじゅつ》で海に追い落とすという作戦要綱です。

さすがにこれは、決めたものの、心ある人が読めばとてもじゃない、絵に描いた餅《もち》です。大本営機密日誌にも「実に十二、三歳の少女に子供を産めというに等しい」と書かれているほどですから、会議の席上、陸軍大臣と参謀総長を中心に大激論が交わされました。陸軍次官の柴山兼四郎《しばやまかねしろう》中将が、参謀本部の要求はとても無理なので、「いったい兵隊の数が多ければよいのか。集めたって、鉄砲が足りないではないか。むしろ少数でも充実した部隊をつくったほうがいいのではないか」と疑義《ぎぎ》を呈《てい》します。すると作戦部長の宮崎周一《みやざきしゅういち》中将は、顔を真っ赤にして「質よりもこの場合は数だ！　数を第一とする」と怒鳴《どな》ったそうです。そして参謀次長の秦彦三郎《はたひこさぶろう》中将もこれを応援します。

「本土決戦というのは、あらゆる手段を講《こう》じてでも、第一波を撃砕《げきさい》するにある。もしこれに失敗したら、その後の計画は不可能になる。後のことは考えない。とにかく全軍を投入して人海戦術で敵第一陣を完全に撃滅《げきめつ》することだけが大事なのである」

こうして「十二、三歳の少女に子供を産めというに等しい」ような大動員をかけることになり、日本全国に赤紙がばら撒《ま》かれ、村にはほとんど年寄りと女と子どもだけという状態になってゆきます。

そうした陸軍の作戦計画をあざ笑うかのように、サイパン、テニアン、グアム島からのB29

による本土空襲がどんどん激化し、それまではだいたい昼間、日本の戦闘機が追い付いてこられない高高度から、もっぱら精密照準《せいみつしょうじゅん》による爆弾攻撃だったのですが――私が働いていた軍需工場にも高高度のB29からの爆弾が見事に二発も三発も命中して、よくあんな高いところからこんな小さい工場に命中するもんだと感心したものです――ただ苦労して飛んでくるわりに、効果はそれほどあがっていなかったんですね。というのも真冬ですから、日本の上空にものすごい季節風が吹いていていて、西から東へ飛んでくる飛行機が、高高度であるほど、考えている以上に押し流されて、照準を相当正確に合わせてもなかなか命中しない。片《かた》や日本の戦闘機が懸命にそれこそ体当《たいあ》たりで頑張りまして――私も、東京上空で敵機に体当たりした機を二機も三機も見ました。こんなことを言っちゃあいけませんが、透《す》き通るような青空をB29が編隊を組み、キラキラっと光って長い飛行機雲を流してゆくのは、まあきれいなものなんですね。そこへ、まるで蚊《か》とんぼのような日本の飛行機がぶつかってゆくのです。米軍機も爆撃の効果があがらないのに、B29の損害が軽視できないことに我慢がならなくなりました。

とにかく日本本土上空で損害を受けて、洋上に不時着《ふじちゃく》する数多い爆撃機の搭乗員《とうじょういん》の生命を救わねばならない。潜水艦だけでは間に合わない。いざという時に緊急着陸できる滑走路《かっそうろ》がどこかに必要である。さらにはB29の護衛に強力な戦闘機をつける必要があるという強い要請もあり、マリアナ諸島と日本本土との間のどこかの島に航空基地をつくらねばならないということになったのです。そこで小笠原《おがさわら》諸島の南西、硫黄《いおう》列島の中央にある硫黄島が狙《ねら》われました。東京から約千二百キロ、新鋭戦闘機P51のまたとない基地となります。ここを奪われれば、B29との協同作戦によって、日本本土の制空権《せいくうけん》は米軍の手ににぎられてしまいます。日本軍は、ですから、二万九千あまりの将兵を送り込み、必死に護《まも》ろうとしました。そして上陸してきた米海兵隊七万五千人あまりとの間に、凄惨《せいさん》かぎりない戦闘が行なわれました。

二月十九日朝から開始され、日本軍守備隊長の栗林忠道《くりばやしただみち》中将が最後の突撃を命令した三月二十六日の夜明けまで、戦闘は一瞬の休止もなく続けられました。米軍の死傷二万五千八百五十一人。上陸した海兵隊員の三人に一人が戦死または負傷したことになります。日本軍の死傷者は二万数百人（うち戦死一万九千九百人）。太平洋戦争で、米軍の反攻開始後その損害が日本軍を上回ったのは、この硫黄島の戦いだけであります。しかし、善戦《ぜんせん》もむなしく、硫黄島は米軍の手に落ちることになりました。

硫黄島の戦闘が続けられている間に、米統合参謀本部はすぐに対策を練《ね》り上げています。闘将を引っ張ってきたのです。とにかく成果が今一つというので、ヨーロッパ戦線のドイツ空襲で大活躍したカーチス・ルメイ中将がマリアナ方面の指揮官に赴任《ふにん》してきました。この人がすぐに考えたのが、夜間低空飛行による焼夷弾攻撃でした。

一、日本の主要都市に対して夜間の焼夷弾攻撃に主力をそそぐことにする。

二、爆撃高度は五千より八千フィートとする――一フィートを三十センチとして千五百〜二千メートル超ですね。それまで一万メートルを飛んでいましたから本当に低いのです。

三、各機は個々に攻撃を行なうこととする――編隊を組むのでなく一機ずつで攻撃する。
作戦方針をこのように改め、ルメイは豪語《ごうご》します。

「日本の家屋《かおく》は木と紙だ。焼夷弾で十分に効果が上げられる」

こうして三月十日の東京大空襲が皮切りとなりました。特に隅田川《すみだがわ》の東の下町《したまち》が徹底的にやられました。私のいた向島《むこうじま》は下町のかなり北の方にありますが、空襲ではまず南、東京湾に面した深川《ふかがわ》地区が一斉《いっせい》に爆撃され、さらに西側の浅草《あさくさ》地区、一番おしまいに北側の向島という順番で、つまり下町は四方《しほう》を川に囲まれていてその川っぺりを先に全部燃やしておけば、真ん中は蒸《む》し焼《や》きになるという作戦でした。これが驚くほど成果を上げ、東京の下町は全滅したと言ってもいいかと思います。その夜、川に追い詰《つ》められて私も危うく命を落とすところだったのですが、どうやらこうやらある人に、どなたかは覚えていませんが、襟首《えりくび》をつかまれて川のなかから引き揚《あ》げてもらって助かったという思い出があります。まあ、完璧《かんぺき》にやられました。アメリカは「日本の民家《みんか》は軍需工場と同じだ、みんなそこで機械をガチャンコとやっているから、いわゆる民衆ではなく戦士であって、無差別《むさべつ》攻撃にはならない」と弁明《べんめい》をしていますが、それはどうでしょうか。そりゃ少数の家内《かない》工場はあったと思いますが、ほとんどは普通のしもた屋《や》でしたから、正真正銘《しょうしんしょうめい》の無差別攻撃であったと私などは思いますが。そのカーチス・ルメイは後に大将になり、日本政府はこの方に戦後、勲《くん》一等の勲章を差し上げました。日本はなんとまあ、度量《どりょう》のある心の広い国であることよと当時、あきれつつ感服《かんぷく》したものです。

この焼け跡、特に深川地区を、三月十八日の日曜日、天皇陛下が視察《しさつ》しました。突然のことでしたが、焼け野原ですからそう人はいなくて、少数が自分の家の焼け跡を掘り返したりしているところへ天皇が姿を現して、約一時間ほど見て回りました。天皇は藤田尚徳侍従長《ふじたひさのりじじゅう》（元海軍大将）にこう言ったそうです。

東京大空襲後の深川を巡察する天皇（右）

「大正十二年の関東大震災《かんとうだいしんさい》の後にも、馬で市内を回ったが、今度のほうがはるかに無惨《むざん》だ。あの頃は焼け跡といっても、大きな建物が少なかったせいだろうが、それほどひどくむごたらしく感じなかったが、今度はビルの焼け跡などが多くて一段と胸が痛む。侍従長、これで東京も焦土《しょうど》になったね」

その後はひとこともなかったそうです。

下町の焼け跡を見て、昭和天皇はこれで戦争をやめようという決心をされたかどうかとなりますと、私は疑問に思っています。天皇は陸海軍の強い言葉を受けて、まだ本土決戦で必ず敵を撃破し、なんらかの条件付きの講和ができると考えていたと思います。

✳散る桜残る桜も散る桜

　その日本陸海軍なんですが、「敵は、次は沖縄に来る」というので——最初は、フィリピンの次はコンパスでいくと台湾だと思って戦備を強化していた。わざわざ沖縄から兵力を抜いて台湾へ送ったくらいです。台湾から沖縄、次に本土上陸かと考えてもいたところに、アメリカ軍は勝ちに乗《じょう》じて四月一日、ものすごい大部隊を投《とう》じて一気に沖縄にやって来ました。軍艦千三百十七隻、航空母艦に乗っかった飛行機千七百二十七機、上陸部隊十八万人。迎え撃《う》つ日本軍は、牛島満《うしじまみつる》中将が指揮する第32軍六万九千、大田実《おおたみのる》少将の海軍陸戦隊八千の、合計七万七千人でした。仕方《しかた》なく満十七歳から四十五歳までの沖縄県民男子二万五千人を動員しました。男子中学校の上級生千六百人も加えられます。さらに女学校の上級生六百人も動員されました。これが「ひめゆり部隊」そのほかです。

　沖縄を奪《と》られれば次は本土決戦ですが、その準備ができていませんから、とにかく沖縄で頑張ってもらうしかないのです。できるだけ敵を倒し、時間を稼《かせ》いでほしいということで、陸海軍も全力を上げます。残っている軍艦もすべて投入《とうにゅう》するというので、戦艦大和《やまと》を中心とする残存の数少ない艦も特攻作戦《とっこうさくせん》で沖縄への出撃を命じられました。やられるのは目に見えています。それでも出撃させるのです。これにはいろんな議論があって、大和は残しておき陸上砲台にして本土決戦に備えたほうがいいとか、敗《ま》けた後の賠償《ばいしょう》として使うこともできるじゃないか、などいろんな意見も出ましたが、もはやそんな余裕はないというので四月六日に出撃します。桜《おう》花爛漫《からんまん》とした季節で、花びらがちらちら散るなかを、大和は死出《しで》の旅に出たのです。連合艦隊司令長官の豊田副武《とよだそえむ》大将が訓示《くんじ》を送りました。

「皇国《こうこく》の興廃《こうはい》はまさにこの一挙《いっきょ》にあり、ここに特に海上特攻隊を編成し、壮烈無比《そうれつむひ》の突入作戦を命じたるは、帝国海軍力をこの一戦に結集し、光輝《こうき》ある帝国海軍海上部隊の伝統を発揚《はっよう》するとともに、その栄光を後昆《こうこん》に伝えんとするにほかならず……」

日本海軍の伝統と栄光を後世に伝えるため、お前たちは死んでこい、ということです。

翌七日、九州坊岬沖《ぼうのみさきおき》で米軍約三百八十機の攻撃を受けて大和隊は潰滅《かいめつ》します。二時間の奮《ふん》戦《せん》の後に大和は沈み、乗組員二千七百四十人が戦死、軽巡洋艦矢矧《けいじゅんようかんやはぎ》ほか、駆逐艦《くちくかん》四隻が沈み、九百八十人余が亡くなりました。船ばかりではなく、空からはありったけの飛行機が注ぎ込まれ、特攻に次ぐ特攻。当時の隊員がしきりに口にした良寛《りょうかん》の句があります。

散る桜残る桜も散る桜

今日生き延びても、明日その身は保証されませんでした。

同じころ、さらにやり切れないニュースが、遠くモスクワからもたらされました。ソ連が日ソ中立条約を廃棄することを通告してきたのです。条約は一方の締結国の廃棄通告後一年は有効と規定されていますが、国民は誰もその通りには受け取ってはいませんでした。

こうして全力で特攻作戦が展開されるなか、ソ連から不吉《ふきつ》な通告がもたらされ、大和が沈んだ四月七日に、無策《むさく》の小磯《こいそ》内閣にかわって、「最後の内閣」といわれる鈴木貫太郎《すずきかんたろう》内閣が成立しました。二・二六事件で重傷を負った例の侍従長で、当時七十八歳のご老体《ろうたい》です。「とても私には」と辞退したのを、昭和天皇が「もうお前しかいない」と無理やり頼み、そこまで言われるのなら、と引き受けたそうです。

陸軍は「最後まで戦うことを約束せよ」と注文をつけ、鈴木さんはのほほんと承諾し、「そのかわり陸軍大臣をちゃんと出してくれ」と要求すると、陸軍は「最後の切札《きりふだ》」的な阿南惟幾《あなみこれちか》大将を出しました。なぜ切札かというと、陸軍の長い歴史の中で、この人は統制派《とうせいは》や皇道派《こうどうは》といったいわゆる派閥《はばつ》に属さない生粋《きっすい》の軍人の道を歩いてきて、いってみれば無色《むしょく》の、余計《よけい》な引っ掛かりがないからです。また昭和四年から四年ちょっと、侍従武官として天皇のそばに仕えたことがあり、その時侍従長だった鈴木貫太郎と一緒に宮中にいて、天皇と共に昭和の激動を体験した人でもありました。

しかしなんといっても「最後の一兵まで戦う」という陸軍の代表です。こてんぱんにやられて今や「最弱の軍隊」になり果《は》てている将兵に対して、阿南さんは「本土決戦訓《くん》五カ条」を布告します。その第一条は、

「皇軍将兵は神勅《しんちょく》（神のみことのり）を奉戴《ほうたい》し、いよいよ聖諭《せいゆ》の遵守《じゅんしゅ》に邁進《まいしん》すべし。聖諭の遵守は皇国軍人《こうこくぐんじん》の生命なり。神州不滅《しんしゅうふめつ》の信念に徹《てっ》し、日夜、聖諭を奉誦《ほうしょう》して、これが服行《ふっこう》に精魂《せいこん》をつくすべし。必勝の根基《こんき》ここに存《そん》す」

終戦の任にあたった鈴木貫太郎内閣（右）。左は阿南惟幾陸相（1887-1945）

天皇の命令を守り、神州不滅を信じ、最後まで戦うことを常に心に思え、そこに必勝があるのだというのです。また二番目に「皇土死守」、三番目に「待つあるを恃《たの》むべし」、いいか、その時がくるのをしっかりと訓練して待てよ。そして四番目に、その時がくれば「体当たり精神に徹す」。そして最後に「一億戦友の先駆《せんく》たれ」、もはや国民全員が戦友であり、その先駆として皇軍将兵はすべて死ねよというわけです。しかしそうは言われても、兵隊さんはもう戦うための満足した武器すらありませんが。こうして鈴木内閣は、一応は、本土決戦を戦い抜く内閣としてスタートしたわけです。

　この頃になると、いくら大本営が鉦《かね》や太鼓《たいこ》を叩《たた》いても、国民は「まだやってるな」という程度で、不満の声が街をどんどん覆《おお》います。「負けるなら早く負けたほうがいい。負けて米英の支配下に入ったほうが幸福だ。そうなればなにもこんな不自由をしなくともいいんだ」といったビラが貼《は》られたり、「この戦争に敗《やぶ》れ米軍が本土に上陸すれば残《ざん》

ヒトラー総統（右）と、ムッソリーニ首相

虐《ぎゃく》なことをする。その時は通訳《つうやく》にでもなって生命だけは助けてもらおう」などと個人のエゴイズムをむき出しにした反戦的言辞《げんじ》が巷《ちまた》で盛んにささやかれます。警察も憲兵も血眼《ちまなこ》になって抑《おさ》えようとしましたが、国民がへっぴり腰《ごし》になって嫌気《いやけ》がさすことを一番恐れていたのは軍部です。なんとか本土決戦へ向けて国民すべての精神を入れ直さねばならないというので、この頃の布告《ふこく》には、とにかく「本土決戦」「最後の一兵まで」が声高《こわだか》に叫ばれていました。

そんな時、四月十三日に（ワシントンでは十二日）、ルーズベルト大統領が亡くなります。鈴木貫太郎首相がその死を悼《いた》んで弔辞《ちょうじ》を送ったというので、「えっ、戦っている相手国の首相が哀悼《あいとう》の意を表してくれるのか」と話題になったなんて話もあるのですが、日本はルーズベルトが死んだことで、ことによると無条件降伏政策が変わるんじゃないかと大いに期待したのです。しかしながら、後を継いだトルーマン大統領は亡き大統領の政策を踏襲《とうしゅう》すると声明を発表しましたから、日本は「やっぱりだめか、それなら最後の一兵まで戦うほかはない」と改めて決意を固めたのです。

そういうそばから、四月二十八日にムッソリーニがイタリア国民によって銃殺《じゅうさつ》され、逆《さか》さまに吊るされました。さらにドイツでは、ベルリンまで進攻したソ連軍と市街戦を行なっていた四月三十日、地下壕《ごう》で砲声を聞きながらヒトラーが自決《じけつ》します。遺言《ゆいごん》は不気味《ぶきみ》でした。

「このような大きな犠牲がそのまま空《むな》しく終わるとは信じられない。わが将兵と私との同志愛によってまかれた種子《しゅし》は、いつかドイツの歴史の中に花を開いて、ナチス運動の再生となり、やがて真に統一した国家をつくりあげるであろう」

この後、ドイツは海軍のデーニッツ提督《ていとく》を政府代表に立て、五月七日に無条件降伏します。イタリアも一九四三年九月に降伏して以来、この頃はすっかり連合軍側についていますから、ドイツ降伏の時点で世界を相手に戦うのは日本だけとなりました。勝利がなくなるどころか、あとはいかにして降伏するかだけが問題となるのです。

昭和天皇が倒れた日

ドイツ降伏という重大事に、さすがの鈴木内閣もいかに戦いを終結に導くべきかを考えざるを得なくなり、五月中旬、鈴木総理大臣、東郷《とうごう》外務大臣、阿南陸軍大臣、米内海軍大臣、梅津《うめづ》参謀総長、及川軍令部総長の六人のリーダーが集まり、密《ひそ》かに「最高戦争指導会議」をもちます。ちなみにこれは以前の「大本営政府連絡会議」が名を変えたものです。そこでは、いざとなったらソビエトを仲介《ちゅうかい》とする和平を実行しようと決まります。しかしまだ沖縄で大激戦が続いており、降伏の準備をしているなどとは言えず、依然《いぜん》として表向《おもてむ》きは徹底抗戦をうたっていました。

一方で、国策としてドイツ降伏後の日本の政策をきちんと決めておかねばならないというので、六月八日に御前会議を開きました。ところが「終戦内閣」に非《あら》ずして、「決戦内閣」そのもののような決意を、この日うたい上げたのです。

「方針＝七生尽忠《しちしょうじんちゅう》の信念を源力とし、地の利、人の和をもってあくまで戦争を完遂《かんすい》し、もって国体を護持《ごじ》し、皇土《こうど》を保衛し、征戦目的の達成を期《き》す……」

降伏の「こ」の字もなく、ドイツ降伏後も日本は「あくまで戦争完遂」、最後まで戦い抜くと決めるのです。そして天皇が例によって無言で裁可《さいか》し、これが国の方針となります。部屋に戻った天皇は、木戸内大臣を呼び、「こんなものが決まったよ」とその紙をポンと放《ほう》り投げるように置きました。これを見た木戸さんは、「もしかして天皇は建前上《たてまえじょう》ノーとは言わないが、決定にご不満なのではないか。和平を考えているのでは」と感じ、このへんが木戸さんのすばしこいところで、それならばと自分なりに和平の構想を練《ね》ります。それは、天皇の親書《しんしょ》（手紙）を持った特使《とくし》をソ連に派遣《はけん》し、世界平和のために忍《しの》びがたきを忍んで、なんとか名誉ある講和を結ぶことにしたい、という内容でした。これを見た天皇は「やってみるがいい」と言い、木戸さんは東郷《とうごう》外相を呼んで経過を説明し意見を聞きました。東郷さんは言います。

「あなたの試案《しあん》には賛成だが、つい先日の御前会議で決定された戦争完遂の大方針はどうなるのか。あの国策決定がある以上、陸軍から反発もくるだろうし和平工作は進めにくい」

どうしたものかと鈴木貫太郎首相に相談すると、鈴木首相は「それなら五月中旬に密かに決めておいた、ソ連仲介による戦争終結案を具体的に進めることにしよう」と決意しました。そのためには先の御前会議の決定をひっくり返さねばなりませんが、会議をやり直すには陸海軍の賛同が必要ですから簡単にはいきません。そこで鈴木さんは「公式の御前会議は難しい、天皇陛下自らに呼んでもらって会議を開けないか」と考えます。

さてそんな折、天皇自身は満洲・中国の視察から戻った梅津美治郎《うめづよしじろう》参謀総長からとんでもない報告を受け取っていました。六月九日のことです。梅津さんはどういうわけか、正直にありのまま言ったのです。

「満洲と支那《しな》にありますす兵力は、すべてを合わせても、米国の八個師団ぐらいの戦力しかありません。しかも弾薬《だんやく》保有量は近代式な大会戦をやれば一回分しかありません」

天皇は驚きました。

「内地の部隊は満洲の部隊よりもはるかに装備が劣《おと》るというではないか。それでは陸軍も海軍も主張する本土決戦など無理じゃないか」

さらに十二日、もうひとつの報告がもたらされます。天皇の命令によって日本本土の兵器廠《しょう》や横須賀《よこすか》、呉《くれ》、佐世保《させぼ》、舞鶴《まいづる》の各鎮守府《ちんじゅふ》、さらに航空基地を三ヵ月間、特命《とくめい》で視察してきた長谷川清《はせがわきよし》海軍大将によるもので、つまり戦力がすべてなくなった海軍の現状を、これまたあまりにも率直に報告したのです。

「自動車の古いエンジンを取り付けた間に合わせの小舟艇《しゅうてい》が、特攻兵器として何千何百と用意されているのです。このような事態そのことがすでにして憂《うれ》うべきことでありますうえに、そのような簡単な機械を操作する年若い隊員が、欲目《よくめ》にみても訓練不足と申すほかはありません。動員計画そのものも、まことに行き当たりばったりのずさんなものでございまして、浪費《ろうひ》と重複《ちょうふく》以上のなにものでもありません。しかも、機動力は空襲のたびに悪化減退し、戦争遂行能力は日に日に失われております」

要するに、本土決戦などできませんということを報告したわけです。これを聞いて天皇は、

「そんなことであろうと思っていた。わかった、御苦労であった」

と長谷川大将の労をねぎらったと言います。とにかく梅津参謀総長の報告といい、長谷川大将のそれといい、天皇陛下を愕然《がくぜん》とさせるものでした。

こうして六月十五日、天皇は病《や》んで倒れ、その日は表御座所《おもてござしょ》に姿を見せませんでした。「聖《せい》上《じょう》(天皇)昨日から御不例《ごふれい》に渡《わた》らせらる」と海軍侍従武官日記にあり、また陸軍侍従武官も「聖上昨日夕よりご気分悪く数回下痢《げり》遊ばされ、今日は朝よりご休養なり」と記しています。開戦以来、はじめて天皇は倒れられ、ご自分のベッドの上で寝るだけで表に出てこなかった、

この時に、私は天皇が「もはやこれまで。戦争をこれ以上続けるのはよくない」と考え、和平のほうに顔を向けたと思います。それまでは陸海軍の勇ましい言葉をある程度信じて、本土決戦で猛烈《もうれつ》な一撃を加え、いくらかは有利な条件のもとで講和にこぎつけられると考えていたのを、もうその時期ではないとこの時に感じたのではないでしょうか。

引き延ばされた返事

そしてこの天皇のお考えと、先の「六月八日の御前会議の決定をひっくり返そう」という鈴木首相の構想とが結びつき、天皇に敢えて召集《しょうしゅう》をかけてもらおうということになります。六月二十日、天皇は東郷外相にこう言いました。

「最近受け取った報告によって、統帥部《とうすいぶ》の言っていることとは違って、日本内地の本土決戦準備がまったく不十分であることが明らかとなった。なるべく速《すみ》やかに戦争を終結せしめることにとり運ぶよう希望する」

これを受けて、さっそく六月二十二日、天皇が自ら召集し意見を聞くための懇談《こんだん》形式の最高戦争指導会議が開かれます。正式の御前会議のようにずらりとメンバーが並んだ中央に天皇が座る形式をとらず、扇形《おうぎがた》にメンバー六人が天皇を囲んで「雑談《ざつだん》」するような形でした。しきたりを破って、まず天皇が発言します。

「戦況は極度に悪化している。今後の空襲激化などを考えると一層の困難が予想される。この時に当たって、先の御前会議の決定により、あくまで、戦争を継続するのは当然のことであろうが、また一面においては、戦争終結についても、この際、今までの観念にとらわれることなく、速やかに具体的研究をすることもまた必要ではなかろうかと思う。これについて、皆はどう考えているか」

極秘裏《ごくひり》にはともかく、誰も表立《おもてだ》って言わなかった「和平」を、天皇陛下が言い出したのです。一瞬、皆が沈黙におちいり、天皇は首相を名指《なざ》しします。鈴木首相は立ち上がり、

「お言葉を拝《はい》してまことに恐縮《きょうしゅく》ですが、あくまで戦争を最後までやることは頑張らねばならないと思いますが、お言葉のように、それと並行《へいこう》して外交的な方法をとることも必要と考えております。その点につきましては海軍大臣によりご報告させます」

と、譲《ゆず》られた米内光政《よないみつまさ》はしょうがありませんから、

「実は私たちも、五月半ば頃に和平を考え、方法なども相談していました。最高戦争指導会議のメンバー六人の極秘の懇談会ではありましたが、それを具体的に進めることにいたします」

というように、ソ連を仲介とする和平の構想を説明しました。

天皇陛下はそれを聞いて、「では外交的解決の日はいつを予定しているか」と突っ込んできました。ました。それには東郷外相が答えます。

「連合国は、ベルリン郊外のポツダムで七月半ばに会議を開くと発表しています。その前に、

なんとか七月はじめまでには協定に達したいと考えています」

協定とは、ソ連を仲介にして戦争終結のあっせんをしてもらうためのソ連との間に結ぶ協定という意味です。これには梅津総長も阿南陸相も「特に申し上げることはありません」と言い、懇談会は三十五分で終了しました。しかしこのたった三十五分間で、日本の指導者の目がはじめて和平の方向に向いたと言ってもいいと思います。

その同じ日、沖縄戦は日本軍の潰滅《かいめつ》をもって終了しました。それが国民に知らされたのは、三日後の六月二十五日でした。新聞はこの時、「玉砕《ぎょくさい》」の言葉を使わず、「軍官民一体の善戦敢闘《ぜんせんかんとう》三カ月、二十日敵主力に全員最後の攻勢」と報じました。戦死十万九千人、ほかに市民十万人が亡くなりました。日本の指導者がもっと早く和平工作に向かっていれば、という嘆《なげ》きはありますが、尊《とうと》い犠牲《ぎせい》というほかはありません。

さて和平に目が向いたといっても、それを発表して、ただでさえ戦争に嫌気がさしている国民がふにゃふにゃになっては困りますから、表向きは依然《いぜん》として「最後の一兵まで」が叫ばれ、戦時緊急措置法《きんきゅうそち》と義勇兵役法《ぎゆうへいえき》が議会を通り、一億国民が残らず兵隊さんになってしまいます。全国で村民総出《そんみんそうで》、女性も竹槍訓練《たけやりくんれん》をはじめます。軍需工場で働いていた僕らはすでに少国民の「戦士」ですから、今さらどうということではありませんでしたが。

ここまでが、いわゆる「秘話《ひわ》」めいた話でしたが、ご存じのように、これからの日本のトップは、すでに敵に回っているソ連を仲介の和平工作という、およそがっかりするような情けな

国民は皆兵士、と女性も竹槍訓練に駆り出された

いことに全力を傾注《けいちゅう》します。しかし、ソ連はすでに日本に中立条約廃棄を通告してきているのですよ。また二月のヤルタで、ソ連はドイツ降伏の三カ月後には日本を攻撃することをイギリスもアメリカも承知していたのですから。

ソ連にすれば、まだ日本が強力な軍隊をもっていると思っていますから、対ドイツ戦で疲弊《ひへい》した軍備を回復するのに時間があればあるほどいいわけで、なんだかんだと日本からの依頼の返事を引き延ばします。日本が最後まで戦争を続けていてくれれば、参戦の機会があるわけで、仲介に入る気持ちなどまったくありません。つまり日本は、当てにならない人(スターリン)を当てにして、和平を夢見ていたわけです。

ところで問題はアメリカに起きました。ドイツ降伏後のヨーロッパの処理をめぐっていろいろ交渉しているうちに、ソ連がアメリカやイギリスと協調《きょうちょう》する気持ちなどこれっぽっちもなく、取れるものは全部取っていくという非常に横暴《おうぼう》な国であることが嫌《いや》というほどわかってきます。したがってこの時点までできて、ヤルタでの決定はあるものの、対日戦争にソ連の力など借りる必要はないと思いはじめたのです。

となるとアメリカはなんとかソ連参戦前に日本を降伏させたい。が、日本は連合国側の無条件降伏政策を信じて、沖縄でも硫黄島《いおうとう》でも徹底的に戦い、今度は本土決戦でも同じように頑張るつもりらしい。そこでアメリカは、ソ連が入る前になんとか日本を降伏させる手立《てだ》てはないかと考えます。そこに原子爆弾が登場してくるのです。

✺原子爆弾とポツダム宣言の「黙殺」

さて原子爆弾に、ここで少しふれたいと思います。膨大《ぼうだい》な費用と人間を投入して研究や実験を重ねた結果、これまで研究室では核分裂の実験に成功しました。が、爆弾にした場合にほんとうに破裂《はれつ》するのかどうか、いわゆる「原爆実験」はされていませんでした。そこで一九四五年（昭和二十）七月十六日、ニューメキシコ州アラモゴードで人類初の原爆実験が行なわれたのです。しかもこれがまさに成功しました。破壊力はTNT火薬二万トンに相当する、つまりわずか五トンの原子爆弾が、通常の二万トンの爆弾をダーンと一気《いっき》に爆発させた時と同じ威力をもつことがわかったのです。立ち会った物理学者のオッペンハイマー博士は言いました。

「戦争はこれで終わりだ」

すると、原爆計画をずっと進めてきた総指揮官グローブス少将が笑って答えました。

「イエス、われわれが日本に二発の原爆を落としたらおしまいだ」

なぜ二発かと言いますと、この時点では製造をいくら急いでも二発が限度だったからです。つまりすでに二発はできつつあるということで、次はそれを爆撃発進地のテニアン島に運ぶという仕事が残っていました。

そもそも原爆は、ドイツがつくるとたいへんというのでアインシュタイン博士がルーズベルトに手紙を出し、アメリカが製造をはじめたものです。日本も原爆のことは知っていて、それとなく研究開発に着手《ちゃくしゅ》していました。陸軍が仁科《にしな》研究室に依頼し、海軍は独自に京都大学の物理学者を中心に「B研究」をはじめてはいたものの、日本の場合はあくまで「研究」であって、つくるところまでいってません。一方、アメリカはちょうど真珠湾攻撃の頃に五十万人、二十億ドルを投じて製造に全力を上げはじめました。日本のB研究の予算は二千円（四千七百ドル）ですから比《くら》べ物《もの》になりません。

アメリカではっきり原爆製造のめどがついたのは一九四三年五月頃です。当時はまだドイツが戦っていますから、標的《ひょうてき》は当然、ドイツかといいますと、そうではなく、実はこの時点ですでに日本が標的に決まっていました。ドイツが先に降伏したので原爆が日本に落とされたとよく言われますが、そんなことは毛頭《もうとう》ありません。グローブス少将がスチムソン陸軍長官にあてた一九四五年四月二十三日付けの手紙の一節にはこうあります。

「目標は一貫《いっかん》して日本なのであります」

そして原爆実験に成功した時点で、もともと決めてある標的の日本に向けて、いよいよ原爆攻撃作戦が作動《さどう》することになりました。それもものすごく急いで、なんですね。なぜそんなに作戦の実施を急いだのか。これには、先ほど言いました通り、ソ連の対日参戦以前に何とか日本を早く降伏させる狙《ねら》いもあったと思われてなりません。

日本は政府も軍も、この一連の裏側の動きをまったく知りません。政府は一所懸命にソ連仲介の和平工作に励んでおり、軍はそれも知らずに本土決戦の準備に向けて血眼《ちまなこ》になっていました。そうしてソ連仲介の返事が延ばされているなか、七月十七日からポツダムで、スターリン、トルーマン、チャーチル――後半は選挙に敗《やぶ》れ、労働党のアトリーに交替します――が集まって会談がはじまりました。この席上、トルーマンがスターリンに原爆のことをちらりともらしたのですが、スパイ活動によってすでにその情報を得ていたソ連は、なんとかして日本への攻撃を早めようと懸命に工作中でした。裏側では原爆投下とソ連参戦の競争が行なわれつつ、表では両国とも関係ない振りをして会談が続けられていたのです。

そして七月二十六日、いわゆる日本に降伏を勧告《かんこく》したポツダム宣言が発せられます。長いのでいちいち説明はいたしませんが、要するに、日本は降伏したいのならこの宣言に書かれている条項をすべて守れという内容です。

これが二十七日に日本に届いたのを見て、天皇陛下は「これで戦争をやめる見通しがついたわけだね。原則として受諾《じゅだく》するほかはないだろう」と東郷外相に告げました。ところが日本政府としては、ソ連仲介の依頼の返事を待っている時です。その時にさっさとポツダム宣言をのんで、依頼を断わるわけにはいかないというのです。そんなところで義理《ぎり》を重んじることはなかったのですが、日本はこういうところは律儀《りちぎ》なんですね。それで困ったあげく、とりあえずは無視しようじゃないかということになります。

そして内閣情報局の指令のもと、ポツダム宣言について二十八日の朝刊で発表します。ただし、国民の戦意《せんい》を低下させるような条項は削除し、政府の公式見解も発表せず、できるだけ小さく調子を下げて取り扱うようにしました。すると新聞社ではこれを独自に解釈し、逆に戦意昂揚《こうよう》をはかる強気の言葉を並べて報じたのです。読売報知《よみうりほうち》は、「笑止《しょうし》、対日降伏条件」と題して「戦争完遂に邁進《まいしん》、帝国政府問題とせず」とうたいました。朝日新聞は「政府は黙殺《もくさつ》」と見出しをかかげ、毎日新聞は「笑止！　米英蔣共同宣言、自惚《うぬぼ》れを撃砕《げきさい》せん、聖戦を飽《あ》くまで完遂」という具合です。ですから変な話ですが、ポツダム宣言が出た当初、新聞のあまりの強気に、日本国民は「ばかばかしい、こんなもの受けられるか」と思い、また軍も「そうか、まだ国民はやる気十分なのだ」といい気になってこの際「完全無視」の声明を出すよう政府をせっつきます。仕方なく、二十八日午後四時、鈴木首相は記者会見して述べます。

「あの共同声明は（一九四三年十一月、ルーズベルト、チャーチル、蔣介石による）カイロ会談の焼き直しであって、政府としてはなんら重要な価値があるとは考えない。ただ黙殺するだけである。われわれは戦争完遂に邁進するのみである」

これが海外放送網《もう》を通して世界に流れると、鈴木首相が「ノーコメント」の意味で言った

「黙殺」を、外国の新聞は「日本はポツダム宣言を reject（拒絶）した」と報じたのです。敵に「こちらの好意を拒絶《きょぜつ》した、ならばやってやる」という口実を与えてしまったわけです――というふうに話をもっていくと原爆投下のつじつまが合うようですが、実は違うんです。すでに七月二十四日、ポツダム宣言が出る前に、投下命令が出されていたのです。

原爆投下作戦の諸命令は、グローブス少将が起案《きあん》、マーシャル参謀総長が承認、アーノルド大将が署名して、戦略空軍総司令官スパッツ将軍に発せられるという手続きを踏み、二十四日六時三十五分、ポツダムにいるトルーマン大統領から正式に承認を得ました。

「合衆国陸軍戦略空軍総司令官カール・スパッツ将軍あて

1、第20空軍509爆撃隊は、一九四五年八月三日頃以降、天候が（レーダーなどでなく）目視爆撃を許すかぎりなるべく速《すみ》やかに、最初の特殊爆弾を次の目標の一つに投下せよ。

（目標）広島、小倉《こくら》、新潟および長崎

爆弾の爆発効果を観測し記録するために、陸軍省から派遣する軍および民間の科学者を運ぶ随伴機《ずいはんき》を、爆弾搭載機《とうさいき》に従わせよ。観測機は爆発地点から数マイル離れたところに位置させせよ。……」

このように、記録を見ればすでに七月二十四日に投下命令が出ていて、八月三日以降いつ投下されても不思議でない状態になっていたのです。何も知らない日本は、ひたすらソ連仲介の和平に目を向け、返事が届けばすぐ対応できるように近衛文麿《このえふみまろ》を全権として随員《ずいいん》に松本俊一《まつもとしゅんいち》外務次官、加瀬俊一《かせとしかず》、宮川船夫《みやがわふなお》ハルビン総領事、高木惣吉《たかぎそうきち》少将、松谷誠《まつたにまこと》大佐。それに酒井鎬次《さかいこうじ》、富田健治《とみたけんじ》、伊藤述史《いとうのぶみ》、松本重治《まつもとしげはる》、細川護貞《ほそかわもりさだ》ら近衛さんの知友《ちゆう》、といった特使メンバーまで決め、今日か明日かと返事を待っていたのです。

＊1——焼夷弾　燃焼性の物質を詰め、その燃焼によって目標を破壊する爆弾。

第十五章

「堪ヘ難キヲ堪ヘ、忍ビ難キヲ忍ビ……」

ポツダム宣言受諾、終戦

この章の

✴︎ポイント

昭和二十（一九四五）年八月六日午前八時十五分、広島に原子爆弾が投下。そして、八月九日午前零時過ぎ、ソ連が満洲の国境線を突き破って侵攻。これを受け、同日午前十時からの最高戦争指導会議にて、降伏勧告であるポツダム宣言の受諾条件についての激論が交わされます。その会議の最中、午前十一時二分に第二の原子爆弾が長崎に投下。それでもなかなか結論が出ず、天皇による二度の〝聖断《せいだん》〟を経て、やっと日本は終戦へと向かっていきます。

✴︎キーワード

広島への原爆投下／ラルフ・バード／ソ連対日参戦／長崎への原爆投下／聖断／宮城事件／無条件降伏／ポツダム宣言受諾／降伏調印／日ソ一週間戦争

ヒロシマの死者の列

　昭和二十年（一九四五）八月六日、広島の朝は非常に蒸《む》し暑く、雲ひとつない快晴でした。七時九分に警戒警報《けいかいけいほう》が鳴りました。上空に三機のB29の影が認められたからです。が、そのますーっと去って行ったので七時三十一分に警報は解除《かいじょ》となり、人びとは日常の生活に戻りました。ところがそれから四十分ちょっとたった八時十五分、B29のエノラ・ゲイ号から原子爆弾が投下されたのです。表に出て勤労動員《きんろうどういん》の作業をはじめた人もいますし、ふだん通り電車に乗って職場に向かった人もいるという状況下でした。

　爆弾は地上から約五百七十メートル、ほとんど広島市の真ん中で爆発しました。直径百五十メートルの巨大な火の玉が広島上空を覆《おお》ったのです。爆心地から半径約五百メートル以内の人びとや住宅は三〇〇〇〜四〇〇〇〇度の高熱で焼き尽くされました。昭和二十年十一月時点の死者は七万八千百五十人、行方不明一万三千九百八十三人、負傷者三万七千四百二十五人と発表されました。その後、原爆症という不治《ふち》の病に侵《おか》されて今日まで死者の列は続いていますので、正確に何十万人の方が亡くなったかは現在でも不明だと思います。

　広島の原爆投下はモスクワ時間で六日午前二時過ぎ、スターリンは前日夕刻にポツダムから帰り、深い眠りに入っていました。朝起きてその報を知り、俄然《がぜん》ハッスルし、対日参戦を早めよというので七日午後四時三十分、日本時間の午後十時三十分に「八月九日、満洲の国境を突《とっ》破《ぱ》すべし」と攻撃開始の極秘《ごくひ》命令を発しました。

ソ連の満洲侵攻は、準備などの都合上《つごうじょう》、はじめは八月下旬の予定でしたが、アメリカの原爆開発が成功しその製造が進んでいることがわかった時点で八月十五日に改め、それでもまだ遅いというので八月十一日に早めていたのですが、広島への原爆投下によってさらに予定を繰《く》り上げ、とにかく準備不足も何かの方策で補《おぎな》えと、断固《だんこ》八月九日に侵入すると決めました。また

スターリンはクレムリンに原子物理学者五人を呼び、「費用はいくらかかってもかまわない、できるだけ早くアメリカに追い付かなくてはならない、全力を上げてやりたまえ」と厳命《げんめい》し、粛清《しゅくせい》の鬼《おに》と呼ばれる秘密警察長官ベリアを原爆製造研究所の総指揮官に命じました。こうして米ソの核兵器競争がはじまりました。

戦争の総指揮をとるトルーマン米大統領の回顧《かいこ》録《ろく》にはこう書かれています。

「いつどこで爆弾を使用するかの最終決定は私がくだすべきことであった。この点に間違いがあってはならない。私は原子爆弾を軍事兵器とみなし、これを使用すべきであることに一度もなんらの疑念《ぎねん》も抱かなかった。大統領付きの最高軍事顧問《こもん》たちはその使用を勧告《かんこく》し、また私がチャーチルと話し合った時、彼はためらうことなく私に向かって、戦争終結のために役立つかもしれないなら、原子爆弾の使用に賛成すると語った」

原爆は「兵器なのだから当然、使うのは当たり前だ」と、まことにあっさりとトルーマンは

語りますが、それについてチャーチルとどこで話し合ったかといえば、ポツダムしかありません。ではチャーチルは本当に賛成したのか、彼の『大戦回顧録』を見ますと「そんなことを話し合ったことはない」としたうえでこう記しています。

「日本に降伏を強《し》いるため原子爆弾を使用するか否《いな》かの決定は、一度も問題とならなかったのであり、この歴史的事実は厳《げん》として存在しており、後世《こうせい》この事実は正しく判断されなければならない」

つまりチャーチルは「俺は知らない」とはっきり言ってるんですね。トルーマンの記憶が正しいのか、チャーチルの記述が本当なのか、あるいはチャーチルが自分の責任を回避《かいひ》して全責任をトルーマンにあずけているのかは疑問なわけです。

いずれにしても、アメリカのトップのほとんどの指導者たちは、日本に原爆を投下することになんらためらいませんでした。スチムソン陸軍長官の戦後の回顧録にはこうあります。

「一九四一年から四五年まで（つまり太平洋戦争がはじまってから終結まで）、大統領その他政府の責任ある高官が、原子力を戦争に使うべきでないと示唆《しさ》するのを聞いたことは一度もない」

ただし、良識ある人がいないわけではなく、ラルフ・バードという海軍次官が日本への原爆使用に猛反対しました。どうしても使用するというなら、前もって日本に予告すべきである、日本人にそれに対処する時間を与えるべきである、と主張しました。

「私は本計画に関与するようになって以来、この爆弾を実際に日本に対して使う以前に、たとえば二日前とか三日前に、日本に対して何らかの事前の警告を与えるべきであるとの考えをいだいてきた。偉大な人道主義国家としてのアメリカの立場、および国民のフェアプレーの態度が、こうした考え方をとる主たる動機になっている」

アメリカは民主主義を標榜《ひょうぼう》する国なのだから、なおさらヒューマニズムを大事にしなければならない、フェアプレー精神の国が歴史に反逆するようなことをやるべきではない、と最後まで頑張りました。ですが無警告投下の政策が決まったのを受けて、バードは辞表を提出し、七月一日に自ら職を離れていきました。

どうも戦争の熱狂は人間を愚劣《ぐれつ》かつ無責任に仕立て上げるようです。とてつもない強力な兵器を、それも膨大《ぼうだい》な資金と労力をかけてつくったのだから、使わないのはおかしいじゃないか、と軍人のみならず政治家も含めてたいていのアメリカ人は考えたようです。

日本はそんないきさつは知りません。超強力な爆弾が落とされた、ということで、これが原子爆弾であるかを調べるため、現地に調査団を送ったりしていました。八月七日、国民には新聞やラジオで次のように報じられました。

「一、昨八月六日広島市は敵B29少数機の攻撃により相当の被害を生じたり
一、敵は右攻撃に新型爆弾を使用せるものの如《ごと》きも詳細目下《もっか》調査中なり」

ですから私たちはその頃、原子爆弾という言葉を知らず、「新型爆弾」と言っていた記憶が

鮮明に残っています。

「もはや戦争継続は不可能」

ソ連仲介による戦争の終結のみを頭に描いてきた日本政府と軍部は、広島市街が一発で吹っ飛んでしまうような爆弾ができていることを、翌日のアメリカからのラジオ放送で流されたトルーマンの声明によって知ります。

「われわれは二十億ドルを投じて歴史的な賭《か》けを行ない、そして勝ったのである……六日、広島に投下した爆弾は戦争に革命的な変化を与える原子爆弾であり、日本が降伏に応じない限り、さらにほかの都市にも投下する」

日本のトップの人たちは、戦いを続ければほかの都市にも原爆を投下するという予告を受けたわけで、ともかく一日も早く戦争を終結しなければならないという焦《あせ》りを感じました。ところが、何度も言いますが、ソ連仲介による和平が大目標なので、まだなんとかうまい返事を心ひそかに期待していたのです。そして七日はどうという動きはなしに暮れてゆきます。

八日になりますと、天皇は木戸内大臣を通してこう言います。

「このような武器が使われるようになっては、もうこれ以上、戦争を続けることはできない。不可能である。有利な条件を得ようとして大切な時期を失《しっ》してはならぬ。なるべく速《すみ》やかに戦争を終結するよう努力せよ。このことを鈴木首相にも伝えよ」

そこで木戸さんは、鈴木首相に天皇の降伏決定の意思を伝えたのです。鈴木さんは「ここまでくれば、ソ連仲介などはすっ飛ばしても戦争終結の道を探ろう」と、さっそく最高戦争指導会議を開こうとします。ところが急なことですから、いろいろと対策に追われている軍人たちはとうてい出席できかねるというので、九日朝に延期することになりました。

そうこうしているうちに、時計の針がまさに九日の午前零時を過ぎた途端《とたん》、ソ連が満洲の国境線を突き破って侵入してきたのです。前日の晩、モスクワではモロトフ外相が佐藤尚武《さとうなおたけ》駐ソ大使を呼び出し、一応は宣戦布告状をつきつけています。中立条約がまだ有効であり、仲介をお願いしている国からの、まさかと思うような攻撃でした。予告もない一方的な中立条約破棄です。日本は敢《あ》えて宣戦布告をせず、とにかく一方的に攻撃を受け続けることにしました。しかしソ連は日本の抗議などに聞く耳をもちません。なんとなれば世界平和のためにはアメリカもイギリスもこの参戦に賛成しているのです。「ヤルタでの世界の約束にしたがってわれわれは日本に降伏を強いるための攻撃を開始したのだ、中立条約などという二国間の約束よりも、世界平和のためにはもっと大きな意味の協定のほうが大事なのだ」というわけです。

この攻撃の報はすぐに関東軍から東京に伝えられました。鈴木首相は朝起きてそれを聞くや否や、何が何でもこの内閣で戦争の始末をつける、と決めました。本来なら、ソ連仲介の和平という政策をやっている最中に当事者のソ連が攻めてきたのですから、いかにアホな政策であったかというので内閣総辞職となるのが当然のことなのです。閣僚の中から、そう主張した人もいました。ところが鈴木さんは辞職せず、とにかく始末をつけるという決意のもと、前日からの約束通り最高戦争指導会議を開きました。

午前十時三十分に会議がはじまり、鈴木首相はいきなり言いました。

「広島の原爆といい、ソ連の参戦といい、これ以上の戦争継続は不可能であると思います。ポツダム宣言を受諾し、戦争を終結させるほかはない。ついては各員のご意見をうけたまわりたい」

こうしてはっきり「戦争を終結させなくてはならない」と首相が軍部の前で明言したのです。会議は重い沈黙で誰もしゃべらなくなってしまいました。まあ、原爆にしろソ連参戦にしろ、考えてもみないような鉄槌《てつつい》を二つも頭からくらったのですから、ほとんどの人がどうしていいかわからない状態だったのでしょう。その時、米内《よない》海相が口火《くちび》を切りました。

「黙っていてはわからないではないか。どしどし意見を述べたらどうだ。もしポツダム宣言受諾《じゅだく》ということになれば、無条件で鵜呑《うの》みにするか、それともこちらから希望条件を提示するか、それを議論しなければならぬと思う」

この発言のおかげで、まずポツダム宣言を受諾する、という前提ができてしまったのです。それを踏まえたうえで「どのように受諾するのか」を議論しようというのです。この瞬間にポツダム宣言受諾が決定し、それ以外の戦争終結の方策を探るなどということは一切《いっさい》飛んでしまったと言っていいと思います。そして阿南惟幾《あなみこれちか》陸軍大臣も、梅津美治郎《うめづよしじろう》参謀総長も、豊田副武《とよだそえむ》軍令部総長も、これには反論せず、発言をはじめました。

ポツダム宣言には、日本の降伏の条件が細々《こまごま》と書かれています。定訳は長すぎるしかえって煩雑《はんざつ》になりますので、結論のところをかいつまんで申し上げます。

まず、世界征服の挙《きょ》にでた権力および勢力の永久除去《じょきょ》、です。以下、日本本土の軍事占領。本州、北海道、九州および四国のほかの領土没収《ぼっしゅう》。外地の日本軍隊の完全撤収《てっしゅう》。戦争犯罪人の処罰《しょばつ》と民主主義的傾向の復活強化。巨大産業不許可（財閥《ざいばつ》解体）。連合軍の撤収は平和的な、かつ責任のある政府ができあがった時、というものでした。

一番の問題は、最初の「世界征服の挙にでた権力および勢力」というところです。これがイコール天皇制ということではあるまいか、という根本的な疑問であり、懸念《けねん》なのです。それが最高戦争指導会議での論議の最大のテーマになったわけです。

✺第一回の「聖断」

会議は俄然《がぜん》、紛糾《ふんきゅう》しはじめました。天皇制が危機にさらされている。国体《こくたい》が破壊されるかもしれない。天皇陛下の身柄《みがら》が非常に危険なことになる、というわけで、東郷茂徳《とうごうしげのり》外務大臣は、希望条件をつけるとすればたった一つ、「天皇の国法上の地位を変更しない」ということ、つまり天皇制を護持《ごじ》することだけを条件にポツダム宣言を受諾しようと提案しました。米内海相が同意しました。「世界征服の挙にでた権力および勢力」は天皇制ではないことを確認しよう、というのですね。すると、阿南さん、梅津さん、豊田さんの軍部側三人が「それだけでは足りない」と言い、天皇制を守り抜くためにも、「②占領は小範囲で小兵力で短期間であること」「③武装解除と、④戦犯《せんぱん》の処置は日本人の手に任せること」という合計四つの条件をつけることを主張しました。

これに対して東郷外相は「それでは成立しない、なんとか一条件だけにしよう」と言いますが、軍部も譲《ゆず》りません。軍が解体し、武装解除した後に、連合軍側から天皇を裁判にかけると言われたら、天皇をお守りできない。武装解除と戦犯裁判を日本人がやることにしておけば、最後の最後まで守り抜くことができるじゃないかと言い張ります。鈴木首相はどちらかといえば米内さんや東郷さんの意見に近いので、「一条件でいい」が三人、「四条件でないとならない」が三人となったわけですね。会議は紛糾し、両方とも引かず、かといってガンガンと押しまくって雄弁をふるう人もなく、ただ暗澹《あんたん》たる空気のうちに、それぞれがぼそぼそと主張を繰り返すばかりです。

と、その会議の最中に、第二の原子爆弾が長崎に投下されたことが伝わるのです。B29のボックス・カー号は当初、予定していた小倉《こくら》市街が雲に覆《おお》われて目視《もくし》できず、上空旋回《せんかい》を繰り返したものの、晴れる見込みがないので目標を長崎に変更、やはり曇《くも》ってはいましたが、山の向こうに雲の切れ間を見つけ、午前十一時二分、原爆を投下しました。これも同年の十一月時点で、死者は七万五千人という発表でした。

一方、最高戦争指導会議では決められた時間を一時間過ぎてもなんら結論が出ません。その後に予定された閣議のため、閣僚たちが集まって待っていましたから、とりあえず休会、閣議を開くことになりました。第一回は午後二時半から三時間、第二回が午後六時半から十時まで、議論に議論を重ねます。

ここでも阿南陸相が断固として四条件に固執《こしつ》し、閣僚の中には賛成する人もいて相変わらず結論が出ず、ついに午後十時半、みながくたびれ果てて、これもいったん休憩となります。

そこで鈴木首相は、会議を何回開こうが結論が出ない、ならば内閣不一致の議論をそのまま天皇陛下に持ち出して「聖断《せいだん》」を仰《あお》ごう、と考えたのです。ですが御前会議を開くには、法的に参謀総長と軍令部総長の承認、この場合は署名の意味で「花押《かおう》」が必要です。ところが、あらかじめ期《き》していたとは思えないのですが、その九日の朝、最高戦争指導会議に入る前に、鈴木首相の指示を受けて書記官長の迫水久常《さこみずひさつね》が、参謀総長と軍令部総長の花押をもらっておいたのです。というのも、情勢が急変続きですから、何かの時にいちいち両総長を追い掛け回して花押をもらうのはたいへんというので、「まことに申し訳ないが、いざという時に間に合わないといけませんから、一応、この書類に花押をいただいておきたい」と申し出ていたのです。二人は多少、不審《ふしん》の念を抱いたようですが、迫水さんが、「会議を開く時は、今まで通り、手続きを守って了解を得ますから」と言ったようです。それが夜になって生きてきて、法的にも問題のない御前会議が開けるというわけで、鈴木首相はただちに召集《しょうしゅう》をかけました。

八月九日午後十一時五十分、最高戦争指導会議のメンバー六人全員のほか、枢密院《すうみついん》議長の平《ひら》沼騏一郎《ぬまきいちろう》と陸海軍の軍務局長、そして迫水書記官長が陪席《ばいせき》して、ポツダム宣言をどのように受諾するかについて真夜中の御前会議が開かれました。この時のもようは後に絵に描かれて残っていますが、十五坪*1（約五十平方メートル）ほどの非常に狭い地下防空壕《ぼうくうごう》に机を置いて、正規の御前会議のスタイルで行なわれました。

そこで鈴木首相はそれまでのいきさつを奏上《そうじょう》し、「結論が出なかったので天皇のご判断を仰ぎたい」といきなりやりましたから、軍部は「そんなはずはない」と心の中では思ったでしょう。ふつう御前会議では天皇は発言しないことになっているのですから、その意見を求めるとは約束違反もいいところです。あるいは軍部の人びとは心のうちでかんかんになったと思いますが、天皇の前では言えません。そのしきたりも破り、天皇も「それなら私の意見を言おう」と素直に応じます。事前に打ち合わせていたわけではないでしょうが、この辺が昭和天皇と鈴木貫太郎との一種の〝あ・うんの呼吸〟で、昭和四年から十一年末まで天皇と侍従長の関係で、天皇は鈴木さんを父親代わりのように信頼していた、その言わんとすることを飲み込んだと思うしかないのですが。そうして静かに話しました。

「私は外務大臣の意見に同意である」

つまり一条件でいいというわけです。さらに天皇は腹の底から声を絞《しぼ》り出すようにして説明しました。

「空襲は激化しており、これ以上国民を塗炭《とたん》の苦しみに陥《おとしい》れ、文化を破壊し、世界人類の不幸を招くのは、私の欲《ほっ》していないところである。私の任務は祖先から受けついだ日本という国を子孫に伝えることである。今となっては、一人でも多くの国民に生き残っていてもらって、その人たちに将来ふたたび起《た》ちあがってもらうほか道はない。

もちろん、忠勇《ちゅうゆう》なる軍隊を武装解除し、また、昨日まで忠勤《ちゅうきん》を励んでくれたものを戦争犯罪人として処罰するのは、情において忍《しの》び難いものがある。しかし、今日は忍び難きを忍ばねばならぬ時と思う。明治天皇の三国干渉《さんごくかんしょう》の際のお心持をしのび奉り、私は涙をのんで外相に賛成する」

こうして日本は、連合軍側に一条件のみ希望として伝え、それでよしとなれば降伏すると決定しました。八月十日午前二時三十分をやや過ぎていました。その晩は、宮城の前の松がくっきりと影を広場に落とすような、ものすごく綺麗な月夜だったそうです。会議を終えて外へ出た時、吉積正雄《よしづみまさお》陸軍軍務局長がいきなり「約束が違うではないか」と軍刀《ぐんとう》に手をかけ鈴木首相の前に立ち塞《ふさ》がったのを、阿南さんが「吉積、もういい」と止めたという話も残っています。

✹「隷属」と「制限下」

十日の朝が明けると同時に、外務省は、中立国であったスイスとスウェーデン駐在の日本公使を通して「天皇の国家統治の大権を変更するの要求を包含《ほうがん》し居《お》らざることの了解のもとに」ポツダム宣言を受諾する、という電報を打ち、連合国に伝えました。非常にわかりづらい文章ですが、これが成文《せいぶん》なのです。簡単に言えば、天皇のもつ大権が保護されることを了解してもらい、それを条件としてポツダム宣言を受け入れ降伏する、つまり天皇制の護持を保証してもらいたいという内容です。

受け取ったアメリカは、さすがに困ったようです。グルー元駐日大使など「すぐにOKして早く日本を降伏に導いたほうがいい」と考え、陸軍長官スチムソンも「日本はたいへんな苦境《くきょう》に陥《おちい》っていてなお、懸命に天皇制の保証を求めているのだから」とグルーに同感し、「日本人は最後までとにかく天皇が好きなんだなー」と言い知れぬ感動に浸《ひた》ったと後に書いています。アメリカとしても、これ以上戦争を続けるとすれば次は本土決戦です。そうなれば、硫黄島《いおうとう》や沖縄での日本兵の猛反撃で相当のアメリカ兵が死んだように、またすごい流血《りゅうけつ》が予想される、戦争が長引くことに比べれば、天皇制は小さな問題で、この際、日本の希望条件を容《い》れてやろうじゃないか、という意見がかなり強かったのです。しかし、強硬な人もたくさんいました。特にバーンズ国務長官は、「これを受け入れれば無条件降伏にならない、われわれはこれまで何度も無条件降伏を宣言している、今になってなぜ日本に譲歩《じょうほ》する必要があるのか、断固突っぱねろ」という具合でした。

また日本の要求をイギリス、ソ連、中国に知らせると、イギリスと中国は比較的早く返事がきて、どちらかといえばこれ以上の流血の惨事《さんじ》より条件をのんだほうがいいのでは、という意見でした。ただソ連はなかなか結論が出ず、またアメリカ内部の議論も長引き、ようやく日本時間の八月十二日の夜、連合軍側からの回答が決まります。そこでサンフランシスコ放送を通して日本に伝えました。それは実にあいまいで、何にも答えないような回答でした。

「日本国の最終的の政治形態は、ポツダム宣言に遵《したが》い、日本国国民の自由に表明する意思により決定せらるべきものとす」（定訳）

これもわかりづらいのですが、今後の日本国の政治のかたちは国民が自由に選ぶ、その意思によって決定するというのであって、天皇制を保証したわけではありません。さらに、大事な部分がこれに続いています。日本本土の占領の時には、

「天皇および日本国政府の国家統治の権限は……連合軍最高司令官にSubject toするものとす」

この「Subject to」を、外務省が苦労して「制限下におかる」と訳したのですが、軍部はそれを認めず、「隷属《れいぞく》する」と解釈しました。したがって天皇も日本政府もマッカーサーに隷属することになるのです。すると最初の「日本国民の意思に任《まか》せる」などもあてにできないじゃ

ないか、ということになり、ふたたび大激論です。戦争をはじめるのは簡単ですが、終わらせるのがいかに難しいかということの証明ですね。

十三日の朝から最高戦争指導会議での議論は続き、軍部はこう主張します。

「国体の根源にある天皇の尊厳を冒瀆《ぼうとく》している。こういうことはわが国体の破滅、皇国の滅亡を招来《しょうらい》するもので、何らこちらの希望的条件を容れてもらっていないではないか」

そしてもう一度連合国に、国体を保証してくれるのか、天皇の身柄は安全なのかを聞くべきだと要求します。東郷外相は、この上に聞き直すことは外交的には交渉の決裂を意味する、少なくとも天皇陛下が皇位にとどまることは保証されているではないか、というわけです。しかし軍部は納得《なっとく》せず、がたがたやっている間に空《むな》しく時間は経っていきます。

七十八歳の鈴木首相は、それを黙って聞いていました。通訳がわりに秘書官としてそばにいた息子の一《はじめ》さんに、私は『聖断』[*2]を書く時に何度も会って話を聞きましたが、耳が遠いせいもあり、とにかく鈴木首相は忍耐《にんたい》強かったそうです。聞こえているのかどうか、ただ黙って聞いていたといいます。やがて、その貫太郎さんは背筋《せすじ》を伸ばして、議論がどうにもならなくなった最後の段階で、はっきりこう言ったそうです。

「軍部はどうも、回答の言語解釈を際限《さいげん》なく議論することで、政府のせっかくの和平への努力をひっくり返そうとしているように、私には思えます。なぜ回答を、外務省の専門家の考えているように解釈できないのですか」

外務大臣の方に賛成する意見でした。東郷外相は百万の味方を得た想いであったようです。これには軍部も唸《うな》って言葉が出ませんでしたが、再度の連合国への照会《しょうかい》をあきらめたわけではなく、最後まで粘《ねば》ったようです。しかし午後からは予定通り閣議を開かねばならず、最高戦争指導会議はいったん休憩となります。

少数のトップの人たちが決められないことを、大臣がずらっと集まった場で決められるはずがないのですが、ともかく閣議に入りました。阿南陸相が相変わらず、連合国への再照会を主張します。すると東郷外相が「すべてはご破算《はさん》になる、とんでもない」と反対し、また阿南さんも「これを認めれば日本は亡国となり、国体護持も不可能になる」と譲《ゆず》りません。同じ議論のむし返しです。東郷外相はついに堪忍袋《かんにんぶくろ》の緒《お》が切れてしまいました。

「連合国の回答の正式なものがまだ届いておらず、単にサンフランシスコ放送を聞いて議論をしているのはナンセンスだ。総理、閣議はここでやめてもらいたい」

鈴木首相は「それもそうだ」と、あっさり休憩に入りました。考えてみれば、閣議で一致して決められる話ではないのですが、日本の政治のシステムとしては閣議で一致しないことには動きませんから仕方がない、とはいえ議論を重ねれば重ねるほどみなが自信をなくしてしまうのです。追い詰められた日本帝国は、誰かが何かを決断しなければどうにもならない段階にさしかかっていたわけです。

その「誰か」とは――？

二度目の「聖断」によって

そうした状況の裏側で、陸軍では、「強硬なるクーデタによって鈴木内閣を倒し、軍部による内閣をつくる。そしてこれまでの動きをすべてご破算にし、徹底抗戦にもっていかねばならない」と、八月十日頃からクーデタ計画が着々と進行していました。もちろん秘密裡《り》にです。阿南陸相も梅津参謀総長もこれを知っていながらオクビにも出さず、会議や閣議に出席していたのです。その計画も最終的な段階に入り、十三日夜には「明日八月十四日午前七時、陸軍大臣と梅津総長が会談し、すでに出来上がっているクーデタ計画を正式に承認する。七時三十分、陸軍大臣と東部軍司令官（東京を防衛している軍の長です）、近衛《このえ》師団長（宮城守備軍の長です）が会談し、計画を確認する。八時、陸軍省および参謀本部の中堅クラス、高級課員以上が全員集合。十時、クーデタを発動する」と計画を決め、阿南さんと梅津さんに伝えました。二人は返事をせずただ受け取り、翌日午前七時の会談で結論を出すことにして別れたようです。

そして十四日が明けます。当時は陸軍省も参謀本部も市ヶ谷台《いちがやだい》、今の防衛庁がある場所の同じ建物内にあって、一階が参謀本部、二階が陸軍省でしたから、二人が会うのは非常に簡単なのです。午前七時頃、予定通り阿南陸相と梅津参謀総長が前後してやって来て、二人を前に荒《あら》尾《お》軍事課長が兵力の動員について説明し、賛同を求めました。ところがこの時、梅津さんが

「私はこの計画に反対である」と言い、阿南さんも「同感である」と言ったのです。実は、この瞬間にクーデタ計画はパアッと弾《はじ》け飛んでしまったわけですが、そう簡単におさまるはずはない。

これを受けて中堅クラスの人たちが「それなら俺たちだけでやるか」と、より強硬になりはじめたところに、なんと天皇陛下のお召しによって、最高戦争指導会議のメンバーのみならず、閣僚全員も枢密院議長も宮城内防空壕に全員集合せよという通知がきたのです。天皇陛下と鈴木首相が八時過ぎ頃に会い、ここまできたうえは、天皇の召集による最後の御前会議を開いて最終決定をしてもらうほかない、という話になり、天皇陛下もそれを承諾したのです。まさに昭和十六年十二月一日、太平洋戦争開戦決定の御前会議以来、絶えて行なわれることのなかった、最高戦争指導会議の構成員と閣僚全員による合同会議が開かれることとなりました。鈴木首相はもちろん、何が起ころうとここで一気に終戦、という決意でした。

こうして、陸軍強硬派がクーデタ発動の準備にもたもたしているうちに、陸軍大臣も参謀総長もお呼びがかかって宮中に入ってしまい、上げた拳《こぶし》をどうしていいかわからない状態になりました。

十時五十分から会議がはじまりました。例によって鈴木首相が経緯を説明します。いくら議論を重ねても結論が出ないので、「まことに恐れ入りますが、陛下のご意見をうかがいたい」という。聖断を再び仰いだわけです。そこで天皇陛下は静かに口を開きます。この時の天皇の言葉は、列席した大臣の手記などいろいろなかたちで伝わっています。それらを下村宏《しもむらひろし》情報局総裁がまとめ、鈴木首相にも承認を得たものがあります。非常に長いのですが、これによって戦争が終わったことになりますし、内容は終戦の詔勅《しょうちょく》とほぼ同じとはいえ、もっとわかりやすく話されていますので読んでみます。

「反対論の趣旨《しゅし》はよく聞いたが、私の考えは、この前言ったことに変わりはない。私は、国内の事情と世界の現状をじゅうぶん考えて、これ以上戦争を継続することは無理と考える。国体問題についていろいろ危惧《きぐ》もあるということであるが、先方の回答文は悪意をもって書かれたものとは思えないし、要は、国民全体の信念と覚悟の問題であると思うから、この際、先方の回答を、そのまま、受諾してよろしいと考える。陸海軍の将兵にとって、武装解除や保障占領ということは堪《た》えがたいことであることもよくわかる。国民が玉砕《ぎょくさい》して君国に殉《じゅん》ぜんとする心持もよくわかるが、しかし、私自身はいかになろうとも、私は国民の生命を助けたいと思う。このうえ戦争を続けては、結局、わが国が全く焦土《しょうど》となり、国民にこれ以上苦痛をなめさせることは、私として忍びない。この際、和平の手段にでても、もとより先方のやり方に全幅《ぜんぷく》の信頼をおきがたいことは当然であるが、日本がまったくなくなるという結果に比べて、少しでも種子《たね》が残りさえすれば、さらにまた復興という光明《こうみょう》も考えられる。わたしは、明治天皇が三国干渉の時の苦しいお心持をしのび、堪《た》えがたきを堪え、忍びがたきを忍び、将来の回復に期待したいと思う。これからは日本は平和な国として再建するのであるが、これは難しいことであり、また時も長くかかることと思うが、国民が心を合わせ、協力一致して努力すれば、かならずできると思う。私も国民とともに努力する。

今日まで戦場にあって、戦死し、あるいは、内地にいて非命にたおれた者やその遺族のことを思えば、悲嘆《ひたん》に堪えないし、戦傷を負い、戦災を蒙《こうむ》り、家業を失った者の今後の生活については、私は心配に堪えない。この際、私のできることはなんでもする。国民は今何も知らないでいるのだから定めて動揺すると思うが、私が国民に呼びかけることがよければいつでもマイクの前に立つ。陸海軍将兵はとくに動揺も大きく、陸海軍大臣は、その心持をなだめるのに、相当困難を感ずるであろうが、必要があれば、私はどこへでも出かけて親しく説《と》きさとしてもよい。内閣では、至急に終戦に関する詔書《しょうしょ》を用意してほしい」

この天皇の決断によって、戦争は終結することになるのですが、これで戦争が「終わった」わけではないのです。閣議がもう一度、ポツダム宣言を受諾して降伏することを一致して決め、さらにその閣議決定を鈴木首相が改めて天皇陛下に奏上《そうじょう》するという手続きを踏むわけです。

閣議はすぐに行なわれ、詔書の字句をめぐっていろいろと時間を費《つい》やしますが、ともあれ一致して了承し、八月十四日午後十一時、日本のポツダム宣言受諾はふたたびスイス、スウェーデン駐在の日本公使を通して連合国に通達されました。ですから、アメリカもイギリスも連合国はみな、通達を受け取った日本時間の八月十四日夜が「勝利の日」になったのです。一方、日本はこれを、全国民に動揺させずにうまく治めるよう知らせるため、十五日正午に天皇が放送するかたちになりましたから、日本国民は八月十五日に戦争が終わったと思っているようですが、実際は八月十四日で終結、ということになります。

降伏することのむずかしさ

しかし、です。戦争というのは、起こすのはたやすいが、終えるのは容易《ようい》ではないのです。日本が一方的に「ポツダム宣言を受諾してやめます」といって終わりになるわけではないのです。ポツダム宣言受諾は「戦争状態は終わらせる」、「戦闘をやめる」ということなんです。しかしきちんと「降伏の調印」をするまでは、戦争そのものは完全に終結してはいません。それを日本は、実ははっきり知らなかった、と言っちゃあこんなみっともない話はないのですが。ドイツの場合は、降伏を申し出てから二日後に調印をしていますから、あっという間に戦争は終わったのですが、日本の場合、本土にまだたくさんの兵隊がいます。アメリカ軍ははるか沖縄にしかいませんし、ソ連軍は満洲に入ったばかりですから、いきなり降伏調印というわけにもいかず時間がかかります。そしてそれを利用したのがソ連でした。

日本が、ソ連侵攻に関してもっと真剣に考えるなら、直《ただ》ちに満洲に天皇の使者を送り、政府同士で戦闘停止の決め事をきちっとしなくてはいけなかったのです。ソ連は、最初は米英中の三国だったポツダム宣言の中に参戦してから入ったのですが、日本は「ポツダム宣言を受諾したのだからソ連もわかっているだろう」と思い込んだ、これが浅はかなんですね。まず第一の誤りは、ポツダム宣言受諾は降伏の意思の通達でしかなかった、ですからソ連軍はそのまま満洲をぐんぐん攻めてきます。参謀長のアントノフ中将は八月十六日、堂々と布告で言明しています。

「天皇が十四日に行なった通告は、単に日本降伏に関する一般的なステートメントに過ぎず、日本軍の降伏が正式に実行されていない以上は、極東におけるソ連軍の攻撃態勢は依然《いぜん》、継続しなければならない」

そして二番目の誤りは、アメリカ軍が連合軍の代表であり、その連合軍の最高司令官としてトルーマンが任命したマッカーサー元帥と交渉をしてさえいれば、ソ連にも通用すると思っていたことです。しかし、降伏がきちんと調印された時にはじめてマッカーサーが連合国軍の最高司令官になるということであって、日本はそれも知らなかったのです。

ソ連としては、降伏文書に調印がなされるまではチャンスがあるのだとガンガン攻めます。無知であった日本は、八月十七日、大元帥陛下の命令にしたがって、関東軍《かんとうぐん》も武器を投じて無抵抗になりました。それでいいと思ったのです。そこへソ連軍が攻めてくる、そんな状況が続きましたので、満洲の悲劇がはじまるのです。こうして日ソのいわゆる「一週間戦争」後の戦闘においては、ソ連軍の思う存分の攻撃のもと、日本は軍隊のみならず一般民衆も巻き込まれて悲惨な犠牲者を限りなく出すことになりました。実に戦死八万人、一方、ソ連軍は八千二百十九人、負傷二万二千二百四人と発表されています。そして日本側の数字で五十七万四千五百三十八人が捕虜《ほりょ》（?）としてシベリアに送られ、何年も労働をさせられて無事に引き揚《あ》げてきたのは四十七万二千九百四十二人ですから、十万人以上がシベリアの土の下に眠っていることになります。ソ連側の数字はありません。

　同時に、日本防衛の最前線とされた満洲にはそれまで多くの日本人が渡ってゆきましたが、どこに何人いたか、なかなか正確にはわかりません。百五十万近く住んでいたといいます。そして引き揚げ者の数は、満洲からは百四万七千人、また旅順《りょじゅん》や大連《だいれん》など関東州《かんとうしゅう》からは二十二万六千人ですから、単純には計算しにくいのですが、一般民間人で満洲で亡くなったのは十八万六百九十四人とされています。引き揚げでもさんざんの苦労をせねばなりませんでした。そして満洲はあっという間にソ連に席捲《せっけん》されました。

　九月二日、東京湾に浮かんだアメリカの戦艦ミズーリ号の上で降伏文書の調印式が行なわれ、日本は太平洋戦争を「降伏」というかたちで終えました。これが「無条件降伏」だったか、よく問題になります。たしかに一条件を出して、それをのんでもらったので無条件ではないということになりますが、よくよく考えれば、ＧＨＱ（連合国最高司令部）がつくった新憲法によって、少なくともこれまでもってきた日本の国体、天皇主権の国家は否定され、国民主権の国家になったわけですから、天皇の身柄はたしかに象徴《しょうちょう》というかたちで助かったものの、結果的に

ミズーリ艦上で行なわれた日本の降伏文書調印式。シルクハットが全権の重光葵、その右が梅津美治郎参謀総長　昭和20年9月2日

は出した一条件さえ無視されていたことになるのではないかと思います。

そうではありますが、よくぞあのくそ暑かった夏に降伏によって戦争を終結できたものよ、との感を深くするのです。拙著《せっちょ》『ソ連が満洲に侵攻した夏』[*3]にも書いたことですが、アメリカの三省（陸軍・海軍・国務）調整委員会は、早くから日本占領の統治政策について研究討議を重ねていました。結果として、その第一局面の三カ月間はアメリカ軍八十五万が軍政をしいて日本本土を統治するが、次の第二局面の九カ月間は、米・英・中国・ソ連の四カ国が進駐し、これを統治する。この場合、日本本土を四つに分けて、関東地方と中部地方および近畿地方を米軍三十一万五千、中国地方と九州地方を英軍十六万五千、四国地方と近畿地方を中国軍十三万（近畿地方は米・中の共同管理）、そして東北地方と北海道はソ連軍二十一万が統治する。さらに、東京は四カ国が四分割して統治する、という決定をみていたのです。そして、これが成文化されたのが、なんと、昭和二十年八月十五日のことであったというじゃありませんか。

もちろん、これは日本の早期降伏によってパアとなりました。ところがソ連はしつこいのですね。八月十六日にスターリンはトルーマンに親展極秘《しんてんごくひ》の一書をしたためました。

「一、ソ連軍に対する日本国軍隊の降伏区域に千島《ちしま》列島全部をふくめること。（中略）

二、ソ連軍に対する日本国軍隊の降伏地域に、……北海道の北半分をふくめること。北海道の北半と南半の境界線は、島の東岸にある釧路《くしろ》市から島の西岸にある留萌《るもい》市にいたる線とし、右両市は島の北半分にふくめること。

この第二の提案は、ロシアの世論にとって特別の意義をもっています。……もしロシア軍が日本本土のいずれかの部分に占領地域をもたないならば、ロシアの世論は大いに憤慨《ふんがい》することでしょう。私の、このひかえめな希望が反対をうけることのないよう、私は切にのぞんでいます」

この時になっても、まだ北海道の北半分を領土とすることを主張するソ連の提案を、トルーマンは真《ま》っ向《こう》から否定しました。おかげで日本はドイツのように分割されることなく、戦争を終結できたわけです。こうした歴史の裏側に隠されていた事実をのちになって知ると、いやはや、やっと間に合ったのか、ほんとうにあの時に敗《ま》けることができてよかったと心から思わないわけにいきません。

それにしても何とアホな戦争をしたものか。この長い授業の最後には、この一語のみがあるというほかはないのです。ほかの結論はありません。

＊1――八月九日の最高戦争指導会議の絵　白川一郎画、千葉県野田市鈴木貫太郎記念館蔵。

＊2――『聖断』　一九八五年、文藝春秋。のち二〇〇三年、ＰＨＰ研究所より新装版（現在、ＰＨＰ文庫）。

＊3――『ソ連が満洲に侵攻した夏』　一九九九年、文藝春秋（現在、文春文庫）。

むすびの章

三百十万の死者が語りかけてくれるものは?

昭和史二十年の教訓

この章の

✷ポイント

昭和二十（一九四五）年八月十四日午後十一時、日本のポツダム宣言受諾が連合国に通達され、翌十五日正午に天皇のラジオ放送により日本国民に終戦が伝えられました。この戦争で亡くなった日本人は約三百十万人にもなるとされています。これだけ多くの死者が出たことが、一九二六年から一九四五年までの昭和史の前半二十年の結論だとも言えます。私たちは、この歴史を正しく学び、しっかりと反省して次の時代に活かしていかなければなりません。

✷キーワード

昭和史の結論／国民的熱狂／抽象的《ちゅうしょうてき》な観念論／小集団主義／主観的思考による独善／根拠《こんきょ》なき自己過信

昭和史は、一番はじめに申しました通り、日露戦争の遺産を受けて、満洲を日本の国防の最前線として領土にしようとしたところからスタートしました。最終的にはその満洲にソ連軍が攻め込んできて、明治維新このかた日露戦争まで四十年かかって築いてきた大日本帝国を、日露戦争後の四十年で滅ぼしてしまう、満洲国はあっという間にソ連軍に侵略され、のち元の中国領土となるかたちで戦争が終わるという、昭和史とは、なんと無残《むざん》にして徒労《とろう》な時代であったかということになるわけです。きびしく言えば、日露戦争直前の、いや日清戦争前の日本に戻った、つまり五十年間の営々辛苦《えいえいしんく》は無《む》に帰《き》したのです。昭和史とは、その無になるための過程であったといえるようです。

八月十五日の朝まだき、天皇の戦争終結の放送の前に、最後まで国体護持すなわち天皇の身柄の安全にこだわった阿南《あなみ》陸相は、「一死以《もっ》テ大罪ヲ謝《しゃ》シ奉《たてまつ》ル」の遺書を残して、割腹自決《かっぷくじけつ》いたしました。全陸軍を代表して悲惨《ひさん》な国家敗亡《はいぼう》をもたらした罪科《ざいか》を、天皇陛下にお詫《わ》びしたものなのでしょう。しかし、深読みすれば、平和をとり戻すための犠牲となり、大陸に南溟《なんめい》に、太平洋の島々に、空《むな》しく散っていかねばならなかった数限りない死者に対して、心からなるお詫びを述べているのではないか。そう思われてなりません。

話が長くなりますので、太平洋戦争下の戦闘についてはいちいちふれませんでしたが、たくさんのところで日本の兵隊さんたちが亡くなっています。主な戦場でのそれを、一挙に読み上げます。

ガダルカナル島で戦死八二〇〇人、餓死《がし》または病死一万一〇〇〇人、
アッツ島で戦死二五四七人、捕虜《ほりょ》二九人、ということはほぼ全滅です。
ニューギニアで病死も含む戦死一五万七〇〇〇人、
タラワ島で戦死四六九〇人、ここも玉砕《ぎょくさい》で捕虜一四六人、
マキン島も玉砕で戦死六九〇人、捕虜九〇人、
ケゼリン島も玉砕で戦死三四七二人、捕虜二五〇人、
グアム島で戦死一万八四〇〇人、捕虜一二五〇人、
サイパン島で戦死約三万人、市民の死亡一万人、捕虜九〇〇人。
島だけでなく、陸上でもたくさんの人が死んでいます。
インパール作戦で戦死三万五〇〇〇人、傷ついた人あるいは病気で倒れた人四万二〇〇〇人、
インパール作戦の一つとしてビルマの東、中国本土で戦われた拉孟騰越《らもうとうえつ》も玉砕で戦死二万九〇〇〇人、生存者一人——無事脱出したこの人がこの戦いのことを語りました——、
ペリリュー島も玉砕で戦死一万六五〇〇人、捕虜一五〇人、
フィリピン——レイテ島やミンダナオ島、ルソン島のマニラ周辺など多くの場所で戦闘が行

なわれ、その全域での戦死四七万六八〇〇人、生存一三万三〇〇〇人――終戦まで戦いましたので、最後に生き残っていた人という意味です。

硫黄島《いおうとう》も玉砕し、戦死一万九九〇〇人、捕虜二一〇人、
沖縄では戦死一〇万九六〇〇人――これは中学生や女学生など義勇兵《ぎゆうへい》も含めます――市民の死亡一〇万人、捕虜七八〇〇人。

さらに日本本土空襲による死者は、日本全国で二九万九四八五人、二三六万戸の家が灰や瓦礫《がれき》となりました（昭和二十四年経済安定本部発表の公式調査による）。

また八年間にわたる日中戦争の死者は、満洲事変と上海事変も入れて、総計四一万一六一〇人ということです（臼井勝美『日中戦争』による）。ただし、これには「日ソ一週間戦争」の戦死約八万人も含まれているようです。

以上のように、日本人はあらゆるところでむなしい死を遂げていったのです。

戦争が終わってしばらくは、日本の死者は合計二百六十万人といわれてましたが、最近の調査では約三百十万人を数えるとされています。

そして、特攻《とっこう》作戦によって若い命を散らしていった人たち――前に話しましたように戦争末期、「志願によって」という名目で、ただし半分以上は命令によって「十死零生」の作戦に参加した人たちです――は海軍二千六百三十二人、陸軍千九百八十三人、合計四千六百十五人。

これだけの死者が二十年の昭和史の結論なのです。

よく「歴史に学べ」といわれます。たしかに、きちんと読めば、歴史は将来にたいへん大きな教訓を投げかけてくれます。反省の材料を提供してくれるし、あるいは日本人の精神構造の欠点もまたしっかりと示してくれます。同じような過《あやま》ちを繰り返させまいということが学べるわけです。ただしそれは、私たちが「それを正しく、きちんと学べば」、という条件のもとです。その意志がなければ、歴史はほとんど何も語ってくれません。

この十五回にわたる授業を終わるに際して、では昭和史の二十年がどういう教訓を私たちに示してくれたかを少しお話してみます。

第一に国民的熱狂をつくってはいけない。その国民的熱狂に流されてしまってはいけない。ひとことで言えば、時の勢いに駆《か》り立てられてはいけないということです。熱狂というのは理性的なものではなく、感情的な産物ですが、昭和史全体をみてきますと、なんと日本人は熱狂したことか。マスコミに煽《あお》られ、いったん燃え上がってしまうと熱狂そのものが権威をもちはじめ、不動のもののように人びとを引っ張ってゆき、流してきました。結果的には海軍大将米《よ》内光政《ないみつまさ》が言ったように〝魔性《ましょう》の歴史〟であった、そういうふうになってしまった。それはわれわれ日本人が熱狂したからだと思います。

対米戦争を導くとわかっていながら、なんとなしに三国同盟を結んでしまった事実をお話ししました。良識ある海軍軍人はほとんど反対だったと思います。それがあっという間に、あっさりと賛成に変わってしまったのは、まさに時の勢いだったのですね。理性的に考えれば反対でも、国内情勢が許さないという妙な考え方に流されたのです。また、純軍事的に検討すれば対米英戦争など勝つはずのない戦争を起こしてはならない、勝利の確信などまったくないとわかっていたのですから、あくまでも反対せねばならなかったし、それが当然であったのに、このまま意地を張ると国内戦争が起こってしまうのではないか、などの妙な考えが軍の上層部を動かしていました。昭和天皇が『独白録』のなかで、「私が最後までノーと言ったならばたぶん幽閉《ゆうへい》されるか、殺されるかもしれなかった」という意味のことを語っていますが、これもまた時の流れであり、つまりそういう国民的熱狂の中で、天皇自身もそう考えざるをえない雰囲気を感じていたのです。

二番目は、最大の危機において日本人は抽象的《ちゅうしょうてき》な観念論を非常に好み、具体的な理性的な方法論をまったく検討しようとしないということです。自分にとって望ましい目標をまず設定し、実に上手《じょうず》な作文で壮大な空中楼閣《くうちゅうろうかく》を描くのが得意なんですね。物事は自分の希望するように動くと考えるのです。ソ連が満洲に攻め込んでくることが目に見えていたにもかかわらず、攻め込まれたくない、今こられると困る、と思うことがだんだん「いや、攻めてこない」「大丈夫、ソ連は最後まで中立を守ってくれる」というふうな思い込みになるのです。情勢をきちんと見れば、ソ連が国境線に兵力を集中し、さらにシベリア鉄道を使ってどんどん兵力を送り込んできていることはわかったはずです。なのに、攻めてこられると困るから来ないのだ、と自分の望ましいほうに考えをもっていって動くのです。

昭和十六年十一月十五日、大本営政府連絡会議は、戦争となった場合の見通しについて討議しました。ここで決定された戦争終結の腹案《ふくあん》は、要するにドイツがヨーロッパで勝つ、そうすればアメリカが戦争を続けていく意志を失う、だから必ずや栄光ある講和に導ける、というまったく他人のふんどしで相撲《すもう》を取るといいますか、夜郎自大《やろうじだい》的な判断を骨子《こつし》にしたことでした。同時にこの時、アメリカに対する宣伝謀略を強化するという日本流の策も決めるのですが、それはまず「アメリカ海軍主力を日本近海へ誘致《ゆうち》するようにする」、これは日露戦争の日本海海戦を夢見ているんですね。アメリカ海軍がきちんと自分たちの希望する道を通って日本近海に来てくれる、その時は迎え撃って撃滅してみせる、というのです。そして「アメリカのアジア政策の反省を促《うなが》して日本と戦うことの無意義をアメリカに説く」、勝手にそんなことを決めてもアメリカはきいてくれるはずはない。ですが、日本は真剣にそう考えたのです。そうできると夢みたのです。

三番目に、日本型のタコツボ社会における小集団主義の弊害《へいがい》があるかと思います。陸軍大学校優等卒の集まった参謀本部作戦課が絶対的な権力をもち、そのほかの部署でどんな貴重な情報を得てこようが、一切認めないのです。軍令部でも作戦課がそうでした。つまり昭和史を引っ張ってきた中心である参謀本部と軍令部は、まさにその小集団エリート主義の弊害をそのままそっくり出したと思います。

そして四番目に、ポツダム宣言の受諾が意思の表明でしかなく、終戦はきちんと降伏文書の調印をしなければ完璧なものにならないという国際的常識を、日本人はまったく理解していなかったこと。簡単に言えば、国際社会のなかの日本の位置づけを客観的に把握《はあく》していなかった、これまた常に主観的思考による独善《どくぜん》に陥《おちい》っていたのです。

さらに五番目として、何かことが起こった時に、対症療法《たいしょうりょうほう》的な、すぐに成果を求める短兵急《たんぺいきゅう》な発想です。これが昭和史のなかで次から次へと展開されたと思います。その場その場のごまかし的な方策で処理する。時間的空間的な広い意味での大局観《たいきょくかん》がまったくない、複眼的《ふくがんてき》な考え方がほとんど不在であったというのが、昭和史を通しての日本人のありかたでした。

と、いろいろと利口《りこう》そうなことを言いましたが、昭和史全体を見てきて結論としてひとことで言えば、政治的指導者も軍事的指導者も、日本をリードしてきた人びとは、なんと根拠《こんきょ》なき自己過信に陥っていたことか、ということでしょうか。こんなことを言っても喧嘩《けんか》過ぎての棒《ぼう》ちぎれ、仕方ない話なのですが、あらゆることを見れば見るほど、なんとどこにも根拠がないのに「大丈夫、勝てる」だの「大丈夫、アメリカは合意する」だのということを繰り返してきました。そして、その結果まずくいった時の底知れぬ無責任です。今日の日本人にも同じことが多く見られて、別に昭和史、戦前史というだけでなく、現代の教訓でもあるようですが。

そういうふうにみてくれれば、昭和の歴史というのはなんと多くの教訓を私たちに与えてくれるかがわかるのですが、先にも申しました通り、しっかりと見なければ見えない、歴史は決して学ばなければ教えてくれない、ということであると思います。

長い間の授業でしたが、本日でもって終了といたします。ありがとうございました。

こぼればなし

ノモンハン事件から学ぶもの

この章の

✷ポイント

ノモンハン事件は、第七章でも書かれている、昭和十四（一九三九）年に起こった日本とソ連との軍事衝突です。この時日本は、当時の最新鋭の武器や作戦を用いて向かってくるソ連軍に対して白兵《はくへい》攻撃で応戦したり、補給を一切考えない作戦を実施したりなどして、散々な結果を招いてしまいました。しかし、日本はこの失敗から学ぼうとは一切しませんでした。このことが、のちに太平洋戦争でもっと大きく悲惨な失敗をすることに繋がるのです。

✷キーワード

ノモンハン事件／司馬《しば》遼太郎《りょうたろう》／須見《すみ》新一郎《しんいちろう》／国境侵犯／ハルハ川／昭和天皇独白録／服部卓四郎《はっとりたくしろう》／辻政信《つじまさのぶ》／南進論／三八式歩兵銃

✺幻想・独善・泥縄的

ご紹介にあずかりました半藤と申します。実は、今朝起きてご通知を見ましたら、タイトルが「昭和史」と書いてあったので、こんな標題でやるのかと驚きました。ところが、「昭和史」といいましても、あまりにも漠然《ばくぜん》としすぎますので、今回は昭和十四年（一九三九）の「ノモンハン事件」についてお話しようと勝手に決めました。あしからずご了承いただきたいと思います。

私は平成十年（一九九八）、『ノモンハンの夏』という本を書きまして、かなり多くの方に読まれたようですが、その翌年の元旦、「朝日新聞」の天声人語《てんせいじんご》欄でこの本が取り上げられましたので一部ご紹介します。

書物の世界で昨年の収穫の一つは、半藤一利さんが書いた『ノモンハンの夏』（文芸春秋）だろう。一九三九年（昭和十四年）、当時の「満洲国」とモンゴル国境付近で引き起こされた日ソ両軍の大規模な武力衝突を描き、解析《かいせき》した力作である。

日本側は惨敗し、万の単位の死傷者を出した。〈将兵を飲まず食わずで、弾薬がつきてもなお戦わせた。しかも補給や救援の手段はいっさい考えていなかった〉結果だった。そも

そも、この戦闘は、〈幻想と没常識《ぼつじょうしき》な作戦指導〉によるものであり、〈無謀、独善、そして泥縄《どろなわ》的でありすぎた〉

というふうに、私の文章をかなり引用して書いています。

「敵は、日本軍が出動すれば退却する」という、自軍にとってはまことに都合のいい、固定した先入観が日本軍の参謀にはあった。〈それにのっとるかぎりはまことに間然するところのない作戦計画である。ただし敵情はまったく無視されている〉。だから主観的には勝つはずなのに、徹底的に痛めつけられることになった。司馬遼太郎《しばりょうたろう》さんも指摘したことだが、戦車一つとっても差がありすぎた。こちらの戦車は装甲が薄く、機関銃にも耐えられない。しかし名前が「戦車」である以上、それはりっぱな戦車なのだった。

ここで話は少し変わるのですが、

ところで、経済企画庁が先日まとめた一九九八年版の『経済の回顧と課題』（ミニ経済白書）は、硬い内容ながら示唆に富む。「バブル崩壊後の一〇年間」を解析した箇所では、不良債権の処理の遅れは〈「起きると困ることは起きないことにする」という意識が官民双方に強かった結果〉でもあったと断じた。

「敗北（失敗）を率直に認めないことが、さらなる敗北（失敗）の原因になった」との指摘もある。この二点……

つまり、「起きては困ることは起きない」ということに決めたということと、失敗を率直に認めないで、もう一遍失敗を重ねたという二つのことは、

どちらも『ノモンハンの夏』の内容と重なり合う。状況は違うけれど、日本人は幻想、独善、泥縄的な発想から抜け出ていないのではないか。年の初め、そんな懸念が、ふと頭をもたげる。

というのが、天声人語のあらましです。これを読み上げて話が終わりということにしてもよいくらいですが、それでは申し訳ありませんので、若干これに補足するような形で、ノモンハン事件のことをお話ししたいと思います。

✹司馬遼太郎さんのこと

その前に、天声人語の中で、司馬遼太郎さんの名前が出てまいりましたので、司馬さんのお話を最初に少しさせていただきます。

司馬さんは、『坂の上の雲』という小説で明治時代を書き、それからさらに近代日本の後半、つまり大正、昭和に関する小説といいますか、何かを書こうという意図がありました。私などには、司馬さんは「大正、昭和の日本を書くのに一番いいのは参謀本部ではないか。つまり参謀本部を書くことが近代日本を理解するのに一番わかりやすいのではないだろうか」とおっしゃってました。「けれども参謀本部は明治の時代からあるわけですから、その歴史を書くのは大変なことになりますな」というような話をしていたのです。

それから何年かたつと、司馬さんは急に、「参謀本部全部を書くのはとても無理であるから、ノモンハン事件を主題にして、そこで何が起こったかということを書けば、参謀本部そのものを書いたことになるのではないかと思う。だから参謀本部の歴史ではなくてノモンハン事件を書くことにする」というふうに言われました。

そして、例によって例の如くというか、司馬さんは資料をどんどん集め、またノモンハン事件の生き残りの方もまだおられましたので、その方々に会い、あるいは、当時の陸軍参謀本部の作戦課にいた方もまだ生きておられたので、お話もずいぶん聞かれました。私もお手伝いをして、昔の参謀を司馬さんが取材するのをそばで聞いていたことがあります。

中で、ノモンハン事件のたった一人と言ってもいい、連隊長クラスの生き残りの方が、長野県におられました。須見新一郎《すみしんいちろう》さんといいまして、歩兵26連隊の連隊長ですが、司馬さんはこの方にも会ってみっちり話を聞きました。

ところが、準備は十分できた、一歩踏み出せばそのままお書きになるのではないかと思っていたところに、司馬さんが「ノモンハン事件は書かない」と言い出したのです。なぜ書かないのか。「これだけ準備ができているのに」と聞くと、「とにかくもうその話はするな。ノモンハン事件を書くということは、おれに死ねということと同じだ」というふうにおっしゃいました。

結局、司馬さんはあれだけ調べたノモンハン事件について一行も書かず、ただエッセイやその他でノモンハンに触れ、あるいはいくらか参謀本部や戦車に触れてはおられますが、まとまったものとしてはついにお書きにならなかった。

「なぜ書かなかったんでしょうかね」と私に聞く方が多いんです。実際、私も司馬さんから先ほどのような胸の内は聞いていても、書かなかったはっきりした理由を聞いたわけではありません。ただ、多分こういうことではないかと推察はしました。

その後司馬さんがお亡くなりになって、大阪でお別れの会がありました。その会で司馬さんのお顔の写真が掛かっているところに花を捧げてお別れしたのですが、そのお顔を見ているうちに、司馬さんが書かなかったんだから、僕が勝手に書きますぞと写真に向かって言い、それで私は『ノモンハンの夏』を書いたわけです。

自分で書いてみますと、ノモンハン事件の当事者、つまり参謀本部の作戦課、あるいは関東軍の作戦課の軍人たちが、いかにも司馬さん好みではない。司馬さんが小説でお書きになっている主人公というのは、坂本龍馬《さかもとりょうま》にしろ、河井継之助《かわいつぐのすけ》にしろ、土方歳三《ひじかたとしぞう》にしろ、どちらかというと颯爽《さっそう》たる心根《こころね》といいますか、清潔な精神の持ち主で、先見性があり、しかも世の荒波にも決して屈することなく、自分の信ずるところに対してまっすぐに進んでいくような人です。

司馬さんがノモンハン事件を書いたとすれば、五、六年以上も毎日、例のさわやかな人たちではなく、その参謀たちと付き合うことになるのです。原稿を書くというのはそういうことです。さらにその前に、調べる期間が五、六年以上あるわけですから、約十年以上の年月、関東軍の参謀、あるいは参謀本部作戦課の人たちとはとても付き合いきれないのではないかと。彼らは、司馬さんが十年以上も親身になって、紙の上ですが、話をできる人たちではないのではないか。だから「ノモンハンを書けということは、おれに死ねということだ」とおっしゃったのではないかと思ったわけです。ただ、これは私の推測です。

✹隊長からの一通の手紙

ところがあるとき、司馬さんの東大阪のお宅に伺《うかが》って、また少しノモンハン事件の話をぶり返したことがあります。やはり「その話はなしにしよう」と強い口調で言われましたが、それでも食い下がると、「実は書けないんだ。書けない理由が一つあるんだ」と言って、一通の手紙を見せてくれたんです。「読んでいいですか」と聞くと「いい」と言うので読みますと、先ほど少し申しました須見元連隊長からでした。

文面を全部記憶しているわけではないので大意だけ申しますと、「私は司馬さんという人を信じて何でもお話したが、あなたは私を大いに失望させる人であった。したがって、今までお話したことは全部なかったことにしてくれ。私の話は全部聞かなかったことにしてくれ」という趣旨でした。

その理由は、「あなたは『文藝春秋』誌上で、瀬島龍三《せじまりゅうぞう》大本営元参謀と実に仲良く話している。瀬島さんのような、国を誤った最大の責任者の一人とそんなに仲良く話しておられるあなたには、もう信用はおけない。昭和史のさまざまなことをきちんと読めば、瀬島さんに代表されるような参謀本部の人が何をしたかは明瞭である。そういう人たちと、まるで親友のごとく話しているのは許せない」といったことでした。この手紙を読んで、あ、これでは司馬さんはノモンハンを書けないなと思いました。というのは、想像ですけれど、司馬さんが書くとすれば多分、その須見元連隊長――ノモンハン事件の最初から最後まで第一線で勇猛果敢《ゆうもうかかん》に戦った方で、しかも上層部への批判には容赦がなかった。しかしながら、戦死しなかった、というとおかしいのですが、生き残ったために、その後、さながら卑怯者よばわりされて、陸軍から追われたんです。その事態が既に、当時の陸軍は何をしているのかということの証拠ですが、ともかくそういう立派な方です――を主人公に、いわゆる司馬さん好みのさわやかな、批評精神をもった軍人として書かれたのではないか。ところがその方から絶交状を出されてしまっては、ついにお書きになれないのではないか――以上の二つの理由で、司馬さんはついにノモンハン事件を書かなかったのではないか、そう私は勝手に推測しているわけです。

事のはじまりは国境侵犯

ノモンハン事件については、もう皆さんご存じでしょうから、内容や経過は詳しく申し上げません。かいつまんで言うと、日本軍と満洲国は、ハルハ川を国境と決めていましたが、モンゴルおよびソ連側は、河を越えて弓形にノモンハンという集落があり（羊や馬のえさにちょうどいい、きれいな草原だったそうです）、その草原までがモンゴル領であると主張して、常々もめていました。日本にすれば、羊飼いが勝手に川を渡って来れば「国境侵犯である」と言って追い払う、そういうことがしばしばあり、ついに軍隊を出した。これに対してソ連側も軍隊を出した、というのがはじまりで、ノモンハン事件が起きたわけです。

ところが当時、ちょうどヨーロッパでナチス・ドイツが東の方へどんどん勢力を伸ばしてきて、まさにポーランドを呑み込もうとしていました。ポーランドが呑み込まれると、ドイツとソ連の国境が接してしまう。目の前にドイツのものすごい力が浸透してきている状況下、ソ連のスターリンの頭は完全にヨーロッパに向いていました。しかし一方で、東ではやはり満洲と日本軍が気に掛かってもいました。

そこでヨーロッパに全力を集中するため、スターリンはこの際、東の方の日本軍をいっぺん、こてんぱんに叩いておこうと決め、強大なる軍事力を集結して日本軍を叩きにかかったのです。つまり、単なる国境侵犯のいざこざだったのが、ソ連側が大軍を出してきたため、日本側もこれに応じて大軍を送らざるを得なくなり、大戦争になってしまったのです。

戦闘は五月十一日に始まり、八月いっぱいでほぼ終わり、九月十五日に停戦協定が結ばれました。四カ月足らずの戦闘でしたが、日本軍は潰滅的《かいめつてき》な打撃を受けた——とこれまで言われていたのです。司馬さんも、エッセイなどでノモンハン事件のことに触れると、「日本軍は壊滅的な打撃を受けた」というふうに書きましたし、それが定説になっていました。

ところがソ連が倒れてロシアになってから、今まで出たことのない当時の資料がちょくちょく出てきました。ロシアがノモンハン事件でどのくらい損害を受けたか、ずっと隠されていたというより、ロシアが発表しませんでしたから、日本が大打撃を受けて、ロシアは大したことはなかった、ぐらいに思われていたんです。

ところが豈図《あに》らんや、日本の第一線の兵隊さんたちは、後ろのほうの参謀本部、あるいは関東軍作戦課の拙劣《せつれつ》なる戦争指導にもかかわらず、まことに勇戦力闘したようで、日本側のほうがむしろ死傷者が少なかったと、一九九八年にロシアが発表したのです。私がちょうど『ノモンハンの夏』の原稿を書いているころにその報告が出ましたので、本には「確かではないが」として、その数字を出しております。日本の戦死・戦傷者は一万七七〇〇人近く、ロシアは二万五六五五人でした。

それで最近は「司馬遼太郎と半藤一利という二人のけしからん男が、ノモンハンでは負けたと盛んに言っているが、この二人は馬鹿者である。日本は勝ったんだ」と、ネット上で盛んに日本の勝利をうたっている方がいるそうです。

✺「研究委員会」の結論

でも戦争は、何も殺し合いをすることが目的ではありません。では何が目的か。これが一番大事なところです。ノモンハンでの戦争の目的は、国境線をどのように確定するかということでした。

九月の停戦協定の結果、モンゴル・ソ連側が主張する通り、ハルハ川を越えて草原地帯の出っ張った線が国境であると決められました。したがって、戦争目的はモンゴル側が達したわけです。現在も、ノモンハン地域では中国とモンゴルの国境線はたしか、その時に決めた線になっているはずです。要するに、ノモンハン事件そのものは、相手側が目的を達したと言えます。

いずれにしろ、日本軍はものすごい悪戦苦闘をしました。兵隊さんたちの勇戦力闘があったからあのぐらい頑張れたのだと思いますが、実態はまことに拙劣な戦争指導による戦いでした。これをいちいち申し上げてもしょうがないので、大事なところだけお話しします。

事件の翌昭和十五年一月、陸軍中央、つまり参謀本部で、ノモンハン事件から何を教訓とするかについて研究会というか、大々的な反省会が行なわれました。「ノモンハン事件研究委員会」というものが設置され、専門家である参謀や、事件には直接関係のない参謀たちも携わって、いろいろ検討したのです。作戦計画や戦闘そのものの調査研究はもとより、統制・動員・資材・教育訓練・防衛および通信・ソ連軍情報など多岐にわたるものでした。たとえばその報告書には、

「……火力価値の認識いまだ十分ならざるに基因《きいん》してわが準備を怠《おこた》り、国民性の性急なると相まち誤りたる訓練による遮二無二《しゃにむに》の突進に慣れ、ために組織ある火網《かもう》により甚大《じんだい》なる損害を招くにいたるべきは、深憂《しんゆう》に堪えざるところなり」

という観察が記されています。これはもうその通りなんで、ノモンハン戦でもっとも勇敢に戦った第23師団の実情をみれば、「火力の準備を怠り」の事実はシロウトにも納得させられてしまいます。この師団砲兵が機械化された輓馬《ばんば》砲兵であったことはさておいても、その火砲は想像を絶するほど旧式でした。たとえば、歩兵直接支援とはいえ近距離用の三八式七五ミリ野砲じゃ、全陸軍中もっとも古い明治三十八年（一九〇五）制式の代物《しろもの》で、ほかのどこの師団も

使っていなかったものなんです。

ところが、いやはや、報告はこのあとに、「優勢なる赤軍の火力に対し勝を占める要道《ようどう》は一に急襲戦法にあり」という余計な文章を加え、せっかくの正しい判断をぼかしてしまうのです。こうなると、日露戦争いらいの日本陸軍の歩兵の骨髄《こつずい》をなす白兵《はくへい》突撃の尊重は狂信の域に達していたとしか思えません。

そして、事件の結論の前のところに、「戦闘の実相《じっそう》は、我が軍の必勝の信念及び旺盛なる攻撃精神と、ソ連軍の優勢なる飛行機、戦車、砲兵、機械化された各機関、補給の潤沢との白熱的衝突である。国軍伝統の精神威力を発揮せしめ、ソ連軍もまた近代火力戦の効果を発揮せり」とあります。これが日本陸軍のノモンハン事件に関する認識であるわけです。

その結果生まれた結論は、こうです。

「ノモンハン事件の最大の教訓は、国軍伝統の精神威力をますます拡充するとともに、低水準にある火力戦能力を速やかに向上せしむるにあり」

これを読みますと、精神力の強調が第一であり、それに付け加えて、近代火力戦すなわち近代的な兵器を使っての戦闘については日本は非常に遅れている、低水準にある、従ってこれを向上しなければならない、としています。が、あくまで精神力の強調が骨子であり、火力戦の能力の向上は付け足しです。

ところが、旧陸軍にいた何人かに話を聞きにいくと、「それは半藤君、そうでもないんだよ。

ここに『火力戦能力を速やかに向上せしむるにあり』という一行を書くことはものすごく大変なことなんだ。こんなこと、普通の人が書いたらたちまち『お前は何を考えているのか』と飛ばされたりする可能性があるのに、研究会の参謀たちはよくここまで書いた。そういうふうに読むべきなんだよ」と教えられました。つまり、その程度にまで、当時の陸軍はひとりよがりと言いますか、自分本位のものの考え方をしていたと言えるでしょう。

この研究会の報告が出されたのは昭和十五年春頃です。太平洋戦争は昭和十六年十二月にはじまるわけですから一年半くらい余裕があったのですが、ここに書かれているような「低水準にある火力戦能力の向上」など、日本陸軍にとてもできるはずはありませんでした。

結局、ノモンハン事件という大きな痛手というか、教訓を得ていながら、何も手のつけようがなく、ただ精神力の強調、国軍伝統の精神威力をますます拡充することだけが叫ばれて太平洋戦争に突入していったと言ってもいいのではないかと思います。

情報は天皇に達せず

しかも、一番いけないのは何か。この事件で最も大事なことは、できるだけ多くの人が事実を知ることでした。しかしそうすれば、陸軍にとっては致命的な打撃になります。したがって、陸軍は事件について多くの人に知らせようとはしませんでした。参謀本部のごく少数の、仲間うちだけの研究会の結論にとどめたのです。

ここで非常に気になるのが、では昭和天皇には事件のことをどのように報告していたのだろうか、ということです。調べてみたのですが、あまり出てきません。『昭和史』のなかでもふれてありますが、大事だと思うのでくり返しますが、どうもきちんとした数字から何から、天皇に全部報告したのかどうか疑わしいんです。というのは、私も幾らか関与した『昭和天皇独白録』という本が一九九一年に文藝春秋から出ました（今は文庫本になっております）。これは戦後になって、昭和三年の張作霖爆殺事件《ちょうさくりんばくさつじけん》から終戦までの昭和史を、天皇みずからが側近の人たちに語ったものです。正本は宮内庁にあると思うのですが、それは世に出ておりません。ただ、その時の側近の一人、寺崎英成《てらさきひでなり》さんという人がつけたメモに基づいて『昭和天皇独白録』として世に出たわけです。その中に、ノモンハン事件について、昭和天皇がこう喋ったということで、次のように書いてあります。

「ノモンハン方面の国境は明瞭《めいりょう》でないから不法侵入は双方から言いがかりがつく」

これが一つです。二つ目に、

「関東軍司令官には、満洲国境を厳守せよとの大命《たいめい》が下してあったから、関東軍が、侵入ソ連兵と交戦したのは理由がある」

そして三番めは、

「この事件に鑑《かんが》み、その後命令を変更して国境の不明確なる地方及び僻地《へきち》においては、必ずしも国境を厳守するに及ばず」

この三行です。つまり昭和天皇には、ノモンハン事件がありましたと報告はしている。しかし、これは国境が明確でないための紛争であり、どちらが悪いということではなく、双方から言いがかりがつくものである、という報告だったわけです。

二つめは、天皇は関東軍司令官に、国境を越えて侵入してきたソ連及び蒙古《もうこ》軍に対しては、これを追い払えと命令を下してあったから、戦いが起きたのはそれなりの理由があると。

三つめは、事件後、国境は、必ずしも明確でないところ、うんと遠いところではあまり厳しく守るには及ばない、と命令を変更したと。

つまりノモンハン事件で、日本の一師団が潰滅的打撃を受けた、七〇パーセントにも及ぶ人的損害を受けたといったことは、天皇陛下はご存じないのではないか、陸軍はほとんど詳細な事実を報告しなかったのではないか――このたった三行の文面からは、それしか読み取れないのです。

日本陸軍というのは、日中戦争の頃からそうですが、とりわけ昭和十四年ぐらいから、きちんとした報告を天皇にしていない。天皇陛下は大元帥《だいげんすい》陛下であって、軍の統領であるわけですが、その統領に対して報告していない。要するに、自分たちの独断で事を運んでいたのではないか、と考えられるわけです。

服部参謀と辻参謀

このノモンハン事件を、後方から作戦的に指導した関東軍の作戦参謀は、服部卓四郎《はっとりたくしろう》中佐。そして作戦主任として、服部さんと一緒になって直接的に指導したのが辻政信《つじまさのぶ》少佐でした。

辻さんは戦後、衆議院議員になり、参議院議員もやりましたか。議員生活のかたがた、本をたくさん書き、『ノモンハン』という本も出しています。その中にこうあります。「戦争は指導者相互の意志と意志との戦いである。もう少し日本が頑張っていれば、おそらくソ連軍側から停戦の申し入れがあったであろう」。日本軍から停戦を申し入れたために、国境線が相手の言うとおりになってしまったことに対する無念さが出ています。「とにかく戦争というものは、意志の強いほうが勝つ」というわけです。

さらに辻さんの言い分ですと、たいへんな損害を受けたことがわかったので、大本営から「直《ただ》ちに停戦せよ」という命令が関東軍に出た、ところが関東軍は「とんでもない、もっと頑張れば戦えるんだ」と言ってこれを聞かない。大本営は再度攻撃中止命令を出し、これ以上戦闘を続行することは許さない、守らなければ軍法会議にかける、とまではっきり言ったのですが、関東軍はこれをまた押し返す。戦場で忠義のために死んだ部下の死骸がまだ多く収容されていない、その骨を拾うことは大元帥陛下の大御心《おおみこころ》にもかなうと我々は確信する、したがってもういっぺん戦場に出て行くと言い張ったのです。そこでそれまで関東軍の言いなりになっていた大本営も、ついに大元帥命令を出し、停戦せよ、これ以上攻撃すれば統帥違反であると押し止《とど》めるなど、真っ向からやり合ったのです。

辻さんの頭の中には、大本営が腰抜けだったから、結果的に戦争目的の達成という点で相手側が勝ったという思いがあって、あくまでこちらが負けたのは大本営のせいだという論点で本を書いているのです。

もう一人、服部卓四郎中佐は、自著でこう書いています。辻さんと違って、明らかに事件を「失敗」とし、「失敗の根本原因は、中央と現地部隊との意見の不一致にあると思う。両者それぞれの立場に立って判断したものであり、いずれにも理由は存在する。要は、意志不統一のまずるずると拡大につながった点に最大の誤謬《ごびゅう》がある」。

これも読みようによっては、中央のやつらが余計なことをガタガタ言ってきて、おれたち現場を制約し牽制《けんせい》するから失敗したんだ、こちらに任せておけばうまくいったのに、東京からごちゃごちゃ言ってきたために統一が取れなくなり、それで敗れたんだと言ってます。

これも実はおかしな話です。関東軍といえども、日本陸軍の一部隊です。独立しているわけではありません。大本営の作戦命令を聞かなければいけないはずなのです。ところが関東軍は、自分たちの意志によって作戦指導ができるのだ、大本営は余計なことを言うな、黙ってろ……と何べんもやっている。つまり、統帥権に服していないのは関東軍であるにもかかわらず、服部さんは、中央が余計なことを言うから失敗したのだと言うのです。

もう一つおかしなことは、事件後、陸軍は、昔からの伝統に沿ってというか、結果を踏まえて人事的な処罰を下します。その場合、最高指揮官及び参謀長クラスが責任を取り、現場の参謀たちは責任を取る必要はないというのが不文律《ふぶんりつ》となっていました。したがって当時の関東軍司令官は軍を退き、参謀長もそれなりの罰を受け、飛ばされたりします。ところがこの時、辻参謀も服部参謀も、一応は関東軍参謀から退き、第一線からやや引いたものの、クビになるようなことはなかったのです。それればかりではなく、不思議なことに二人はたちまちにして復活したのです。

こうして、一個師団を潰滅にみちびいたような作戦指導者の杜撰《ずさん》かつ独善的な作戦計画と、前後を考えない無謀そして泥縄的な戦争指導とは不問にされまして、闇に消えてしまいました。しかも停戦後に一新された参謀本部には、報告書にいうところの「火力戦能力を速やかに向上」というお題目を突きつけられても、さっぱり妙策なし、どうにもならない、何かひねり出そうにもひねり出すことがかなわず、であったのです。せいぜい「修正軍備拡充計画」とそれに並行する「支那派遣軍の兵力整理案」に着手するのがやっとで、しかも、いずれの計画も実行は不可能と誰の目にも明らかだったのです。

ところが、このとき、困った時の神頼みそのままに、救う神があらわれました。昭和十五年（一九四〇）五月十日、ドイツ国防軍が矛先《ほこさき》を西部戦線に転じまして、ベルギー、オランダを攻撃し、独仏国境のマジノ線を突破して、パリへの電撃的な進撃作戦を開始したのです。それはもう目を見張るような快調な攻撃作戦でした。こうして無人の野を征《ゆ》くようにして、六月十四日には、パリが陥落します。

焦燥と無力感にうちひしがれていた日本陸軍中央は、俄然《がぜん》、息を吹き返しました。なんて、そんな程度のものじゃありません。まるで自分たちが勝って勝って勝ち抜いているように沸き立ちました。「支那の兵力を減らすことばかりに算盤《そろばん》をはじいて支那逐次撤兵まで決めていた陸軍省軍事課が、すっかり大転回して対南方強硬論を唱えた。これからすぐにシンガポール奇襲作戦をやれ、というのである」（種村佐孝『大本営機密日誌』、芙蓉書房）という形容のしようがないハシャギとなるのです。

こうして十五年夏ごろから、陸軍部内には奇妙なほどに「南進」の大合唱が沸き起こってきます。ノモンハン事件の翌年に成立した第二次近衛文麿内閣は、七月二十七日には大本営政府連絡会議が陸軍の主導のもとに「武力を用いても南進」という重大な国策を決定します。根拠なき自己過信、驕慢《きょうまん》な無知、底知れない無責任と評するのは容易です。けれども、よく考えると、いまの日本も同じようなことをやっているのじゃないかと、そんな観察ができるだけに、情けなさはいや優《まさ》る、ということになります。

✵南進論の大合唱

さて、問題の服部参謀と辻参謀です。これが何と、さっきも申しましたとおりに、たちまちに復活する。しかも、重要この上ない部署へ、ですよ。昭和十五年十月、服部卓四郎中佐は大本営参謀本部作戦班長として、早くも東京に堂々と凱旋《がいせん》します。さらに翌十六年十月に作戦課長となり、大佐に進級する。太平洋戦争はもう目の前ですが、それに向けての中心人物となるわけです。また服部さんは、自分が作戦課長になると直ちに辻政信中佐（すでに進級して中佐になっていました）を作戦課の戦力班長として呼びます。辻を陸軍中央に呼び寄せることに、当時の作戦課長の土居明夫《どいあきお》大佐が猛烈に反対の意を表明しました。

「ゼッタイに駄目だ。君と辻を一緒にしたら、またノモンハンみたいなことをやる……」

と、実にハッキリといったのです。しかし、服部の部内策謀《さくぼう》のほうが上でした。作戦部長の田中新一《たなかしんいち》少将は慎重派の土居を切り捨てます。土居を参謀本部からほかへ転任させまして、代わって課長には大佐に昇進した服部をすえ、いまや南進論の第一人者となっている辻を参謀本部に呼び寄せる。ウヘェーとなりますね。これが昭和十六年十月で、いまや服部・辻のコンビを中心に、三宅坂上《みやけざかうえ》（参謀本部のあった場所）は東南アジア侵攻一色に染めあげられていったのです。

辻さんはその著書『ガダルカナル』に例によって得意げに書いています。開戦後の十七年七月に出張で台湾に飛んだときの感想です。

「台湾研究部が店開きをし、その部員に選ばれて初めて南方研究の第一歩を踏みだしてからまだ僅か一年有半、南方作戦の編制、装備や訓練を真面目に考え始めたのは十六年の正月元日からだった。僅か半年の研究で現地の作戦計画をたて、数ヵ月で発動したのが太平洋戦争なのだ」

またしても杜撰な、泥縄的計画で日本を対米英戦争へ引っ張っていったのか――、という批判はもうやめますが、それにしてもこんな人物が陸軍を牛耳《ぎゅうじ》っていたのかの嘆きはとめることはできません。が、あに辻のみならんや、開戦前の三宅坂上の南進論の合唱はまことに騒然たるものであったわけなんですね。

いや、軍部ばかりではありませんでした。第二次近衛内閣はその組閣前の首相、外相、陸相、海相の候補が集まっての秘密会談で、日独伊三国同盟の強化とならんで、日ソ不可侵条約締結を外交方針として早々と決めていたのです。そしてこの取決めにもとづいて、さらに七月二十二日の大本営政府連絡会議で「速やかに独伊との政治的結束を強め、対ソ国交の飛躍的調整をはかる」ことを正式に国策とする、ときめました。どちらも陸軍中央の原案に基底をおく決定でした。ハテハテ、ソ連を主敵としてきた明治いらいの陸軍の大戦略はいったいどこにいってしまったのでしょうか。私が勝手に名前をつけるところの、一種の「ノモンハン症候群」というようなもので、もう北には手を出さない、むしろ南だ。南に出て行くと、たぶんアメリカが怒って出てくるだろうが、アメリカはなにしろ女の強い国だ、戦争になれば涙を流して旦那を止めるだろうから、それほど強い軍隊ではない（これは私が言っているのではなくて、辻さんの本に書いてあるのです）、だから大丈夫、ということで、南進論の強力なる推進者になるわけです。こうして昭和十六年夏頃の参謀本部はもう、南進論でまるで沸くがごとくでありました。

ノモンハン事件の教訓

こういう歴史的事実を見ますと、当時の日本人は、陸軍というものを中心にして、何かとてつもない大きな自信をもち、判断し、独りよがりな過《あやま》ちを平気で犯しているのではないかと感じます。

今回は服部さんと辻さんだけの名前を挙げていますが、実は田中新一作戦部長をはじめ他の参謀たちの中にもこういう強硬論者は山ほどいたのです。その人たちの共通点は何か。天声人語ではありませんが、「起きると困るようなことは起きないということにする」といった、非常識な意識。と同時に、失敗を率直に認めず、その失敗から何も教訓を学ばないという態度。これ以外にも、たとえば次のようなことが言えるのではないか。

一つは、基本にあるのは、日本陸軍（当時は皇軍と言っておりましたが）が不敗であるという認識。皇軍はとにかく今まで敗けたことがないと、中央の参謀たちは本気で信じていたようです。

です。

が、どこに根拠があるのかと問われれば、どこにもありません。つまり「根拠なき自己過信」が生まれます。

たしかに日本陸軍は日清・日露戦争以来、ある意味では不敗でした。そこから「不敗神話」が生まれます。すなわちその精神力をもって、いかなる近代火力にも対等に対抗できると信じたのです。結果として、ソ連軍も中国軍も皇軍が出て行けば必ず逃げるという考え方をもつようになった。事実、中国軍は毛沢東《もうたくとう》がそうでした。敵が出てきたら逃げる、日本軍が引いたらすぐ出て行くという戦法をとりました。だからといって、日本の不敗の根拠にはなりません。

二番目に、情報というものを軽視し、非常に「驕慢な無知」に支配されていたこと。ノモンハン事件の時、ソ連軍がシベリア鉄道を使って、多数の戦車をアジアへ送り込んでいるという情報はどんどん入ってきていました。したがって、ソ連軍が大挙して総攻撃に出ることも、ある程度予想されていたはずです。ところが、ヨーロッパからそんなに早急に戦車を持ってこられるわけはないと、情報を全く認めようとしない。これは関東軍だけではなく、大本営の参謀本部作戦課もまた然《しか》りでありました。

同時に、兵站《へいたん》の無視。要するに補給を一切考えない。司馬さんが書いていますが、「元亀《げんき》・天正《てんしょう》のころの武器をもって、ノモンハンで日本陸軍は機関銃、戦車にぶち当たった」。この「元亀・天正のころの武器」というのは、実は先ほどの須見新一郎連隊長の言葉です。「我々はまさに元亀・天正のころの武器を持って、近代兵器とぶつかった」と須見さんは嘆いておりました。確かに彼らは、明治三十八年にできた三八式歩兵銃をもって、近代兵器で身を固めたソ連の兵隊と立ち合ったのです。

この三八式歩兵銃は、太平洋戦争でも大活躍します。相手は自動小銃を使っていて、戦場では既にそういうものが多数出ており、その有利性もわかっている、さらにノモンハン事件の結論でも「近代兵器を向上せしめるにあり」としていながら、日本はどうして開発もせずいつまでも三八式歩兵銃だったのか――そう旧陸軍の人に聞いたことがあります。すると情けない返事が返って参りました。「実は三八式歩兵銃の弾丸を、山ほどどころではなく、いくら使っても使い切れないほど作ってしまった。これがある間はとにかく使わなければならなかったんだ」と。そんなばかな考えで国家の運命を賭《と》した戦争に突入したのですかと、私は思わず天を仰ぎました。

また戦車。たとえばソ連やアメリカの戦車は無骨で格好が悪いんです。けれども鉄板が厚い。一方で日本の戦車は軽快なのですが、薄い。「なぜこんなに薄いんですか」と聞きましたら、これも実は日本の鉄道が狭軌《きょうき》（レールの間隔が狭い）だから、重戦車を運べないんだと。もう一つ、戦車を積み出す時に、日本の港湾にある起重機が弱くて、五〇トンもある戦車を持ち上げられないのだと。司馬さんの言葉を借りれば「戦車と名がつけば、やはり戦車なのだ」という答えでした。

結局、驕慢なる無知というのは、単なる無知でなくて、知っていながら無視して固執することなんです。そういった傾向がどうも日本人の中にあると思います。

もう一つは、「底知れぬ無責任」。前にも申しました通り、日本の参謀は、その作戦計画がいかに無謀で、いかに杜撰《ずさん》であろうとも、勇戦敢闘させるようなものであれば、失敗しても責任が問われない。つまり無責任で済むということ。しかもその人たちがまた、人事のいかんによっては中央にすぐ戻ってくるという、考えられないことがしばしば起きたこと。つまり当時の陸軍には、厳罰に処すということが全くなかったのです。

そんなふうに申しますと、今だって大して違わないではないか、という方がおられるでしょう。いろいろな大失敗を、将来の教訓のためにちゃんと記録しておこうではないかという声は上がるんです。しかし、実行することはほとんどありません。組織にとって、失敗こそ学ぶところがたくさんあり、一番教訓になることと思いますが、そこから学ぼうという声だけは聞こえても、実際にはやらない。それが組織というものですね。そして勝って威勢のいい時は、勝利の栄光だけは自分のものにして、勝利病に罹《かか》る。そうなると何も学ぶことはない、といえるのではないでしょうか。

✺日本人の欠点を如実に記録

戦前の昭和史というのは、このノモンハン事件によって象徴されるような、日本人の陥りやすい欠点を如実に示している記録です。だからといって、頭から日本人がだめだということではありません。十分に優秀なところがあるのですが、ただ、私たちは昭和史からきちんと学ぼうとせず、ずっと後世まで引っ張っていくのではないだろうかと若干《じゃっかん》、考えられます。昭和史から学ぶことによって、これまでくどくど挙げた過去の日本人の特性ともいえることを知り、教訓とすべきではないでしょうか。『昭和史 1926–1945』のおしまいの辺りで五つばかり、昭和史から学ぶべき教訓について書いております。そちらもご参考にしていただければと思います。どうもありがとうございました。

（平成十六年十一月十九日）

関連年表

時代	年	内閣総理大臣	日本のできごと（＊は外国情勢）
江戸	嘉永六（一八五三）		ペルリが黒船で浦賀来航
	慶応元（一八六五）		開国を決める
明治	四（一八六八）		明治維新（明治元年）、五箇条の御誓文
	明治九（一八七六）		海軍兵学校設置
	十一（一八七八）		参謀本部設置
	十六（一八八三）		陸軍大学校設立、予備役・後備役をおく
	十八（一八八五）	伊藤博文	内閣制度制定、伊藤博文が初代総理大臣となる
	二十二（一八八九）	山県有朋	大日本帝国憲法発布、立憲政治の発足
	二十七（一八九四）	伊藤博文	日清戦争（〜二十八）
	三十三（一九〇〇）	山県有朋	義和団事件〈北清事変〉で中国に出兵
	三十五（一九〇二）	桂太郎	日英同盟締結
	三十七（一九〇四）		日露戦争（〜三十八）
	四十（一九〇七）	西園寺公望	日本の満洲経営はじまる
	四十三（一九一〇）	桂太郎	日韓併合
	四十四（一九一一）	西園寺公望（桂太郎、山本権兵衛）	＊辛亥革命（中国）
	大正三（一九一四）	大隈重信	第一次世界大戦起こる（〜七）
	四（一九一五）		対華二十一ヵ条の要求を出す
	六（一九一七）	寺内正毅	＊ロシア革命

元号	年	首相	事項
大正	八(一九一九)	原敬	＊五・四運動(中国)、ベルサイユ条約調印(パリ)
大正	九(一九二〇)		＊国際連盟発足
大正	十(一九二一)		芥川龍之介が中国を旅行
大正	十一(一九二二)	高橋是清	ワシントン海軍軍縮条約調印、日英同盟廃棄
大正	十二(一九二三)	加藤友三郎(山本権兵衛、清浦奎吾、加藤高明)	関東大震災
大正	十五(一九二六)	若槻礼次郎	＊北伐開始(中国)
昭和	昭和三(一九二八)	田中義一	張作霖爆殺事件(満洲某重大事件)／パリ不戦条約調印／石原莞爾が関東軍赴任、「満蒙問題」に関して次々提案
昭和	四(一九二九)	浜口雄幸	映画『大学は出たけれど』封切、流行語となる／＊ウォール街株式市場が大暴落
昭和	五(一九三〇)		ロンドン海軍軍縮条約調印
昭和	六(一九三一)	若槻礼次郎(第二次)	中村震太郎大尉、中国軍に虐殺される／満洲で万宝山事件起こる／満洲事変(柳条湖事件)起こる／チチハル占領
昭和	七(一九三二)	犬養毅 斎藤実	錦州占領／山海関に進出／上海事変／井上準之助、団琢磨暗殺(血盟団事件)／満洲国建国／上海事変停戦調印／五・一五事件／愛郷塾が東京の発電所を襲う／リットン調査団報告、国際連盟が日本の満洲からの撤退勧告
昭和	八(一九三三)		小林多喜二の死／国際連盟脱退、「栄光ある孤立」へ／大阪でゴーストップ事件起こる／関東地方防空大演習行なわれる／出版法、新聞法改正／海軍から良識派が去りはじめる
昭和	九(一九三四)	岡田啓介	林銑十郎が陸相、永田鉄山が軍務局長になり陸軍強化／溥儀、正式に満洲国皇帝となる／陸軍パンフレットが頒布される／超大戦艦建造の命令が軍令部から建艦部に出される／ワシントン海軍軍縮条約廃棄決定

昭和		
十（一九三五）		天皇機関説問題起きる／国体明徴声明発表／永田鉄山暗殺（相沢事件）
十一（一九三六）	広田弘毅	二・二六事件／軍部大臣現役武官制復活／不穏文書取締法、日独防共協定調印／「大日本帝国」の呼称決定／＊西安事件により中国は抗日民族統一戦線へ
十二（一九三七）	林銑十郎 近衛文麿	盧溝橋事件、日中戦争はじまる／南京陥落
十三（一九三八）		トラウトマンの和平工作打ち切り／「蔣介石を対手にせず」の近衛首相声明／国家総動員法成立／「東亜新秩序声明」発表／漢口陥落で旗行列、提灯行列が続く／＊ドイツでウランの核分裂実験成功
十四（一九三九）	平沼騏一郎 阿部信行	三国同盟締結をめぐり五相会議が盛んに開かれる／零戦が誕生／国民精神総動員委員会が設置され「生活刷新」を推進／満蒙開拓青少年義勇軍計画の発表／「青少年学徒に賜りたる勅語」発表／山本五十六が遺書「述志」をしたためる／ノモンハン事件／天津事件で日本は英仏租界を隔離、反英運動盛んに／＊スターリンがヒトラー宛ての手紙で独ソ不可侵条約を承諾／アメリカが日米通商航海条約廃棄を通告／＊アインシュタインが原爆製造に関してルーズベルトに手紙を送る／山本五十六が連合艦隊司令長官に赴任、海軍中央を去る／＊ドイツのポーランド侵攻、第二次世界大戦起こる／「創氏改名」（朝鮮戸籍令改正）
十五（一九四〇）	米内光政 近衛文麿（第二次）	「不敬」な芸名など改名、七・七禁令発布、「産めよ殖やせよ」と叫ばれる／＊オランダ降伏、ブリュッセル陥落、ダンケルクの奇蹟でドイツの大勝利、パリ占領／ヒトラー特使シュターマー来日、松岡洋右らと会談／日本軍が北部仏印に武力進駐／＊イギリスはチャーチルのもと、独軍からの本土防衛成功／アメリカが屑鉄の日本輸出禁止／日独伊三国軍事同盟調印／ダンスホール閉鎖／紀元二六〇〇年の大式典催される／ウォルシュ、ドラウト両神父「日米国交打開策」を携え来日／海軍出師準備実施／海軍国防政策委員会設置

昭和		
十六（一九四一）	近衛文麿（第三次） 東条英機	松岡洋右外相訪欧、ヒトラーと会談、モスクワでスターリンと日ソ中立条約調印／野村吉三郎大使がアメリカ赴任、「日米諒解案」作成／＊ドイツがソ連に進攻／第一回御前会議開かれる／アメリカが在米日本資産凍結／日本軍が南部仏印進駐／アメリカが対日石油輸出全面禁止を通告／関東軍特種大演習で満洲に兵力を集中／第二回御前会議開かれる／第三回御前会議で対米開戦決意／アメリカが甲乙案拒否、「ハル・ノート」届く／第四回御前会議開かれる／「ニイタカヤマノボレ」の開戦命令／真珠湾攻撃、太平洋戦争開戦／マレー沖海戦、イギリス東洋艦隊撃沈、香港攻略／超大戦艦大和竣工
十七（一九四二）		マニラ占領、シンガポール攻略／アメリカによる東京初空襲／日本文学報国会結成／ミッドウェー海戦で大敗
十八（一九四三）		＊ルーズベルトとチャーチルがカサブランカで会談／ガダルカナル島奪取される／「撃ちてし止まむ」の決戦標語できる／山本五十六戦死／アッツ島玉砕／＊イタリア無条件降伏／学徒出陣はじまる／＊カイロ会談
十九（一九四四）	小磯国昭	＊ノルマンディー上陸作戦開始／インパール作戦惨敗／サイパン島陥落／学童疎開はじまる／神風特別攻撃隊初出撃／連合艦隊フィリピン沖でほぼ全滅
二十（一九四五）	鈴木貫太郎 東久邇宮稔彦王	＊ヤルタ会談／「本土決戦完遂基本要綱」決定／硫黄島での敗退／東京大空襲で下町が大被害／九州坊岬沖で大和隊が壊滅／日ソ中立条約廃棄の通告／＊ルーズベルト死／＊ムッソリーニ銃殺。ヒトラー自殺、ドイツ降伏／天皇倒れる／沖縄潰滅／義勇兵役法が議会通過、竹槍訓練盛んに／ソ連に和平交渉の仲介を願い出る／ポツダム宣言が日本に届く／広島・長崎に原爆投下／ソ連が満洲に侵攻／御前会議開かれポツダム宣言を受諾、終戦の詔書／マッカーサー来日、ミズーリ艦上での降伏文書調印

あとがき

編集者の山本明子さんの執拗な説得からはじまった。

「学校でほとんど習わなかったので昭和史のシの字も知らない私たち世代のために、手ほどき的な授業をしていただけたら、たいそう日本の明日のためになると思うのですが」

これに日本音声保存のスタッフ三人がたちまちに乗ってきた。どうせなら、録音してゆくゆくは誰にでも聞けるCDにしようというのである。四人がかりのABCD包囲陣の攻勢に、昭和史講座のための寺子屋を開き、おしゃべりをせねばならなくなった。正直な話、授業後、居酒屋で一杯やりながらオダをあげるのが楽しいので引き受けたところもある。

ときには特別聴講生も加わったが、生徒四人のうち三人は戦後生まれで、すぐに「君側の奸？　何ですか」とか、「統帥権干犯？　聞いたことがない」とか質問が出る。かくて遅々たるものなるが、一回一時間半（ときに二時間超）、月に一度（後半は二度三度）で、二〇〇三年四月から十二月までの授業は終了し、つつがなく寺子屋を閉じた。はじめは、戦後日本の、バブル崩壊までは無理としても、日本帝国の終結点である昭和二十六年（一九五一）九月のサンフランシスコ講和条約調印までいくはずであったが、くたびれ果てた講師のほうから白旗を出して終講となった。

授業はときに張り扇の講談調、ときに落語の人情噺調と、生徒たちを飽きさせないよう精々努めたつもりであるが、とにかく杜撰きわまりないおしゃべりがこのように堂々たる一冊になるとは思ってもみなかった。読めるような文章に全面的に仕立て直してくれた山本さんのおかげである。これはもういくら感謝しても感謝しきれない。今は、その奮闘努力が報われて、本書が多くの若い人に読まれることを心から祈っている。

「すべての大事件の前には必ず小事件が起るものだ。大事件のみを述べて、小事件を逸するのは古来から歴史家の常に陥る弊竇《へいとう》（弊害、欠陥）である」と夏目漱石が『吾輩は猫である』（八）で書いている。たしかに大事件は氷山の一角で、下にはいくつもの小事件が隠されている。突如、事件が起きるというものではなく、時間をかけて、連鎖的にゆっくり形づくられてきた幾つもの要因があり、それらがまとまって大事件として噴出してくる。ある時点での人間の小さな決断が、歴史をとんでもないほうへ引っ張っていくこともある。それを語らなくては歴史を語ったことにならない。むずかしさはそこにある。

それにつけても、歴史とはなんと巨大で多様で、面白い物語であるかとつくづく思う。人間の英知や愚昧、勇気と卑劣、善意と野心のすべてが書き込まれている。歴史とは何かを考えることは、つまり、人間学に到達するのである。

これまでの拙著のことごとくを下敷きにして語ったから、拙著で挙げた参考文献のすべてが参考文献ということになる。膨大でここに挙げ切れない。が、それでは読者のこれからの勉強のために不親切であるから、ほんの一部、個人の日記と手記とを中心に記しておいた。大部分を記せなかったことに、著者や出版社のお許しをあらかじめお願いしたい。

二〇〇三年十二月、それも大晦日の夜

半藤一利

平凡社ライブラリー版　あとがき

本書は、初版刊行いらいほんとうに多くの読者に迎え入れられて、版を重ねた幸運の書である。五年ぶりにこのたびライブラリー化されるにさいして、あらためてこれまで沢山の方々から戴いたお言葉を思いかえしている。

そのなかの一つで、「昭和史の語り部」と評されたことが大そう気に入っている。が、そもそも「語り部」とは？　といえば、古典『古事記』の太安万侶《おおのやすまろ》がただちに想起されてくる。この安万侶という人がやったことといえば、単に長々と歴史的事実を語っただけではない。念仏を唱えるかのように事実をぼそぼそと喋っただけではない。彼は情熱を傾けて、聞き手を飽きさせないように、心をこめて、かつ、自分の語りにいささかの自負をもって語りに語ったにちがいないのである。つまり、「語り部」とは、事実を公正に判断して取捨選択し、感情の強弱をつけて語れるある種の芸をもつ人であった。それゆえに『古事記』は見事な叙事詩になったと、わたくしは理解している。

さてさて、わたくしがその太安万侶になぞらえられるほどの芸をもつ人物であるかどうか、正直にいってまったく自信はないが、ともかく一所懸命に語ったことは事実で、結果としてそれが多くの読者に歓迎されたことを素直に喜んでいる。そのことだけはお分かりいただけるのではないか。そしてこのライブラリー版が、さらに多くの方に楽しんでもらえたら、これはもう「語り部」冥利につきるということになる。

この上は、調子に乗って、「語り部」が「騙《かた》り部」とならぬようにとの自戒をいっそう強めつつ、本書をふたたび世に贈る。

なお、付録として講演録「こぼればなし ノモンハン事件から学ぶもの」を加えた。せめてものお礼のつもりである。

二〇〇九年三月

半藤一利

解説

本書は、昭和史研究に約六十年間うちこんだ半藤一利さんが、若い世代に向けて授業形式で一から語り下ろした昭和戦前・戦中のあゆみです。このたびの新版は、戦後八十年を機に、その『昭和史 1926-1945』（二〇〇四年）のライブラリー版（二〇〇九年）を、章ごとにポイントとキーワード、またかねがね要望があった索引を加えて装いも新たにしたものです。本書の続篇『昭和史 戦後篇 1945-1989』（二〇〇六年）、さらに著者が筆をとった、いわば庶民篇の『B面昭和史 1926-1945』（二〇一六年）、同じく世界史篇の『世界史のなかの昭和史』（二〇一八年）を合わせた四冊は、足かけ十五年を費やした著者の昭和史研究の集大成といえます。

『昭和史』と『昭和史 戦後篇』は二〇〇六年十一月、毎日出版文化賞特別賞を受賞しました。そのとき選考委員であった作家の辻井喬さんは、講評でこう述べています。

「筋の展開の上手な作家をストーリーテラーと呼ぶ言葉があるが、半藤一利の戦後篇を含む『昭和史』2冊は見事なヒストリーテラーの著作である」「書かれていることは正確だが、（中略）叙述の目線は一般の人の目線で平易に語られていて読みやすく、その意味ではジャーナルな感覚にも溢れている」

クラシック音楽や落語などが、楽譜や内容は同じでも演奏する人や噺家《はなしか》によってずいぶん違ったものになるように、歴史も語り手によって違った表情を見せます。辻井さんが「ヒストリーテラー」という語を用いて平易さとジャーナルな感覚に注目した本書は、刊行されるや、堅苦しくも難しくもなく、読みやすい歴史書として多くの読者に受け入れられました。

昭和史を知る意味と本書の特徴

では、いま「昭和史」を学ぶ意味とは何か——。

「時代の渦中にいる人間というものは、まったく時代の実像を理解できないのではないか」（第八章）と著者が嘆くように、人は自分が生きている時代を客観的に見ることは難しいものです。私たちが進行中の現代のおそらく全貌が見えていないように、昭和を生きた人たちも同じでした。時間がたってから見えてくる実像は、膨大なことを語り、教えてくれます。

ならば昭和とはいったいどんな時代だったのか。約百年前の一九二六年にはじまり八九年まで続いた、いい意味でも悪い意味でも現在の日本をかたちづくった六十余年でした。著者曰く、昭和前半の戦争でそれまでの日本は一度、滅んだからです。明治のはじまりとともに西欧に学び、真似ながらも、懸命に新しい国づくりが行なわれ、なんとか近代国家のかたちができた日本を、一九四五年の敗戦にいたる昭和の前半はすっかりつぶしてしまいました。そしてゼロから再スタートし、その歩みが現代につながっている。つまり近現代史、なかでも「戦争の時代」であった昭和前半、そして敗戦からの復興を遂げた昭和後半を知り、学ぶことは、将来、似た過ちを繰り返さないために欠かせない営みといえます。

とはいえ、年代順に出来事を辿るだけなら昭和史を学んだことにはなりません。個別の事象を知ることはできても、縦と横に関連づけて歴史の流れを理解するのは容易でなく、だいいちあまり面白くなさそうです。ただしアプローチ法は一つではなく、政治や軍事の動きを中心に主な出来事を追う（『昭和史 戦前篇』『昭和史 戦後篇』）、国民の暮らしや心の変遷を辿る（『B面昭和史』）、世界史のなかで日本の動きや絡み合いをみていく（『世界史のなかの昭和史』）など、他にもさまざまに考えられます。近年、高校社会科で「歴史総合」の科目が導入されたのは、日本の動きを世界の動きと関連づけて理解する重要性に立ち返ったためでしょうか。

半藤さんは、学者ではありません。昭和五年（一九三〇）に東京で生まれ、戦中に育ち、東京大空襲では死と隣りあう体験をしました。敗戦後、出版社に勤め、戦争を指導した多くの人に直接話をききました。その過程で昭和史研究にのめりこみ、独自に調査を重ねるようになります。その後、「歴史探偵」を自称して、本書でもふれるノモンハン事件や真珠湾攻撃、終戦の日などを綿密に追った数々のノンフィクション作品を世に送りました。そんな半藤さんが七十歳を過ぎ、初めて「昭和史を通して語る」ことに挑んだのが本書です。

その試みがはじまった二〇〇三年前後は、長く「同時代」だった昭和がようやく「歴史」の対象とみなされつつありました。とりわけ後半に関しては未公開史料も多く、明確な評価がいまだなされていなかった頃です。そのこともあってか、昭和全体を一人で語るという大仕事に最初は二の足をふみ、依頼されてからも返事を引きのばしていました。そうするうち、過去に大学で講義をしたとき、日本がアメリカと戦争をした事実を知らない学生が少なくないことに愕然とした経験が思い起こされたといいます。また自身が抱き続けた「なぜ日本はあの愚かな戦争をしたのか」という問いに向き合うためにも、いま残さなければ忘れられてしまう祖国の戦争と復興の歴史を後世に伝えなくては、と奮起したのです。次代を担う世代が「昭和」を学ぶことなしに、未来の平和は望めない、という危惧が芽生えていました。戦争が悲惨であることをいくら頭でわかっていても、世界で戦争はなくならない、しかし、まずは知らなければはじまらない、昭和史は永遠の教訓となりうる、と。

そのようなわけで、本書はたとえば専門家が分担して執筆した教科書のようなものでなく、最新の研究成果が必ずしも反映されているとはいえません。また半藤一利という人間が培ってきた歴史観がつらぬかれており、独自の人物評が言葉のはしばしに込められています。一般の概説書とは異なる部分が強調されたり、逆に教科書に載っていることが割愛されている場合もあります。ただし、それは長所と表裏一体なのです。

これらを踏まえて本書の特徴を挙げれば以下のようになるでしょう。

1　語りであること――歴史を生きたものとして捉えられる。

全体に親しみやすい口調で人物の言動が臨場感をもって語られているため、感情にまで想像が及び、血の通った人間が歴史をつくることが実感できる。ひいては歴史に参加している気分も味わえる。

2　通史であること――歴史の流れと全体像がつかめる。

一人の視点で語られたものを通読することは歴史入門として入りやすく、自分の史観をもつための訓練ともなる。「教科書と受ける印象が違う」「なぜここにこだわるのか？」など、生じた疑問を深めれば次につながり、また引用された小さな逸話が語ることに目を凝らし、耳を傾けることで歴史への洞察力が養える。

3　体験証言でもあること――当事者の思いを共有できる。

著者がかつて生き証人に直接会っていることは机上の学問にない強みであり、かつ著者自身も当事者のため体験談が時おり顔を出す。そこから、私は現代史の当事者なのだと自覚して読めば、著者が主張する「四十年史観」（国の大きな節目は四十年ごとにみられる）でいう「二度めの滅びの四十年」の終盤にあたる現代を、客観的にみすえる土台ともなる。

✹歴史の転換点から何がみえるか――近代日本のはじまりから敗戦への道

本書の前半では近代日本のはじまりから太平洋戦争に突入するまでが政府や軍部の動きを中心に、後半では日本が雪崩《なだれ》のごとく敗戦にいたる道が詳細に語られ、最後に昭和の二十年から得られる教訓がまとめられます。多大な悲惨を招いた開戦を避けることができなかったのはなぜか。致命的な判断ミス、タイミングの悪さ、組織の弊害……さまざまな要因がはたらいて流れが変わった時を、著者は「歴史の転換点」と位置づけています。これらの転換点に着目し、各自で深掘りしてゆくことは本書を面白くかつ有意義なものとする一つの鍵です。

まず昭和の前提として、著者は日清戦争と日露戦争で連勝したアジアの小国日本が分不相応な慢心を起こしたことを強調したうえで、昭和三年（一九二八）、陸軍が張作霖爆殺事件で「沈黙の天皇」をつくりあげ、海軍は統帥権干犯問題で頑《かたく》なとなったとき、昭和が動く方向が決まった――つまりこのとき歴史があらぬ方へ転換したことをほのめかしています。慢心が後年の悲劇の原点でした。

次に昭和六年、日本は満洲を国力・軍事力育成の大基盤にしようと「満蒙は日本の生命線である」などとマスコミに盛んに宣伝させ、国民が勢いづいて大きなうねりが生まれます。「昭和がダメになったのは、この瞬間だ」。指導層のあるまじきやり口、でたらめな論功行賞、以後も繰り返されるメディアと一体化した国民的熱狂がもたらした〝この瞬間〟でした。

さらに日中戦争が泥沼化していた昭和十四年夏、満洲国とモンゴルの国境でノモンハン事件が起きます。技術を軽んじ「精神威力」を重視して大敗した日本軍は、以後、北方を諦め、日本に悲劇をもたらす南進政策に転じた——と推測する著者は、ここに「失敗から学ぶ難しさ」とともに歴史の大きな転換を見てとります。

開戦への決定的な〝ノーリターン・ポイント〟は、昭和十五年に締結された日独伊三国同盟でした。米英を完全に敵に回すことを怖れて軍事同盟に反対していた山本五十六ら、「海軍がなぜ同盟締結に転んだのか?」。これを著者は昭和史の大問題と考え、その過程を丹念に探っています。以降、あとに引けなくなった日本は軍事国家へとひた走ってゆきます。

昭和十六年後半、天皇を前にして内閣・軍部合同で国の方針を決める「御前会議」が重ねられ、大東亜共栄圏の建設や自存自衛の基礎を固めるためには「対米英決戦を辞せず」との運命的な決定がなされました。何度かあった引き返す時宜を逸した日本は、十二月八日、真珠湾への奇襲攻撃で戦争へと突入してゆきます。

いっとき連戦連勝で国じゅうが沸いたのもつかの間、その後の南洋諸島の日本兵の大量餓死や死闘の末の全滅など「哀れというほかはない」大敗の連続で、特攻作戦にまで踏み切る頃には、日本は「どこを向いても明るいところなど一点もなかった」。もはや降伏しか道はありません。ただし著者が繰り返し強調したのが「戦争を終わらせるのがいかに難しいか」ということです。降伏への長く苦しい道のりの末、原爆投下というあまりにも大きな犠牲を払ってようやく、ポツダム宣言を受諾する天皇の「聖断」が下されます。

――以上に挙げた転換点からだけでも、失敗に学び時宜を逸しない、熱狂する前に立ち止まる、情報や外交の大切さなど、昭和史に教えられることは膨大です。そして全体を見渡せば自ずと戦争の愚かさが心にしみてくるのです。「歴史は人間がつくるもの」という著者がよく語っていた言葉は、一人ひとりが平和のために身の周りでできることを考え、実践してゆくことの責任を示唆しています。

三百十万の死者が未来に語ること

むすびの章は、昭和の二十年は私たちに何を語るのか、著者の溜め息が聞こえてくるような「まとめ」です。太平洋の島々や大陸などの各戦場で亡くなった兵士たちの数、さらに日本本土空襲での死者、八年間にわたる日中戦争の死者……羅列された数字に言葉を失います。「日本人はあらゆるところでむなしい死を遂げていったのです」。

よく「歴史に学べ」といわれますが、私たちが「それを正しく、きちんと学べば」、という条件のもとだと著者は言います。その意志がなければ、歴史はほとんど何も語ってくれないと。戦争にいたる道は「時の勢い」に左右される面が多々あったことは、本書でしばしば実感されます。「理性的に考えれば反対でも、国内情勢が許さないという妙な考え方に流された」という例は、今もあちこちでみられるのではないでしょうか。

最後に著者は昭和戦前の教訓として五つを挙げています。

「国民的熱狂をつくってはいけない」「危機においては、抽象的な観念論に傾かず、具体的で理性的な方法論を検討する」「タコツボ社会における小集団主義は弊害でしかない」「国際社会での自国の位置づけを客観的に把握し、主観的思考による独善に陥らない」「対症療法的にすぐに成果を求めず、大局観をもって複眼的に思考する」——。

日本をリードしてきた人たちが、根拠なき自己過信に陥り、まずい結果になれば底知れぬ無責任をあらわにする。ただし、その背後にはいつも後押ししたメディアや熱狂した私たち国民がいました。「昭和の歴史というのはなんと多くの教訓を私たちに与えてくれるか」、ただし肝に銘じたいのは、「しっかりと見なければ見えない、歴史は決して学ばなければ教えてくれない」——長い講義を終えた著者の、重い言葉です。

＊

戦前篇の講義は、ほぼ月に一度のペースで十五回にわたり、都内の貸スタジオの一室で行なわれました。半藤さんが毎回持参した数枚の紙には、当日に引用する史料のコピーが切り貼りされており、その順番にそって、特徴ある胴馬声《どうまごえ》（失礼）で一時間半から二時間のおしゃべりが続きました。初めて講義を聴いた日の衝撃は忘れもしません。事は原因があって起こる。年号と人名を覚えるくらいで、自分のなかで点でしかなかった出来事が、線でつながったのです。ものごとは因果関係で織りなされていくと遅まきながら実感したあの日、「歴史」が目の前で展開してゆくさまに全身の細胞がおどるようでした。

また、語られる史実は大半が深刻な内容ながら、人間はそんな面ばかりで生きているはずもなく、時にあらぬ方へ脱線し、録音テープには一同の笑い声もしばしばまじっています。いちばん大声で笑っていた半藤さんが、講義の日もっとも楽しみにしていたのは、語り終えてからの居酒屋での〝放課後〟でした。その日に喋ったテーマの裏話や枝葉のエピソードなど、杯《さかずき》を重ねながら疲れもみせず、えんえん〝補講〟をする姿はなんとも潑溂《はつらつ》としていました。歴史には尽きぬ面白さがあるのだと全身で教えてくれたように思います。

なお本書には、要所要所に天皇が登場します。著者は最晩年、長年の研究を振り返って「やはり昭和史の中心には天皇がある、と実感した」と話していました。思いがけず通史に取りくんだ十五年のなかで、少しずつ積み重ねられ、たどりついた実感だと思います。ですから登場しない場面でも、天皇はこのときどういう立場で、何を思い、それがどういう発言につながったのかを想像し、また現代や昭和以前と比べながら読み直すと、他の国や時代と異なる昭和史の独自性が浮き彫りとなり、新たな発見につながるかもしれません。

本書がさほど多くの人に読まれると予想していなかった半藤さんは、当初、反響の大きさに驚いていました。「伝えれば、伝わる」、そう気づいてからは歴史を伝える役割に熱心となり、いつしか「昭和史の語り部」と呼ばれるようになったことにはまんざらでもなさそうでした。恩恵をこうむった読者には、大きな宿題が残されたのですけれども。

二〇二四年十一月

山本明子（「昭和史」シリーズ編集者）

参考文献

芥川龍之介『支那游記』……筑摩書房
石川信吾『真珠湾までの経緯――海軍軍務局大佐が語る開戦の真相』……中公文庫
伊藤隆ほか編『牧野伸顕日記』……中央公論社
今村均『今村均大将回想録』……自由アジア社
宇垣一成『宇垣一成日記』（全３巻）……みすず書房
宇垣纏『戦藻録』……原書房
岡田啓介『岡田啓介回顧録 改版』……中公文庫
岡村寧次『岡村寧次大将資料』……原書房
小川平吉『小川平吉関係文書』（全２巻）……みすず書房
木戸日記研究会編『木戸幸一日記』（上下）……東京大学出版会
木下道雄『側近日誌』……文藝春秋
黒羽清隆『日中15年戦争』……ちくま学芸文庫
軍事史学会編『大本営陸軍部戦争指導班機密戦争日誌』（全２巻）……錦正社
児島襄『天皇』（全５巻）……ガゼット出版
近衛文麿『平和への努力』……日本電報通信社
近衛文麿『失はれし政治』……朝日新聞社
佐藤尚武『回顧八十年』……ゆまに出版
参謀本部編『杉山メモ』（全２巻）……原書房
重光葵『昭和の動乱』（上下）……中公文庫
嶋田繁太郎『嶋田繁太郎日記』……〔未刊行〕
勝田龍夫『重臣たちの昭和史』（全２巻）……文藝春秋
高橋正衛『二・二六事件――「昭和維新」の思想と行動 増補改版』……中公新書
高松宮宣仁親王『高松宮日記』（全８巻）……中央公論社
角田順『石原莞爾資料』（全２巻）……原書房
寺崎英成（記録）『昭和天皇独白録』……文藝春秋
東郷茂徳『時代の一面――東郷茂徳 大戦外交の手記』……中公文庫
永井荷風『断腸亭日乗』（全７巻）……岩波書店
偕行社編『決定版 南京戦史資料集』……勉誠出版
野田六郎『侍従武官野田六郎終戦日記』「歴史と人物」……中央公論社
畑俊六『陸軍畑俊六日誌』……みすず書房
浜口雄幸『随感録』……講談社学術文庫
原田熊雄（述）『西園寺公と政局』（全９巻）……岩波書店
東久邇稔彦『東久邇日記』……徳間書店
細川護貞『細川日記 改版』（上下）……中公文庫
本庄繁『本庄日記』……原書房
矢部貞治『近衛文麿』（全２巻）……近衛文麿伝記編纂刊行会
読売新聞社編『昭和史の天皇』……読売新聞社
若槻礼次郎『明治・大正・昭和政界秘史――古風庵回顧録』……講談社学術文庫

は行

ま行

や行

ら行

わ行

事項索引

や行

は行

ま行

な行

た行

さ行

か行

索引

・本文に登場する主な人名と事項名を五十音順に配列。
・人名は原則として姓、名の順に表記。
・同一の人物や事項で複数の表記がある場合は「⇒」で示した。
・項目の後の（　）は、その語の補足説明。

人名索引

あ行

[著者]
半藤一利（はんどう・かずとし）
1930年、東京生まれ。東京大学文学部卒業後、文藝春秋入社。「週刊文春」「文藝春秋」編集長、取締役などを経て作家。著書は『日本のいちばん長い日』『漱石先生ぞな、もし』（正続、新田次郎文学賞）、『ノモンハンの夏』（山本七平賞）、『「真珠湾」の日』（以上、文藝春秋）、『幕末史』（新潮社）、『B面昭和史 1926-1945』『世界史のなかの昭和史』（以上、平凡社）など多数。『昭和史 1926-1945』『昭和史 戦後篇 1945-1989』（平凡社）で毎日出版文化賞特別賞を受賞。2015年、菊池寛賞を受賞。
2021年1月12日逝去。

平凡社ライブラリー 979
新版《しんぱん》 昭和史《しようわし》 戦前篇《せんぜんへん》 1926-1945

発行日…………2025年1月6日　初版第1刷
　　　　　　　2025年6月14日　初版第3刷
著者……………半藤一利
発行者…………下中順平
発行所…………株式会社平凡社
〒101-0051　東京都千代田区神田神保町3-29
電話　(03)3230-6573[営業]
ホームページ　https://www.heibonsha.co.jp/
印刷・製本……株式会社東京印書館
ＤＴＰ…………平凡社制作
装幀……………中垣信夫

ISBN978-4-582-76979-1